CW01512697

La double absence

Du même auteur

Le Déracinement
La crise de l'agriculture traditionnelle en Algérie
(avec Pierre Bourdieu)
Éditions de Minuit, 1977

L'Immigration algérienne en France
(avec Alain Gillette)
Entente, 1984

Un Nanterre algérien, terre des bidonvilles
(avec la collaboration d'Eliane Dupuy)
Autrement, 1995

Histoire et recherche identitaire
*Suivi d'*Entretien avec Hassan Arfaoui
Éditions Bouchène, 2002

L'Immigration ou les paradoxes de l'altérité
vol. 1 L'illusion provisoire
(préface de Pierre Bourdieu)
vol. 2 Les enfants illégitimes
(avant-propos d'Alexis Spire)
Raisons d'agir éditions, 2006

L'École et les Enfants de l'immigration
Essais critiques
Éditions du Seuil, 2014

La Fabrication des identités culturelles
(édition établie par Amin Perez)
Raisons d'agir éditions, 2014

Abdelmalek Sayad

La double absence

Des illusions de l'émigré aux souffrances de l'immigré

PRÉFACE DE PIERRE BOURDIEU

Éditions du Seuil

ISBN 978-2-7578-4431-1
(ISBN 978-2-02-038596-1, 1re publication)

© Éditions du Seuil, 1999

Remerciements

Qu'il me soit permis de remercier Pierre Bourdieu sans qui cet ouvrage n'aurait pas pu paraître sous sa forme achevée.

Depuis plusieurs années, Abdelmalek Sayad se proposait de rassembler, de mettre en perspective ses études, ses réflexions sur le fait migratoire et, plus spécialement, sur l'immigration algérienne en France. La fatigue, la maladie ne lui ont pas laissé le temps de mener à terme son projet. Toutefois, à la veille d'une opération qu'il redoutait, il avait remis à Pierre Bourdieu une liasse de textes et une esquisse de plan, sorte de « table des matières » du livre qu'il souhaitait publier.

Alors, après le départ de mon mari, assuré de la confiance qu'il lui avait toujours témoignée, de leur proximité d'esprit jamais démentie au fil des années, Pierre Bourdieu s'est mis en devoir, comme naturellement, de construire ce livre, de lui donner une cohérence, une respiration et son titre. Vu l'abondance des textes, c'était une tâche lourde, assortie de choix délicats, ponctuée d'interrogations. Il fallait pour l'entreprendre et la mener à bien cette sorte de courage qui vient du cœur.

Pour avoir fait advenir ce livre, j'exprime à Pierre Bourdieu ma profonde gratitude.

Les collègues, les amis de mon mari du Centre de sociologie européenne, du département de sociologie du

Collège de France, M. Mohammed Boudoudou, de l'Université de Rabat ont apporté aussi, avec beaucoup de générosité et d'expertise, leur concours à cette publication ; je pense notamment à l'équipe constituée d'Éliane Dupuy, Salah Bouhedja et Patrick Champagne que je salue tout particulièrement.

À tous j'adresse un très grand merci.

Rebecca Sayad

Préface

Il y a bien longtemps qu'Abdelmalek Sayad avait conçu le projet, auquel il m'avait d'emblée associé, de réunir en un ouvrage synthétique l'ensemble des analyses qu'il avait présentées, dans des conférences ou des articles dispersés, à propos de l'émigration et de l'immigration – deux mots qui, il ne cessait de le rappeler, disent deux ensembles de choses tout à fait différents mais indissociables qu'il fallait à toute force penser ensemble. Dans un des moments les plus difficiles de sa vie difficile – on ne comptait plus les jours qu'il avait passés à l'hôpital et les opérations qu'il avait subies –, à la veille d'une intervention chirurgicale très risquée, il m'avait rappelé ce projet avec une gravité peu coutumière entre nous. Il m'avait confié, quelques mois plus tôt, un ensemble de textes déjà publiés ou inédits, accompagnés d'indications telles que plan, projets de notes ou questions, pour que, comme je l'avais déjà fait maintes fois, je les relise et les révise, en vue de la publication. J'aurais dû – et je l'ai souvent regretté lorsqu'il m'a fallu assumer seul certains choix difficiles – me mettre aussitôt au travail. Mais il avait surmonté tant d'épreuves par le passé qu'il nous semblait éternel... J'ai pu toutefois discuter avec lui certains partis fondamentaux, notamment celui de faire un ouvrage cohérent, centré sur les textes essentiels, plutôt qu'une publication littérale et intégrale. J'ai pu aussi, lors de nos dernières rencontres (rien ne l'encourageait plus que ces

9

conversations de travail), lui soumettre plusieurs des textes retravaillés, que j'avais parfois profondément transformés, notamment pour les débarrasser des redites liées au regroupement et les intégrer dans la logique de l'ensemble, et aussi pour les dépouiller des aspérités et des complexités stylistiques qui, nécessaires ou tolérables dans des publications destinées au monde savant, n'étaient plus de mise dans un livre qu'il s'agissait de rendre le plus accessible possible, notamment à ceux-là mêmes dont il parlait, et auxquels il était prioritairement destiné et en quelque sorte dédié.

À mesure que j'avançais dans la lecture de ces écrits, certains que je connaissais bien, d'autres que je découvrais, je voyais se dessiner la figure exemplaire du savant engagé qui, affaibli et entravé par la maladie, n'avait pu trouver le courage et la force nécessaires pour remplir jusqu'au bout, et sur un terrain aussi difficile, toutes les exigences du métier de sociologue, qu'au prix d'un investissement à corps perdu dans une mission (il n'aurait pas aimé ce grand mot) d'enquête et de témoignage, fondée sur une solidarité active avec ceux qu'il prenait pour objet. Ce qui aurait pu apparaître comme une obsession du travail – il ne cessait jamais, même pendant ses séjours à l'hôpital, d'enquêter ou d'écrire – était en fait un engagement humble et entier dans l'exercice d'un métier de service public, conçu comme un privilège et un devoir (si bien que, en mettant la dernière main à ce livre, j'ai le sentiment non seulement de remplir un devoir d'amitié, mais de contribuer un peu à l'œuvre de toute une vie dévouée à la connaissance d'un problème dramatiquement difficile et urgent).

Cet engagement, plus profond que toutes les professions de foi politiques, s'enracinait, je crois, dans une participation à la fois intellectuelle et affective à l'existence et à l'expérience des immigrés. Ayant connu lui-même l'émigration et l'immigration, dont il participait encore par mille liens familiaux et amicaux, Abdelmalek Sayad était animé d'un désir passionné de savoir et de comprendre, qui était sans doute avant tout volonté de se connaître et de se comprendre lui-même, de comprendre ce qu'il en était de lui-même et de sa position impossible d'étranger parfaitement intégré et pourtant parfaitement inassimilable. Étranger, c'est-à-dire membre de cette catégorie privilégiée à laquelle les vrais immigrés n'auront jamais accès, et qui peut, dans le meilleur des cas, cumuler les avantages liés à deux nationalités, deux langues, deux patries, deux cultures, il n'avait cessé, au cours des années, de se rapprocher des vrais immigrés, poussé par les raisons du cœur et de la raison, trouvant dans les raisons que la science lui faisait découvrir le principe d'une solidarité de cœur de plus en plus totale à mesure que passaient les années.

Cette solidarité avec les plus démunis, principe d'une formidable lucidité épistémologique, lui permettait de démonter ou de détruire en passant, sans avoir l'air d'y toucher, nombre de discours et de représentations communs ou savants concernant les immigrés, et d'entrer de plain-pied dans les problèmes les plus complexes, celui des mensonges orchestrés de la mauvaise foi collective ou celui de la vraie maladie des malades médicalement guéris, comme il entrait dans une maison et une famille inconnues en familier respectueux et immédiatement aimé et respecté. Elle lui permettait aussi de trouver les mots, et le ton juste, pour dire des expériences aussi contradictoires que les conditions sociales dont elles sont le produit, et de les analyser en mobilisant indifféremment les ressources théoriques de la culture kabyle traditionnelle repensée par le travail ethnologique (avec des notions comme *elghorba* ou l'opposition entre *thaymats* et *thadjjaddith*), ou l'équipement conceptuel du

11

groupe de recherche intégré dont il savait obtenir les effets les plus extraordinaires à propos des objets les plus inattendus.

Toutes ces vertus, dont ne traitent jamais les manuels de méthodologie, et aussi une incomparable maîtrise théorique et technique, associée à une connaissance intime de la langue et de la tradition berbères étaient indispensables pour affronter un objet qui, comme les problèmes dits de l'« immigration », n'est pas de ceux que l'on peut laisser au premier venu. Les principes de l'épistémologie et les préceptes de la méthode sont de peu de secours, en ce cas, s'ils ne peuvent s'appuyer sur des dispositions plus profondes, liées, pour une part, à une expérience et à une trajectoire sociale. Et il est clair qu'Abdelmalek Sayad avait mille raisons de voir d'emblée ce qui, avant lui, échappait à tous les observateurs : abordant l'« immigration » – le mot le dit – du point de vue de la société d'accueil qui ne se pose le problème des « immigrés » que pour autant que les immigrés lui « posent des problèmes », les analystes omettaient en effet de s'interroger sur la diversité des causes et des raisons qui avaient pu déterminer les départs et orienter la diversité des trajectoires. Premier geste de rupture avec cet ethnocentrisme inconscient, il rend aux « immigrés », qui sont aussi des « émigrés », leur origine, et toutes les particularités qui lui sont associées et qui expliquent nombre de différences constatées dans les destinées ultérieures. Dans un article paru dès 1975, c'est-à-dire bien avant l'entrée de l'« immigration » dans le débat public, il déchire le voile d'illusions qui dissimulait la condition des « immigrés », et révoque le mythe rassurant du travailleur importé qui, une fois nanti d'un pécule, repartirait au pays pour laisser place à un autre. Mais surtout, en regardant de près les détails les plus infimes et les plus intimes de la condition des « immigrés », en nous introduisant au cœur des contradictions constitutives d'une vie impossible et inévitable au travers d'une évocation des mensonges innocents par qui se reproduisent les illusions à propos de la terre d'exil, il dessine à petites touches un portrait saisissant de ces « personnes déplacées », dépourvues de place appropriée dans l'espace social et de lieu assigné dans les classements sociaux. Entre les mains d'un tel analyste, l'immigré fonctionne comme un extraordinaire analyseur des régions les plus obscures de l'inconscient.

Comme Socrate selon Platon, l'immigré est *atopos*, sans lieu, déplacé, inclassable. Rapprochement qui n'est pas là seulement pour ennoblir, par la vertu de la référence. Ni citoyen, ni étranger, ni vraiment du côté du Même, ni totalement du côté de l'Autre, il se situe en ce lieu « bâtard » dont parle aussi Platon, la frontière de l'être et du non-être social. Déplacé, au sens d'incongru et d'importun, il suscite l'embarras ; et la difficulté que l'on éprouve à le penser – jusque dans la science, qui reprend souvent, sans le savoir, les présupposés ou les omissions de la vision officielle – ne fait que reproduire l'embarras que crée son inexistence encombrante. De trop partout, et autant, désormais, dans sa société d'origine que dans la société d'accueil, il oblige à repenser de fond en comble la question des fondements légitimes de la citoyenneté et de la relation entre le citoyen et l'État, la Nation ou la nationalité. Doublement absent, au lieu d'origine et au lieu d'arrivée, il nous oblige à mettre en question non seulement les réactions de rejet qui, tenant l'État pour une expression de la Nation, se justifient en prétendant fonder la citoyenneté sur la communauté de langue et de culture (sinon de « race »), mais aussi la fausse « générosité » assimilationniste qui, confiante que l'État, armé de l'éducation, saura produire la Nation, pourrait dissimuler un chauvinisme de l'universel. Les souffrances physiques et morales qu'il endure révèlent à l'observateur attentif tout

13

ce que l'insertion native dans une nation et un État enfouit au plus profond des esprits et des corps, à l'état de quasi-nature, c'est-à-dire hors des prises de la conscience. À travers des expériences qui, pour qui sait les observer, les décrire et les déchiffrer, sont comme autant d'expérimentations, il nous force à découvrir les pensées et les corps « étatisés », comme dit Thomas Bernhard, dont une histoire tout à fait singulière nous a dotés et qui, en dépit de toutes les professions de foi humanistes, continuent à nous empêcher bien souvent de reconnaître et de respecter toutes les formes de l'humaine condition.

Pierre Bourdieu

Salah Bouhedja, Éliane Dupuy et Rebecca Sayad ont participé à la mise au point du manuscrit, à l'établissement de la bibliographie et à la confection de l'index.

Introduction

On ne peut faire la sociologie de l'immigration sans esquisser, en même temps et du même coup, une sociologie de l'émigration ; immigration ici et émigration là sont les deux faces indissociables d'une même réalité, elles ne peuvent s'expliquer l'une sans l'autre. Ces deux dimensions du même phénomène ne sont séparées et autonomisées que de manière décisoire, la césure étant celle-là même qui est imposée par le partage des compétences, des intérêts et des enjeux politiques entre partenaires politiques situés, l'un par rapport à l'autre, dans une relation fondamentalement dissymétrique : émigration d'un côté, comme il y a des pays, des sociétés, des économies d'émigration et comme il y a ou comme il devrait y avoir une puissance (politique), un État et une politique (celle de l'État) d'émigration et aussi, pourquoi pas, une science de l'émigration ; immigration de l'autre côté, comme il y a aussi des sociétés et des économies d'immigration, des politiques d'immigration très sûrement et, solidaire de tout cela, une science de l'immigration. Objet éclaté entre puissances politiques plus qu'entre disciplines et entre intérêts sociaux et politiques divergents à l'intérieur de chacun des continents que sépare la frontière tracée entre l'émigration et l'immigration, le phénomène migratoire ne peut trouver une intelligence totale qu'à la condition que la science renoue les fils rompus et recompose les morceaux brisés – la science et non pas la politique, voire la science contre l'acharnement que le politique met à maintenir la division.

La subordination *objective* de la science au politique[1], telle qu'elle se trouve réalisée dans ce domaine (peut-être plus que partout ailleurs) en raison de l'imposition d'une problématique qui est celle de l'ordre social (en toutes ses formes, démographique, économique, sociale, culturelle et, par-dessus tout cela, politique), oblige à s'interroger sur les conditions sociales de possibilité de la science globale (empruntant à toutes les disciplines de la science sociale) du phénomène migratoire en sa double composante d'émigration et d'immigration ; à s'interroger, plus particulièrement, sur les conditions sociales d'émergence de certaines questions qui n'existent comme objets sociaux qu'à la condition qu'on les constitue, d'abord, comme objets de discours et, seulement après, comme objets de science. Une des particularités de la réflexion sociologique sur l'émigration et sur l'immigration est que cette réflexion se doit d'être aussi et nécessairement une réflexion sur elle-même : dans aucun autre objet social, la sociologie n'est aussi liée à la sociologie d'elle-même que dans celui-là ; la sociologie de l'émigration et de l'immigration est inséparable de cette attitude réflexive qui consiste à s'interroger, à propos de chaque aspect étudié, sur les conditions sociales qui ont rendu possible l'étude, c'est-à-dire la constitution de l'aspect considéré en objet d'étude et sur les effets sur ce même aspect de l'étude qui

---

1. Cette subordination est *objective*, c'est-à-dire qu'elle se réalise à l'insu de tous les participants ; et c'est en cela qu'elle est terriblement efficace et qu'elle peut se perpétuer. On touche là à une limite, socialement déterminée, imposée à une science encore trop tributaire du politique, voire de l'opinion publique (deux facteurs en interaction, l'un influant sur l'autre), pour pouvoir constituer son objet propre en toute autonomie.

en est faite. La première constatation qui se dégage de cet effort de réflexion en vue de construire réellement l'objet social qu'est l'immigration (et/ou l'émigration) en vrai objet de science est que l'entreprise engagée sur cette base est indistinctement une histoire sociale du double fait de l'émigration et de l'immigration ; une histoire sociale du discours sur le fait en question – ici, comme en beaucoup d'objets sociaux, le discours sur l'objet fait partie de l'objet et doit être intégré à l'objet d'étude ou devenir lui-même objet d'étude –, le discours sur l'émigration ou l'immigration pouvant être tenu, tour à tour, du point de vue de l'immigration et dans la société d'immigration et du point de vue de l'émigration et dans la société d'émigration ; et, enfin, une histoire sociale des relations réciproques entre sociétés, la société d'émigration et la société d'immigration, et entre les émigrés-immigrés et chacune des deux sociétés.

Sans entrer dans le détail des conditions qui ont rendu possibles, aujourd'hui, un certain nombre d'interrogations nouvelles, et une nouvelle intelligence, qui est à communiquer, du phénomène migratoire, on ne peut que constater le surgissement, à propos de l'émigration et de l'immigration, de questions auparavant refoulées. Ainsi, au nombre des thèmes nouveaux, de discours et d'études, la problématique connue sous la dénomination de « théorie des *coûts* et *profits* de l'immigration », qui est le produit de l'élargissement aux choses « culturelles » de la problématique constituée initialement pour l'étude des seuls aspects économiques de l'immigration (et, à un moindre degré, de l'émigration), pourrait avoir comme effet – bénéfique – de contribuer à l'élaboration d'une véritable « économie totale » du phénomène migratoire, intégrant l'économie du non-économique, et en particulier des aspects qu'on convient de qualifier de « culturels ».

Il faut une véritable cécité conventionnellement entretenue pour accepter et reproduire, en raison du confort de toute nature qu'elle procure, la réduction qu'on opère du phénomène migratoire, quand on le définit implicitement comme simple déplacement de force de travail ; sans plus : là, une main-d'œuvre excédentaire (relativement) – et on ne s'interroge ni sur les raisons de cet « excédent », ni sur la genèse du processus qui a rendu cet « excédent » disponible (pour émigrer) – ; ici, des emplois disponibles, et on ne s'interroge pas sur les mécanismes qui ont rendu ces emplois disponibles pour les immigrés. Sans doute faut-il attendre que soient levées les déterminations qui, dans la pratique, contraignent à ne retenir, d'un objet aussi vaste, que sa fonction immédiate, phénoménale, qui est aussi une fonction instrumentale (la fonction de main-d'œuvre), pour qu'apparaissent les multiples autres fonctions et qualités que la définition « instrumentaliste » a contribué à masquer, cette opération de dissimulation étant la condition même de la constitution et de la perpétuation du phénomène.

Mais à perdurer au-delà de certaines conditions sociales, l'émigration et l'immigration finissent par trahir leurs autres dimensions occultées dans un premier temps, leurs dimensions politiques et culturelles notamment. Sans doute faut-il que la fonction première de l'immigration s'estompe, cessant d'apparaître comme la seule fonction qui, de fait et de droit, revient à l'immigration, pour que se dévoilent les implications de toutes sortes que comporte l'immigration. Cela semble se produire quand l'immigration cesse d'être une immigration exclusivement de travail, c'est-à-dire une immigration seulement de travailleurs – si tant est que puisse exister une immigration de travail pure –, pour se convertir en immigration familiale (ou en immigration de peuplement). On établit ainsi une séparation arbitraire entre, d'une part, une immi-

18

gration de travail qui ne serait que le fait de travailleurs (apport de main-d'œuvre sans plus) et ne poserait que des problèmes de travail, et, d'autre part, une immigration de peuplement dont la signification et les conséquences sont d'une autre portée, les implications beaucoup plus larges et les problèmes qu'elle suscite, multiples et d'une étendue telle qu'ils touchent à toutes les sphères de la société et notamment à la sphère qu'on peut dire culturelle et politique.

En cela, immigrer c'est immigrer avec son histoire (l'immigration étant elle-même partie intégrante de cette histoire), avec ses traditions, ses manières de vivre, de sentir, d'agir et de penser, avec sa langue, sa religion ainsi que toutes les autres structures sociales, politiques, mentales de sa société, structures caractéristiques de la personne et solidairement de la société, les premières n'étant que l'incorporation des secondes, bref avec sa culture. On découvre cela aujourd'hui et on s'en étonne (pour ne pas dire qu'on s'en scandalise), alors que la chose était prévisible dès le premier acte de l'immigration, c'est-à-dire dès l'arrivée du premier immigré : prévisible en droit, mais imprévue de fait, car il fallait refuser de prévoir pour que l'immigration naisse et se continue sous la forme qu'on lui connaît. C'est, notamment, le sens pour partie du discours actuel sur les apports culturels ou sur les effets culturels de l'immigration, qu'on s'en réjouisse ou qu'on les déplore, qu'on les loue ou qu'on les dénonce, ce qui est toujours une manière de les reconnaître, une manière d'aveu et aussi une manière de faire figurer ces apports au titre, tantôt, de « profits » et, tantôt, de « coûts » dans cette grande comptabilité à laquelle donne lieu la présence des immigrés et qui, ici, intègre ce qui ne relève pas de l'ordre du comptable (*i.e.* de l'économie, au sens strict).

Encore qu'il ne suffise pas, pour en arriver là, des seuls changements internes au phénomène de l'immigration et à la population immigrée et des transformations corrélatives qui se sont produites dans la relation à l'immigration. Il a fallu que s'ajoute cette sorte de disposition culturelle générale (c'est-à-dire transposable, chez les mêmes individus ou groupes d'individus qui en sont détenteurs, à toutes les sphères de l'existence) et largement partagée, au moins en tant qu'affirmation de principe dont il n'y a pas lieu de tirer les conséquences pratiques, qu'on connaît sous le nom de relativisme culturel, attitude cultivée – de gens ayant un rapport cultivé à leur propre culture – à l'égard de la culture des autres qu'ils constituent de la sorte comme un objet de culture qu'ils peuvent s'approprier et qui peut ajouter à leur culture. « Une culture en valant une autre », comme une langue en vaut une autre ou, encore (mais avec plus de réserve, sauf chez quelque sceptique ou quelque agnostique qui inclinerait à les confondre dans la même indifférence ou la même négation), comme une religion en vaut une autre, mais cela seulement en quelque « ciel pur des cultures » (ou des langues ou des religions), cette profession de foi relativiste, en se généralisant et en se vulgarisant ou, d'une certaine manière, en se sécularisant (c'est-à-dire en quittant le territoire qui est le sien ou pour lequel elle fut inventée, la sphère épistémologique), a fini, en contradiction avec le réalisme sociologique, par s'ériger en une espèce d'*absolu* (ou de dogme) qui ne souffre aucune relativisation.

Il y aurait toute une histoire sociale à faire du relativisme culturel, une histoire des conditions sociales de son invention, de sa diffusion et des effets qu'il a produits, c'est-à-dire des enjeux et des luttes pour ces enjeux que furent et que sont encore les luttes pour la définition légitime de la notion de culture. Chaque classe sociale qui est aussi une classe culturelle tient à imposer la définition avec laquelle elle a partie liée ou à contester, tout au moins pour les classes culturellement dominées, la définition que la culture hégémonique (*i.e.* les dominants culturellement) donne de la culture. Mais dans ce combat entre partenaires culturels inégaux, l'acharnement que la culture qui se revendique comme « populaire » met à traiter à égalité avec la culture qu'elle reconnaît objectivement, par le seul fait d'entrer en compétition avec elle, comme culture de référence, n'est-il pas une manière d'hommage ? C'est tout le sens de la querelle, jamais totalement éteinte, entre « culture populaire » et « culture cultivée » (académique, dominante) qui est « culture » tout court, sans autre spécification. La confrontation implicite avec la culture « française » endogène de la « culture des immigrés » – les « cultures d'origine », qu'on se plaît à redéfinir comme « cultures d'apport[1] », ou « culture en création » qui grefferait sur le substrat importé les emprunts imposés par le contexte d'immigration et souvent déjà adoptés en partie bien avant l'immigration –, qui est constituée en tant qu'enjeu non pas tant par les immigrés eux-mêmes et explicitement par eux, mais plutôt par la société d'immigration s'interrogeant sur ses composantes culturelles, n'est semble-t-il, sous réserve de toutes les distinctions qui caractérisent la situation *sui generis* que réalise l'immigration sous ce rapport, qu'une variante paradigmatique, une variante actualisée de l'ancien et toujours actuel conflit entre cultures en compétition.

L'émigration non plus n'est pas et ne peut être ce qu'on veut qu'elle soit, ce qu'on croit ou feint de croire qu'elle est, pour qu'elle puisse advenir et se continuer, pour qu'on puisse l'accepter sans mauvaise conscience

1. J. Berque, *L'Immigration à l'école de la République*, rapport au ministre de l'Éducation nationale, Paris, CNDP, La Documentation française, 1985.

21

et, au bout du compte, sur le mode du cela-va-de-soi : une exportation de force de travail sans plus, une sorte de main-d'œuvre disponible pour être utilisée et disponible parce que non utilisée sur place ; c'est la définition de l'émigré, constitué d'abord comme chômeur et, ensuite, comme chômeur qui émigre pour cesser d'être chômeur ; rien de plus et rien d'autre que cela. L'émigration et l'immigration sont de ces mécanismes sociaux qui ont besoin de s'ignorer comme tels pour pouvoir être comme ils doivent être. Mais, avec le temps, l'émigration finit, elle aussi, par avouer et par s'avouer ce qu'elle est fondamentalement, à savoir plus et autre chose qu'une simple émigration (une défection) d'une certaine quantité de force de travail ; elle finit par porter au jour toutes les autres dimensions, tous les autres aspects d'elle-même qu'il lui fallait masquer pour pouvoir se perpétuer. Même si, *mutatis mutandis*, les mêmes causes produisant les mêmes effets, le dévoilement qui s'opère à propos de l'immigration dans la société d'immigration contribue à provoquer et à accélérer le dévoilement corrélatif qui s'annonce à propos de l'émigration dans la société d'émigration. Ainsi, petit à petit, se met en place dans toutes les sphères de la société, et jusque dans le discours scientifique[1] sur le phénomène de l'émigration, le calque du discours qui est produit ailleurs sur l'objet et sur le thème de l'immigration ; ces deux discours qui, désormais, se font écho, sont homologues, car ils sont produits en définitive, tous deux, selon les mêmes

1. Parce qu'il n'est rien, dans le fait de l'émigration ni d'ailleurs dans le fait de l'immigration, qui ne puisse s'énoncer sans constituer du même coup une dénonciation, beaucoup de données, même celles qu'on pourrait qualifier de scientifiques, produites ou utilisées par la science, n'échappent pas à la logique du discours tenu pour justifier et légitimer le phénomène ou, au contraire, pour le condamner et en dénoncer l'illégitimité.

schémas de pensée et les mêmes catégories (appliqués à des objets symétriques) de perception et d'appréciation ou d'évaluation du monde social et, ici, plus précisément, des mondes respectifs de l'émigration et de l'immigration.

1

La faute originelle
et le mensonge collectif

Le texte qu'on va lire ci-dessous est la traduction, aussi littérale que possible, du discours d'un émigré kabyle recueilli en France, en 1975, à deux moments différents, avant et après un congé en Kabylie. Le commentaire qui en est proposé n'est pas là pour atténuer, par des notes linguistiques ou ethnographiques, l'opacité du discours authentique, qui mobilise toutes les ressources d'une culture et d'une langue originales pour exprimer et expliquer des expériences que cette langue et cette culture ignorent, ou refusent. Cette opacité d'un langage qui ne se livre pas au premier abord est, sans doute, l'information la plus importante, la plus rare en tout cas à un moment où tant de porte-parole de bonne volonté prêtent aux émigrés leur propre langage.

« J'ai été orphelin très tôt. En réalité, je suis le fils d'un vieillard… ou, comme on dit, le "fils d'une veuve[1]". C'est ma mère qui m'a élevé, il n'y a pas de quoi avoir

---

1. L'expression «fils de veuve», traditionnellement utilisée comme une injure, s'applique à l'homme élevé par les femmes et dont la masculinité et l'honneur sont suspects. L'inversion des valeurs anciennes en fait aujourd'hui une qualité qui peut être revendiquée : c'est être le «fils de ses œuvres».

honte. Mon père m'a "laissé" alors que j'avais 8 ans... je suis donc le dernier de la couvée... Déjà, avant la mort de mon père – il était très âgé –, c'était ma mère qui s'occupait de tout ; elle était déjà "l'homme de la maison" ! De toute façon, la femme d'un vieillard est toujours une vieille ! L'âge de ma mère, je ne le connais pas, mais elle est beaucoup plus jeune que mon père, elle est même plus jeune que mes sœurs aînées [en réalité ses demi-sœurs] ; mon père s'est marié, je crois, trois fois, en tout cas, il a des enfants de deux femmes différentes.

Je suis le fils d'une veuve

« Aussi longtemps que je me souviens, j'ai toujours vu ma mère travailler à l'intérieur et à l'extérieur de la maison... et jusqu'à ce jour, c'est comme ça, elle n'arrête jamais. Mon père, je ne me souviens de lui que comme d'un vieillard qui n'allait pas plus loin que le pas de la porte.

« Ma mère est difficile ; c'est ce qu'on dit, c'est la réputation qu'elle a, mais je crois qu'elle avait besoin de se donner cette réputation pour se défendre, pour ne pas se faire "manger" par les autres. Une veuve qui reste à la merci de ses beaux-frères, qui doit attendre que son fils grandisse pour qu'il y ait un homme qui entre et sorte de sa maison, ce n'est certainement pas pour son bonheur ! Si elle ne se défend pas, ils la mangent, la pillent. Elle, de son côté, ne les a pas ménagés. Je peux le dire aujourd'hui : qui de tous mes oncles ne l'a pas, pour le moins, insultée ? Combien de fois n'a-t-elle pas été battue ? Et toujours par les plus proches et non par les étrangers. Si celui qui t'est le plus apparenté "ne t'entame pas", ce n'est pas celui qui t'est le plus éloigné qui "t'entamera". D'où viendra-t-il celui-là qui ne t'est pas proche ? Quant à l'étranger total, inutile d'en parler ; celui-là aura peur, car elle reste toujours la femme des A. Par contre un parent, qu'a-t-il à craindre ? Il dira toujours : c'est notre femme ; cela devient une affaire entre parents, et plus il est proche, plus il s'autorise à aller de l'avant. Un gars comme El… – encore maintenant, il s'est beaucoup assagi –, qu'est-ce qui le retiendrait ? Crois-tu que la "honte lui rongera le visage", qu'il se dira : "Mon oncle [c'était encore du vivant du père de l'immigré] est vieux, il n'a rien, il n'a personne, il ne peut rien, il n'a qu'elle et heureusement pour nous qu'elle est là, c'est elle qui lui assure le "plein de sa maison" ? Rien de tout cela…

« Quand je compare les premières années de mon enfance et quelques années plus tard, je peux même dire qu'on manifestait peut-être plus de respect à ma mère après la mort de mon père que du vivant de mon père. C'est vrai, on dirait que les "cœurs" ont changé depuis. […] Voilà ce que c'est la vie d'un "fils de veuve" ! Très tôt, j'ai eu mon compte de peines, de soucis et de tracas. Ce n'est pas l'âge qui fait les hommes, c'est ce qui est passé sur leur tête ; l'homme se fait par ses actes et non parce qu'il a reçu un nom de ses ancêtres… Ce peut être un tel… et pourtant, s'il n'y a rien en lui, "si son marché est vide" ?

Toi qui n'es pas levé tôt, pourquoi vas-tu au marché ?

« […] Crois-tu que de leur temps [allusion à des faits qui remontent aux années 1942-1944 et à des personnages décédés, l'un en 1954 et l'autre en 1958], mes oncles M. E. et N. L., eux qui ont spolié mon père du seul bout de terre qu'il possédait et qu'il leur a cédé en antichrèse, pendant les dures années de *elboun* [allusion aux années durant lesquelles fut institué, pendant la Seconde Guerre mondiale, le système des bons de rationnement], pour pouvoir leur acheter, à ce qu'on dit – moi, je n'étais pas encore né –, de l'orge pour survivre ; crois-tu qu'ils auraient fait ce qu'ont fait aujourd'hui leurs enfants ? "Tu veux construire une maison ? Tiens, voilà la moitié d'une parcelle, nous te la donnons, va creuser les fondations !" Avec eux, c'était impossible une chose pareille ! Est-ce la haine qui est sortie des cœurs ou est-ce parce que les ventres sont maintenant plus pleins ? D'abord, maintenant tu ne trouves personne avec qui te disputer, il n'y a plus de raisons de se disputer. Les injures, les cris, la haine, les coups d'autrefois, c'était pour quoi ? L'un est passé à travers le champ de l'autre, a défoncé la clôture du champ de son voisin ou lui a détourné l'eau de la rigole lors de son tour d'irrigation. C'était tout cela qui amenait les disputes, "une part y est, une part est ajoutée". Tout cela, toute cette haine, ces mauvais sentiments, cette colère, ces fureurs, ces inimitiés ancestrales, de pères et aïeux, comme on dit, c'est à cause de la terre ; il n'y a plus personne pour s'en occuper, il n'y a plus de prétextes à des disputes. Pourquoi en vouloir désormais à une femme ? Surtout quand, ensuite, il faudra aller lui demander de s'occuper de cette terre dont on ne veut plus. Ce sont tous ceux qui, avant, ne pouvaient pas supporter que ma mère approche de leurs arbres, des clôtures de leurs champs, qui, aujourd'hui, la supplient pour qu'elle leur exploite leurs terres alors qu'elle n'a même pas une poule. La paix est ainsi revenue sur terre ; même si, entre les hommes, il y a toujours des raisons de querelles, les femmes en sont tenues à l'écart.

« Le "fils d'une veuve", on n'oublie sa mère que quand il a apporté la preuve qu'il est un homme ; sans quoi il restera toujours le fils d'une telle… Comment veux-tu, dans ces conditions, ne pas désirer aller vite ? Mais, c'est de la précipitation, alors qu'on ne peut rien ; on ne sait pas où on va : cela peut être la "lumière" [la réussite, le bonheur], comme cela peut être l'"obscurité" [l'échec, le malheur]. Il faut du courage. Comment finir avec cette situation, comment en sortir ?

« Il ne me reste qu'à travailler. Dans les débuts, j'ai beaucoup travaillé. Je voyais ma mère qui n'arrêtait pas de travailler, j'ai travaillé dès que j'ai pu. J'ai travaillé partout, pour tout le monde, pour tout faire, pour de l'argent, "pour le bien" [bénévolement] : j'ai labouré, j'ai moissonné les terres de tous les parents, je n'attendais même pas qu'on vienne me le demander, j'offrais mes services de moi-même. Qu'est-ce que je perdais ? J'étais payé d'une manière ou d'une autre. Mieux vaut faire ainsi que se tourner les pouces. Et, effectivement, j'ai été payé de ma peine, j'ai été payé en argent, en échange d'autres services, en denrées, notamment en grains. Je pouvais "rentrer dans les récoltes de tous les parents", ils ne me le refusaient pas parce que je n'étais pas avare de la peine. J'ai reçu des encouragements de partout. De tous côtés, on disait : "M. est travailleur… Il regarde encore à la terre."

« J'ai pris des terres en métayage, j'ai même eu une paire de bœufs, ce qui ne s'est jamais vu dans la maison ; personne ne se souvient avoir jamais vu un bœuf franchir le seuil de la porte, et je ne parle pas de la porte actuelle, celle de nos ancêtres… Me voilà devenu, en l'espace de quelques années, un vrai fellah. Mais cela n'a duré qu'un temps, jusqu'à ce que je me sois réveillé et rendu compte que même la condition de fellah [*thafalahth*] ne m'est échue que parce qu'elle est négligée par tous les autres. Comme on dit : "Toi qui ne t'es pas levé tôt, pourquoi vas-tu au marché ?" Je me suis alors dit : "Repose-toi !"

Je suis devenu un « fellah d'occasion »

« La lassitude m'a pris. Pourquoi me démener tant ? Je suis comme tout le monde. Suis-je meilleur que tous ceux-là qui ont des terres, mais qui ne les regardent que de loin en loin et qui me les confient, à moi, pour les travailler ? Ils n'ont pourtant pas les bras paralysés ! Il y a des moments où je me prends à dire : "Tu es le dernier des imbéciles ; pendant que tu t'éreintes, lui [le propriétaire du champ] 'est au large', bien à l'aise, il se fout de tout ('cent entrent et cent sortent'). Et toi, quel bénéfice en as-tu tiré ?"

« Je me suis surpris moi aussi à me comporter comme tout le monde. Je suis devenu un fellah d'occasion, comme ceux du moment : "un fellah par pis-aller", par contrainte. "Un rien après un rien" [progressivement], je me suis retrouvé, en peu de temps, embarrassé par toutes les habitudes prises, par les engagements passés, par les terres acceptées. De son côté, ma mère elle aussi a suivi : furieuse contre moi, elle n'arrêtait pas de fulminer contre moi, de jour comme de nuit, devant moi quand nous sommes ensemble, derrière mon dos quand elle trouve une oreille complaisante. Elle a cru faire pression sur moi en renonçant à beaucoup de travaux qu'elle faisait à l'extérieur : "Si tu ne veux plus rien faire, moi aussi j'en ai marre, ce n'est plus la peine que je m'épuise toute seule. Tant que tu étais petit, je t'ai fait une maison, mais maintenant que tu es grand, c'est ton affaire ; à ton gré, si tu veux 'faire le plein de ta maison ou en faire le vide'. Je ne peux plus rien maintenant." Effectivement, elle s'est libérée des terres prises en métayage, elle n'a gardé que le jardin et une petite parcelle proche de la maison. C'est devenu son domaine et elle est seule à s'en occuper.

« Notre pays est bon pour celui qui ne demande qu'à vivre [se nourrir] et encore à vivre "selon l'état du pays" : tu travailles tous les jours sans compter, tous les jours que Dieu a faits, tu rapportes ce qu'il te faut pour vivre et ne vis que de ce que tu rapportes. Tout le reste est exclu. Si tu te rassasies de cela, c'est tant mieux ; sinon, il faut te mettre à courir. Si ce n'était que la faim du ventre ? C'est vrai, plus personne n'a faim maintenant ; mais la faim, ce n'est pas seulement ce qu'il faut se mettre dans le ventre, c'est aussi la faim du dos [qu'il faut habiller], des pieds [qu'il faut chausser], du mal au ventre [qu'il faut guérir], du toit [qu'il faut couvrir], de la tête [des enfants qu'il faut scolariser]. Ce n'est pas seulement : si tu manques de sel, mange fade ou si tu manques de pétrole, couche-toi dans l'obscurité ! Il ne faut donc pas que tu aies envie de quelque chose et surtout que tu aies besoin d'argent. Or c'est d'argent que tout le monde a besoin ; même au village, tout s'achète comme en ville. C'est devenu le village, "elfilaj". »

La seule porte, c'est la France

« Ce n'est pas parce que j'ai tout liquidé de l'agriculture, vendu les bœufs, l'âne, restitué les terres à leurs propriétaires, que c'est fini et que j'ai arrêté complètement de travailler. Non, j'ai continué à travailler, mais autrement… à autre chose, à tout. Si je dois travailler dans les champs de quelqu'un, ou bien c'est parce que j'ai l'envie de lui rendre service, je l'aide une, deux, trois journées ; ou bien, c'est comme salarié à la journée et alors, le soir, il faut qu'il pose devant moi [le salaire de] ma journée. C'est clair… Le travail de la terre est un travail comme un autre du moment qu'il me rapporte de l'argent. Ce n'est pas plus pénible que de travailler avec les maçons ou même sur un camion, comme je l'ai déjà fait. [...] Qu'est-ce que je n'ai pas fait pour gagner de l'argent ? J'ai été jusqu'à accepter des gifles[1] parce qu'elles m'ont apporté 11 000 francs [on continue à compter en anciens francs lors même qu'il s'agisse de dinars].

« Ma mère aussi s'est mise de la partie ; on dirait qu'elle avait voulu me suivre dans toutes mes entreprises : elle a repris sa machine à coudre, alors qu'elle disait en être dégoûtée ; elle a repris son commerce prospère auprès des femmes et s'est mise à vendre de tout : des œufs, du tissu que son frère, "un véritable serpent" lui aussi, lui ramenait de France, des bijoux vrais ou faux, mais le plus souvent de "cuivre et de mensonge[2]". Nous sommes tous devenus des "glaneurs de petits sous" ; notre seule affaire est comment en ramasser.

« Malgré notre acharnement, ma mère et moi, à courir derrière l'argent, on en manquait toujours. Je n'ai jamais cessé de travailler, des cals se sont formés dans mon dos, mais, de l'argent, je n'en avais toujours pas, je n'avais pas même de quoi acheter des cigarettes. Pourquoi travailler pour un tel résultat ? J'ai eu la tête grosse de sou-

1. Allusion à la pratique qui consiste à surveiller l'implantation des barrages de police sur les routes qui relient le village aux villes voisines et à en avertir les nombreux « transporteurs clandestins » de voyageurs (voitures et camions) afin qu'ils fassent descendre leurs « clients » avant d'atteindre ces barrages ; si, en échange de ce service, les guetteurs recevaient des transporteurs une part des sommes que ces derniers auraient payées en contraventions s'ils avaient été pris en flagrant délit, en contrepartie, ils s'exposaient de la part de la police qui n'était pas dupe de leur manège à de sérieuses réprimandes et parfois à des sanctions physiques.
2. Les termes de *nahas* (cuivre), de *sakka* (acier), s'agissant de bijoux, sont synonymes d'« hypocrite », de « faux », de « mensonger » et d'« égoïste », parce que structuralement équivalents dans la logique et le vocabulaire mythico-rituels.

cis, ça bouillonnait dans la marmite. Je fumais de plus en plus, j'avais de plus en plus besoin d'argent et j'en manquais de plus en plus. En un rien de temps, sans savoir comment, je me suis retrouvé avec 450 000 de dettes. 450 000 ! À peine 50 000 de plus, c'est un demi-million ! C'est une somme ! Là, j'ai eu peur, j'ai eu un découragement total ! Que faire ? Où trouver un refuge pour ma tête ? D'où sortir cet argent pour rembourser ? C'est une situation sans issue ; plus aucune sortie, la seule "porte" qui reste, c'est la France... Il ne reste plus que cette solution. Tous ceux qui ont de l'argent, tous ceux qui ont fait quelque chose, qui ont acheté, ou construit, c'est parce qu'ils avaient de l'argent de France.

Les gens n'ont que la France à la bouche

« C'est ainsi que la France nous pénètre tous jusqu'aux os. Une fois que tu t'es mis cela dans la tête, c'est fini, cela ne sort plus de ton esprit ; finis pour toi les travaux, finie l'envie de faire quelque chose d'autre, on ne voit plus d'autre solution que partir. À partir de ce moment, la France s'est installée dans toi, elle ne te quitte plus ; tu l'as toujours devant les yeux. Nous devenons alors comme des possédés. Si on te disait : "Si tel cheikh t'écrivait, tu partirais[1]", à coup sûr, tu irais le voir. C'est de la folie ! C'est comme cela pour tous les "J3 de maintenant" [les jeunes] qui veulent partir. Dès que l'un d'eux

---

1. Il s'agit des amulettes qu'écrivent ou confectionnent tantôt les lettrés (un taleb ou un cheikh), tantôt les devins et autres magiciens ; ces amulettes auxquelles on attribue toutes sortes de pouvoirs magiques sont portées soit pour leur vertu curative (elles guérissent de certaines maladies), prophylactique (elles protègent du mauvais œil) ou encore propitiatoire, comme ce devrait être le cas ici : elles porteraient chance et favoriseraient les projets les plus difficiles.

commence à "refuser" [à désobéir], à faire ses petites histoires : il refuse de travailler, il fait toujours bande avec les autres, il est toujours dans les "endroits qui ne sont pas pleins" [hors du village] ; tu peux être sûr, c'est qu'il manigance de partir. Avant on faisait cela pour pouvoir se marier quand les parents y mettaient un peu de négligence. Maintenant, si on est marié et qu'on a envie de partir en France, on pousse la bouderie jusqu'à renvoyer sa femme. C'est de la folie, il n'y a pas d'autre mot, c'est comme de boire ou de jouer, c'est un petit ver qui "creuse en nous des galeries comme à la mine". Quand je pense maintenant à tout ce que j'ai couru, à tout ce que j'ai attendu, à tous les voyages que j'ai faits, à tout le monde que j'ai supplié, il faut vraiment être enragé pour accepter tout cela, rien que pour pouvoir arriver en France.

« Moi aussi, comme tout le monde, j'ai eu les mêmes paroles à propos de la France, et cela à longueur de journées, de nuits et d'années : "Que Dieu me fasse disparaître de ce pays !" Le pays de l'"étroitesse", le pays de la pauvreté, le pays de la misère, le pays "tordu", "inversé", le pays du "contraire", le pays du déclin, le pays qui suscite du mépris pour les siens, le pays incapable de retenir les siens, le pays délaissé par Dieu… Et l'on jure, l'on promet : "Le jour où je sortirai d'ici [le pays], jamais plus je ne dirai ton nom ; je ne regarderai vers toi ; je ne reviendrai à toi." Moi-même, quand je m'en souviens, combien de fois je me suis voué, non pas à la "facilité" et à tous les bons augures qu'on souhaite à qui doit prendre le chemin, mais à la force des démons. "Que je sois emporté, ravi d'ici" était une expression plus habituelle chez moi que celle par laquelle on invoque les bonnes grâces : "Que Dieu ouvre ou 'facilite' le chemin."

« En réalité, tout cela n'est que mensonge, comme on dit, "un mensonge par-dessus l'autre". Que tu es amer,

ô pays, quand on songe à te quitter ! Et que tu es désirée,
ô France, avant qu'on te connaisse !... Tout cela parce
que notre village n'est plein que de la France. Les gens
n'ont que la France à la bouche.

« Dans notre village, nous avons plus de monde en
France que dans le village. J'ai beau compter "comment
en trouver le bout" [et vérifier], chaque fois je retrouve
plus d'hommes en France que dans mon village. Quand
j'étais là-bas au village, il y avait des moments où nous
[les quelques hommes du village] étions pénétrés par la
"solitude sauvage" [la frayeur]. J'étais sur le point de partir, tout le monde me disait : "Il n'y a plus que toi qui es
resté, et maintenant tu vas aller les rejoindre... Tu nous
laisseras du 'vide'." Nous n'avons pas foule au pays ; tout
notre monde est en France ; nous "emplissons" la France
et "vidons" le pays. Et encore, qu'y a-t-il au village ?
Seulement tous les "cassés" et les "tordus", qui ne sont
bons à rien.

« Il n'y a au village que les anciens [rentrés] de France.
Ils sont revenus de France parce qu'ils en sont fatigués
ou peut-être parce que c'est la France qui est fatiguée
d'eux, si cela ne dépendait que d'eux... ils ne l'ont pas
[la France] enlevée de leur cœur. D'un côté, il y a ceux-
là ; de l'autre, il y a ceux qui se préparent à partir, un jour
ou l'autre. En petit nombre, il y a quelques-uns – ce sont
tous les jeunes de mon âge – que personne n'approuverait
s'ils se mettaient à "avoir à l'esprit" de partir eux aussi.
Même ceux-là, peut-être qu'au fond d'eux-mêmes ils
aimeraient partir : ce sont ceux qui ont des places, peu
importe où en Algérie. Il y a donc tous ceux-là, ce sont
nos hommes sur place. Il y a ceux dont on parle, comme
on parle du gardien du foyer, "cheikh du kanoun", "son
nom est là, mais lui on ne le voit jamais" [pour dire qu'il
est fantomatique] ; ils sont toute une armée, l'armée de
ceux – dont je suis – qui n'arrêtent pas d'aller et venir

entre le pays et la France ; l'aller-retour, c'est tout ce qu'ils font. Ceux-là sont une catégorie à part ; certains d'entre eux finissent bien, avec l'âge, par renoncer à la France, mais ceux qui les remplacent, ici en France, sont plus nombreux ; il y en a plus qui viennent en France qu'il y en a qui retournent au pays. Il y en a qui finiront par mourir ici en France, je ne sais pas pourquoi au village, on les compte comme des hommes du village : on compte sur eux, on "compte leur tête" à chaque occasion [on les décompte pour toute contribution ou pour tout partage selon le nombre d'hommes d'une famille], on ne les oublie pas alors qu'ils ont, eux, oublié leur village, leurs parents. [...] Il y en a qui sont ici en France depuis vingt ans au moins. S. c'est un parent, il n'a pas connu son fils avant qu'il ne soit un homme : il est parti à la naissance de son fils, sa femme est morte entre-temps, quand il est rentré, il a trouvé son fils marié, "avec sa maison", il a trouvé une bru... On se croirait dans un conte.

« Les hommes qui sont à demeure dans le village, on peut dire presque tous, ont déjà travaillé en France. Si on doit compter dans le village les hommes qui ne sont jamais allés en France de leur vie, je crois qu'on n'en trouverait pas une douzaine... Je ne compte pas les jeunes classes de maintenant, ceux qui sont de mon âge. Chez nous [dans le groupe de ses parents], qui n'a pas été en France ? Un seul ! Parce que la "machine [le train] l'a laissé" [il a raté le coche]. Tous les autres, ce sont ceux que la France a esquintés ; ils en sont revenus tout "secoués", tout "gaulés" [comme des oliviers]. De toute façon, ils ne peuvent plus travailler ; ils ne sont plus des "travailleurs" ni de la maison [c'est-à-dire au pays] ni du dehors [c'est-à-dire en France] ; ils ne sont bons que pour rester à ne rien faire au village. Tu les vois errer, aller et venir dans les rues du village, ce sont eux qui "emplissent" le village. Tu ne peux comprendre ce qu'ils sont, ils sont tout ce que tu veux : si tu veux, ils sont les sages du village bien qu'encore jeunes, ils sont les "hommes oisifs" du village, en gandoura et en turban [tenue des hommes qui généralement sont oisifs], ils sont au village comme s'ils étaient tout le temps en vacances ; chez eux, dans leur propre maison, ils aiment être [traités] comme des invités permanents. Mais si tu veux, ils sont aussi les travailleurs de force sur lesquels compte le village.

« Heureusement que maintenant ce n'est plus comme autrefois, il n'y a plus à redouter les grandes rixes du passé, car si on était attaqué, il n'y aurait plus aucun homme sur qui compter. Ils ne sont bons ni pour le travail ni pour le combat, ils sont tout cassés, bons seulement pour dormir jusqu'au "plus chaud de la mi-journée". Ceux-là, le pays leur convient, maintenant que de la France ils ont ramené leur carcasse ; c'est tout ce qu'elle leur a laissé : un tas d'os qu'ils ont préservés ; il ne leur reste que cela, l'essentiel, le "vif", ils l'ont laissé en France. D'ailleurs, ils sont tous revenus [de France] avec quelque chose : certains, une retraite, d'autres, une pension d'invalidité. Ils ont ramené avec eux "de France, leur part". La France continue à les "secourir" et ce qu'elle leur donne leur suffit. C'est toujours autant de pris ; c'est "autant trouver dans sa soupe de fèves un morceau de gras !". De ceux-là, on dit que [leur affaire] "est réglée" : ils n'ont plus de gros soucis.

« Ce qui manque maintenant à tous ces anciens de France, c'est de pouvoir partir quand ils en ont envie, si le chemin était ouvert ; partir comme ça…, de temps en temps, en touristes, pour un mois, deux mois[1]. Chacun

---

1. L'entretien a été réalisé en 1975, c'est-à-dire moins de deux ans après que l'Algérie eut interdit toute nouvelle émigration vers la

d'entre eux a un fils, un frère, un gendre ou même une fille qu'il aimerait aller voir, passer quelque temps avec lui, changer d'air et revenir en ramenant argent, effets, cadeaux. C'est comme cela que fait le touriste ! C'est ça les vacances. S'il en était ainsi, cela n'arrêterait pas ; ce serait une foire, un perpétuel va-et-vient : ceux de France iraient là-bas, en vacances, l'été ; ceux de là-bas viendraient en France, eux aussi en vacances, en hiver. Même dans les conversations, de quoi parlent tous les hommes du village ? De la France ! Les anciens de France répètent leurs souvenirs... Les "permissionnaires" parlent de la France, au milieu de leur village, ils se croient encore en France ; les jeunes qui sont dans l'attente de partir rêvent de la France. On n'entend que parler de la France : la France est comme ci, la France est comme ça ; il paraît qu'en France c'est comme ça ; ou que tel en France a dit ceci ou cela, fait ceci, fait cela ; a acheté un taxi [c'est-à-dire une voiture ; en ce sens, le terme français taxi s'oppose à camion], la moto et ainsi de suite... Notre village est un village "mangé" par la France ; personne n'y échappe.

« En réalité, personne ne sait rien [de la France]. Les gens en parlent à l'aise et la France pour tous paraît illuminée. C'est ainsi. La France plaît à tous, elle est belle aux yeux de tout le monde [...]. Mais vraiment, de la France, que veux-tu qu'on en dise ? On ne la connaît pas. On dit... on dit qu'elle est "le pays du bonheur", c'est tout !

« Avant de la connaître, je ne croyais pas que la France était [une terre] étrangère. Je pensais que c'est comme si

France et moins d'une année après que la France eut suspendu, pour des raisons économiques, toute nouvelle immigration de travailleurs ; en cela, les propos de Mohand A. ont, rétrospectivement, quelque chose de prédictif. [Note de l'auteur en 1989.]

on allait dans un des villages des alentours sauf que c'est plus loin… comme si on allait vers un pays de connaissance. […] Ce n'est pas moi qui ai inventé la France, combien m'ont précédé, et depuis des temps immémoriaux, je ne suis ni le premier ni le dernier. À commencer par mon frère, il compte maintenant plus de quarante ans en France. Mon père lui-même, en son temps, était déjà venu en France ; il a travaillé dans les mines de charbon du Nord et même en Belgique, il a connu l'époque où il y avait des chevaux au fond des mines, il en parlait toujours. […] Moi, de la France, j'en ai entendu parler depuis que je suis né et tous les jours, dix fois par jour. C'est pour cela que je me la représentais tout à fait autrement. Je ne pensais même pas qu'elle pouvait être comme Alger. À Alger, où pourtant il n'y a pas beaucoup [d'hommes] du village, je ne crois pas qu'on me laisserait [livré à moi-même]. Je le croyais encore moins pour la France où se trouve tout le village, où sont réunis tous les parents, oncles paternels et oncles maternels. Il suffisait donc, il me semblait, que je sorte d'Alger… Pour le reste, c'est comme si on allait vers sa maison… Avoir tant d'hommes en France et avoir peur [au point de faire] un pas en avant, un pas en arrière, ce n'est pas la peine !

« Je pensais que, sans que ce soit tout à fait comme au village, j'allais me trouver un petit peu comme dans un quartier d'Alger, mais dans un quartier où je trouverais tous les parents. Ce n'est rien de plus qu'aller à un village voisin : celui qui y va sait où aller, sait ce qui l'amène là ; en le voyant, tout le monde sait chez qui il va ; on attend qu'il soit rendu et après tout le monde peut l'inviter. Il n'est pas de ceux qui attendent qu'on leur apporte à manger ou qu'on les dirige vers la mosquée parce qu'ils n'ont personne sur place. Je m'attendais à ce que ce soit la même chose pour moi en France. Bien sûr, je me rendrais d'abord à ma destination, chez le plus proche, c'est-à-dire mon frère, et ensuite tous les parents sont à moi. En fait, cela ne s'est pas passé comme cela.

Pouvoir partir, sans rien avoir à demander !

« [...] J'ai eu beaucoup de peine pour pouvoir arriver en France. Ce n'est rien, les démarches qu'il faut faire[1], le temps qu'il faut attendre ; le plus pénible, c'est d'entendre tout ce qu'on dit de toute part chaque fois qu'on te voit faire quelque chose. "Pour qui se prend-il ? J'espère qu'il n'y arrivera pas. Il vaut mieux qu'il reste ici, on a besoin de lui. Il ne manque pas de pain, que veut-il de plus ? De toute façon, il n'a aucun espoir ; combien avant lui ont demandé à partir et attendent toujours depuis des années. Il ne va pas s'envoler tout seul ; qu'il reste où il est !" Tout cela je le savais et je me disais : "Si tu veux partir, il ne faut surtout pas que tu passes par les 'gens d'ici' [l'autorité locale]." On m'a déjà fait le coup pour une autre affaire [...]. Durant tout le temps des démarches pour partir, qu'est-ce que je n'ai pas entendu ! Dans le village, chacun donnait de la voix à sa manière ; on jurait que je galopais pour rien, que je dépensais mon argent en pure perte. "Reste tranquille !" me conseillait-on. Je laissais parler. Même mon oncle, celui sur lequel je pouvais compter un peu, n'arrêtait pas de dire : "Il se cassera la tête sans aucun résultat ; il ne fait que galoper. Je vous le dis, en définitive, il se fatiguera à labourer L.[2]" Combien

1. Pour pouvoir partir, Mohand A. avait besoin de se faire établir un passeport et délivrer une autorisation de sortie.
2. L. est une parcelle appartenant à cet oncle dont le jeune émigré attendait beaucoup ; éloignée du village, abandonnée depuis déjà de nombreuses années, elle n'est plus qu'un terrain de pacage à la

de fois j'ai pleuré… Cela me faisait mal au cœur d'entendre les moqueries ; les gens ont tout leur temps pour s'occuper des affaires des autres. J'aurais donné cher pour leur prouver le contraire. Je priais que je ne sois pas déshonoré. Grâce à Dieu, j'ai été préservé de cette honte. J'ai attendu une année pour pouvoir obtenir toutes les autorisations nécessaires et il a fallu que je sois bien soutenu. Ma grande joie, ma revanche, ça a été de pouvoir partir sans rien avoir à demander aux gens du village. Chaque "papier" que j'obtenais était, à lui seul, toute une histoire.

« Le passeport, quand je l'ai eu, a été ma première victoire ! Quand je l'ai eu en main, fallait-il le brandir ou le cacher et attendre la suite ? On ne sait jamais ce qui va venir après… Patience ! Mais malgré cela, la nouvelle s'est ébruitée…

« Il ne faut pas que je reste ainsi à mi-chemin. […] La deuxième victoire, c'est quand j'ai retiré mon autorisation de sortie. Là, j'ai alors redressé la tête ! Je me disais : "Je peux maintenant partir." Mais, au fond de moi, je n'étais pas tranquille, j'étais plus inquiet que jamais : ce n'est pas tout de pouvoir quitter Alger, il faut encore passer là-bas, ne pas être refoulé ! C'est un pari à prendre ; j'ai joué. En moi-même, les choses étaient réglées : ou bien je franchis la mer, ne serait-ce que pour quelques jours, j'ai alors vu mon frère, mes neveux, je me tiendrais pour satisfait comme si je n'étais venu que pour cela ; ou bien je suis renvoyé d'Alger ou de France et là je ne remettais plus les pieds au village, advienne que pourra ! D'où me viendra ce visage qui osera affronter le monde quand, à peine parti, il faudra être déjà de retour ? On dira : "Il

_____

disposition de tous les troupeaux du village. Pour en arriver à labourer pareil champ, il faut vraiment atteindre le degré extrême de l'indigence.

a ramené avec lui les provisions de route qu'il a emportées" ; et je n'entendrais que cette rumeur : "il paraît que…, il paraît…". Le pire des exils vaut mieux que ce spectacle infamant. Dieu m'a protégé de pareil scandale.

« Ma mère avait déjà propagé la nouvelle que je partais, partout sur son passage. Je ne sais si c'est de joie ou de peine qu'elle annonçait cela à tout le monde, ou si c'est par défi. […] Entre-temps, les dettes continuaient à s'entasser sur mon dos, toutes les dépenses engagées pour obtenir les papiers, le prix du voyage aller et retour. Dans ma hâte, j'ai payé le jour même où j'ai eu l'autorisation [de sortie]… Une semaine après, j'étais en France.

Dans notre France à nous, il n'y a que des ténèbres

« Quelle France j'ai découverte ! Ce n'est pas du tout ce que je m'attendais à trouver […]. Moi qui croyais que la France ce n'était pas l'exil [*elghorba*]. Il faut vraiment arriver ici en France pour savoir la vérité. Ici on entend dire les choses qu'on ne nous dit jamais là-bas au pays ; on entend tout dire ; "ce n'est pas une vie d'humains, c'est une vie qu'on ne peut aimer ; la vie de chiens chez nous est meilleure que ça…". Je garderai toujours en mémoire cette image de mon arrivée en France, c'est la première chose que j'ai vue, la première chose que j'ai entendue : on frappe à une porte, elle s'ouvre sur une chambre petite qui sent un mélange d'odeurs, l'humidité, l'atmosphère renfermée, la sueur des hommes endormis[1]. Quelle tristesse ! Que de malheur dans leur regard, dans leur voix

---

1. C'est une chambre tout à fait analogue que Mohand A. partage actuellement, lui aussi, avec trois autres compagnons, dans un hôtel tenu par des compatriotes à une des portes du Nord de Paris.

– ils parlaient à voix basse –, dans leurs propos. Il m'a été donné de voir à partir de cela ce qu'est la solitude, ce qu'est la tristesse : l'obscurité de la chambre, l'obscurité dans la chambre […], l'obscurité de la rue… l'obscurité de toute la France, car, dans notre France à nous, il n'y a que des ténèbres.

« […] Ils parlaient de moi à mon oncle qui m'avait amené avec lui : "Pourquoi l'avoir attiré dans ce guet-apens, pourquoi l'avoir ainsi trompé, pourquoi lui avoir tendu ce traquenard ?" Qu'est-ce que j'entendais là ? Je ne comprenais rien. Où suis-je donc ? Suis-je en France ou est-ce seulement une étape intermédiaire, une épreuve supplémentaire avant d'arriver en France ? Pourtant l'*aéroplane* [l'avion] m'a bien déposé en France ? Et puis ces hommes-là, je les connais tous ; je sais qu'ils sont en France, je me rappelle bien d'eux : je les ai vus au village, il n'y a pas longtemps ; ils rentraient de France, ils étaient contents. Est-ce les mêmes ? Ils me paraissaient alors être grands, très grands et, là, ils sont petits, petits, cachés dans leur lit ! Qu'est-ce que tout cela ? Peut-on se tromper à ce point ? Au fond de moi-même, je me raccrochais à autre chose, je préférais mettre cela sur la jalousie, sur l'égoïsme des hommes. Je me disais : "C'est toujours la même histoire, c'est comme au pays ; dès que quelqu'un s'est tiré d'affaire, il aimerait être seul à 'gagner'. Je ne suis pas encore arrivé en France, voilà qu'on fait tout pour m'en dégoûter, pour m'annoncer les pires choses… Pourquoi es-tu venu ?" Je ne sais ce qui m'a retenu de leur répondre : "Et vous, qu'est-ce que vous êtes venus faire ici ? Est-ce que vous avez oublié ? Croyez-vous que vous allez être les seuls à 'gagner' ?" Si je n'ai rien dit, c'est parce que j'avais la tête toute "brouillée", je ne savais pas encore où j'étais, je n'étais pas encore "stabi-lisé", installé.

« Après c'est venu très vite. Quand après avoir vu l'un et vu l'autre, après avoir été chez celui-ci et chez celui-là, tu te rends compte que toutes les fois, c'est la même chose : ce que l'un t'a dit, l'autre te le répète ; ce que tu as vu chez l'un, tu le retrouves chez l'autre, tu finis par te rendre à l'évidence. C'est cela la vérité. J'ai découvert ce qu'est l'exil [*elghorba*]. Ils ont beau plaisanter, quand ils reviennent au pays, sur "la terre natale qui leur est devenue la terre étrangère [*elghorba*]", l'exil c'est toujours l'exil. Ils disent bien : "Le pays m'est devenu l'exil [*elghorba*]", quand ils sont "pris dans l'obscurité", mais au fond, on ne les croit pas.

Tout ce que nous disons, c'est du mensonge

« Non, on ne nous a jamais expliqué la France comme elle est avant qu'on la connaisse. On les voit revenir, ils sont bien habillés, ils ramènent des valises pleines, de l'argent dans les poches, on les voit dépenser cet argent sans regarder ; ils sont beaux, ils sont gras. Et quand ils parlent, qu'est-ce qu'ils disent ? Ils parlent de leur travail. Quand ils disent : "Je fais un travail difficile", on les admire… Si on les soupçonne de mentir, c'est de se vanter de faire un travail difficile, un travail dur ; le travail est toujours dur, il faut être fort pour le faire, cela veut dire qu'ils gagnent beaucoup d'argent. Voilà ce que l'on comprend quand on n'a pas vu de ses propres yeux… De tout le reste, personne n'en parle.

« Quand ils reviennent en vacances, c'est l'été, c'est la grande foule dans le village, c'est la joie partout, ce sont les noces. Avant de savoir, je pensais qu'en France aussi c'était tout le temps comme cela, que ce sont eux qui amenaient avec eux toute cette joie… Non, qu'attendre

des visages de la désolation ? Je me suis rendu compte
que la joie n'était pas la leur, et que c'est même le
contraire, ils viennent la retrouver au pays, quoi qu'ils
en disent. [...] Moi aussi, comme eux, quand je retourne
au village, qu'est-ce que tu veux que je dise ? Même si je
parlais de mon travail et que je leur dise la vérité, je leur
dirais par exemple : "Mon travail est sale, du poison qui
me rentre dans le ventre ; je me tue au travail, les Français
avec lesquels nous travaillons et nous, c'est comme
chiens et chats[1]..." Tout cela, c'est comme si je ne leur
disais rien. Ce qui compte pour eux, c'est que je leur dise
que je travaille, c'est tout ce qu'ils entendront. Pourquoi
alors faire tomber sur eux l'"obscurité" ? De toute façon,
rien n'ébranlera leur foi. Pour comprendre quelque chose
à la France, il faut y être passé auparavant [...]. Celui qui
n'a rien vu [de la France], celui-là écoute et reste
convaincu que le bonheur est "futur", qu'il l'attend là-bas
et qu'il n'a qu'à aller de l'avant... S'il faut arriver
jusqu'ici en France pour savoir la vérité, c'est un peu
tard... trop tard.

« [...] Moi aussi, je répondrai aux questions qu'on me
pose. Que faire d'autre ? Ce n'est pas mentir... Mais ce
qu'il ne faut pas faire, c'est en ajouter par orgueil et
vantardise. Et là, je préfère me taire plutôt que parler à
tort et à travers... Là, c'est du mensonge !... C'est de

---

1. Mohand A. n'a eu qu'un seul emploi depuis qu'il est en France : il
a été embauché dans une petite entreprise de polissage et de décoration
sur métaux, par l'intermédiaire d'un parent qui y est chef d'équipe ;
travaillant à la meule, il se plaint de respirer toutes les poussières qui se
dégagent du frottement et qui lui « rentrent », comme il dit, « dans le
ventre ». De plus, se rangeant du côté des travailleurs étrangers qui, dans
l'entreprise, sont très peu nombreux (deux Portugais, un Malien, un
Marocain, cinq Algériens en tout, soit au total neuf ouvriers étrangers sur
une cinquantaine), il a tendance à se renfermer sur lui-même et à
accroître intentionnellement son isolement.

notre faute à nous, les émigrés, comme on nous appelle : quand nous retournons de France, tout ce que nous faisons, tout ce que nous disons, c'est du mensonge ; c'est notre tort. Si nous attachions quelque valeur à notre argent, cela ne se passerait pas comme ça. Notre argent, nous le sortons trop facilement, on dirait qu'il saute de lui-même hors de nos poches : nous le jetons comme cela vient par les portes et par les fenêtres. Tout le monde peut s'imaginer que nous l'avons gagné sans peine. C'est maintenant que se réalise l'histoire qu'on racontait avant : il paraît que là-bas il suffit de se baisser pour ramasser des "feuilles" de dix mille. En réalité, s'ils voyaient comment nous tirons cet argent, dans quelle misère nous vivons, pour pouvoir l'économiser, il y a de quoi détester cet argent, il est trop amer, c'est du véritable "laurier-rose[1]". Nous sommes ici, nous ne nous souvenons de rien… Quand on a mangé, on oublie qu'on a eu faim, on se lance dans les dépenses, ainsi qu'on le dit déjà, "comme ceux qui reviennent de France". Quand on a besoin, c'est comme si le besoin faisait oublier tout ce par quoi on est passé. Si ce n'était pas cela, pourquoi revenir en France quand on a déjà connu ce qu'est la France. Il faut vraiment que le besoin oblige. Nous sommes tous ainsi ; on dirait que c'est Dieu qui nous a "frappés", il suffit que nous nous trouvions dans un endroit pour qu'aussitôt Dieu nous rende plus doux l'autre endroit. À peine "descendu" [débarqué, pour dire "arrivé au pays"], c'est déjà l'oubli. On recommence tout et on repart vers la France, comme si rien ne s'était passé.

« Maintenant que j'ai vu, je jure que je ne tromperai plus personne ! Cet été, pour la première fois que je suis

1. Le laurier-rose est le symbole de l'amertume trompeuse, de l'amertume qui se cache sous des apparences agréables.

retourné au village – cela ne faisait pas une année –, je les ai tous vus arriver, j'étais là-bas bien avant eux, j'étais là-bas au mois d'août. Ils m'ont trouvé au village comme les années passées, j'étais en habit de travail, j'ai fait la moisson comme par le passé. Il n'y a rien de changé ; c'est le Mohand habituel du village, c'est tout ! Quand il arrive que l'on se retrouve comme cela en groupe, ceux qui reviennent et ceux qui ne sont pas encore partis : vas-y donc ! Fanfaronnades, mensonges : "J'ai fait comme ci, j'ai fait comme ça ; j'ai ceci, j'ai cela" ; et on continue ! Je laisse parler et quand il n'en peut plus ajouter, je le pique et le fais sursauter : "Moi aussi j'en reviens…" Beaucoup ignorent encore que je suis en France ; ici à Paris, ils [les émigrés de son village] ne sont pas nombreux et à Lyon [où se trouve concentrée l'émigration originaire du village], il n'y a que les proches qui le savent. À tous les autres, au fond de moi, je leur dis : "Allez-y, je 'sortirai' tous vos mensonges, vous avez beau enjoliver les choses et orner vos propos !" Et plus ils sont misérables, plus ils en rajoutent. – Tiens, toi, je suis au courant, je sais quels sont tous tes faits, comment tu vis… je t'ai vu là-bas. – Tu plaisantes, comment as-tu fait pour me voir, tu as des jumelles qui voient d'ici jusqu'à là-bas ? – Parce que moi aussi, si tu le sais, j'étais là-bas ; j'en reviens, je ne suis là que depuis quelques jours, c'est tout… Alors, ne mens pas, mens aux autres mais pas à moi qui ai vu. Ou bien crois-tu que je vais te couvrir et me mettre de ton côté ? Maintenant, puisque tu le veux, nous allons dire la vérité à ceux-là qui nous écoutent, ceux qui n'ont rien vu. Tu te vantes de gagner tant…, la vérité est que tu ne gagnes même pas la moitié… Tu n'arrives pas à faire les "deux parts" de ce que je gagne. Ta chambre qui n'est pas à toi, mais à B., ce n'est pas lui qui t'a pris avec lui ? Tu le nies ? Combien de fois tu n'avais pas de quoi la payer ? Il a fallu que ce soit lui ou D. qui la paie à ta place, sans quoi tu aurais ramassé ta valise dans la rue ; tu manges au café à crédit, je suis sûr qu'aujourd'hui encore, pourtant tu es là parmi nous, tu as encore des dettes : tu n'as pas payé ce que tu as mangé le mois dernier. Je vous prends tous à témoin, allez demander à Ch., à Y. si le voyage qui l'a amené ici, il l'a payé de son argent. S'il l'a payé, le menteur, c'est moi, ce n'est pas lui !... Parce que là-bas aussi, comme ici, tu as "ta chevelure" toujours en l'air. Il laisse ses cheveux pousser longs, il a été chez le coiffeur en arrivant à Alger. Il a un peu d'argent dans sa "pochette" deux jours après qu'il a touché sa paie, c'est tout ; deux jours, il ne faut pas lui demander plus. Au-delà, pour tout, même une cigarette, s'il ne la mendie pas à quelqu'un, il ne pourra pas la fumer. Voilà quel "petit homme" nous avons en France, celui-là qui remplit le monde ici devant vous de son vacarme... Là-bas, quand monsieur a de l'argent, tu le vois partir, parce que je l'ai vu partir comme cela et on m'a raconté ses exploits, serré dans "sa costumette", il est ici, il est là, d'un café à un autre, le premier qu'il rencontre peut l'entraîner où il veut... Ainsi jusqu'à ce que les poches soient vides. Secoue-les, renverse-les, il n'en tombe pas un centime. Tu vois alors notre homme revenir dans le quartier où il y a tout le monde, il baisse alors la tête, pas un mot, il longe les murs ; rentré dans sa chambre, il n'en sort plus... parce qu'il n'a plus un seul "grain" dans sa poche. Alors il est pareil à un "croyant ascétique"... Et maintenant, à loisir, alors que "la situation est large pour lui", il se met à divaguer à son gré... »

Une théorie spontanée de la reproduction

Mohand A. est un jeune immigré, âgé de 21 ans, arrivé en France depuis un peu plus d'une année seulement. Originaire d'un village qui, comme il le dit lui-même, compte « beaucoup plus de monde en France que sur place », il appartient à cette génération de jeunes ruraux qui, dans une région de très ancienne et très forte tradition d'émigration (les massifs de Kabylie), n'ont d'autre perspective d'avenir et, initialement, d'autre ambition que partir. En effet, d'une part, parce qu'il n'a pas pu bénéficier à temps de l'effort de scolarisation récemment entrepris en milieu rural (c'est à peine, selon ses propres termes, s'il est « passé furtivement » dans l'« école de circonstance », ouverte dans le local où se tenait la *djemaâ*, l'assemblée du village), il ne pouvait, à l'instar de tous les jeunes pourvus d'un minimum d'instruction et parfois des titres requis (certificat d'études primaires, CAP), espérer trouver ni en ville, ni dans les villages avoisinants, ni même sur place, un emploi stable qui le dispenserait d'émigrer ; d'autre part, parce qu'il n'appartenait à aucune de ces grandes familles paysannes de tradition, possédant champs, arbres et bétail, il ne pouvait pas, indépendamment de la désaffection générale qui frappe l'agriculture traditionnelle et à laquelle n'échappent même pas les membres des familles terriennes, se résigner à sa condition de métayer, c'est-à-dire de fellah sur la terre et pour le compte d'autrui.

Ayant une conscience très aiguë de la position particulière qu'il occupe parmi l'ensemble des hommes du village, provoqué à ne rien entreprendre qui ne soit sur le mode du défi ou de la réplique à ce qui est perçu comme un défi, Mohand A. va vivre, en l'espace de quelques années, dans un saisissant raccourci et sur le mode de l'expérience directe, tout le bouleversement qui s'est emparé de l'ancien ordre social paysan. Dans une communauté rurale en pleine désagrégation, et où, sous l'influence de divers facteurs (et principalement de l'émigration avec toutes ses conséquences qui ne sont pas uniquement économiques), ce ne sont pas seulement les tâches agricoles traditionnelles, dont on découvre la désuétude et l'inanité, qui sont de plus en plus délaissées, mais c'est tout l'esprit paysan qui est sérieusement entamé et toutes les anciennes valeurs qui sont battues en brèche ; croire encore (ou faire semblant de croire), ne serait-ce qu'un temps, à la condition paysanne, adhérer (ou faire semblant d'adhérer) à la terre avec toute la vigueur du néophyte, ne peut être, en l'espèce, qu'une attitude de défi.

En effet tenter la gageure de labourer, ainsi qu'il le reconnaît lui-même, « des terres qu'en des temps pas si éloignés il lui était interdit de traverser » ; acquérir une paire de bœufs « dans une maison qui, aussi loin qu'on remonte, n'a pas vu de bœuf en franchir le seuil », ce n'est point par un quelconque désir de se singulariser et encore moins par celui, anachronique, de rejoindre le clan des « cultivateurs d'autrefois », survivants d'une autre époque, qui s'évertuent à continuer à travailler la terre comme si rien n'était changé, des *bou-niya*, niais, « hommes d'un autre temps » et de toutes les veuves âgées qui ne se consolent pas de voir les terres de leur maison retombées en friches ou traitées avec trop de négligence.

Pour ce « fils de veuve », comme il aime se dire, qui est issu d'une « famille qui n'a jamais possédé de champ ni de bœuf », qui se glorifie de s'être « fait homme tout seul, par ses actes et non par son nom » (reçu en transmission comme le reste du patrimoine), faire son entrée dans la vie adulte et s'imposer en se conformant d'abord aux

normes traditionnelles qui définissent l'excellence paysanne *(thafallahth)*, c'est, d'une certaine manière, prendre
sa revanche sur l'ancienne « aristocratie » foncière, celle-
là même dont les fils, se détournant eux aussi du travail
de la terre, sont actuellement, au même titre que tous les
autres hommes du village, soit des salariés locaux ou
émigrés, soit tout simplement des « oisifs », *marthah*,
d'un nouveau genre. En effet, à l'inverse des hommes (le
plus souvent chefs de famille) que leur position sociale
désignait autrefois pour le statut d'« hommes ayant le
loisir d'être au repos » et qui étaient libérés du travail de
la terre (tout au moins des tâches les plus pesantes) pour
pouvoir se consacrer à des fonctions prestigieuses qu'on
pourrait dire de « représentation », les « oisifs » de maintenant seraient enclins à se considérer comme des « chômeurs » si, afin de ne pas s'avouer comme tels, ils ne
s'ingéniaient à se donner toutes sortes d'alibis : maladie,
statut ambigu d'ancien et de futur émigré.

Avant que de verser trop vite et trop facilement dans
cette désaffection communément partagée à l'égard des
activités traditionnelles, ne fallait-il pas qu'il se convainque lui-même, d'abord, et qu'il convainque les
autres, ensuite, qu'il savait et qu'il pouvait se conformer
à l'ancien idéal de l'homme d'honneur et du paysan
accompli ? Se prouver et prouver qu'il était capable,
même parti de rien, d'« avoir sa maison », d'en faire une
« maison pleine » au sens ancien du terme, c'est-à-dire
d'avoir sa terre, son bétail, ses productions, reste bien
sûr une réalisation éminemment méritoire qui ne peut
que forcer l'admiration ; mais qu'il ait fallu l'opérer à
contretemps ne pouvait que lui susciter des désillusions,
notamment celle d'avoir investi en retard sur un marché
qui a perdu sa valeur. En effet, par la valeur démonstra-
tive qui lui a été assignée, il est dans la nature même de
l'entreprise ainsi poursuivie que, sitôt qu'elle a abouti, et

précisément parce qu'elle a abouti, sa fonction même disparaisse. Il s'ensuit alors tout un processus qui, d'abandon en abandon, fait prendre conscience de la vanité de vouloir perpétuer l'agriculture en sa forme ancienne ; conduit à accumuler les dettes ; et, de défi en défi, amène à envisager l'émigration comme le seul recours, la solution ultime permettant de rompre le cercle infernal de la prolétarisation des ruraux, et aussi, comme l'acte d'« émancipation » par excellence : « Que celui qui veut être un homme aille en France ! » Il ne sert à rien aujourd'hui d'apporter la démonstration qu'on peut travailler la terre des propriétaires « mieux qu'ils ne le feraient », qu'« on peut en vivre aussi bien qu'ils en vivaient autrefois », qu'on peut posséder comme eux son troupeau, quand ce qui importe pour être reconnu est de « donner la mesure de soi » en un autre domaine, hors du village et, selon une autre logique, autrement qu'en travaillant la terre.

Le village dont est originaire Mohand A., ainsi que tout le groupe de ses parents patrilinéaires, est fortement marqué par l'émigration. Au dire de A. lui-même qui, avec un certain nombre d'autres émigrés, aime procéder au recensement des hommes du village qui se trouvent en France ou qui sont restés ou retournés au pays, ce village a vu partir vers la France 92 familles et 197 hommes. En regard de cette émigration, il ne demeure plus sur place que 146 hommes parmi lesquels 105 sont d'anciens émigrés. À lui seul et à condition d'en exclure les hommes qui, en Algérie même, ont émigré avec leur famille vers les villes, le groupe agnatique auquel appartient A. compte 33 hommes en France (13 d'entre eux ont émigré avec leur famille) contre seulement 18 au village. Au sein de cette minorité qui assure la présence du groupe dans le village, seuls 10 hommes n'ont jamais vécu en France et, si l'on excepte les plus jeunes d'entre eux, il n'en est plus qu'un seul qui, âgé d'une cinquantaine d'années, n'a jamais émigré, pour des raisons de santé. Parmi les autres, tous âgés de moins de 30 ans, deux seulement pourraient être d'éventuels candidats à l'émigration, parce que, à l'inverse des autres, ils n'ont pu trouver sur place un emploi salarié relativement stable.

L'émigration repose sur une longue tradition. Sur l'ensemble des 51 hommes qui constituent actuellement le même groupe de parenté (adhrum), 38 ont un père qui est émigré en France (quand il est encore en mesure de travailler en France) ou qui a été, en son temps, ouvrier en France (voire en Belgique, comme ce fut le cas du père de Mohand A.) et 11, un grand-père. L'ancienneté de ce mouvement migratoire apparaît encore mieux si on essaie de reconstituer l'évolution du nombre des hommes qui entraient successivement dans le cycle de l'émigration à partir de l'année 1913, date à laquelle remonte, semble-t-il, le premier départ du premier émigré du village (il va sans dire qu'il n'est tenu compte que des émigrés dont on a, pour une raison ou une autre, gardé le souvenir) : de 1913 à 1920, c'est-à-dire durant toute la Première Guerre mondiale, il y eut 11 hommes qui ont émigré en France ; de 1921 à 1928, il y en eut 10 autres ; il faut attendre 1936 pour qu'il y ait des départs de nouveaux émigrants et il y en eut 7 jusqu'en 1939 ; la Seconde Guerre mondiale a interrompu le mouvement mais, à partir de 1946, on assiste aux départs les plus massifs puisqu'en l'intervalle de trois années, il y eut 15 nouveaux émigrés, tous âgés de moins de 24 ans ; durant les deux décennies de 1952 à 1962 et de 1963 à 1973, on enregistre respectivement 15 et 10 nouveaux départs en émigration.

Non seulement la durée des séjours hors du pays s'allonge de plus en plus au cours du temps (elle est parfois supérieure à la dizaine d'années) et s'accomplit de manière presque continue (nombreux sont les émigrés qui, en l'intervalle d'une vingtaine d'années, ne sont revenus au village qu'une ou deux fois et seulement pour la durée de leurs congés annuels), mais c'est aussi la condition même d'émigré qui tend à devenir permanente et le statut de l'émigré qui, de la sorte, se stabilise. En effet, dans la seule catégorie des émigrés les plus jeunes, arrivés pour la première fois en France à partir de 1946 (leur moyenne d'âge à la date de la première émigration était très basse, le plus âgé ayant moins de 24 ans), sur un total de 34 hommes (exception faite des émigrés décédés entre-temps, décès tous survenus en France), 5 seulement sont rentrés définitivement au pays ; 3 d'entre eux se sont d'ailleurs fixés, après leur retour en Algérie, dans des villes.

Parmi les émigrés de très vieille date qui se trouvent toujours en France – ils sont aussi les plus âgés –, il en est qui ont passé presque toute leur vie active en France ; certains d'entre eux ont même dépassé l'âge de la retraite (2 frères qui ont émigré en 1919 et en 1937 et qui actuellement sont âgés respectivement de 73 ans et 61 ans ; 2 autres émigrés âgés de 67 ans et 59 ans, arrivés en France eux aussi l'un en 1928 et l'autre en 1938, etc.).

Il n'est pas étonnant que toute la vie du village soit, en définitive, étroitement dépendante de la vie des émigrés ; c'est toute la communauté locale qui vit comme « suspendue » à son émigration qu'elle appelle « la France » ; elle est constamment aux aguets et à l'écoute de cette partie d'elle-même qui est séparée d'elle ; elle a charge d'amplifier à sa manière les échos qui lui en parviennent ; elle en adopte les rythmes imposés par les nouvelles – lettres et mandats – qui lui en proviennent ainsi que par les retours qui ont lieu à dates périodiques.

Plus fondamentalement, c'est la position même de chaque famille ou groupe de familles dans la structure du village qui est déterminée par l'ancienneté et l'importance de son émigration : les premières familles à avoir « délégué » des émigrés en France ont été aussi les premières à disposer de capital monétaire ; et, aujourd'hui, les familles qui sont encore suffisamment riches en hommes pour être présentes à la fois dans le village et dans l'émigration sont assurées de pouvoir cumuler les avantages et les signes des deux espèces de capital qui sont au principe de la hiérarchie sociale, le capital économique (qui est de plus en plus fourni par l'émigration) et le capital symbolique (qui est fonction du « bon usage » que les hommes restés au pays savent faire de ce capital économique).

À la limite, le statut de chaque individu ne se définit que par rapport à l'émigration : les hommes du village se distinguent selon que, très rares, ils peuvent se dispenser d'émigrer (tout au moins pour trouver un emploi salarié relativement stable) ou que, au contraire, beaucoup plus nombreux, ils y sont contraints ou vivent leur émigration répétée comme contrainte ; ces derniers se partagent à leur tour entre, d'une part, ceux qui, en règle avec les exigences imposées à l'entrée et au séjour en France, ont la possibilité institutionnelle d'émigrer à la date et pour la durée qui leur conviennent et, d'autre part, ceux qui, ne pouvant se conformer à la réglementation, ne peuvent qu'entretenir l'espoir illusoire de compter un jour parmi les partants possibles. En fait, les uns comme les autres (à l'exception de ceux qui se sont résolument exclus du lot des émigrés possibles) ne vivent au village que « provisoirement », comme « s'ils n'avaient à y passer que des vacances », dans la mesure où c'est toute leur pratique quotidienne qui est déterminée par le projet de l'émigration. Ils sont appelés « les hommes du pis-aller » ou « les hommes du moment », par opposition à la force vive qui a déserté le village ; ou encore, « les hommes de la maison, de l'intérieur », c'est-à-dire ceux des tâches ingrates

et obscures du travail de la terre, par opposition aux
« hommes du dehors », ceux des relations publiques, des
relations avec l'extérieur, du marché et, bien entendu, du
travail au-dehors, c'est-à-dire du travail en France.
Comptant uniquement par leur présence physique au village, ils sont des « émigrés sur place » : les plus jeunes,
libérés de la nécessité d'émigrer, sont enclins à rompre
ou ont déjà rompu, en raison précisément des emplois
qu'ils occupent, stables et suffisamment prestigieux, avec
la condition paysanne traditionnelle ; les autres, lors
même qu'ils sont rentrés de France depuis très longtemps, continuent à se comporter en qualité d'« émigrés », c'est-à-dire « tels des invités dans leur propre
maison » ou encore « tels des maîtres de céans qui ne
seraient de retour au pays que pour en repartir tôt ou
tard », mais qui tiennent à perpétuer « tant que dure
l'argent de la France », comme ils disent, une situation
qu'ils veulent faire paraître la plus confortable possible.

Invité à rendre compte de son expérience d'émigré et,
en particulier, de la contradiction qu'il découvre entre la
réalité de sa condition d'immigré et l'image enchantée
qu'il se faisait auparavant de la France (parce qu'elle est
celle que son groupe lui proposait), l'informateur livre par
là même les conditions sociales qui produisent cette
contradiction. Parce qu'il se transporte sans cesse d'un
monde à l'autre, c'est toute la vision qu'il a de l'émigration – ce qu'il appelle « la France » – et le discours
par lequel il communique cette vision qui se trouvent
condamnés à emprunter aux deux univers auxquels participent tous les émigrés. Expression de cette situation de
porte-à-faux, le langage lui-même « joue » sur la possibilité de recourir aux deux registres qui lui sont offerts.
Indépendamment des nombreux emprunts qu'il fait au
français (ils sont soulignés dans le texte), les uns utilisés
dans leur sens originel, les autres réinterprétés, c'est la

structure même du langage qui apparaît comme le résultat de combinaisons « insolites » entre une forme et un fond qui, apparemment, ne semblent pas devoir s'accorder parfaitement.

Tantôt, c'est au moyen d'expressions nouvelles empruntées au français et réinterprétées que l'informateur parvient à mieux rendre compte d'une expérience qui, même lorsqu'elle apparaît comme nouvelle, relève toujours du mode de la tradition : ainsi *thajarnat* (la journée) désigne la journée de travail salarié ou son salaire, par opposition à la journée de travail à titre d'aide ou d'échange *(ass urattal)*, tantôt, à l'inverse, c'est la forme traditionnelle du discours, avec les locutions, les dictons, les manières de parler et toutes les tournures particulières qui convenaient aux manières de penser traditionnelles, qui est utilisée pour exprimer un contenu nouveau : *elghith* (le secours), qui appartient au vocabulaire des rites de pluie par lesquels on « implore la pitié (du ciel) en sacrifiant une victime », sert à nommer les petites rentes (homologues de la pluie qui dans la tradition paysanne assurait la prospérité durant l'année) que touchent les anciens émigrés.

L'expérience de l'immigration est elle-même organisée et relatée selon les schèmes traditionnels et c'est par le recours au vocabulaire du système mythico-rituel que l'informateur rend compte de « la France ». La description des conditions d'existence des émigrés emprunte aux grandes oppositions de la tradition : intérieur-extérieur, plein-vide, clair-obscur, etc. Qu'elle soit présentée comme le strict opposé du pays natal (quand on lui attribue toutes les qualités qu'on dénie au pays natal ou quand, à l'inverse, on lui impute beaucoup des maux inconnus du pays) ou, au contraire, comme son équivalent, au moins par certains de ses aspects (la forte présence des parents), la France est, chaque fois, caractérisée

par une série d'attributs, qui constitue avec la série anti-
thétique qui s'appliquerait au pays natal, un ensemble
d'oppositions homologues :

KABYLIE	FRANCE	KABYLIE	FRANCE
Étroit	Large	Faible	Fort
Tordu	Droit	Mal	Bien
Envers	Endroit	Pauvre	Riche
Inversé	Redressé	Obscur	Clair
Arrière	Avant	Maudit	Béni
Contraire	Favorable	Solitude	Compagnie
Difficile	Facile	Crainte	Confiance
Déclin	Montée	Tristesse	Joie
Mépris	Valeur	Etc.	Etc.

Pour que la même série puisse exprimer l'expérience
inverse, il suffit de procéder à un changement de signe
ou, plus directement, d'invoquer le vocabulaire du
retournement dont on sait le rôle qu'il joue dans les pratiques rituelles de l'inversion *(aqlab)* ; de là, l'emploi de
tout un vocabulaire à connotations mythiques *(abedel :*
le changement, *a'waj :* la torsion, le retournement, *aqul :*
retourner, etc.) et les inversions auxquelles est soumise
l'opposition entre la terre d'exil *(elghorba)* et la terre
natale : « *elghorba* est devenu le pays » ; « la terre natale
est devenue *elghorba* ».

Tout le discours de l'émigré s'organise autour de la
triple vérité de *elghorba*. Dans la logique traditionnelle,
elghorba est associé au « couchant », à l'« obscurité », à
l'éloignement et à l'isolement (parmi les étrangers, donc à
leur hostilité et à leur mépris), à l'exil, à la frayeur (celle
que suscite la nuit et le fait de se perdre dans une forêt ou
une nature hostile), à l'égarement (par perte du sens de

l'orientation), au malheur, etc. Dans la vision idéalisée de l'émigration, source de richesse et acte décisif d'émancipation, *elghorba*, intentionnellement et violemment nié dans sa signification traditionnelle, tend (sans toutefois y parvenir pleinement) à porter une autre vérité qui l'identifierait plutôt à bonheur, lumière, joie, assurance, etc. L'expérience de la réalité de l'émigration vient démentir l'illusion et rétablir *elghorba* dans sa vérité originelle. C'est toute l'expérience de l'émigré qui oscille sans cesse entre ces deux images contradictoires de *elghorba*. Faute de pouvoir résoudre la contradiction dans laquelle il est ainsi enfermé, car il lui faudrait renoncer à émigrer, il ne peut que se la masquer.

C'est en utilisant les ressources de la tradition mythique que l'informateur produit le modèle même du mécanisme selon lequel se reproduit l'émigration et dans lequel l'expérience aliénée et mystifiée de l'émigration remplit une fonction essentielle. La méconnaissance collective de la vérité objective de l'émigration qui est entretenue par tout le groupe, les émigrés qui sélectionnent les informations qu'ils rapportent quand ils séjournent au pays, les anciens émigrés qui « enchantent » les souvenirs qu'ils ont gardés de la France, les candidats à l'émigration qui projettent sur « la France » leurs aspirations les plus irréalistes sont la médiation nécessaire à travers laquelle peut s'exercer la nécessité économique.

2

Les trois âges de l'émigration

Rester ou s'en aller…
S'en aller ou rester…

Refrain
Mon cœur, pourtant, réfléchit
S'il doit rester ou s'en aller,
S'il doit s'en aller ou rester ;
Ni il s'en est allé ni il est resté,
Ni il est resté ni il s'en est allé.
Sa maladie s'est installée ancienne,
Et sa vie, le malheureux, tient à un fil.

Il m'a demandé conseil. Je lui ai dit de rester
Alors que lui voulait s'en aller ;
Je lui ai dit, alors, de s'en aller
Alors que lui voulait rester.
Je lui ai dit de s'en aller, il voulait rester ;
Je lui ai dit de rester, il voulait s'en aller.
S'il avait un guide il resterait ou s'en irait.

J'attends s'il change de pensée,
S'il reste ou s'il s'en va.
Je lui ai alors dit de rester,
Il me répond c'est alors à toi de t'en aller.
Quand je lui dis de s'en aller, il veut rester ;

Quand je lui dis de rester, il veut s'en aller.
Quand je le conseille, que je parle ou me tais,
Il ne sait s'il doit rester ou s'en aller.

Il s'en est allé un jour mais en pensée
Il est revenu avant d'être parti.
Notre droit n'a rien réglé ni décidé,
Notre chance est petite.
Si je m'en allais, il veut rester
Si je restais, il veut s'en aller
Tandis que je demeure perplexe
Lui saigne de ses blessures.

> Sliman Azzem
> chanteur kabyle et conteur de l'émigration.

Toute étude des phénomènes migratoires qui néglige les conditions d'origine des émigrés se condamne à ne donner du phénomène migratoire qu'une vue à la fois *partielle* et *ethnocentrique* : d'une part, comme si son existence commençait au moment où il arrive en France, c'est l'*immigrant* – et lui seul – et non l'*émigré* qui est pris en considération ; d'autre part, la problématique, explicite et implicite, est toujours celle de l'adaptation à la société d'« accueil ». Par suite, si utiles soient-elles [1], les analyses

---

1. En effet, ces analyses, qui ont contribué à fournir une bonne connaissance des conditions de vie des immigrés en France (notamment des conditions de travail et de logement), se sont étendues récemment à des domaines nouveaux : problèmes de formation professionnelle ou culturelle, pratiques culturelles, attitudes politiques (engagement politique des immigrés, leur attitude à l'égard des syndicats, à l'égard des grèves et des différentes formes d'action et de revendications spécifiques, voire à l'égard des régimes politiques d'origine ou de leurs représentations diplomatiques). On trouvera un bilan critique de cette littérature dans A. Sayad, « Tendances et courants des publications en

de l'univers des immigrés risquent de s'enfermer dans deux discours aussi abstraits et aussi réducteurs l'un que l'autre : rapportées aux conduites, ainsi constituées en normes, de la société dominante qu'est la société d'immigration, les conduites des émigrés ne peuvent apparaître que comme des « manquements » et il ne reste, pour les expliquer, qu'à les imputer tantôt aux conditions d'existence ainsi tenues pour responsables de comportements « dysfonctionnels », tantôt aux caractéristiques socioculturelles d'origine, mais considérées génériquement comme un simple héritage culturel et traitées comme des « freins », des « obstacles » opposés au processus d'adaptation au nouvel environnement social.

Au lieu de se consacrer à expliquer la situation des émigrés (en réalité, des immigrés), entièrement et seulement, par l'histoire de leur séjour en France[1], il faut prendre pour objet la relation entre le système des dispositions des émigrés et l'ensemble des mécanismes auxquels ils sont soumis du fait de l'émigration. On ne peut comprendre complètement cette relation qu'à condition

---

sciences sociales sur l'immigration en France depuis 1960 », *Current Sociology*, vol. 32, 3, hiver 1984, p. 219-304.

1. Cette tendance a conduit à produire autour du thème de l'adaptation des immigrés aux conditions de travail et de vie en France de nombreuses tautologies de ce type : si certains immigrés paraissent relativement privilégiés par rapport à d'autres (dans l'emploi, dans le logement, etc.), c'est, dit-on, parce qu'ils sont mieux « adaptés » à la société française, leur « réussite » étant un indice de cette bonne « adaptation » ; inversement, s'ils sont mieux « adaptés » à la société française – le critère en étant, en gros, l'adoption d'un certain nombre de comportements, souvent superficiels, tenus pour significatifs des changements qui se sont produits dans le système des pratiques de l'immigré –, c'est parce qu'ils connaissent de meilleures conditions d'existence, c'est-à-dire ont un meilleur emploi, un meilleur logement, ou, ce qui revient au même, savent tirer un meilleur parti des possibilités que leur offre la société d'accueil.

de s'interroger sur les processus différentiels qui les ont conduits à leur position actuelle et dont l'origine doit être cherchée hors de l'émigration. Seules des *trajectoires* d'émigrés intégralement reconstituées peuvent livrer le système complet des déterminations qui, ayant agi avant l'émigration et continué d'agir, sous une forme modifiée, durant l'immigration, ont conduit l'émigré au point d'aboutissement actuel. Bref, pour être pleinement expliquées, les différences ainsi enregistrées au point d'aboutissement demanderaient à être rapportées à la fois aux conditions de vie et de travail en France et aux différences qui, initialement, c'est-à-dire antérieurement et indépendamment de l'émigration, distinguaient déjà les émigrés ou les groupes d'émigrés. En gros, à travers chacune de ces trajectoires dont la période d'immigration n'est qu'une phase, ce sont deux systèmes solidaires de variables qui sont construits : d'un côté, les variables qu'on peut dire *d'origine*, c'est-à-dire précisément cet ensemble de caractéristiques sociales, de dispositions et d'aptitudes socialement déterminées, dont les émigrés étaient déjà porteurs avant l'entrée en France (caractéristiques permettant d'apprécier la position que l'émigré occupait dans son groupe d'origine, comme l'origine géographique et/ou sociale, caractéristiques économiques et sociales de ce groupe, attitude du groupe, du sujet lui-même à l'égard du phénomène migratoire, telle qu'elle est établie par la tradition locale d'émigration, etc.) ; de l'autre côté, les variables *d'aboutissement*, c'est-à-dire les différences qui séparent les immigrés (dans leurs conditions de travail, d'habitat, etc.) en France même. La confrontation de ces deux séries de variables, telle qu'elle peut être réalisée au terme de la reconstitution et de l'analyse d'un certain nombre de biographies d'émigrés choisis en raison de l'exemplarité de leur itinéraire dans l'émigration, a permis d'établir comment les unes se retraduisent dans les autres, et a conduit à rompre avec la représentation trop facilement admise d'une immigration homogène, indifférenciée, soumise pareillement aux mêmes actions et aux mêmes mécanismes.

Réintroduire les trajectoires complètes, c'est aussi rompre avec l'image « éternisée » de l'immigration qui, au mieux, a été adéquate par le passé pour un autre état de l'immigration. C'est ainsi qu'on continue à appliquer à tous les immigrés l'image stéréotypée de la *noria*[1] : l'immigration serait un mouvement qui amènerait en France – et remmènerait de France –, dans un perpétuel renouvellement, des hommes toujours nouveaux (même s'ils n'en sont pas à leur première émigration ni à leur premier séjour en France) et toujours identiques, l'immigré étant fixé une fois pour toutes dans l'image du rural (ou du paysan) émigrant seul (*i.e.* sans sa famille), pour une durée nécessairement limitée.

Cette représentation qui a certainement été vraie, au moins en partie, lors des débuts de l'émigration algérienne vers la France (probablement jusque vers les années 1945-1950, à condition de négliger les différences qui peuvent apparaître entre les régions ou dans une région entre des groupes séparés par leur histoire récente) a cessé de correspondre – à quelques exceptions près – à l'émigration actuelle. Si elle survit en dépit des démentis que lui inflige la réalité, c'est parce qu'elle offre l'avantage de rassurer tout le monde, la société d'accueil, le pays (ou les groupes) d'origine, les émigrés

---

1. C'est cette représentation de l'émigration qui est implicitement contenue dans la manière d'établir les « statistiques de l'immigration » qui mesurent le volume des « flux » (le nombre d'immigrés entrés en France) et des « reflux » (le nombre d'immigrés sortis de France), sans jamais s'interroger sur la nature et la composition de ces soldes quand ils sont positifs.

eux-mêmes. En effet, les uns et les autres trouvent intérêt à entretenir ainsi l'illusion rétrospective d'une émigration relativement inoffensive qui ne perturbe aucun ordre, ni l'ordre paysan de la société d'origine qui, pour assurer sa sauvegarde et sa perpétuation, est contrainte de « déléguer » certains de ses membres à la fonction d'émigrer, ni l'ordre moral, politique et social du pays d'accueil qui peut recevoir et utiliser les émigrés d'autant plus facilement et en nombre d'autant plus grand qu'il s'autorise à les traiter comme s'ils ne faisaient que « transiter » ; ni l'ordre des émigrés eux-mêmes qui, partagés entre deux pays, deux univers sociaux, deux conditions en tout point divergentes, s'évertuent à masquer et à se masquer les contradictions de leur situation, se convainquant de son caractère « provisoire », lors même qu'elle a toute chance d'être définitive ou de s'étendre à la vie active. Parce qu'elle occulte les effets indirects et différés du phénomène migratoire (c'est-à-dire ses aspects souvent négatifs) pour n'en retenir que les avantages immédiats, l'image de l'émigration comme « rotation » continuelle exerce sur chacun un fort pouvoir de séduction : la société d'accueil a la conviction de pouvoir disposer éternellement de travailleurs (hommes seuls, en âge et dans les conditions physiques pour commencer à travailler de suite), sans avoir pour autant à « payer » (ou fort peu) en problèmes sociaux ; la société d'origine croit pouvoir se procurer de la sorte indéfiniment les ressources monétaires dont elle a besoin, sans qu'il résulte pour elle la moindre altération ; les émigrés sont persuadés de s'acquitter de leurs obligations à l'égard de leur groupe (tout en en étant séparés), de leur terre (tout en travaillant en usine) et de leur état de paysans (tout en se faisant ouvriers) sans avoir pour cela le sentiment de se renier.

Trois générations, trois modes de génération

L'analyse conjointe des conditions différentielles, qui ont produit différentes « générations » d'émigrés (au sens vrai d'ensembles d'émigrés produits selon un même mode de génération), et des classes diversifiées de trajectoires (ou itinéraires), que réalisent dans l'immigration ces différents types d'émigrés, révèle l'extrême diversité de la population des immigrés : des émigrés appartenant chronologiquement à la même phase de l'émigration (*i.e.* sensiblement du même âge et de la même période), mais dont le *mode de génération* a été différent, peuvent différer en tous leurs comportements ; inversement, des émigrés séparés dans le temps peuvent être relativement proches les uns des autres, comme si les plus anciens avaient été des précurseurs tant pour la genèse de leur émigration que pour l'itinéraire de leur immigration. En fait, l'histoire de l'une retraduisant l'histoire de l'autre, les phases de l'émigration correspondent au fond aux phases qui peuvent être distinguées dans le processus des transformations internes aux communautés rurales qui produisent les émigrés. C'est ainsi qu'à chacune des deux grandes périodes de l'histoire récente de la société rurale algérienne, chacun des deux états successifs des structures les plus fondamentales de l'économie et de la pensée paysannes ainsi que de tout l'ordre social du monde rural, correspond un « âge » distinct de l'émigration, c'est-à-dire un mode de génération différent de l'émigration et une « génération » différente d'émigrés : dans un premier temps, jusqu'au lendemain de la Seconde Guerre mondiale (approximativement), l'histoire de l'émigration des Algériens vers la France se confondait avec l'histoire d'une société paysanne qui luttait pour sa survie et qui attendait de l'émigration qu'elle lui donne les moyens de

67

se perpétuer en tant que telle. Dans un second temps, pour une masse de paysans non seulement appauvris mais totalement prolétarisés, l'émigration constituait l'occasion privilégiée – peut-être la seule qui leur soit donnée – de réaliser les aspirations que leur nouvelle condition autorisait et interdisait à la fois. Plus récemment (depuis l'indépendance de l'Algérie surtout), achevant le processus déjà engagé depuis plus de trois quarts de siècle, l'émigration a fini par déterminer l'implantation en France d'une communauté algérienne relativement autonome tant à l'égard de la société française qu'elle côtoie qu'à l'égard de la société algérienne dont elle tire ses origines.

Le premier « âge » : une émigration ordonnée

Conséquence en même temps qu'indice de la ruine de l'équilibre ancien dans lequel persévéraient la société et l'économie paysannes traditionnelles, l'émigration en France avait pour fonction première de donner aux communautés paysannes, incapables de se suffire à elles-mêmes par leurs activités agricoles, les moyens de se perpétuer en tant que telles. Aussi l'émigré d'alors, paysan qui ne s'était séparé des siens, de sa terre, de ses activités que physiquement et provisoirement, était-il mandaté par sa famille et plus largement par la société paysanne pour une *mission* bien précise, limitée dans le temps parce que limitée dans ses objectifs. Cet émigré, paysan accompli, ne se distinguait en rien des autres paysans ; peut-être était-il choisi, en raison même de la gravité de la responsabilité qui lui était confiée, parmi les « meilleurs » d'entre eux. En effet, avant que la répartition des tâches entre les différents hommes valides de la famille ou du groupe en arrive progressivement à une quasi-spécialisation, avant qu'on en vienne à distinguer entre le « travailleur de l'intérieur » (*i.e.* le paysan qui, n'étant « fait » que pour le travail de la terre, n'émigrait pas) et le « travailleur de l'extérieur » (*i.e.* l'homme dont la fonction essentielle et bientôt exclusive était d'émigrer afin de pourvoir en argent liquide), c'était le même travailleur, le même paysan qui cultivait la terre et qui émigrait, car « bon travailleur *de* la terre et *de* la maison » (paysan accompli), il était aussi « bon travailleur *pour* la terre et *pour* la maison » (le bon émigré)[1]. C'était donc selon les critères qui définissaient l'excellence paysanne qu'étaient choisis les « délégués » à l'émigration : dépositaires de la confiance de leur groupe, les émigrés ne pouvaient être ni jeunes (ou trop jeunes) ni célibataires, même si la tradition paysanne, valorisant à l'extrême le travail de la terre auquel elle subordonnait toutes les autres activités, voulait que les tâches « extérieures » à l'agriculture (*i.e.* les moins élevées dans la dignité paysanne) reviennent en priorité aux plus jeunes. L'émigration saisonnière en qualité d'ouvriers agricoles constituant un « banc d'essai », c'était souvent que les émigrés en France avaient apporté à cette occasion la preuve qu'ils savaient rester solidaires de leur groupe et fidèles à leur qualité et à leur honneur de paysans.

« […] Qui envoie-t-on au marché pour acheter ou pour vendre ? Tu envoies celui en qui tu as confiance. Tu n'envoies pas un enfant qui peut "se faire rouler", se laisser séduire jusqu'à "être joué", celui-là tu le fais accompagner par quelqu'un de sûr ; tu n'envoies pas non plus celui qui risque de t'abuser : il reviendra les mains vides

---

1. « Le (bon) travailleur, tel il est à la maison, tel il est au-dehors » ; à cette certitude proverbiale établie par la tradition tend à se substituer de plus en plus cette autre formule plus conforme à l'expérience actuelle de l'émigration : « C'est dehors que l'homme est homme, à la maison il est donné à tout homme d'être homme. »

[…]. La France c'est comme le marché, c'est un autre marché, un grand marché : un marché plus éloigné que le marché hebdomadaire [local], un marché qui dure plus longtemps, pas une journée, mais des mois et des années […]. Plus le marché est lointain, important, plus il faut prendre des précautions […]. C'est comme cela qu'on partait en France. Celui "en lequel il n'y a pas d'assurance", soit parce qu'il est jeune, soit parce qu'il n'a pas l'habitude, celui-là, il faut le confier à quelqu'un d'autre, plus âgé, plus expérimenté, qui lui apprenne […] » (un ancien émigré, 73 ans, 11 années passées en France entre 1934 et 1957).

Au service du monde paysan, subordonnée à l'activité agricole dont elle était un appoint, l'émigration sélectionnait ses agents selon les principes de l'*habitus* paysan. Ce n'était pas tout. Les séjours en France étaient pliés à la tradition paysanne dans leur durée (ou, ce qui revient au même, la durée des absences du pays), leur fréquence, les périodes des départs et des retours, etc. Le rythme de ces derniers obéissait au calendrier des travaux agricoles et aux temps forts de la vie sociale des campagnes plus qu'aux exigences de l'activité des industries employant les émigrés : les départs avaient lieu généralement après les labours, à la fin de l'automne ou au début de l'hiver ; les retours coïncidaient avec la période des moissons et des récoltes et avec la période de l'année où les relations sociales sont les plus intenses (saison des mariages et de toutes sortes de transactions après les récoltes). La mission que constituait l'émigration exigeait d'être accomplie dans le minimum de temps : ni les émigrés ni leur groupe n'aimaient faire durer trop longtemps les séjours en France. Si, par exception, l'absence de l'émigré devait se prolonger au-delà de ce qui était permis, elle attirait sur ses auteurs la réprobation qui allait à tous ceux qui manquaient de retenue et ne savaient pas se conformer à l'éthique paysanne : l'émigré lui-même parce qu'il semblait prendre goût à la ville et à sa condition d'émigré ; sa famille parce qu'elle se montrait incapable de le « récupérer » ou parce que, trop « gourmande » (plutôt que trop pauvre), elle l'obligeait ou l'encourageait à demeurer absent plus longtemps (*i.e.* à gagner sans se rassasier toujours plus d'argent).

Quand les séjours en France devaient se répéter pour un même émigré (le moins souvent possible), ils étaient vécus par les émigrés et par le groupe comme autant *d'actes uniques* sans lien avec le séjour précédent ou avec le suivant (éventualité de plus en plus fréquente parce qu'elle devenait de plus en plus inévitable) ; c'était ainsi un « perpétuel recommencement » de la même expérience de l'émigration avec la même quête du travail et du logement, le même ré-apprentissage de la vie d'immigré : « Nous sommes comme des puces, dès que nous avons chauffé nos places nous en sautons. »

Conduit à affronter la vie urbaine et à en subir tous les mécanismes (notamment en matière de consommation et de dépenses), le « bon » émigré, celui qu'on loue parce qu'il a su rester le paysan authentique *(bou-niya)* qu'il était, se devait de manifester qu'il pouvait supporter sa nouvelle condition d'émigré et continuer, malgré l'exil, à vivre et penser en véritable paysan. C'était à cette condition qu'il pouvait, par exemple, adopter ce comportement tant loué (chez les paysans) de travailleur acharné et économe. Comme si l'on craignait que le contact avec la ville n'émousse les vertus paysannes, on recommandait aux émigrés de se garder par-dessus tout d'imiter le citadin : ne pas manger, s'habiller, dépenser comme lui, ne pas travailler comme lui qui « aime trop sa personne », « ne travaille que pour son ventre », car à contrefaire le citadin, on ne peut que « prendre en cupidité », en

« avidité », en « insatiabilité » – cette soif inextinguible de l'argent quand on a commencé à en gagner – et en « démesure » – « cette prétention qu'ont tous ceux qui veulent tenir le monde dans une seule de leurs mains en un seul jour ».

Une exigence n'allant pas sans l'autre (peut-être, au fond, n'étaient-elles qu'une seule et même chose), l'émigré qui se devait d'être attaché aux valeurs paysannes se devait aussi de ne pas renier les valeurs du groupe. Parce que le pays, *thamourth* (la famille, le groupe agnatique, le village, la communauté dans son ensemble) occupe toutes leurs pensées et inspire toutes leurs préoccupations et tous leurs comportements, c'est pour les émigrés un exceptionnel réconfort que de pouvoir se regrouper en France selon le schéma des structures sociales et du réseau de relations qui leur étaient familières. À vivre parmi ses proches, l'émigré puisait dans le groupe de ses compagnons la force dont il avait besoin pour résister aux tentations et aux effets dissolvants de la vie urbaine[1].

Confronté, à la faveur de son exil, à des manières (citadines) d'être et d'agir, de sentir, de percevoir et de dépenser, de vivre et de consommer, toutes rejetées comme incompatibles avec son état de paysan, l'émigré se réfugiait dans cette manière de « petit pays » reconstitué en France pour prolonger le « grand pays » natal et manifestait par là son refus généralisé d'adhérer à un univers

---

1. « Ça aide, ça soulage, ça encourage, quand on se retrouve comme ça entre nous, à discuter des choses du pays [...]. Je fais ça [une réception donnée à tous les amis] au moins une fois par mois. Avant, quand j'habitais en bas [dans une maison indépendante plus spacieuse et non en appartement de type HLM], c'était tous les samedis soir », expliquait avant de se séparer de ses invités un émigré (âgé de 63 ans, arrivé en France pour la première fois en 1937 et installé en famille à Pontoise depuis 1948) qui aimait organiser ainsi des réunions entre parents et amis, tous émigrés.

(celui de l'immigration) qu'il découvrait comme décisivement étranger.

« L'émigration, c'est un clan. Il [l'émigré] va seulement là où il y a ceux de son pays [...]. Ils sont tous groupés : [...] tu vas alors là, parce que c'est là que se trouvent ceux sur qui tu comptes, les enfants de ton pays [...]. Nous, notre mal, notre maladie à nous, c'est [...] vivre en société, toujours vivre entre nous. Y a une crainte dans la vie, tout seul ; y a pas beaucoup qui ont le courage de s'expatrier seuls. Il peut pas s'écarter, se séparer de l'autre, s'éloigner des gens du pays : celui-là, émigré chez son frère ; celui-là chez son père, son oncle, son beau-frère et ils appellent ça l'émigration ; c'est *elghorba* [l'exil] au-dessus du *kanoun* [le foyer de la maison]. C'est toujours en pays de connaissance qu'on reste : comme là-bas [au pays], comme on est venu, comme ici [...] » (S. B.).

Se tenir à distance de ce dont ils étaient objectivement tenus à distance, user de l'éloignement psychologique et culturel qui les tenait à l'écart de la société française et de ses pratiques (au moins de ce qui leur en était accessible), c'était la rançon des sacrifices qu'ils devaient consentir à une activité dont ils pouvaient ne pas toujours percevoir le bien-fondé (activité provisoire, « mensongère », d'un statut social factice car culturellement et socialement « étrangère » à l'activité paysanne, la seule légitime) et à une condition (la condition salariée) encore peu familière qui, souvent, s'accompagnait du sentiment de « déroger ».

Un acte caché

Paysan mandaté pour l'émigration, paysan qui s'efforce de traverser l'épreuve de l'émigration sans jamais se renier comme paysan, l'émigré réintégrait, plus paysan que jamais, sa communauté et sa condition d'origine ; il reprenait parmi les siens, comme si de rien n'était, la place qui était la sienne et qu'il n'aurait jamais dû quitter. Comme s'ils voulaient effacer toute trace de l'émigration, l'émigré et son groupe s'accordaient à l'occasion de leurs retrouvailles pour communier dans la célébration des vertus paysannes ; de retour dans son village, l'émigré était l'objet d'un processus de « réintégration » quasi rituel. « Exorcisant » les tentations citadines dont il pourrait être porteur, il renonçait au costume rapporté de la ville, surveillait son langage, censurant tous les emprunts au parler citadin et au français ; le groupe, de son côté, attentif aux moindres indices de changement perceptibles dans les comportements et les intentions de l'émigré, ne se faisait pas faute de relever et de sanctionner comme il convient tous les manquements à la bienséance paysanne. Comme si cette vigilance ne suffisait pas, c'est par ses gestes que l'émigré entendait rendre grâce à l'ordre paysan : ses premières attentions étaient pour la terre (qu'il visitait et « cultivait », même hors saison, en y traçant quelques sillons symboliques), pour le bétail (surtout la paire de bœufs qu'il fallait « sortir » spécialement), pour la communauté villageoise (il se montrait à l'assemblée du village, à la mosquée). Bref, tant que l'émigration restait soumise à l'ordre traditionnel et continuait à être au service de la condition paysanne, tant que le groupe pouvait la contrôler et la plier à ses valeurs et à ses impératifs, les émigrés (à quelques rares exceptions près) abordaient leur départ en paysans et subissaient en paysans leur séjour en

France ; c'était aussi en tant que paysans qu'ils retournaient à leur activité et à leur existence anciennes.

Destinée à sauvegarder l'ordre paysan, l'émigration, *sur ordre* du premier « âge », était aussi une émigration *ordonnée*. Aussi de multiples mécanismes de contrôle étaient-ils mis en œuvre, à tous les moments du processus (avant les départs, durant les séjours en France, lors des retours au pays), pour en neutraliser les effets virtuellement néfastes et pour qu'il n'en résulte en définitive aucune altération profonde ni pour les émigrés ni, à travers eux, pour leur société. Parmi toutes les médiations par lesquelles s'effectuaient ces différents contrôles, la plus assurée consistait encore en la fidélité au groupe d'origine et, ceci étant la condition de cela, l'une des fonctions essentielles des communautés d'émigrés était d'assurer précisément l'« ordre » dans l'émigration et, en perpétuant le souvenir du pays dans le contact constant avec les « pays », de perpétuer et de soutenir l'ordre paysan.

Une « mission »

« [...] Avant, c'était l'émigration la plus saine : c'était les paysans, c'était la France des paysans. Le malheureux, il laisse la charrue et part pour la France ; il part pour la France comme il partirait pour la tombe. Ce n'est pas de gaieté de cœur. [...] Avant, ils sortaient de chez eux à reculons ; si ce n'était pas le besoin qui les poussait sur leurs arrières, ils n'avanceraient pas. [...] Et si les malheureux, ils vivent misérablement, ils vivent de peu, c'est qu'y a un but, un seul but : c'est parce qu'ils ont dans la tête de marier leur frère ou de reconstruire la vieille maison ; ceux-là, ils ont un but à atteindre et ils se sacrifient : la terre là-bas, le cousin va la vendre, faut pas la laisser partir, faut qu'elle reste dans la famille, on s'endette, on envoie quelqu'un en France pour payer les dettes. C'est comme ça qu'ils venaient avant. Avant, c'est pour acheter une terre, avoir une grande maison : une maison avec ses terres, sa paire de bœufs, son mulet, ses hommes grands et petits, beaucoup de monde. [...] C'est une affaire de *nif* [honneur] : rester grands [grandes maisons paysannes], toujours avec les bœufs, le mulet, même s'il faut leur acheter tout pour les nourrir. [...] Je sais qu'il y avait des maisons qui dès l'été commençaient déjà à acheter de la paille, du fourrage, de l'orge [...] pour leurs bêtes, leurs bœufs et leur mulet. Et pour ça, il faut de l'argent. [...] C'est pour ça qu'on part en France [...]. Mais en France, c'est à la sauvette ; ils ne demandent qu'à fuir. [...] C'est l'émigration provisoire ; elle est épisodique : je viens [en France] parce que je suis contraint, je travaille, la contrainte se libère, je retourne chez moi et s'il faut reve-nir [en France], je reviens trois ans après ou quatre ans. [...] L'émigration, c'est un engagement. Quand tu te consacres, tu t'engages pour un temps défini : pour deux ans, pour trois ans, le moins possible, c'est mieux [...].

« [...] L'émigré, il sait pourquoi [il a émigré] et il se serre la ceinture. Il dit : "je vais me sacrifier" [...], j'aurai la somme qu'il faut ; pour ça, je vais serrer la ceinture. [...] C'est une vie de bête. [...] Il se dit : "je suis venu pour travailler" et il travaille jour et nuit, s'il le pouvait. Presse-toi, hâte-toi, c'est autant de gagné, de l'argent mis de côté, du temps en moins à passer en France. Si tu voyais comment ils mangent, dans quelles conditions ils vivent, comment ils habitent. [...] Il faut les comprendre. Tout ça pour faire des économies et retourner vite chez eux, vivre comme tout le monde. [...] Il n'y a pas quel-qu'un qui n'aime pas sa personne, mais l'homme [d'hon-neur] est celui qui oublie sa personne, c'est cela qu'on se répète. Ça, pour pouvoir supporter toutes les privations.

[...] C'est plus que de l'économie chez les nôtres. [...] Les malheureux, ils se privent : des patates à l'eau pour pouvoir économiser [...].

« [...] *Thamourth ! Thamourth !* [le pays]. Ils partent l'esprit quand même tourné vers là-bas [le pays]. [...] C'est grâce à ça qu'il [l'émigré] tient, chacun pense au pays et à ce qu'il est venu faire ici [...]. Le pays, la maison sont toujours là devant nos yeux : ils ne disparaissent jamais même dans le sommeil, à l'état de veille comme dans les rêves ; leur ombre est toujours là devant nous, c'est ce que n'arrêtent pas de dire d'eux-mêmes les hommes [les émigrés] de cœur [...][1] » (S. B.).

Le deuxième « âge » : la perte de contrôle

En dépit de l'acharnement que la communauté paysanne mettait à contrôler l'émigration de ses membres, elle ne pouvait en maîtriser toujours les conséquences, ni se garder éternellement contre ses effets désintégrateurs. Lors même que l'esprit paysan sur lequel reposait l'émigration n'aurait pas subi d'autres « agressions », à commencer par toutes celles qui résultaient du contact avec la société coloniale et surtout de la généralisation des échanges monétaires, l'émigration aurait suffi à en

1. En raison de la position singulière qu'il occupe d'abord au sein de la communauté d'origine (relativement bien scolarisé surtout par rapport aux émigrés de sa génération, il n'a pas tout à fait l'*habitus* paysan) et ensuite, dans l'émigration, au sein de la communauté des émigrés (il a rompu avec tous les comportements qui sont alors de règle), S. B., réputé *amjah*, c'est-à-dire « marginal », « déviant », « individualiste », était bien placé pour se donner de la population des émigrés et des transformations qu'elle a connues durant les quatre dernières décennies (de 1936, année de son émigration à l'âge de 16 ans, jusqu'à ce jour), une représentation particulièrement lucide.

provoquer la disparition. En effet, inséparable de l'attachement à la terre et à la communauté paysanne et, par suite, inapte à surmonter une séparation prolongée, cette attitude à l'égard du monde et à l'égard des autres, qui est constitutive du paysan traditionnel, ne pouvait résister longtemps au déracinement. De plus, parce que l'émigration était source principale sinon exclusive des revenus monétaires qui circulaient en milieu rural, elle a contribué à diffuser plus largement l'esprit de calcul corrélatif de l'usage de la monnaie et, par toutes ses autres incidences économiques et sociales, à transformer la vie paysanne dont elle a modifié tout le style en modifiant notamment les dispositions à l'égard de l'économie. Ajoutant ainsi ses effets propres à ceux des autres bouleversements, dont ceux-là mêmes qui avaient été à son origine et que, par un choc en retour, elle tend à renforcer, l'émigration a fini par avoir raison de l'esprit paysan qui animait et soutenait les premiers émigrés ; c'est ainsi qu'elle a accéléré et renforcé le processus de « dépaysannisation [1] » déjà entamé (à des degrés inégaux selon les régions, les groupes sociaux et les individus). Conséquence de toutes les transformations économiques et culturelles qui se sont produites au sein de la société paysanne (en partie sous l'effet de l'émigration elle-même), la « dépaysannisation » aura eu nécessairement pour effet de modifier totalement les conditions initiales de l'émigration. En tant qu'elles reflètent une désaffectation généralisée à l'égard du travail de la terre et à l'égard des conditions d'existence anciennes et parce qu'elles entraînent une modification systématique des comportements et de l'*ethos* paysan, les nouvelles conditions que connaît le monde rural allaient

---

1. P. Bourdieu et A. Sayad, *Le Déracinement, la crise de l'agriculture traditionnelle en Algérie*, Paris, Minuit, 1996 (1re éd. 1964), notamment p. 15-60.

être génératrices d'une nouvelle forme d'émigration et d'un nouveau type d'émigré : entre l'émigré de la première « génération » et l'émigré de la seconde, il y a toute la différence qui sépare *bou-niya*, le paysan « authentique » (de plus en plus rare), ou pour le moins le paysan encore « empaysanné » qui, malgré l'appauvrissement, s'efforce de demeurer paysan contre tout et contre tous, du paysan « dépaysanné » qui, portant en lui tout ce qui est la négation du paysan traditionnel (aspiration au plein emploi salarié non agricole, à l'individualisme économique mais aussi social, à l'urbanisation et à son système de comportements notamment en matière de consommation, etc.), n'a plus que les apparences du paysan. Alors que le premier émigré pouvait continuer à se penser comme paysan même s'il n'avait pas la possibilité de se conduire réellement en paysan, l'émigré de la « génération » suivante a cessé d'être paysan en esprit et en intention, indépendamment de l'émigration et souvent bien avant d'avoir émigré. Si le premier émigré ne s'exilait hors de son univers familier que pour se perpétuer comme paysan, s'il ne sacrifiait à son émigration que le minimum (de temps, d'intérêt et d'attention), le nouvel émigré semble attendre de sa condition d'émigré qu'elle donne sens et fonction à son existence et à son activité.

Contrairement à l'émigration du premier « âge », l'émigration du second « âge » allait donner à la rupture avec la communauté paysanne, qui était inscrite objectivement dans les caractéristiques sociales des émigrés d'alors, l'occasion de s'actualiser. Sans doute, plusieurs facteurs pouvaient inciter les émigrés à aller de reniement en reniement, mais une reconversion totale de leurs pratiques dans le sens d'un *individualisme* plus affirmé n'était possible – une rupture en entraînant une autre – qu'à la condition qu'ils renoncent, pour le moins, à entretenir des relations privilégiées avec la communauté des émigrés.

« Bonjour, bonsoir, correct avec tout le monde [les autres émigrés], mais je tiens à vivre seul. Chacun selon son idée : eux, ils ont leurs habitudes, moi c'est différent. Je me suis éloigné d'eux et tout est pour le mieux, pas d'histoire comme ça [...]. C'est pas que je les renie, mais je tiens pas à vivre toujours les uns sur les autres, avec eux [...] » (S. B.).

N'étant plus une mission confiée par le groupe à l'un de ses membres, mais l'acte d'un individu agissant de son propre chef et pour son propre compte, l'émigration devenait une entreprise individuelle dépouillée de son objectif initialement collectif. Émigrer non plus pour assister le groupe, mais pour s'émanciper de ses contraintes ; non plus pour se mettre au service de l'objectif communautaire – et encore selon la modalité consacrée –, mais en vue d'un objectif singulier ; non plus pour vivre comme autrefois parmi les autres émigrés et à leur manière, mais pour tenter une expérience individuelle originale, cette forme d'émigration s'avérait être une « aventure » fondamentalement individualiste.

« Il y a aussi maintenant l'émigration-aventure ; tu as l'aventure, tu as le type qui s'aventure : celui-là, il est tout seul, même si "aventurier" c'est pas tout à fait le mot. C'est dire qu'il se défend, tout seul, qu'il se débrouille tout seul, sans compter sur personne [...]. Tu es seul, tu es obligé de faire quelque chose parce que tu ne comptes plus sur personne, tu as à te protéger, tu n'es plus protégé par les autres ; tu es tout seul, tu es obligé de faire quelque chose, de travailler et même de travailler d'abord plus qu'il fallait autrement [...]. J'ai tenté ma chance tout seul : quand on veut agir comme ça, il faut savoir prendre ses responsabilités » (S. B.).

L'émigration fournissait aussi, à condition que soit aboli l'attachement ancien au groupe et aux valeurs qui fondent le groupe, l'occasion d'un long et laborieux apprentissage de comportements nouveaux, en tout point contraires aux attitudes communautaires qui étaient de règle dans un état antérieur de la société rurale et de l'émigration.

Affectés plus vivement par les transformations du monde paysan et par les nouvelles conditions d'existence en milieu rural, les jeunes, qui sont aussi les moins « hommes de la terre » et de la communauté paysanne, présentent à un degré plus élevé les dispositions propres à les détourner davantage de l'agriculture traditionnelle et du style ancien et à leur faire rechercher comme *état définitif* un emploi permanent dans le secteur moderne. Aussi n'est-il pas étonnant qu'ils soient les premiers et les plus nombreux à rechercher l'émigration. Cette évolution apparaît très nettement quand on compare les caractéristiques sociales des émigrés de l'une et l'autre « génération » : fort peu paysans – d'ailleurs, faute d'*habitus* plus que de terre –, les émigrés de la seconde « génération » étaient en moyenne plus jeunes quand ils arrivaient en France[1] ; ils étaient aussi plus fréquemment

---

1. À la veille de la Seconde Guerre mondiale, l'âge moyen des immigrés algériens en France s'établissait entre 35 et 45 ans : 67 % des travailleurs immigrés (nord-africains) de la Région parisienne avaient de 30 à 45 ans (voir R. Sanson, « Les travailleurs nord-africains de la Région parisienne », *Documents sur l'immigration*, travaux et documents de l'INED, cahier n° 2, 1947, p. 169-170) ; en 1954, alors que les immigrés âgés de 35 à 45 ans ne représentaient pas même 20 %, les immigrés plus jeunes, de 20 à 35 ans, représentaient 60 % de l'effectif (voir « Les Français musulmans originaires de l'Algérie », *Bulletin de statistique*, 391 et 392, 29 octobre et 5 novembre 1955) ; en l'intervalle de deux années seulement, de 1966 à 1968, la proportion de partants âgés de moins de 25 ans progressait de 40 % à 50 % (voir *Revue algérienne du travail*, juillet 1967).

célibataires – et cela pas seulement parce qu'ils étaient jeunes[1].

« [...] La plupart de ces émigrés [ceux de la seconde « génération»], ils sont venus jeunes [...]. Parce qu'ils avaient d'autres idées dans la tête, ils se sont pas mariés. Eh oui, quand tu veux l'aventure, quand tu as décidé d'en faire à ta tête, de suivre ton idée seulement, de travailler pour toi et pas pour les autres, pour ton ventre, pour ta tête – ce qu'on te reproche –, alors il faut pas se marier [...] » (S. B.).

Sans doute parce qu'ils émigraient de plus en plus jeunes mais plus vraisemblablement parce qu'ils étaient des paysans « dépaysannés », ils avaient été, avant d'émigrer, moins souvent cultivateurs et à plus forte raison bergers.

À mesure que s'étend le processus de « dépaysannisation » qui est à l'origine de la seconde « génération» de l'émigration, les bases de l'émigration s'étendent jusqu'à gagner (inégalement) l'ensemble des campagnes et, plus récemment, une fraction de la population urbaine. Dans les groupes de ruraux qu'elle a déjà fortement marqués, ce sont, indépendamment de leur position au sein de la famille, de leur attitude à l'égard de la condition paysanne (en règle générale, il ne s'agit plus de paysans *bou-niya*

---

1. Si émigrer jeune équivalait tendanciellement à émigrer avant de s'être marié – parallèlement à la baisse de l'âge moyen des émigrés, on note un accroissement de la proportion des célibataires (28,4 %) et des hommes mariés pères au plus d'un enfant (33,6 %) –, les émigrés célibataires de la seconde phase de l'émigration entendaient émigrer avant d'avoir contracté par le mariage le lien le plus solide qui puisse les rattacher à leur famille et à leur groupe, tandis que leurs prédécesseurs n'émigraient alors qu'ils étaient encore célibataires (probablement à un âge supérieur) que pour pouvoir « gagner leur mariage ».

mais de paysans entretenant seulement extérieurement, et plus ou moins bien, l'illusion de la « paysannité »), tous les hommes valides (et non pas uniquement ceux d'une classe d'âge déterminée) qui sont également concernés par l'émigration. De même, aucune des familles qui, autrefois, se montraient réfractaires à l'émigration n'y échappe aujourd'hui : ni les familles maraboutiques qui se flattaient de leur « prestige » (même s'il est caduc), de leur « vocation » sociale (même si elle est démentie par la réalité présente) à produire des « clercs » (à la rigueur des *bou-niya* mais pas des travailleurs manuels) et s'interdisaient pour cela de « déroger », surtout en émigrant, c'est-à-dire en s'adonnant à une activité à la limite *illicite*, la plus profane de tous les travaux profanes ; ni les anciennes familles terriennes, les dernières à être contaminées, qui mettaient leur point d'honneur à « ne travailler ni la terre des autres, ni chez les autres, ni au service des autres ». N'épargnant plus personne, l'émigration est devenue la condition commune du plus grand nombre d'hommes sinon de tous[1].

De plus, parce qu'un ample exode des populations rurales (surtout en provenance de régions anciennement acquises à l'émigration en France) a transféré vers les villes, en Algérie même, les émigrés potentiels vers la France[2], c'est tout le courant ancien qui tend à se

1. Presque tous les émigrés interrogés témoignent de cet élargissement extrême de l'émigration à l'ensemble des hommes de leur groupe ou de leur village.

2. En constante progression (en chiffres absolus et en valeur relative), la population urbaine en Algérie a connu une très forte augmentation : elle est passée du quart à 38 % de la population du pays, entre 1960 et 1966 ; les dix plus grandes villes algériennes (chefs-lieux de département) ont absorbé 75 % des migrations internes au pays, entre 1954 et 1966, et, à titre d'exemple, en dépit du départ des Européens, la population d'Alger a doublé dans l'intervalle, celle

renverser : l'urbanisation du futur émigré (en d'autres cas, c'est la famille de l'émigré se trouvant déjà en France, qui s'est urbanisée vers une ville algérienne) tend à devenir une étape avant l'émigration en France, alors qu'auparavant, quand l'émigration s'établissait presque exclusivement entre les campagnes algériennes et la France, ce n'était qu'exceptionnellement qu'elle se convertissait en une émigration urbaine en Algérie.

Cette nouvelle forme d'émigration dont on attend qu'elle apporte les moyens d'une « urbanisation » forcée, à la fois inscrite dans la réalité du monde rural et impossible pour lui, porte en elle les mécanismes mêmes de sa perpétuation ; elle est un des moyens – en certains cas le plus facile, voire le seul accessible – de satisfaire les exigences économiques et sociales nouvelles qui s'imposent à la société paysanne. Elle doit fournir, en quantité de plus en plus grande, les revenus monétaires dont les communautés rurales ont besoin désormais *ordinairement* et *continûment*. Parmi ses prédécesseurs, les uns, ceux de la première heure, économisaient leur argent en France jusqu'à constituer le pécule dont ils avaient besoin et qu'ils remportaient avec eux (parfois, ayant emprunté dès leur arrivée en France auprès des parents émigrés, ils consacraient leur séjour à rembourser la dette contractée) ; les autres, partis plus tardivement, alors qu'ils étaient déjà contraints d'allonger ou de multiplier leurs séjours en France, transféraient la totalité de leurs économies sous forme d'envois (plus que sous forme de mandats) d'un

---

de Constantine plus que doublé (indice d'accroissement : 2,16), celle de Sétif quadruplé, etc. Parallèlement à cette augmentation du taux d'urbanisation, on constate, parmi la population urbaine, une tendance plus accusée à l'émigration en France : ainsi, en 1968, le département d'Alger, département le plus urbanisé d'Algérie, a enregistré un nombre de départs (6 000 émigrés) supérieur à celui de Constantine (5 433 départs), département plus rural.

montant relativement important, l'idée de conserver par-devers eux une partie de leur avoir leur apparaissant comme scandaleuse. Au contraire, l'émigré de la seconde phase, soucieux seulement de pourvoir aux dépenses courantes – les siennes propres en France et celles de la famille laissée au pays –, se voue à n'apporter à cette dernière qu'une simple assistance alimentaire : les mandats se font réguliers, souvent mensuels, calculés pour couvrir les besoins identifiables et prévisibles [1].

Toute ma vie est là...

« [...] Toute ma vie est là [montre un portefeuille épais contenant bulletins de salaire, certificats de travail, états des services, correspondance de la sécurité sociale et de la caisse de retraite, tous papiers qu'il n'a cessé, durant tout l'entretien, de ranger dans son portefeuille pour les retirer l'instant d'après]. Elle est rassemblée là-dedans ; il y a là ma peine, ma sueur, mon sang... Oui, mon sang, parce que mon sang a coulé, j'ai été blessé. J'ai couru pour réunir tout cela, je croyais que j'allais être volé, qu'on allait me manger tout mon travail. [...] Il y a là vingt-trois ans de travail ; et encore on m'a volé au moins quatre ans. Les premières années, il n'y avait pas tout cela, nous ne connaissions pas toutes ces choses : tu as travaillé, voilà ton argent, débrouille-toi avec. [...] Heureusement j'ai été précautionneux – depuis que je suis [homme], j'ai toujours gardé mes papiers – et que c'est la mine, car eux

---

1. Pour être complet, ce n'est pas seulement par la proportion des revenus transférée à la famille, par la manière dont se réalisent les économies et se font les envois, que se distinguent les émigrés des différents « âges » de l'émigration, c'est par toute la structure de leur budget et tout le système de leurs dépenses qu'ils se différencient.

aussi conservent tout, ils se souviennent de tout, une seule journée [de travail] tu ne la perds pas si elle est portée sur le registre. Sans cela tout serait parti en l'air ; c'est ainsi que sont parties en l'air les premières années [de travail]. Ma France aurait été réduite au néant, je n'en aurais rien tiré ! C'est comme si je n'étais jamais venu, jamais travaillé, peiné. Dieu a sauvegardé ma peine ! Il n'a pas voulu qu'elle soit perdue. [...] C'est bon de garder tous ces papiers, bons ou mauvais ; on ne sait jamais puisque tu ne sais pas lequel il faut garder, tu les gardes tous. [...] C'est bien de conserver, c'est une précaution [...] ; tu ne sais jamais ce qui arrive demain. Ce papier que tu jettes aujourd'hui, c'est celui-là dont tu auras besoin demain [...] » (ancien émigré, âgé de 63 ans, séjournant en France temporairement en attendant la liquidation de sa retraite, dans l'hôtel même où il avait habité quand il était ouvrier et retrouvant là, comme il dit, « peut-être pas exactement les mêmes personnes que par le passé, mais les enfants de ces personnes, car les choses sont restées en l'état : les murs, les propriétaires, les clients »).

L'émigration ayant changé de signification et de fonction, elle a dû se réorganiser de fond en comble : d'une génération d'émigrés à l'autre, ce sont les modalités des séjours en France et, par suite, les rapports à l'émigration elle-même, à la condition d'émigré et aussi au pays d'origine, qui se sont modifiés. Les séjours sont allés en s'allongeant jusqu'à devenir quasi permanents[1], entre-

1. J.-J. Rager (administrateur de commune mixte en Algérie) caractérisait déjà l'émigré algérien, à la veille de la Seconde Guerre mondiale, « comme un travailleur qui va s'installer en France pour une longue période, coupée de retours fréquents au pays d'origine où il viendra finir ses jours » (*Les Musulmans algériens en France et dans les pays islamiques*, Alger, Université d'Alger, 1950, p. 126). Faute de données correctement recueillies (elles ne s'accordent ni sur la défini-

coupés seulement de brèves périodes, celles des congés annuels. Corrélativement, les retours au pays, assujettis désormais au calendrier de l'activité industrielle, se font de plus en plus régulièrement et fréquemment au moment des vacances et pour la durée des vacances.

« […] Tu es venu en France pour quelque temps, tu fais comme si tu es là pour quelque temps, c'est du provisoire, mais une année après une année, voilà cinq ans, voilà dix ans, voilà vingt ans, voilà la retraite ! Quand tu fais le compte, c'est toute notre existence. Sur trente années, ou bien vingt-cinq ans, s'ils restent jusqu'à la retraite ici, combien ils ont vécu, ce que j'appelle vécu – un mois sur douze, travailler onze mois pour vivre un mois –, mais vivre au milieu de leur famille, auprès des

tion de la première émigration et de retours au pays à prendre en considération, ni sur les dates de l'une et des autres) et valables pour l'ensemble des émigrés sur des périodes relativement longues, les évaluations de la durée des séjours en France varient selon les auteurs : quatre années au maximum selon Rager, entre un an et demi et deux ans selon Montagne (*L'Afrique et l'Asie*, 22, 1953, p. 13), entre trois et quatre années pour les ouvriers des usines Renault selon Andrée Michel (*Les Travailleurs algériens en France*, Paris, CNRS, 1957, p. 177) ; toujours est-il que la tendance générale est à un allongement progressif des périodes d'émigration : « En 1954, on estimait qu'un émigré séjournait en moyenne trois à quatre ans en France avant de retourner au pays, de nos jours (en 1962), la durée est nettement supérieure (dix ans)… Notre émigration tend à devenir une émigration pour la durée de la vie active, ce qui signifie un séjour à l'étranger de vingt à trente ans » (Séminaire national sur l'émigration, Alger, août 1966, p. 40). Cette évolution est confirmée par le recensement de 1968 qui donne près de 30 % de la population algérienne dénombrée (femmes incluses) résidant en France depuis au moins treize ans (émigration antérieure à 1955), 13,5 % depuis au moins dix-huit ans ; plus récemment, une autre évaluation donnait plus de 32 % des Algériens dont le séjour en France est ininterrompu depuis au moins seize années (selon les statistiques fournies par l'Amicale des Algériens en France, *Revue de la formation permanente*, mai 1975).

leurs, de leurs enfants, de leur femme. Moyennant douze mois en douze ans, il [l'émigré] aurait vécu un mois, une année chez lui, le douzième ! C'est ça qu'il faut dire » (S. B.).

En dotant l'émigré, qui n'est plus un « paysan » sans être pour autant un « ouvrier », d'un emploi réel et durable, l'émigration lui procure, bien sûr, des gains en argent mais elle lui confère aussi un statut défini. L'aspiration au « métier » (*i.e.* pour beaucoup à l'émigration), outre sa signification économique, est aussi une aspiration à un statut susceptible d'être nommé et capable d'arracher le paysan « dépaysanné » à l'indétermination qui caractérise sa position : ni fellah traditionnel, totalement occupé, ni travailleur salarié défini par l'activité qu'il exerce, ni vraiment chômeur, mais participant un peu de tous ces états, il vit avec un sentiment intense de malaise l'ambiguïté d'un statut qui n'a pas de définition légitime. N'ayant pas (et le sachant) les aptitudes requises pour s'imposer en Algérie sur un marché du travail extrêmement restreint et dominé par la concurrence des travailleurs (ou des chômeurs) urbains, les ruraux émigrés en France de la seconde « génération » savent – non pas d'expérience directe mais par habitude et comme par un sens social de ce qui leur est accessible – que leur seule chance de trouver un vrai emploi se confond avec leur émigration en France.

La conviction de ne pouvoir trouver en Algérie le travail tant souhaité est si forte chez les paysans « dépaysannés » candidats à l'émigration qu'elle les décourage de le chercher ou, mieux, leur interdit jusqu'à l'idée même de le chercher sur place avant d'émigrer. Aucun des émigrés interrogés n'avait tenté ou n'avait été tenté de chercher en Algérie un travail en ville. Et, même plus tard, alors qu'ils rentrent dans leur pays régulièrement et fréquemment (au plus, tous les deux ans), seuls quelques-uns – 6 sur 280 – avaient, au moins une fois, fait réellement acte de candidature à un emploi en s'adressant directement ou en écrivant à un employeur éventuel ; 19 autres émigrés seulement ayant « cherché par acquit de conscience », c'est-à-dire en faisant état autour d'eux de leur souhait de « pouvoir trouver du travail pour rester et n'avoir plus à repartir en France » ou encore en s'en remettant à un intermédiaire « parent, ami, enfant du pays bien placé pour procurer du travail ».

« Algérie, pays du chômage », « Algérie, pas de travail, pas d'usine » : « Algérie où les bras sont trop nombreux, si nombreux qu'il n'y a pas de travail pour eux » ou encore « quand tu n'as rien dans les mains, pas de métier, que tu ne sais rien faire, tu ne vas pas te présenter à Alger pour trouver du travail [...] ; tu viens en France [...]. En France, il y a du travail, cela est connu ; tu n'entends jamais dire qu'un tel est parti, tel autre, tel encore, ne travaille pas, est en chômage. Cela n'existe pas [...]. Alors, tu viens en France : ton frère, ton voisin, tous ceux de ton village, tous ceux de ton âge – tu es semblable à eux, ils sont semblables à toi –, tous trouvent du travail en France, toi aussi tu viens en France et tu es sûr de trouver du travail [...]. À Alger, tu n'es pas sûr. Comment être sûr, alors que personne [personne de connaissance] n'y a trouvé du travail. Chez moi, je n'ai jamais entendu dire que quelqu'un a trouvé du travail : [quelqu'un] bien sûr comme moi ; s'il est "fils de la ville", s'il est instruit, il a un métier, bien sûr, il trouvera [...] » (émigré d'origine rurale, mais scolarisé en français durant cinq années consécutives ; arrivé en France en 1954 à l'âge de 21 ans, rejoint par sa famille – son épouse et une fille – en 1957, c'est à peine s'il est retourné quatre fois dans son pays, deux fois seul, avant et après que sa famille eut émigré, deux fois avec sa famille).

L'allongement et la continuité des temps passés en France, le rythme des retours et la qualité des séjours effectués au pays apportent, s'il en était besoin, la preuve de la subordination de la vie économique et sociale des communautés rurales d'origine à l'activité industrielle du pays qui utilise les services des émigrés. L'intégration *économique* des émigrés au marché de la société d'accueil se manifeste de mille manières dont les plus significatives sont, d'une part, l'attitude des émigrés à l'égard de leur travail, de leur métier et de tout ce qui en participe et, d'autre part, les efforts par lesquels ils trahissent la conscience qu'ils ont de leur nouvelle *identité sociale* – ou du moins de la recherche de cette nouvelle identité – définie, cette fois-ci, plus par la qualité de travailleur (donc d'immigré) que par la qualité de paysan émigré.

L'identité de l'émigré

« [...] Les fiches de paie, les fiches de paie, que ça ! Partout où tu te présentes, on te demande que ça ! [...] Comme s'ils ont peur que tu manges leur pain, le pain que tu n'as pas gagné. C'est ça la confiance ! C'est fou ce qu'il y a de confiance dans cette société, ce qu'elle a confiance dans les travailleurs ! Passons ! Mais avec nous les immigrés, ça dépasse tout : avec nous, c'est tout de suite le soupçon, c'est pas que le règlement. Y a pas que le règlement. Avec nous il faut prouver que tu gagnes ton argent, sans quoi tu le voles, tu deviens suspect ; il faut leur montrer que tu as de quoi vivre, sans quoi ou tu voles ou tu tends la main, et dans les deux cas, c'est la même chose ; c'est pas permis, surtout quand on est immigré. Un étranger, un immigré, c'est fait pour travailler ; un immigré qui travaille pas c'est pourquoi ? À quoi ça sert ? Qu'est-ce qu'il fout ici ? [...] Tu vas à la poste pour envoyer ton argent, il faut prouver que tu l'as gagné, ça veut dire que tu l'as pas volé ; à la sécurité sociale, il faut prouver que tu travailles. Je crois que même pour mourir en France, il faut prouver que tu as travaillé, que tu es mort en travaillant. [...] Quand tu n'es pas mort d'accident, il faut qu'on trouve sur toi tes fiches de paie, tu n'as pas le droit de mourir autrement. Alors qu'est-ce que tu es ici ? Tu n'es qu'une fiche de paie par mois. Sans fiche de paie, on t'accepte pas ; on n'a pas confiance en toi ; les fiches de paie, c'est fait pour ça : il faut leur prouver que tu travailles, que tu as travaillé pour eux, sans quoi c'est toi qui es soupçonné de vivre à leurs crochets [...] » (émigré âgé de 28 ans ; en France depuis 3 ans seulement ; scolarisé à un niveau relativement élevé [trois années d'enseignement secondaire] ; employé dans le tertiaire, une compagnie d'assurances, où il sert à la fois de manœuvre et d'employé de bureau : « quand je dois descendre aux archives pour ranger les paquets, c'est un travail de manœuvre [...] ; quand je dois aider dans les bureaux, c'est un travail de plume, un intellectuel ! C'est comme ça, il faut tout faire [...] »).

Conscients de devoir s'insérer plus activement dans le monde professionnel auquel ils sont voués en France, les émigrés actuels sont amenés à modifier leur attitude en tout et, principalement, à l'égard du travail. À l'inverse de leurs aînés, c'est un nouveau rapport plus étroit et plus « intéressé » qui est adopté et qui se traduit par une plus grande stabilité dans l'emploi ou dans l'entreprise[1] (ou, à

1. Aux usines Renault – entreprise offrant, il est vrai, de nombreux avantages relatifs (ambiance générale, protection sociale, rôle des syndicats, conditions de travail et de rémunération, etc.) –, l'ancienneté moyenne de la main-d'œuvre algérienne était au 1er janvier 1968 de sept ou huit ans : 39 % des effectifs comptaient plus de onze années de services.

défaut, dans la branche d'activité) et aussi dans la localité de résidence[1] ; attention plus grande (relativement et dans les limites étroites autorisées par la situation d'émigré) portée à l'activité professionnelle, à la « carrière », aux avantages liés à l'ancienneté, au mode de rémunération et à son calcul, à la vie de l'entreprise, aux activités sociales ou syndicales, aux possibilités de promotion, etc.

Dans l'apprentissage de l'attitude calculatrice que favorise l'expérience du travail salarié et de la vie en France, le calcul des heures supplémentaires – on le conçoit aisément – joue un rôle important. Contribuant pour une grande part au revenu mensuel global, responsables de l'essentiel des variations que subit le salaire, les heures supplémentaires font l'objet de la part des émigrés, même analphabètes, surtout analphabètes pourrait-on dire[2], d'une attention minutieuse et persévérante.

1. De manière générale, à mesure qu'augmente l'ancienneté de l'émigration, que diminue le rythme du va-et-vient des émigrés entre la France et leur pays d'origine, la relative « mobilité » professionnelle et géographique des travailleurs immigrés tend à se réduire. L'émigration familiale qui n'est pas totalement indépendante de cette évolution accroît encore cette stabilité : « Quand tu as tes enfants ici, tu dois penser à eux, ce n'est pas la même chose : [...] tu ne peux pas être "léger", comme si tu étais seul en France, tu ne peux pas t'arrêter de travailler, tu ne peux même pas changer de travail ! Et si tu restes chômeur ? Tu ne peux même pas passer une nuit dehors, tu ne vas pas laisser ta femme et tes enfants seuls dans un pays étranger ? Entre celui qui est seul ici et celui qui est avec *elfamilia* [la famille], ce n'est pas la même chose. »

2. Bien qu'analphabètes, c'est presque unanimement (93 %) que les émigrés interrogés déclarent « vérifier leur fiche de paie » et vérifier notamment si le montant perçu correspond bien à la somme qui y figure et si le nombre d'heures ouvrées est conforme : 30 % d'entre eux opèrent cette vérification par eux-mêmes quitte à se faire aider ou à « consulter » quand ils éprouvent des difficultés ou ont quelque doute ; 50 % se font « expliquer » leur bulletin de salaire.

Que les heures supplémentaires viennent à se réduire ou à disparaître, c'est souvent du quart de sa valeur que le salaire mensuel se trouve amputé ; aussi l'adoption de la disposition au calcul qui traverse, de part en part, le travail salarié ne se fait-elle pas de manière abstraite (ou intellectuelle), mais au travers d'une dure expérience, expérience renouvelée des journées (des quinzaines, des mois) avec ou sans heures supplémentaires : parce qu'il est des quinzaines et des mois encore plus « maigres » que d'autres, c'est, chaque fois que cela se produit, le mandat prévu pour la famille qui se restreint ou qui disparaît, « la ceinture qu'il faut serrer, ce mois, d'un cran en plus ». Ce n'est que sous réserve de certaines conditions de salaire et de qualification que l'on peut se dispenser, comme témoignent les propos de cet émigré, du recours aux heures supplémentaires. « [...] Les heures supplémentaires, j'ai horreur de ça. Ça profite au patron, c'est tout. Faut être bête, bête comme un ouvrier ou un immigré [rires], pour croire qu'on va être riche avec ça [...]. Oui, les nôtres courent derrière les heures supplémentaires : ils vivent de ça seulement, avec les salaires de misère qu'on leur donne dans le bâtiment ou comme manœuvres, 160, 180 000, jamais 200. Il faut bien qu'ils vivent, alors ils se rattrapent sur les heures supplémentaires pour envoyer de l'argent au pays [...]. Mais c'est pas la solution. D'ailleurs, les heures supplémentaires, c'est pour les manœuvres, les OS, c'est pas un comme moi qui va faire les heures supplémentaires [...]. Moi je leur laisse leurs heures supplémentaires, il faut que je vive, le travail c'est pas uniquement pour gagner de l'argent [...] » (émigré âgé de 30 ans, scolarisé bien que d'origine rurale, compte deux années d'enseignement professionnel en Algérie, formation FPA en France, électromécanique ; ouvrier qualifié, salaire mensuel : 3 000-3 200 F ; célibataire ; n'envoie presque pas d'argent en Algérie ; passe ses

93

congés annuels dans les pays européens, a visité l'Italie, l'Espagne, les Baléares, l'Autriche ; pour une fois qu'il a décidé d'aller en vacances vingt-cinq jours en Algérie, il a passé sur le chemin du retour dix-sept jours au Maroc).

À mesure que le contact des émigrés avec l'organisation sociale du travail en usine se prolonge et s'intensifie et que s'appesantissent tous les déterminismes inscrits dans le travail salarié, c'est une nouvelle identité sociale qui s'impose à eux : à l'ancienne identité qui, en dépit de l'émigration, restait inséparable de l'appartenance au groupe d'origine, à la condition paysanne et au système de valeurs qui en est solidaire, se substituent une autre manière de se définir, une autre représentation de soi agissant sur la base d'anciens schèmes de perception et d'appréciation réinterprétés pour la circonstance[1]. La médiation responsable de cette conversion semble être, au premier chef, l'« effet » précisément des fiches de salaire qui, aux yeux des émigrés, incarnent et symbolisent leur nouvelle condition d'ouvriers ou plus exactement d'émigrés « installés » dans la condition de l'émigré.

Au-delà du rapport au travail, c'est toute la relation de l'émigré à l'égard de la société française (au moins telle qu'elle lui est accessible) qui est transformée : à l'opposé de son prédécesseur, qui était cantonné et se cantonnait électivement dans l'« univers-refuge » constitué par les émigrés et excellait à cultiver les comportements de « réserve » ou d'autoségrégation, le nouvel émigré, relati-

1. Les fiches de paie deviennent des « denrées » – ou tout au moins, on en parle comme telles – qu'il convient de mettre en réserve, de constituer en provisions afin de s'assurer contre le futur : « ma retraite, mes enfants, c'est cela (les bulletins de salaire). Ma retraite passe avant. Quand je l'aurai, personne ne me la volera tandis que la descendance de maintenant, tu ne peux compter sur elle : si elle est « droite » (littéralement : licite), elle te jette un bout de pain et il faut que tu le quémandes ».

vement plus « intégré », au moins à la condition ouvrière, est contraint à une confrontation (relativement) plus étroite avec la société française. La différence qui sépare ces deux attitudes se retrouve dans les perceptions différentes que les émigrés de l'un et l'autre « âge » ont de leur position dans l'émigration, ainsi que dans les réactions que leurs comportements appellent de la part de la société française : si la « sagesse » (ou ce sens social des limites qui, dans certaines conditions, est comme la propriété spécifique des dominés) de l'un a pour effet de le prémunir contre le racisme (au moins sous sa forme la plus manifeste), l'audace (sociale) de l'autre le prédispose à faire du racisme une expérience plus vive et plus fréquente.

Ségrégation et autoségrégation

« [...] Comme fait tout le monde, faut faire le bête, plus bête que tu es : tu fermes les yeux, tu vois rien ; tu bouches les oreilles, tu entends rien. Ce racisme-là, il a un remède : tu restes chez toi, dans tes limites, tu restes sur tes gardes, c'est tout ; on a l'habitude. Le temps passe, rien ne dure, ce n'est pas ici [en France] que tu vas prendre racine, tu n'es que de passage [...]. Considère que tu n'es pas chez toi, n'oublie pas cela, tu es un étranger en pays étranger. [...] Voilà la vérité et, la vérité, c'est le salut. [...] Ne provoque pas ; d'ailleurs la sagesse c'est cela : c'est se surveiller, prendre ses précautions en tout, ne jamais se placer dans une situation où on risque d'être bafoué. Tant pis pour toi, si tu n'as pas été prévenant [...]. Tout ce qui t'arrive, c'est ta faute, tu l'as cherché ! [...] Garde tes limites, ne les agresse pas – comme si c'était nous qui les agressions, alors que nous sommes toujours les agressés. Pourquoi alors les [les Français] fréquenter ? Qu'as-tu à te mêler à eux ? [...] Le moins possible, c'est mieux. [...] Reste parmi nous, tu verras : le racisme, les racistes, cela n'existe pas ! Voilà ce que tu entends, ce que te disent les vieux avant, quand tu te plains du racisme. Si maintenant, on parle beaucoup de racisme, à l'époque on parlait pas de ça. Le racisme, ça a toujours existé, mais il existe pas quand nous sommes entre nous. Reste dans ta chambre, parmi tes frères, tous semblables à toi, alors tu n'as rien à craindre, personne ne te connaît, tu ne connais personne. D'où va venir le racisme, par où va-t-il passer ? Par la porte ou par la fenêtre ? Il ne te sautera pas au-dessus du *kanoun* [du foyer] ! Ton racisme, c'est ta misère, ta faim, tes soucis. Cela te suffit, tu n'as pas besoin d'aller chercher celui des autres : celui des Français, laisse-le-leur, laisse-le où il est, éloigne-toi de lui. [...] Viens vivre entre nous, viens vivre avec moi, avec tous ceux-là que tu vois ici, je peux t'assurer que le racisme, tu ne sauras pas ce que c'est. [...] Entre nous, ce mot n'existe pas, c'est un mot que nous ne prononçons jamais, tu ne l'entendras jamais. Moi, je ne sais pas ce que c'est. [...] Mais si tu le cherches, tu l'auras tous les jours et il ne faut pas te plaindre. [...] Quand tu ne veux pas avoir affaire à eux [aux Français], tu ne te heurteras jamais au racisme ; le racisme [en souffre] qui le veut [...].

« [...] On fait attention. Tu les [les Français] vois habillés le dimanche, tu te dis : après tout, je suis comme eux, je gagne la même paie qu'eux, il faut que moi aussi je sois comme eux. [...] Les plus déçus, c'est ceux-là : on s'aperçoit qu'on n'est pas habillé comme eux, tu vois que tu n'es pas mode ; y a toujours une frontière, c'est pas pareil qu'eux. [...] Il [l'émigré] s'intéresse après sa jeunesse : il va au bal et c'est là qu'il découvre le racisme ; tu découvres qu'il y a toujours une barrière. Le racisme le pire, c'est celui du bal, c'est surtout quand on s'introduit comme ça parmi les Français. [...] Y a pas que dans le bal, le racisme. Même dans le travail, faut pas que tu sois pas manœuvre ; ils ont pas l'habitude de ça. S'ils te voient que tu veux t'avancer un peu, ils te disent : "Toi, tu es pas comme les autres." Et ensuite, ça dépend : si tu les gênes pas, ça les amuse, eux aussi, ils se moquent de toi, tu deviens donc la risette de tout le monde [...] ; maintenant, si tu les gênes un peu, ils s'imaginent que tu leur marches sur les pieds, alors là, ils sont contre toi. "Retourne dans ton pays, retourne d'où tu viens, tu n'es qu'un Arabe !" Ça veut dire, retourne avec tes frères, chez toi ; ça peut être dans ton bled, ça peut être aussi Barbès. [...] C'est comme ça : ou on se fout de toi, ou on t'écrase. [...] Il faut travailler, bien sûr, mais y a toujours un certain racisme et ça existera toujours. Ils ont jamais vu un chef d'équipe kabyle, un Algérien, un Arabe comme chef. Ça s'est jamais vu chez eux. Alors, ils font tout pour te mettre des bâtons dans les roues : ça va jusqu'à la quarantaine, ça existe ça. [...] Avant contremaître, j'étais d'abord chef d'équipe et, déjà là, ça titille : être commandé par un Arabe, ils aiment pas ça. Mais seulement, ce qu'il y a c'est que ça arrange toujours, quand c'est comme ça, le patron ; il a intérêt à ça : c'est parce qu'ils ont besoin de toi, c'est tout, et tu leur reviens moins cher. Sans ça, un étranger est un étranger ; qualifié ou pas, tu es toujours un étranger. [...] On n'est pas nombreux [comme ouvriers qualifiés], mais c'est déjà trop comme ça ; notre place, c'est ailleurs, dans tous les travaux des immigrés, comme ils disent, tous les travaux dégueulasses où tu laisses ta santé et peut-être même ta peau » (S. B.).

Se distinguant des autres émigrés de son époque, jusque dans son attitude à l'égard de la société française, l'émigré « marginal » qualifié d'*audacieux* (socialement) confronte l'expérience qu'il a du racisme à travers ses propres catégories de perception (au bal, dans le travail surtout en qualité d'ouvrier qualifié), à l'expérience des émigrés dont il se sépare et qui, comme ils le lui rappellent, préfèrent s'exclure d'eux-mêmes plutôt que de courir le risque de ségrégation.

Retournant dans sa famille, dans son village, dans sa communauté paysanne, l'émigré retourne en « vacancier » et même en « étranger » dans un monde qui lui apparaît de plus en plus comme étrange[1]. Tout dans ses comportements – son emploi du temps, ses horaires, ses activités, ses déplacements, ses loisirs, ses dépenses, son alimentation (le nombre, les heures et les menus des repas), son costume – doit rappeler à tout le monde son statut d'émigré (*i.e.* de « citadin »), sa position d'« invité dans sa propre maison », c'est-à-dire la distance que l'émigration lui a permis de prendre à l'égard de son groupe et à l'égard de la condition commune des paysans. C'est manifestement qu'il refuse en règle générale de participer aux travaux agricoles quand ceux-ci sont encore effectués avec quelque conviction.

Si d'aventure l'émigré « en vacances » accepte de participer aux travaux agricoles et autres actes de la piété paysanne (visites rendues aux terres, rites agraires), c'est à condition qu'il puisse le faire « à sa guise », en tant qu'« émigré », c'est-à-dire selon son bon vouloir (un peu par jeu et un peu par exhibition) et selon ses « habitudes

---

1. On conte, pour s'en moquer, les nombreuses « méprises » que commettent ou feignent de commettre les émigrés en « vacances dans leur village » : inversant les situations, ils se surprennent, alors qu'ils se trouvent au milieu de la *djemaâ* du village, à jurer par *elghorba* (l'exil) comme ils avaient l'habitude de le faire en France, précisément quand ils étaient dans *elghorba* : « par *elghorba* dans lequel nous sommes ! » ; ils se plaisent aussi à confondre, en raison de l'animation et des activités extra-quotidiennes de ce jour, le jour du marché avec le dimanche.

de France » (« comme on travaille en France », selon le « temps de la France », selon « la tenue de travail et l'habit de France », etc.) ; s'il accepte de prendre part aux manifestations communautaires, actes de la ferveur religieuse (prières, pèlerinages et aumônes) ou de la sociabilité traditionnelle, c'est souvent par pure ostentation, et avec une sorte d'« hypercorrection ». Il ne se conforme à toutes ces pratiques, qu'il sait des plus conformes à la tradition paysanne mais aussi caduques, que de manière gratuite et tout extérieure : prouver qu'il peut être un « émigré » et qu'au demeurant il sait et peut encore rivaliser en excellence paysanne avec les meilleurs paysans (travailler aussi bien, manger aussi sobrement, honorer ses obligations aussi dignement que le paysan de la tradition).

« Nous avons beau être des émigrés, mais nous savons encore travailler [la terre] quand c'est nécessaire […]. Parce que nous sommes passés par là [l'état de paysan], nous pouvons retourner à "celle" de nos pères et grands-pères, si nous étions obligés… et peut-être plus facilement et mieux que le feraient ceux de maintenant, tous ces jeunes qui n'ont jamais travaillé, ni à la "maison" [sur place, à l'agriculture], ni "hors de la maison" [*i.e.* dans l'émigration]. Nous aussi nous savons être des fellahs, nous n'avons rien oublié […].

« Nous aimons parler seulement du travail de France ! En réalité, si nous travaillions ici [à cultiver la terre] autant que nous travaillons en France, des journées de huit heures, de dix heures, nous aurions été "gagnants" […]. Le travail de France nous plaît, c'est tout ; mais au fond, il est plus pénible, plus fatigant, plus long, il ne s'arrête jamais, été comme hiver, de jour comme de nuit. Labourer ou moissonner une journée entière est beaucoup moins fatigant que de "tirer une journée en usine" » (propos d'un émigré qui, d'un ton mi-plaisant et mi-sérieux, se justifie de passer quelques journées de ses vacances à moissonner les champs de sa tante, veuve âgée et isolée, alors que, s'agissant de ses propres terres, il s'en est remis pour l'exploitation des meilleures d'entre elles à un métayer, laissant les autres à l'abandon).

Ce ne sont pas seulement des « conduites de vacancier » que l'émigré introduit au sein de son groupe, ce sont aussi, plus graves de conséquences, un grand nombre d'attitudes pénétrées par l'esprit de calcul et par l'individualisme économique et social qui en est solidaire.

Ainsi va le monde actuel…

« Aujourd'hui, pour "trouver" ton fils, il faut le flatter, il faut prendre des précautions avec lui, il faut le payer en bonnes paroles, en douceurs ; il ne faut pas le contrarier et cela sans être absolument sûr du résultat ; faire tout cela et se tenir le ventre [avoir peur]. Il n'y a que le mensonge qui passe. J'admire le courage des pères qui osent dire que leurs enfants sont de mauvais enfants ; ce n'est agréable pour personne, à moins que ce soit à voix basse et sous le sceau du secret. Doucement à l'oreille on te dit la vérité, et alors tu n'entends que cela : "Par Dieu, il [le fils ou le frère émigré] m'a laissé, il n'y a pas même une lettre de lui, je lui ai fait dire ceci ou cela, je lui ai envoyé un tel ou une tel, il est pourtant au courant de tout, il sait tout [sous-entendu : nos besoins] […]. On fait semblant seulement…" Et ils sont nombreux à faire "semblant seulement". Que dire ? Que mon fils m'a délaissé, que c'est un mauvais fils ! Il y a encore quelques-uns qui ne peuvent pas cela, ils ont honte d'eux-mêmes. On leur demande des nouvelles de leurs enfants : "Ça va, ça va. Tout est pour le mieux. – Ton fils se souvient de toi, se rappelle de toi [t'envoie de l'argent] ? – Ah, oui, grâce à Dieu !" Même si, en vérité, le pauvre malheureux est sans le sou et sans nouvelles de son fils. [...] Ainsi va le monde actuel en lequel nous sommes. Un peu par réserve, par sens de la mesure, par estime de soi [honneur] ; un peu par intérêt et par précaution, pour la suite – on ne sait jamais, il ne faut rien brusquer, peut-être qu'un jour Dieu le ramènera sur la bonne voie, il s'amendera –, mieux vaut ne pas trop crier que ton fils t'a abandonné. Pourquoi le dire ? On ne fera que rire de toi et te mépriser encore plus. [...]. Au contraire, si cela se sait, il faut démentir : la lettre est arrivée la semaine dernière, même si elle date [en réalité] de l'an dernier ; le dernier mandat n'est pas encore dépensé, même s'il est vieux de cinq ans. [...] Personne ne te contredira même si, à ta manière, il est facile de se rendre compte que c'est faux. [...] Mais si tu commences à te plaindre publiquement à Kaddour et à Chabane [au premier venu], cela deviendra de notoriété publique et, très vite, ce qu'on pourrait regarder comme erreur de jeunesse, comme erreur de *elghorba* [de l'exil, ici des séductions de la ville] deviendra séparation entre le père et le fils. [...] Évidemment, quand le père agit de la sorte, craint la honte de devoir avouer qu'il a un mauvais fils, le fils aussi n'aimerait certainement pas apparaître comme un mauvais fils. Ils pourraient au moins s'accorder là-dessus. Nous avons beaucoup de monde en France, là-bas aussi, c'est comme ici : il y a des choses qu'on cache et des choses qu'on ne peut pas cacher, et ces choses qu'on ne peut pas cacher, c'est le comportement. [...] En France, je suis passé par là moi aussi, tout se sait, rien ne peut se cacher : je suppose que celui qui boit, qui joue, cela se voit, cela ne peut passer inaperçu ; ce n'est pas la peine de lui demander [de demander au père de l'émigré qui se comporte ainsi] si son fils est un "bon fils", s'il travaille pour ses parents. Mais malgré cela, il y a des choses qu'on cache encore. "Tu as envoyé un mandat à ton père ? – Oui, c'est fait, la semaine dernière." C'est toujours la semaine dernière. Je suppose qu'il y a beaucoup qui mentent de la sorte. Vaut mieux encore qu'il en aille ainsi ; c'est cela la *baraka* : ce qui nous parvient de sa part [de la part de l'émigré], c'est plus qu'il n'en faut et que la *baraka* soit en lui ! » (père de deux émigrés, ses deux seuls fils : l'un, célibataire, en France depuis plus de quinze ans, est totalement « perdu », n'ayant jamais écrit, jamais envoyé d'argent, jamais « remis les pieds » au village ; l'autre, plus jeune, marié avec trois enfants, comptant déjà plus de dix années d'émigration, est à peine un peu plus zélé à l'égard de sa famille).

Miné et amputé par l'émigration, déréglé et atteint au plus profond de lui-même, c'est-à-dire en toutes ses structures (morphologiques, économiques, spatiales, temporelles), le groupe paysan perd foi en ses valeurs propres ; à la misère matérielle qui fut à l'origine de l'émigration et de son cortège d'effets perturbateurs, il ajoute désormais une misère morale révélatrice de la crise interne qui l'habite et le rend particulièrement vulnérable à tous les emprunts et à toutes les transformations. Cessant progressivement, à mesure des progrès de l'émigration, d'exercer l'action de contrôle et de régulation qui était la sienne, la communauté paysanne se restructure entièrement par rapport à l'émigration dont elle n'est plus en mesure d'intégrer les conséquences. Une illustration exemplaire de ces perturbations imputables en partie à l'action indirecte de l'émigration peut être trouvée dans les changements qui affectent la structure de la famille paysanne.

Le rapport qui unissait initialement l'émigration à l'indivision familiale, cette forme ancienne de l'organisation interne de la famille et de la production domestique, s'inverse lui aussi, comme s'inversent les rapports entre l'émigration et l'activité agricole. Alors qu'à l'origine l'indivision préexistait à l'émigration qu'elle rendait possible, aujourd'hui c'est à seule fin de pouvoir émigrer qu'une indivision de circonstance est reconstituée temporairement : l'émigré se donne un substitut qui « puisse entrer et sortir pour les siens en son lieu et place » ; le parent demeuré au pays se contente de gérer les fonds qui lui sont envoyés et l'on ne peut pas dire que toute considération d'intérêt soit exclue dans l'acceptation des services ainsi rendus (bien souvent l'émigré octroie à son correspondant un « léger surplus » lors de chacun des mandats qu'il lui adresse, sans compter l'envoi de colis et autres cadeaux). Habitués à calculer et à valoriser à l'extrême le produit de leur travail, les émigrés tendent de plus en plus à ressentir l'indivision comme une charge plutôt que comme une garantie de sécurité. Le calcul et l'esprit de calcul introduits par l'émigration, même entre très proches (entre frères placés sous l'autorité de leur père encore vivant, donc nécessairement en indivision, entre le fils et son père, etc.), sapent les fondements de l'ancienne solidarité et ruinent le sentiment de fraternité qui soudait l'unité familiale.

C'est leur « tarif »…

« […] Je ne leur envoie que ce que bon me semble car ils demandent, eux, des milliers et des milliers [de francs anciens] par centaines. Ce n'est pas peu ce qu'ils demandent. […] Je fais un mandat et je demande qu'ils me fassent le compte, qu'ils me disent comment ils ont dépensé l'argent : nous avons acheté cela pour tant, nous avons payé tant ici et tant là. Seulement alors, je pense à leur envoyer un autre mandat ; s'ils ne me rendent pas compte, tant pis pour eux, ils n'auront rien. […] De toute façon, je sais ce qu'il leur faut, ils ne m'auront pas en me répétant toujours la même chose : il nous faut de la semoule, il nous faut payer les ouvriers [les salariés journaliers recrutés pour les travaux agricoles]. On répète toujours les mêmes choses. [...] 100 000 francs [anciens] tous les trois mois, c'est leur "tarif" ; cela leur suffit, sauf s'il y a des dépenses exceptionnelles. [...] Je me fais leur "pourvoyeur mensuel" [*achahar*, de *achhar* : le mois], cela suffit ; il ne faut pas que certains travaillent et que d'autres se contentent de se croiser les bras [littéralement : se nouer les membres] et de manger ce que [les premiers] ont travaillé ; il ne faut pas que moi je me "crève" ici en France et que, là-bas, tout leur arrive tout cuit. [...] Mon argent est mieux [placé] ici : moi aussi, j'en ai besoin à côté de moi ; il me tient chaud, il me tient compagnie. La confiance est épuisée dans le monde ; aujourd'hui, elle n'existe plus ni entre frères ni entre père et fils. [...] C'est pour moi, mon ventre passe avant. Mon ventre est séparé de tous les autres : s'il est rassasié, c'est pour lui ; s'il a faim, il est seul à avoir faim et que les autres ventres soient rassasiés ou affamés, cela ne change rien pour lui [...] » (émigré appartenant à une famille relativement riche en terres, comptant trois émigrés en France, c'est-à-dire, à l'exception de leur père, homme âgé qui fut lui aussi en son temps un émigré en France, tous les hommes adultes de la famille).

La séparation

« [...] Tout ça [la brouille avec le père], ça vient de ce qu'il [le père] a voulu qu'on reste toujours la même chose. [...] Déjà il m'a roulé avec mon mariage, il m'a eu alors que je ne voulais pas me marier ; il m'a eu à vingt et un ans. Il faut que tu te maries ! Ma mère aussi était de son côté : tu te maries, tu te maries ! Ils ont fait ça pour que je reste tranquille ; ils avaient peur je ne sais pas de quoi :

que je foute le camp, que j'aille à droite et à gauche, que je leur ramène une Française. [...] Mais une fois marié, pas question de quitter la maison, il faut qu'on vive tous ensemble les uns sur les autres, malgré que la maison est petite. [...] Il fallait que je rapporte ma paie et que je la laisse là-bas sur la cheminée et attendre que monsieur veut bien me donner quelque chose. [...] C'est pas une vie, ma femme a souffert le martyr pendant deux ans : pas question qu'elle sorte. [...] Alors j'ai dégotté un deux-pièces, c'est cher d'accord ; je les ai trouvées dans un état dégueulasse, je les ai refaites, tant pis ça m'a coûté des sous, j'ai emprunté et j'ai remboursé. [...] On est sorti les mains sur la tête, sans rien, mais rien, même pas notre linge, même pas une assiette ; on s'est sauvés. Heureusement, après, petit à petit, ma mère, mes sœurs, tous les jours nous apportaient quelque chose. [...] Heureusement, ma mère et ma femme ont toujours été d'accord, toujours bien entendues entre elles ; c'est entre mon père et moi. Comme il disait lui-même : avant c'était la bru et la belle-mère qui se disputaient, c'est la belle-mère qui faisait partir la bru, maintenant, c'est entre le père et le fils, c'est le père qui fait partir le fils. Je crois qu'il a compris. Il voulait me retenir en me mariant, c'est le mariage qui m'a fait quitter la maison [...] » (émigré de trente ans, arrivé en France en 1951 à l'âge de onze ans. Titulaire d'un CAP de comptabilité, a suivi des cours de droit (capacité en droit) et d'autres disciplines de gestion, au CNAM. Aîné des garçons de la famille, marié en France avec une jeune fille originaire de son village natal (mariage négocié par sa mère), elle-même titulaire d'un CAP d'employé de bureau. Employés tous les deux chez le même employeur, une petite entreprise de transitaire en douane).

Le reniement de la communauté et de la solidarité ancienne, entraîné par l'émigration, tend à se généraliser, et il est d'autant plus fortement ressenti que chacun – les émigrés plus que les autres, puisqu'à la limite seul leur travail rémunérateur est considéré comme un vrai travail – a la conviction de travailler pour les autres. Aussi constate-t-on une modification totale, à l'intérieur de la famille, des rapports entre les différentes générations. L'émigration ayant été en de nombreux cas l'occasion pour les jeunes de s'émanciper de la tutelle familiale et de s'affranchir définitivement des servitudes d'un travail agricole dévalorisé, elle a assuré leur promotion et suscité une réinterprétation des rôles familiaux et un renversement des hiérarchies anciennes : parce qu'ils sont les seuls à pourvoir aux besoins monétaires de la famille, les émigrés, même jeunes et absents, tendent à accaparer les fonctions et l'autorité du chef de famille qui étaient l'apanage des plus âgés. Non seulement aujourd'hui ils ne rendent plus compte[1] au chef de leur famille, comme autrefois, de leur travail et de l'usage fait du produit de leur travail, mais ils demandent, au contraire, qu'on leur rende compte, sur la base de la comptabilité qu'ils tiennent, de leurs envois, de la partie de *leur* argent qu'ils ont destinée à leur famille.

Cependant, pour importante que soit la contribution de l'émigré à l'économie domestique, personne – ni lui ni les siens – ne se résigne facilement à des rapports totalement

---

1. Alors que l'émigré d'autrefois se sentait *comptable*, à la limite, de toute son émigration (temps, travail, argent), c'est-à-dire de cette partie de lui-même et de son existence qu'il avait *distraite* à sa seule fonction légitime (servir indistinctement le groupe et l'idéal paysan en restant au sein du groupe), l'émigré actuel, libéré de toutes ces obligations, ne se soumet plus qu'aux exigences administratives et aux contraintes réglementaires (on est davantage soumis à celles-ci qu'à celles-là) de la société d'accueil (rôle des pièces justificatives de son statut, carte de séjour, carte de travail ; et de la conformité à ce statut, les fiches de paie).

désenchantés : « [...] Il m'a envoyé de l'argent, mais pas un seul mot d'accompagnement [...], je sais que c'est lui parce que je sais que j'ai un fils en France. » « [...] Il ne nous a pas "laissés", s'agissant d'argent, mais pour tout le reste, rien [...]. Il est avare de tout : ni lettre, ni parole, ni salut, ni son visage [...] ; jamais il ne nous a réjouis par son retour » (mère d'émigré, à quelqu'un qui lui demandait des nouvelles de son fils).

« Tu lui diras : "La France ce n'est pas seulement de l'argent. Cet argent, s'il se trouve, tant mieux ; s'il ne se trouve pas aujourd'hui, il se trouvera demain. De toute façon, rien ne suffira, rien, tu as beau travailler, tu as beau persévérer, mieux vaut donc revenir comme tout le monde et en même temps que tout le monde." Tu lui diras : "Ta mère, ta mère te dit de revenir les mains vides, je me charge de tout le reste [des cadeaux à faire aux parents ou à rendre en échange de ceux reçus]." Il n'a qu'à revenir, sortir et entrer [par la porte de la maison] ; tout le monde le verra, nous aussi, nous avons un homme. » Et pour elle-même : « Le jour de son arrivée vaut pour moi plus que tout ce qu'il gagnera pendant un mois, plus que le prix de son voyage : une centaine de mille, deux centaines de mille, c'est tout ! Tant pis pour elles [les sommes] ! » (mère insistant auprès d'un intermédiaire pour que son fils se décide à revenir au pays comme tout le monde, c'est-à-dire pour le temps des vacances).

« Bien sûr, celui qui a un travailleur en France, ce n'est pas seulement de l'argent qu'il en attend. Il a besoin aussi de cette multitude de petites choses qu'on appelle *tsafakour*, le souvenir ; ce n'est rien, de toutes petites choses : le bonjour, une parole » (père d'un émigré qui se dit « abandonné de son fils par le cœur mais non par la poche [son argent] »).

En même temps que se transforment les rapports internes à la famille, c'est tout le système des échanges économiques (et symboliques) entre les générations qui se modifie. « Avant, les chemins étaient tout tracés : les enfants travaillaient pour les parents, sans plus. Ils sont "levés" [ils ont grandi] dans la maison parmi ceux qui travaillent, et ils travaillent avec eux ; parmi ceux qui ne travaillent pas, ceux-là sont les "grands" de la maison. Quand ces "grands" seront partis, d'autres arriveront pour les remplacer et ainsi de suite ; peut-être qu'un jour viendra leur tour [le tour des jeunes du moment] et il viendra. Pourquoi pas ? En tout cas, c'est ce qu'ils se disent. En attendant, il ne leur reste qu'à travailler, à la maison comme dehors, au pays comme à l'extérieur. En ce temps-là chacun avait sa place, chacun connaissait sa place ; chacun travaillait pour tous, pour la maison et la maison pour tous ; il n'y avait pas de "petites maisons dans la maison" […]. Tout était en ordre, parce que personne n'avait où aller. Où aller ? Où bouger ? La maison te tient […]. »

À cet état ancien décrit par un vieillard s'est substitué un autre état des rapports entre les générations où les jeunes se sont constitués en « protecteurs » des parents. Si l'on sait ce que les jeunes (les émigrés), quand ils s'acquittent encore de leurs obligations, apportent dans la nouvelle structure de la distribution des tâches, à savoir essentiellement des ressources monétaires, on peut se demander ce que les anciens rendent en compensation. Sans doute, pour rétablir l'équilibre, doivent-ils « payer » abondamment en éloges et en gratifications symboliques – ou, pour le moins, se garder d'accabler l'émigré quand il est défaillant : « on se déshabille, en déshabillant les siens » –, mais cela suffit de moins en moins. Aussi sont-ils obligés souvent de faire droit aux nouvelles prétentions de l'émigré, soutien principal de la famille : en effet, il n'y a plus lieu de lui réserver seulement quelque privilège dans l'héritage (solution traditionnelle même si elle est exceptionnelle) ou dans les acquisitions permises grâce à ses subsides ; on doit lui reconnaître de plus en plus le droit de disposer comme il l'entend d'une partie de son argent, de réaliser des économies sur place, en France même, de constituer à son usage personnel un pécule distinct de l'économie domestique. Si, traditionnellement, on louait les « enfants de bien » qui « portent leurs parents », qui « portent la maison », ce n'est pas seulement par dérision qu'on parle aujourd'hui des « parents de bien » : les formules anciennes, enjoignant aux enfants de « travailler pour leurs parents », se doublent désormais de formules symétriques consacrant aussi les devoirs des parents (*i.e.* des « assistés ») envers leurs enfants (*i.e.* leurs « protecteurs »). Les parents eux-mêmes reconnaissent les « devoirs » nouveaux qui s'imposent à eux, promettant et jurant de « ne pas manger le travail » de leur fils émigré : « de même qu'il y a de bons fils, il y a de mauvais parents », « la malédiction est aussi sur les parents qui "mangent" la peine de leurs enfants », « ce sont aussi les parents qui font la maison de leurs enfants », « il ne faut pas qu'un seul travaille pour que les autres en profitent après [*i.e.* après la rupture de l'indivision] ».

En bref, c'est la dialectique entre les structures familiales et les structures de l'émigration, en Algérie d'abord, en France ensuite, qui est au cœur du processus de transformation des conditions et des positions des émigrés.

Le troisième « âge » : une « colonie » algérienne en France

Le processus une fois engagé, les caractéristiques de la seconde « génération » d'émigrés ne pouvaient qu'aller en s'accentuant ; l'allongement continu des séjours en France, la « quasi-professionnalisation » de l'état d'émigré[1] et surtout l'accroissement du volume de l'émigration et sa généralisation à toutes les régions d'Algérie, aux hommes de tout le groupe, paysans et non-paysans, jeunes et moins jeunes, aux familles et enfants, etc.[2], ne pouvaient que prolonger jusqu'à leur limite les tendances contenues dans l'état antérieur.

Or une des propriétés fondamentales de l'émigration algérienne est qu'elle a toujours eu tendance à se constituer en France en une structure *permanente* : chaque nouvelle vague d'émigrés arrivant en France y trouvait déjà établie une communauté formée d'émigrés plus anciens, à laquelle elle pouvait s'agréger. Parce que la tradition d'émigration lui a permis de tisser, en son propre sein, un réseau de liens de solidarité sans lequel il lui eût été impossible de se perpétuer[3], la communauté émigrée est en quelque sorte assurée de pouvoir trouver en elle-même toutes les conditions de sa propre cohésion. Recherche d'un emploi, assistance durant le chômage et la maladie,

1. À toutes les raisons invoquées, il faut ajouter la dernière en date, l'effet du contingentement des départs en émigration tel qu'il a été fixé par les accords bilatéraux, et de l'imposition d'un titre de séjour en France ; ces mesures ont fini par ôter aux dernières familles qui disposaient de plusieurs hommes en âge d'émigrer la latitude qu'elles avaient de les faire se relayer les uns les autres, le titulaire de la carte de résident en France se voyant dévolu sans partage le rôle de l'émigré.

2. Au moins jusqu'à l'arrêt d'abord de l'émigration décidé par l'Algérie en septembre 1973 et ensuite de l'immigration décidé par la France en juillet 1974.

3. Si, en l'état initial de l'émigration, les liens de solidarité internes à la communauté des émigrés étaient noués sur le modèle des relations anciennes (*i.e.* sur le modèle de la parenté et/ou de la proximité géographique), ils tendent, à la manière de ce qui se produit chez les populations transplantées par l'exode vers les villes algériennes (mais peut-être avec plus d'acuité), à se développer sur une autre base, en l'occurrence la communauté des conditions d'existence propres aux émigrés (*i.e.* la condition d'émigré).

devant la mort ou l'accident, devant les difficultés non seulement matérielles mais surtout morales, tous ces mécanismes de solidarité agissent à leur tour comme de puissants facteurs de cohésion. Ainsi, sortes de petites « sociétés de compatriotes », les groupes que forment les émigrés, bien qu'ils ne soient que des transpositions mutilées, de pâles copies des structures sociales des communautés d'origine, constituent une manière permanente de rappeler aux émigrés de la première « génération » leurs obligations à l'égard de la terre et de la condition paysanne et à ceux de la seconde « génération » leurs devoirs plus limités à l'égard de la famille. Organes de pression, intermédiaires entre la société d'origine et ceux des siens qui l'ont quittée, ils agissent comme facteurs de régulation et de contrôle des émigrés qui, ainsi regroupés, peuvent entretenir de manière plus vivace et plus continue les liens qui les rattachent à leur pays. À la limite, c'est la nature même des rapports que l'émigré entretient avec la société d'immigration et avec son pays d'origine qui est étroitement déterminée par la forme et l'intensité des relations qui le lient au groupe des émigrés dont il est proche ; c'est toute son attitude à l'égard des deux sociétés (celle dans laquelle vit l'immigré et celle dont il est issu) qui semble être médiatisée par ses relations avec la communauté des compatriotes. Sorte de projection en France du « grand pays » d'où est originaire l'émigré, le « petit pays », tel qu'il s'établit en France, assure auprès des émigrés des fonctions ambivalentes : si, à sa manière, il adapte à la condition d'immigré, c'est par contre par son intermédiaire que se renforcent et se revivifient les relations avec le pays d'origine ; s'il assure la permanence de l'émigré, il entretient le *sentiment du provisoire*. Entre autres résultats, il contribue à aider à surmonter les contradictions inscrites dans la condition d'émigré mais en les redoublant ; il concourt à confirmer les émigrés dans la condition qui leur est faite et qui est comme la résultante de deux données complémentaires : d'une part, l'exclusion de la société d'accueil qui, à des degrés inégaux, frappe tous les immigrés et, d'autre part, la coupure qui n'est pas seulement spatiale d'avec la terre natale.

Lors même que chaque émigré a la conviction d'être objectivement engagé dans une condition qui ne peut que durer, il ne continue pas moins à vivre cette condition avec le sentiment du provisoire et à se comporter en de nombreux domaines comme si son émigration n'était que passagère. Ce sentiment du « provisoire durable », qui détermine chez l'émigré tout un ensemble de pratiques spécifiques, conditionne aussi sa perception du monde social et politique. Caractéristique fondamentale de la condition de l'émigré, la contradiction temporelle qui l'habite finit par imprimer sa marque sur toute son expérience et sur sa conscience de la temporalité.

Ballottée entre deux « temps », entre deux pays, entre deux conditions, c'est toute une communauté qui vit comme en « transit ». Condamnés à se référer simultanément à deux sociétés, les émigrés rêvent de cumuler, sans s'apercevoir de la contradiction, les avantages incompatibles de deux choix opposés : tantôt, idéalisant la France, ils auraient voulu qu'elle ajoute aux avantages qu'elle leur procure (un emploi stable, un salaire, etc.) cette autre qualité qui est d'être pour eux une « seconde » terre natale – ce qui aurait suffi à transfigurer la relation et à enchanter tous les motifs de l'insatisfaction éprouvée en France ; tantôt, idéalisant l'Algérie en rêve ou après l'un de leurs séjours durant les congés annuels, ils auraient aimé qu'elle corresponde à une France idéalisée (*i.e.* à une Algérie qui offre ce qu'on va chercher en France). On comprend alors comment l'ambiguïté des relations entretenues avec les deux sociétés et comment les contradictions enfermées dans leur condition, certaines engendrées, d'autres transformées et aggravées par l'immigration, ne pouvaient qu'engager les émigrés à perpétuer, en dépit des démentis que leur apporte la réalité, l'illusion collective d'une émigration provisoire. En fait, c'est en travaillant à dissimuler et à se dissimuler la vérité de sa condition que l'émigration algérienne a fini par rassembler en France une population d'émigrés qui, comme à son insu, s'est constituée en une « petite société » relativement autonome.

L'univers des contradictions

« Est-ce une vie si pour nourrir tes enfants tu es obligé de les quitter ; pour "remplir" ta maison, tu commences par la déserter, toi le premier ; pour travailler pour ton pays, tu l'abandonnes ? […] ; leur pays est là-bas, leur maison là-bas, leur femme et enfants là-bas, tout là-bas, il n'y a que leur carcasse qui est ici [en France] et cela s'appelle "vivre". […] Vivre un mois quand ils se retrouvent là-bas, avec tout le monde. […] L'existence de l'émigré, c'est toujours là-bas – là-bas au pays quand il y retourne – et pas ici [en France] ; demain – demain, plus tard quand il retournera au pays et pas aujourd'hui. L'émigré, c'est cela ; c'est toujours pour plus tard : "après", "ensuite" […]. Des hommes qui ont le droit d'être chez eux pendant un mois, c'est tout, ils sont hommes un mois par an dans leur existence, tout le reste du temps, on sait pas ce qu'ils sont : des hommes, c'est pas ça, y a rien d'homme dans leur existence ; des femmes, c'est pas ça, les femmes qu'ils ont laissées au pays sont plus hommes qu'eux, elles les surpassent, elles se passent de leur mari, ce sont elles les hommes ; des enfants, non plus. Que sont-ils ces gens-là ? Des hommes, mais des hommes sans femmes : leurs femmes sont sans hommes, veuves, elles ne le sont pas puisque les maris sont vivants ; leurs enfants sont sans pères, des orphelins alors que les pères sont vivants. […] Je me demande des uns et des autres qui sont en réalité les veufs, les orphelins : est-ce eux [les hommes émigrés] ou est-ce leurs femmes ? Est-ce eux, avec barbes et moustaches, ou est-ce leurs enfants ? […] L'avenir, c'est toujours incertain. Tu construis, tu creuses des fondations, si tu es sûr de vivre. Tu dis : c'est ma maison, je vais la construire petit à petit, je vais finir par habiter ; alors tu as un avenir, tu as un but. Mais ici, en France, ils vivent pas vraiment, du moment qu'ils ne vivent pas comme ceux d'ici [les Français] ; alors, aucun n'a un avenir ici, personne n'a son avenir. Un avenir certain dans un pays étranger, ça n'existe pas, c'est une montre : ça tourne, ça tourne, c'est tout ; les jours, les mois, les années… Tu es dans un pays, tu passes toute ta jeunesse, ta santé, quand tu es dans la force [de l'âge], tu travailles, mais tu n'es pas chez toi. Tu fais comme si tu es là pour quelque temps. […] Y a de quoi devenir fou ; y a beaucoup qui sont malades de ça, tous [tant] que nous sommes. C'est l'incertitude pour tous : c'est pas une vie, tout ce que tu entreprends tu dis que ça peut pas se faire étant donné que, tôt ou tard, je ne sais pas ce qui peut arriver ; tu es sur le qui-vive. Demain, qu'est-ce qui arriverait ? Et si… ? Et si… ? Et si on nous renvoie, qu'est-ce que je deviendrais ? […] C'est ça l'émigration, c'est ça vivre étranger dans un pays. […] Notre *elghorba* [exil], c'est comme quelqu'un qui arrive toujours en retard : on arrive ici, on sait rien, il faut tout découvrir, tout apprendre – pour ceux qui veulent pas rester comme ils sont venus –, on est en retard sur les autres, sur les Français, on suit toujours ; plus tard, quand il [l'émigré] retourne dans son village, il se rend compte qu'il n'a rien, qu'il a perdu son temps. Un comme moi, par exemple, je connais plus personne ; il faut repartir à zéro, recommencer tout. Tu le vois à cinquante-cinq ans, à soixante ans, soixante-cinq ans, il se marie tel un jeune *isli* [jeune homme à son premier mariage] : il commence à avoir des enfants alors qu'il est vieux, à faire une maison, tout ce qu'on fait quand on a vingt ans, vingt-cinq ans, c'est pas normal ça. Maintenant, à mon âge, j'ai un fils qui a trois ans. [...] Toute l'émigration, tous les émigrés tant qu'ils sont, c'est comme ça : [...] l'émigré, c'est l'homme de deux endroits, de deux pays ; il faut qu'il mette un peu ici, un peu là-bas. S'il fait pas comme ça, c'est comme s'il a rien fait, il est rien. Tout est partagé en eux [les émigrés] : eux, toutes leurs idées, ce qu'ils pensent, leurs projets. Ils sont partagés entre ici et là-bas [le pays] : un peu pour ici, un peu pour là-bas, ça fait que ni ici ni là-bas. Comme on dit, "ils ne profitent ni de ce monde [sur terre], ni ne tiennent [mettent leur confiance] en Dieu" ; ils sont perdants en tout, tout leur calcul est faux [...]. Leur corps ici, leur pensée ici – c'est obligé parce que leur sueur est ici –, mais tout le reste, leur esprit, leur cœur, leur regard, c'est là-bas. [...] Voilà la situation de l'émigration : elle est "serrée" [oppressante] pour eux. »

Quelque 900 000 Algériens en France, dont 550 000 hommes et 71 000 femmes adultes (de plus de seize ans) – une femme pour sept hommes adultes immigrés –, forment la plus nombreuse communauté étrangère[1]. Cette communauté initialement constituée surtout d'hommes adultes a évolué très vite. En effet, au stade atteint par la seconde forme d'émigration, les conditions se trouvaient réunies pour que s'amorce et se développe le mouvement migratoire des familles : si les premiers signes apparurent dès 1938, l'émigration

1. Sur cet ensemble de 620 000 adultes, on compte 460 000 actifs dont moins de 10 000 femmes.

familiale s'accrut après 1952 surtout ; la lutte pour l'indépendance, notamment, par les transformations accélérées
et les réactions en chaîne catastrophiques qu'elle déter-
mina, allait fournir à la société rurale, là comme ailleurs,
l'alibi nécessaire pour s'avouer un processus déjà virtuellement réalisé. Et aujourd'hui, avec un effectif de près
de 100 000 familles totalisant quelque 270 000 enfants
de moins de 16 ans (soit 30 % de l'ensemble de la population algérienne en France), l'émigration algérienne a
cessé d'être une émigration « de travail », masculine et
adulte. Les transformations morphologiques que connaît
la communauté témoignent de sa tendance à compenser
les déséquilibres structurels (excédent d'adultes par rapport aux enfants, d'hommes par rapport aux femmes,
d'hommes seuls par rapport aux hommes en familles,
etc.) qui résultaient des conditions initiales de sa formation, puisqu'elle trouve en elle-même les ressources
nécessaires pour répondre aux charges indispensables
à son fonctionnement ; de même se donne-t-elle aussi
les moyens nécessaires à sa reproduction. Ainsi, elle a
ses artisans et ses commerçants dont la fonction est de
répondre à des besoins spécifiques : restauration, hôtelle-
rie, soins du corps, divertissements et loisirs, voyages,
alimentation et habillement, pompes funèbres même ;
elle a ses notables, homologues des sages de la société
traditionnelle, pourvus de charges religieuses ou « maraboutiques », de fonctions de conciliation et de médiation,
et même de pouvoirs magico-rituels (pratiques thérapeutiques, divinatoires, etc.) ; elle a ses cadres et ses
membres des professions libérales, avocats et médecins
(à Paris surtout). Parce qu'elle constitue une clientèle non
négligeable, et parce qu'elle fait, à ce titre, l'objet de
certaines attentions, la communauté algérienne a été amenée à produire par elle-même le corps des nombreux
intermédiaires chargés d'assurer au mieux les quelques

relations indispensables avec la société française : c'est le cas, notamment, des multiples démarches dont le rôle est de gagner la clientèle algérienne pour le compte des compagnies d'assurances (assurance automobile, assurance des commerces et des débits de boissons, surtout), des marchands de tissus, d'appareils ménagers, des bijoutiers, des revendeurs d'automobiles, des agences de voyages, etc. ; même la clientèle féminine dans les cités de transit, dans les HLM de la banlieue parisienne, surtout quand les femmes sont tenues à l'écart du marché[1], n'échappe pas aux prospections des « visiteurs » (d'autres femmes algériennes plus « urbanisées » et plus au fait des circuits commerciaux) qui leur proposent à domicile, à l'insu du mari et à des conditions souvent élevées, tissus et bijoux (bijoux dont on dit parfois qu'ils proviennent de La Mecque !). Médiateurs aussi les « chefs d'équipe » qui, en certaines entreprises (du bâtiment surtout), n'ont de qualification et de fonction que celles d'assurer, au meilleur compte, la discipline et le commandement de formations composées uniquement de travailleurs algériens.

Conséquence de ces transformations morphologiques, la communauté des émigrés s'est dotée d'un véritable marché matrimonial qui atteste bien la relative autonomie qu'elle acquiert par rapport à la société française. Quel que soit le type de mariage qu'on projette – « traditionnel », c'est-à-dire réalisé dans l'endogamie parentale ou villageoise ou plus « moderne » –, il n'est plus nécessaire pour un jeune émigré de retourner au pays pour pouvoir

---

1. Beaucoup d'épouses, surtout les moins jeunes, connaissent en France les conditions de vie de la femme recluse, de la rurale transplantée en ville et vouée – signe d'« embourgeoisement » mais aussi défense contre l'univers « étranger » de la ville – à la claustration à l'intérieur de la maison.

se marier. En 1973, 2 298 mariages d'Algériens et
1 172 mariages d'Algériennes ont été célébrés en France,
dont 827 mariages (36 % des mariages des hommes et
70,5 % des mariages des femmes) internes à la communauté algérienne ; plus de la moitié des Algériens (52,7 %)
et 15 % des Algériennes ont épousé des Françaises ou des
Français [1].

Tous ces facteurs contribuent à faire que la communauté des émigrés algériens trouve en elle-même, et non
plus comme par le passé principalement dans la relation
avec les groupes d'origine, les principes de sa cohésion ;
cependant, sous l'effet d'apports nouveaux cette communauté tend à s'élargir davantage. La naissance en France
de près de 20 000 enfants algériens par an, l'arrivée sur le
marché du travail d'enfants élevés et scolarisés en France,
l'arrivée aussi d'immigrés récents relativement plus scolarisés et plus aptes que leurs prédécesseurs à acquérir une
formation ou une meilleure formation professionnelle, la
légère tendance au départ, non plus pour des motifs stricts
de « travail » mais pour des raisons d'ordre plutôt culturel,
de jeunes des deux sexes (d'origine urbaine, dotés d'un
capital scolaire plus élevé, voire d'une qualification professionnelle, venant d'Algérie pour des activités plus
intellectuelles que directement productives) dont les

---

1. Si on confond les deux populations, la population algérienne et la
population des Français musulmans d'Algérie, le total des mariages
atteint 3 193 pour les hommes et 1 690 pour les femmes : 1 257 mariages
(soit 39,4 % pour les hommes et 74,4 % pour les femmes) ont été
célébrés à l'intérieur des deux communautés réunies ; les proportions
des mariages avec des conjoints français s'élèvent à 54 % et à 20 %. Si
les Françaises musulmanes d'Algérie sont deux fois plus nombreuses
(près de 32 % d'entre elles) à épouser des Français que les Algériennes,
l'écart est beaucoup moins grand chez les hommes : 57,4 % pour les
Français musulmans et 52,7 % pour les Algériens (INSEE, Statistiques
de l'état civil).

comportements se rapprochent de ceux des enfants des familles immigrées, ne vont pas sans entraîner une plus grande diversification de la composition sociale de la colonie algérienne en France. Même si elle est encore peu perceptible (statistiquement) et n'affecte pas profondément la structure des emplois occupés, l'évolution de la population des immigrés algériens apparaît comme le processus selon lequel celle-ci élabore sa hiérarchie interne et travaille à sa propre stratification.

3

Une immigration exemplaire

En parlant d'« immigration exemplaire », on ne veut pas suggérer que l'immigration algérienne serait comme un « exemple » à toutes les autres immigrations, passées, présentes et à venir ; un modèle par lequel passeraient nécessairement toutes les immigrations. Tout au contraire, il faut entendre qu'il s'agit d'une immigration à nulle autre pareille : une immigration exceptionnelle à tous égards, tant globalement par toute son histoire que par chacune de ses caractéristiques détaillées – ces deux aspects n'étant pas sans lien l'un avec l'autre –, une immigration qui, parce qu'elle sort de l'ordinaire, semble contenir la vérité de toutes les autres immigrations et de l'immigration en général, semble porter au plus haut point et à leur plus haut degré d'« exemplarité » les attributs qu'on retrouve dispersés et diffus dans les autres immigrations.

Sans vouloir analyser en détail les caractéristiques anciennes et présentes de l'immigration algérienne pour montrer en quoi celle-ci est « exemplaire », sous quelque rapport qu'on la considère, on se contentera d'un inventaire, succinct et seulement indicatif, des aspects qui semblent être les plus significatifs. L'itinéraire migratoire, itinéraire individuel de chacun des émigrés-immigrés et itinéraire collectif, qui est l'histoire même du processus de l'émigration et de l'immigration, étant aussi un itinéraire épistémologique, il offre de lui-même un ordre, à la fois logique et chronologique, un fil conducteur, un cadre d'ensemble ou une toile de fond pour toutes les interrogations sur le phénomène migratoire dans sa totalité (émigration et immigration) ; il peut constituer un excellent support ou moyen mnémotechnique pour faire surgir et ordonner les différentes questions consistant, en gros, en l'analyse des conditions qui ont conduit le futur émigré, d'abord, à rompre avec sa condition d'origine et avec tout son univers indistinctement social, économique, culturel (ses manières de vivre et de travailler, ses manières d'être socialement, etc.) et, ensuite, à *s'immerger* dans un autre univers social, économique, culturel, politique, doté lui aussi, mais tout à l'opposé de l'ordre originel, d'une logique interne, d'un esprit et d'un style propres, d'une intention fondamentale distincte.

Une genèse singulière

Que l'émigration-immigration soit le produit du sous-développement et qu'elle en soit l'expression la plus manifeste, qu'elle ne puisse s'expliquer autrement que comme un des effets majeurs de la relation de domination des pays « riches » (pays d'immigration) sur les pays « pauvres » (pays d'émigration) et, par-dessus tout cela, qu'elle soit, par un effet en retour, facteur de sous-développement en contribuant à entretenir la relation de domination dont elle est le produit, ce sont là des idées qui commencent à être admises ; mais, remontant en amont de cette première causalité, que l'émigration-immigration soit « fille » directe de la colonisation qui a elle-même engendré le sous-développement (avant d'être le produit du sous-développement), toute l'histoire de la colonisation de l'Algérie et de la paysannerie algérienne colonisée et, corrélativement, de l'émigration algérienne en sont des illustrations *exemplaires*. Véritable « expérience de laboratoire », sorte de « chirurgie sociale » qui est elle-même le résultat ou la consécration d'une infinité d'autres interventions toutes aussi brutales et lourdes de conséquences catastrophiques, l'émigration algérienne fut, dans sa genèse, aussi « exemplaire » que fut « exemplaire » la colonisation de l'Algérie : colonisation, d'abord, au sens littéral du terme (comme occupation et appropriation du sol par les nouveaux venus) et, ensuite, au sens historique d'intrusion violente d'un nouveau système de rapports sociaux et d'un nouveau mode de production. Et parce que cette confrontation entre des ordres radicalement opposés s'inscrivait dans un rapport de force des plus inégaux, il en résulta un bouleversement total auquel l'ordre ancien ne put survivre qu'émietté, exténué et de manière anachronique. Parce que toute l'histoire (sociale) de l'émigration se confond entièrement avec celle de la paysannerie algérienne, c'est-à-dire avec l'histoire des dépossessions foncières (et, plus précisément, avec l'histoire des lois foncières qui, en permettant ces dépossessions, ont ruiné les fondements de l'économie traditionnelle et désintégré toute l'armature de la société originelle[1]), c'est dans les cinq ou six premières décennies à peine de la colonisation, et dès le lendemain de la grande insurrection de 1871, que s'ouvrit, pour ne plus jamais s'arrêter, l'ère de l'émigra-

1. On a tenté d'esquisser très sommairement les correspondances entre ces deux histoires parallèles, celle de la colonisation et de la dépossession foncière, et celle de l'émigration, dans A. Sayad et A. Gillette, *L'Immigration algérienne en France*, Paris, Entente, coll. « Minorités », 1984 (1re éd. 1976) (voir plus particulièrement p. 15-38 et 69-85).

tion vers la France et vers les usines françaises (vers le travail salarié industriel), et pas seulement de l'émigration locale, saisonnière ou permanente, vers les fermes de la colonisation. Solidaires, l'« exemplarité » de la cause et l'« exemplarité » des effets renvoient mutuellement l'une à l'autre : l'« exemplarité » de l'émigration algérienne, ancienne et « jeune » à la fois, dérive, pour une bonne part, de l'« exemplarité » de la colonisation qu'a connue l'Algérie ; corrélativement, cette colonisation « exemplaire » – colonisation totale, systématique, intensive et colonisation de peuplement, colonisation non seulement des biens et des richesses, du sol et du sous-sol, mais aussi des hommes, des « corps et des âmes » comme on l'a dit, et surtout colonisation relativement précoce – ne pouvait qu'entraîner, parmi ses effets majeurs (effets qui allaient lui survivre), une émigration exceptionnelle ou « exemplaire », tant par son importance numérique, sa continuité, sa systématicité, que par ses formes particulières d'organisation, son mode particulier de *présence* ici (dans l'immigration) et d'*absence* là (dans l'émigration), etc., et, surtout, sa *précocité*. En effet, rétrospectivement, l'émigration algérienne apparaît comme la première émigration (tout au moins vers la France) originaire d'un pays appartenant à ce qu'on appelle aujourd'hui le tiers monde. On ne comprendrait pas autrement la nature actuelle de l'immigration des Algériens en France, et, notamment, le fait qu'elle est, à la fois, une immigration déjà ancienne (elle a une longue histoire derrière elle) et une immigration toujours « jeune » (en ce sens, précisément, qu'elle est originaire d'un pays « jeune », comme on dit que sont « jeunes », sous le rapport de leur existence nationale et de leurs projets futurs, ou sous le rapport du « retard à rattraper », les pays du tiers monde) ; on ne comprendrait pas non plus la nature des relations qui, sous prétexte d'émigration d'un côté et d'immigration de l'autre, lient les deux pays impliqués, si on oubliait cette caractéristique majeure (on reviendra plus loin sur l'un et l'autre point).

Sans vouloir sacrifier à tout prix au schéma selon lequel toute immigration résulterait de la conjonction de deux forces complémentaires : l'une, « répulsive » qui « chasserait » les émigrés de chez eux – elle rendrait compte de l'émigration –, et, l'autre, « attractive » – elle rendrait compte de l'immigration –, il est une particularité de l'immigration (et non seulement de l'émigration) algérienne en France qui ajouterait, cette fois-ci, au caractère « expérimental » (provoqué comme à dessein) de l'entreprise. Quand on part à la recherche des témoignages de l'arrivée en France des premiers immigrés – on ne les appelait pas encore de ce nom – algériens, on découvre qu'il y a eu là, dans un contexte qui expliquait cette innovation, une entreprise délibérée, sciemment voulue et menée presque en toute connaissance de cause. Si on ajoute les effets de la conscription et des engagements provoqués pour servir dans les armées françaises ou encore les effets de la réquisition des travailleurs pour l'industrie de guerre ou pour le creusement des tranchées durant la Première Guerre mondiale, 240 000 Algériens (plus du tiers de la population masculine de vingt à quarante ans) avaient été mobilisés ou requis[1], on peut mesurer combien l'immigration des Algériens fut, à son origine, délibérément imposée. Dans ce cas, mais peut-être pas seulement dans ce cas, l'histoire permet de trancher le dilemme suivant : est-ce l'immigration qui a constitué le « travail pour immigré » ou est-ce l'inverse ? Du même coup, elle permit de rompre le cercle ou l'ajustement mutuel entre la discrimination objective et les

1. Voir C. R. Ageron, *Les Algériens musulmans et la France (1871-1919)*, Paris, PUF, 1962, 2 t.

discriminés ou discriminables : l'immigration algérienne, à ses débuts, a été une immigration commandée, mais pour cela il avait fallu qu'au préalable les Algériens aient été rendus disponibles à l'émigration, qu'ils aient été transformés en émigrés potentiels attendant de se réaliser (*i.e.* attendant d'immigrer) ou en immigrés virtuels dans l'attente que l'immigration les appelle et les érige en immigrés réels ; ce travail, la colonisation le fera, intentionnellement ou non, et elle le fera très vite, avant même que l'immigration (en France) en vienne à avoir besoin de ce supplément d'émigrés et d'immigrés futurs.

Les conditions de l'émigration étant réalisées, la tentation de recourir à cette immigration désormais disponible se faisant sentir çà et là – tentation d'autant plus grande que cette immigration a pour elle l'avantage ou la séduction de paraître « vierge » de toute expérience (et de toute idée) de la condition sociale ouvrière, bénéfice appréciable même si le patronat (ce qui est de bonne guerre) le passe sous silence ou tente de le minimiser, préférant déplorer haut et fort l'inexpérience technique de cette main-d'œuvre toute nouvelle, voire inédite –, et la preuve de la bonne utilisation de ce surcroît de force de travail ayant été apportée, c'était tout ce qu'il fallait pour que s'amorce, d'abord, et s'entretienne de lui-même, ensuite, s'amplifiant sous ses propres effets, le mouvement d'émigration-immigration des Algériens vers la France (et uniquement vers la France, jusqu'à ce jour).

Une « immigration de travail »

Plus par commodité que par vérité scientifique, on croit devoir distinguer entre une « immigration de travail » (et de travail seulement), qui ne serait que le fait ou prioritairement le fait de travailleurs adultes et masculins, et une « immigration de peuplement » (de surcroît, car elle est aussi « immigration de travail », reconnaît-on implicitement) où la proportion des familles (hommes et femmes, adultes et enfants, actifs et inactifs) est notablement plus grande. Étayée par toute une série d'indices objectifs et par des observations morphologiques et de comportements, cette distinction est constituée en une opposition systématique dont on attend qu'elle donne deux formes d'immigration radicalement antithétiques : différences dans les taux d'adultes, les taux de masculinité, les taux d'activité et, corrélativement, dans les indices de nuptialité, de natalité, de mortalité et de morbidité, dans la durée et plus encore dans les modalités de séjour en France et dans les pays d'origine, etc. Ce qui est contestable dans cette construction, ce ne sont pas les différences ainsi constatées, c'est l'usage qui en est fait et qui confine au contresens : les deux immigrations ainsi distinguées sont érigées en réalités autonomes et sont séparées comme si elles étaient opposées d'emblée et pour toujours, comme si elles étaient séparables par nature, c'est-à-dire hors de toutes déterminations sociales ou historiques, et, surtout, comme si on pouvait choisir l'une séparément de l'autre ou décider de l'une sans qu'elle entraîne l'autre. Chacune n'étant que ce qu'on veut voir en elle, chacune est vouée à être et à demeurer ce qu'on aimerait qu'elle soit et qu'elle reste (au moins dans nos catégories mentales, dans nos habitudes), à savoir, pour l'une, *immigration de travail* et, pour l'autre, *immigration de peuplement*. L'« immigration de travail » est et restera toujours immigration de travail et l'« immigration de peuplement » a toujours été, dès ses débuts, d'emblée, une immigration de peuplement. Ce partage étant fait *a priori*, il n'est pas même question d'envisager que les formes ainsi départagées puissent être unies par quelque relation de continuité, voire de filiation, l'une prolongeant l'autre ou dérivant de l'autre ; toute évolution nécessaire de l'une à l'autre, aussi évidente qu'elle apparaisse, ne peut qu'être ressentie comme un scandale, le « scandale » auquel donne lieu l'immigration algérienne maintenant que, d'« immigration de travail » (on continue à la penser et à en décider comme telle, telle qu'elle était à ses origines), elle est devenue contre toute attente une « immigration de peuplement » – ce qu'aucune des parties concernées n'ose reconnaître pleinement au point d'en tirer toutes les conséquences. Tout le monde sait, certes, combien pareille opposition est simpliste, combien elle est arbitraire et combien elle est fausse ; et si elle continue malgré cela à rencontrer une relative audience, on sait aussi à quels présupposés obéit la faveur qui lui est ainsi accordée. Toute l'histoire des migrations témoigne qu'il n'est pas d'immigration réputée de peuplement – sauf, à vrai dire, les cas d'exode de populations d'un pays vers un autre (cas de figure éloignés de ce que nous appelons aujourd'hui immigration, c'est-à-dire déplacement pour des raisons essentiellement économiques d'une main-d'œuvre disponible, ici, vers des emplois vacants, là) – qui n'ait commencé comme « immigration de travail » pendant plus ou moins longtemps[1] ; à l'inverse, il n'est peut-être pas d'immigration

---

1. N'échappe pas à cette règle même l'immigration transcontinentale des Européens en Amérique (États-Unis, d'abord ; Amérique latine, ensuite) durant la seconde moitié du XIXᵉ siècle et jusqu'aux deux premières décennies du XXᵉ siècle (de 1840 à 1920) ; cette immigration, qu'une certaine imagerie (littérature, cinéma, chansons, folklore) se plaît à décrire comme un transfert massif de familles « héroïques » partant à la conquête de terres vierges, présente, en réalité et toutes proportions gardées, les mêmes caractéristiques démographiques, sociales, économiques, etc., que les immigrations européennes (intraeuropéennes ou en provenance de pays non européens) postérieures à 1945 ; voir A. Sayad, « Qu'est-ce qu'un immigré ? », *Peuples méditerranéens*, 7, avril-juin 1979, voir aussi A. Bastenier et

dite de travail et voulue comme telle tout au long de son histoire et par tout le monde (par les émigrés-immigrés eux-mêmes, par leur pays d'origine, bien sûr, et aussi par le pays d'immigration), qui ne se conclue tôt ou tard, à condition qu'elle perdure, en « immigration de peuplement ». C'est le cas par excellence de l'immigration algérienne qui, sous ce rapport, peut encore paraître « exemplaire ».

Première immigration en provenance du monde sous-développé, elle est l'immigration qui eut à lutter le plus contre l'« individualisme » (et contre la morale qui en est solidaire), qui, d'une certaine manière, était déjà à son origine et que, de plus, elle contribue à renforcer et à instaurer dans tous les domaines de l'existence. S'il faut insister sur cette caractéristique d'origine, caractéristique inédite dans le cas de l'immigration algérienne, c'est qu'il s'agit là d'une émigration-immigration d'hommes qui restent ou sont longtemps restés, au plus profond d'eux-mêmes, des hommes « communautaires », des hommes fortement empreints de l'*habitus* communautaire, des hommes qui n'existent (idéalement) que comme membres du groupe ; c'est aussi qu'au principe de cette identification massive de chacun à son groupe d'appartenance et au principe de la forte intégration du groupe lui-même, se trouvent, bien sûr, le travail paysan ou, mieux, l'état de paysan ainsi que tout l'art de vivre, la manière d'être, de penser et d'agir, la manière de percevoir le monde, bref, tout un *ethos* qui faisait qu'appartenir à sa communauté et à sa terre (ce qui était une seule et même

---

F. Dasseto, *L'Étranger nécessaire, capitalisme et inégalités*, Louvain-la-Neuve, FERES, 1977 ; pour les données statistiques, voir notamment W. F. Willcox (éd.), *International Migrations* (New York, Bureau of Economical Research, 1929), reprint New York-Londres-Paris, Gordon and Breach Publication, 1969, 2 vol.

chose) était pour chacun la seule manière d'être et d'être *excellemment*.

Ne faisant que parachever, sans doute, l'action perturbatrice de nombreux facteurs (transformations de tous ordres, démographiques, économiques, sociales et morales, dont on peut dire qu'elles tendent toutes, *grosso modo*, vers l'*individuation*), l'émigration-immigration consacre la rupture avec le groupe, avec ses rythmes spatio-temporels, ses activités, bref, avec le système de valeurs et le système de dispositions communautaires qui sont au fondement du groupe. On comprend dès lors qu'émigrer ne peut être, comme on se plaît à le croire, un acte facile. Pour comprendre que l'émigré vienne à l'« enfer » de l'immigration et supporte cet « enfer », il faut postuler qu'il croyait courir, en émigrant, vers quelque « paradis » créé à partir de fantasmes et de la série des « mensonges sociaux » dont les immigrés « paient » leur condition.

On comprend ainsi pourquoi l'émigration ne peut se concevoir et s'accomplir, ne peut être supportée et se perpétuer qu'à la condition qu'elle s'accompagne d'un intense travail de justification, c'est-à-dire de *légitimation*, aux yeux de l'émigré lui-même et aux yeux de tout son entourage : étant, en elle-même, déjà et dès l'origine, le produit d'un bouleversement initial intérieur au groupe, l'émigration constitue, à n'en pas douter, une menace grave – autrefois seulement virtuelle, mais aujourd'hui très actuelle – pour l'intégrité et pour la survie du groupe et aussi de l'émigré lui-même (pour la fidélité à soi, à sa qualité de membre du groupe et à sa qualité de paysan, tout cela étant une seule et même chose). On comprend alors l'insistance que les émigrés mettent aujourd'hui encore, donc de manière très anachronique, à prouver, par tous leurs actes et tous leurs propos, que leur émigration n'est pas pure « défection » ou « faillite » totale, acte singulier, individualiste et égoïste, mais qu'elle est, au contraire, un acte « altruiste », une conduite collective de dévouement au groupe et accomplie pour le bien de tous, un « sacrifice » consenti à la cause et pour le service du groupe.

Vers l'« immigration familiale »

Il n'est déjà pas facile, même pour un homme seul, d'émigrer ; ni, pour son groupe, de le laisser émigrer. À plus forte raison, cela est infiniment plus difficile pour une femme ou dans le cas de la famille en son entier ; surtout, on s'en doute, pour le groupe qui, en se mutilant progressivement de sa substance à mesure qu'il laisserait partir en émigration des familles entières, assiste de la sorte à sa propre décomposition sans pouvoir la juguler. C'est quand, à force d'émigration, le groupe a le plus de peine à contrôler et ordonner l'émigration de ses hommes, qu'il se laisse aller à l'émigration familiale. Pour que l'émigration en arrive à cette phase ultime ou elle emporte des familles entières, il faut que soit dangereusement avancé le travail de sape qui déstructure le groupe en abolissant les liens qui en rattachent les membres les uns aux autres ainsi qu'au groupe lui-même. Il faut que les causes initiales responsables de la première forme d'émigration, l'émigration des hommes seuls, se soient considérablement (presque catastrophiquement) aggravées, le plus souvent sous l'effet même de l'émigration, pour que s'amorce le second mouvement d'émigration, l'émigration des familles. Si les premiers signes de cette dernière forme d'émigration s'annonçaient déjà, dès avant la Seconde Guerre mondiale, tout au moins dans les régions les plus anciennement et les plus fortement marquées par l'émigration des hommes et par les effets imputables à cette émigration, il faudra attendre une vingtaine d'années plus tard pour que s'établisse réellement le vrai courant d'émigration familiale.

Là encore, les années de guerre (de 1955 à 1959), par leurs effets directs (l'insécurité) et indirects (le « regroupement » effectué de la population rurale surtout montagnarde dans les centres créés à cet effet sous le contrôle de l'armée française, manière d'« émigration » forcée et, plus particulièrement, manière d'avoir définitivement raison des derniers liens et des dernières formes de solidarité familiale ou villageoise), ont été pour l'émigration féminine et, plus largement, pour l'émigration familiale, ce qu'avaient été les années de la Grande Guerre pour l'émigration des hommes : alors que toutes les conditions indispensables pour l'actualisation, chacune en son temps, de ces deux formes d'émigration étaient déjà virtuellement réunies, la guerre et ses contraintes – cas de force majeure – apportaient l'alibi indispensable pour l'accomplissement de ce qui était déjà tout prêt à être accompli, servaient de prétexte pour avouer ce qu'on ne pouvait pas même s'avouer. Pendant longtemps, alors même qu'elle était voulue (ou parce qu'elle était voulue) *individuellement* par l'émigré et par son épouse (par le couple, que l'émigration instituera) qui, en agissant de la sorte, savaient qu'ils enfreignaient la règle communautaire et qu'ils manquaient à la morale du groupe, l'émigration familiale était accomplie, et surtout elle était ressentie, comme un acte honteux, un acte qu'on avait soin de cacher au point de quitter le village nuitamment. Il faut que l'émiettement des familles se généralise et atteigne ses limites extrêmes avec la famille de type conjugal (la famille qu'on retrouve dans l'immigration), il faut que l'exode rural vers les villes d'Algérie (dont l'émigration en France est responsable pour une bonne part) emporte des villages entiers, pour que l'émigration des ramilles vers la France se fasse au grand jour, sans aucune réticence et sans plus de retenue.

Ainsi, alors même que l'émigration des familles semble être, de tout temps, une espèce de tentation permanente, qui, sans doute, a dû habiter tous les émigrés et accompagner constamment l'émigration des hommes, il aura fallu presque un demi-siècle d'une émigration ininterrompue d'hommes seuls pour que cette « émigration de travail » se prolonge par l'émigration familiale, « émigration de peuplement ». Sans mésestimer les oppositions pouvant provenir de la société d'immigration, celles-ci semblent être secondes (dans l'ordre chronologique) et secondaires (par ordre d'importance) en regard des résistances et des interdictions propres à la société d'émigration : tout se passe comme si le travail de censure (qui est aussi un travail de prévention, de préservation), parce qu'il était fait et bien fait dans l'ordre de l'émigration, dispensait qu'on le fasse dans l'ordre de l'immigration ; on sait que ce travail de contrôle, de réglementation, c'est-à-dire d'ajustement de l'émigration aux besoins de l'immigration, avait été fait lors de l'émigration-immigration des hommes, toutes les fois qu'il était nécessaire. Si, aujourd'hui encore, indépendamment des difficultés techniques que pose le regroupement familial, nombre d'émigrés ne se décident pas ou ne se décident qu'exceptionnellement, et en s'excusant d'agir de la sorte, à la solution qu'ils continuent à considérer comme extrême, de l'émigration de leur famille, c'est qu'ils pressentent plus ou moins confusément que cette solution ne va pas sans risque : en effet, l'émigration familiale, si apparemment elle remédie à l'absence de l'émigré vis-à-vis des membres de sa famille (conjugale) et si elle assure effectivement la « présence » mutuelle des uns aux autres (mais dans l'immigration), comporte toujours le risque, d'abord, de parachever la rupture amorcée par l'émigration de l'homme et, ensuite, de l'engager plus profondément (de manière irréversible, craint-il et craint avec lui tout son groupe qui réprouve l'émigration des familles, émigration superflue que rien ne peut justifier eu égard au coût désastreux dont elle s'accompagne) à l'égard de la société dans laquelle il fait « immigrer » maintenant sa femme et ses enfants ; et, enfin, le risque de voir se multiplier et s'aggraver, de ce fait, les problèmes et se renforcer quantitativement et surtout qualitativement les contradictions que l'homme (émigré) était seul à connaître jusqu'ici. Ainsi, bien qu'inscrite dans la première émigration, c'est-à-dire dans la conduite du premier émigré, l'émigration familiale introduit une différence de nature : de travailleur chez les autres et aussi pour les autres (même si l'illusion constitutive du phénomène migratoire s'efforce de rétablir l'équilibre autrement : l'émigré-immigré travaille aussi pour lui-même, pour sa famille, pour son groupe, pour son pays, en travaillant pour les autres), l'émigré devient *géniteur* chez les autres et aussi (qu'il le veuille ou non) pour les autres.

Ainsi donc, avec l'immigration des familles, c'est bel et bien d'*assimilation* qu'il s'agit, quels que soient les termes, les variantes euphémisées par lesquels on désigne cette réalité sociale (adaptation, intégration, insertion, etc.). Nul ne se fait d'illusion : ni ceux qui redoutent l'émigration des familles, car il y va de la dissolution et de la fusion de ces dernières dans la société qui les agrège à elle, de leur identification plus ou moins lente et plus ou moins totale à cette société ; ni ceux qui répugnent à l'immigration de familles qu'on (pré)juge difficilement « assimilables ». Et la classique distinction entre « immigration de travail » et « immigration de peuplement » n'est, en définitive, qu'une manière déguisée de dire, sous une apparence de *neutralité* (éthique) et sous le couvert d'un vocabulaire qu'on veut objectif, l'opposition entre une immigration « assimilable » (parce qu'elle est d'emblée le fait d'individus quasiment *semblables* à « nous », même si, dans les faits, cette similitude n'est que relative), qui se transformera vite (et au besoin on l'y aidera) en « immigration de peuplement », et une immigration « inassimilable » (elle est, d'emblée, d'une altérité et d'une hétérogénéité radicales) qui ne peut être et ne peut que rester (au besoin, on s'en assurera) une « immigration de travail »[1].

1. On entend souvent dire, pour le déplorer, que la France n'a pas en matière d'immigration une politique cohérente, signifiant par là qu'elle ne peut se résoudre – comme si le « choix » était possible – à opter, soit pour une « immigration de peuplement » (celle-ci apportant en même temps sa capacité de travail) avec toutes les conséquences qui en résultent et aussi, si on craint et si on veut éviter le « danger des noyaux inassimilables enkystés dans le pays » (voir J. Beaujeu-Garnier, *La Population française, après le recensement de 1975*, Paris, Armand Colin, coll. « U2 », 1976, p. 74), avec toutes les précautions qui s'imposent quant à l'origine géographique, sociale, culturelle des immigrants ; soit pour une « immigration de travail » qui sera voulue et traitée comme telle. C'était le cas, notamment dans la période de l'entre-deux-guerres où il fallait pallier un déficit démographique essentiellement masculin de 2,5 millions dû aux effets conjoints d'une longue dénatalité aggravée par la mortalité de la guerre et des pertes énormes subies pendant les hostilités (voir à ce sujet J.-C. Bonnet, *Les Pouvoirs publics français et l'Immigration dans l'entre-deux-guerres*, Lyon, Université de Lyon, Centre d'histoire économique et sociale de la région lyonnaise, 1976, et R. Schor, *L'Opinion française et les Étrangers en France, 1919-1939*, Aix-Marseille, Université de Provence, 1980, 4 t.) ; c'est encore le cas, jusqu'à ce jour, de l'immigration postérieure à 1945. Déplorer cela, c'est oublier qu'en cette matière il n'y a de politique possible qu'une « absence de politique » ou une politique contradictoire comme est contradictoire l'objet lui-même : l'« immigration de travail », aussi contrôlée soit-elle, ne peut pas, surtout à l'époque où elle n'était pas « contractuelle », c'est-à-dire convenue d'État à État (et *a fortiori* quand elle était prélevée au sein de l'Empire colonial), ne pas s'amender et comporter une fraction d'« immigration de peuplement » ; à l'inverse, l'« immigration de peuplement », aussi utile et aussi désirée soit-elle, ne suffit pas à autoriser à faire de n'importe quel peuplement des Français ou à faire des Français de n'importe quel peuplement.

Parler d'« immigration de peuplement », d'un côté, c'est une manière de nommer l'immigration de ceux qui, dans leur vie familiale et leur vie sociale, se comportent comme « nous », se sont donné les mêmes structures sociales et familiales que « nous » ainsi que, solidaire de ces structures, la même morale familiale (la morale conjugale et parentale) que « nous » et aussi, découlant de ces mêmes structures, le même *habitus* familial que « nous », c'est-à-dire tout un ensemble de pratiques et de représentations communes, comme, par exemple, les rapports entre les différents membres de la famille selon la position qu'ils occupent, l'âge, le sexe, la division du travail entre les sexes, l'éducation des enfants, la gestion du budget, les pratiques de loisir, bref, tout un art de vivre, toute une atmosphère domestique empreinte d'« intimisme » et marquée par le repli sur soi de la famille (c'est sans doute cela qu'on désigne du mot « culture ») ; ces immigrés ne supportent pas d'être séparés longtemps, plus longtemps qu'il ne faut, de leurs femmes et de leurs enfants, et ils n'ont de cesse que d'être rejoints par leur famille (ils ont la même morale domestique que « nous », c'est une marque de « civilisation »), témoignant ainsi de la « confiance » qu'ils ont pour ceux chez qui ils immigrent, au point d'aller vers eux sans réserve, de s'abandonner à eux, de leur confier ce qu'on a de plus cher et de plus essentiel (femmes et enfants, c'est-à-dire tout le futur) – ce sont, en somme, les *bons* immigrés.

« Immigration de travail », de l'autre côté, c'est aussi une autre manière de nommer l'immigration de ceux qui, dans leur vie familiale et leur vie sociale, se comportent tout à fait différemment de « nous », se sont donné des structures sociales et familiales tout à fait étrangères, une morale domestique dans laquelle « nous » ne nous reconnaissons pas : à preuve le primat du groupe et de l'esprit communautaire qui, parce qu'il s'oppose au triomphe de l'individualisme, devient instinct grégaire ; la famille indivise ou la famille étendue qui deviennent une sorte de magma aux limites indéfinissables, où se mêlent confusément, et sans que l'on puisse reconnaître les unités pertinentes, des collectifs d'hommes, de femmes et d'enfants ; les pratiques domestiques à l'opposé de nos traditions comme, par exemple, l'endogamie parentale que l'on soupçonne toujours de frôler les limites de l'inceste ou, encore, la polygamie si contraire à nos « mœurs et usages » (elle est une atteinte à l'« ordre public », au sens où l'entend le droit civil ou le droit international privé, et parce qu'elle est choquante pour la sensibilité et pour la morale sociale, parce qu'elle est un facteur contrariant à coup sûr l'« assimilation », elle est incompatible avec la naturalisation – voir l'article 69 du Code de la nationalité) ; les relations à l'intérieur de la famille procédant d'une autre morale, régies par d'autres principes et se conformant à d'autres valeurs comme, par exemple, la forte discrimination et la forte hiérarchisation entre les sexes et entre les âges, etc. Autant d'indices d'une « culture » (selon le langage actuel ou d'une « race », selon le vocabulaire d'hier) différente ; ces immigrés s'accommodent aisément d'être séparés de leur(s) femme(s) et de leurs enfants à qui d'ailleurs ils ne vouent pas les mêmes sentiments que ceux que nous portons, nous, à nos femmes et à nos enfants (ce qui est une manière de dire qu'ils n'ont pas de sentiments, puisque, comme chacun sait, il n'y a de vrais sentiments – légitimes *ou* les seuls dignes d'être qualifiés – que nos propres sentiments, comme il n'y a de culture que notre culture) ; ils s'acharnent à immigrer seuls et, pour cela, ils mobilisent tous les éléments susceptibles de s'opposer à l'immigration de leurs femmes et enfants (patriotisme, « communautarisme » et tout ce dont cet intégrisme national, patriotique, communautaire se nourrit, la langue, la religion, les traditions culturelles ainsi que toute la série des autres signes par lesquels ils se reconnaissent entre eux et se distinguent de « nous ») : dans ces conditions, immigrer sans sa famille équivaut, pense-t-on, à une attitude de défiance.

Ainsi donc, quand on parle d'immigration de travail, il s'agit non d'une donnée purement démographique, mais d'un ensemble plus large de considérations se rapportant à différents ordres (social, culturel, politique, ethnique) ; et l'*exemplarité*, sous ce rapport, de l'immigration algérienne ne vaut pas seulement en tant qu'elle a été longtemps et qu'elle est encore – même aujourd'hui où force est de constater sa transmutation (« illégitime ») en immigration de peuplement – l'exemple même de l'immigration de travail, mais vaut aussi, et plus largement, pour tous les autres aspects et pour toutes les autres dimensions, de toutes les autres significations cachées de l'opposition entre « travail » et « peuplement ».

Illusions et dissimulations partagées

L'immigration algérienne, pour pouvoir rester ce qu'elle est, est contrainte d'entretenir plus que tout autre et, par suite, de dévoiler la série d'*illusions*, simulations et dissimulations qui sont au principe de l'engendrement et de la perpétuation du phénomène migratoire. En effet, on sait la somme des illusions collectivement entretenues qui sont nécessaires, d'abord, à l'émigration pour pouvoir, dans un premier temps, se concevoir et, dans un second temps, se réaliser et, ensuite, à l'immigration pour pouvoir, elle aussi, se reproduire et se continuer, initialement, par un renouvellement rapide de ses effectifs (« immigration-noria ») et, ultérieurement, avec les mêmes hommes dont le séjour en immigration ne cesse de s'allonger (immigration « stabilisée »). On a dit ailleurs combien l'illusion du *provisoire* et, corrélativement, l'*alibi du travail* sont consubstantiels à l'émigration et à l'immigration. D'un côté – c'est la définition de l'immigré –, étranger séjournant *provisoirement* (au moins en théorie) et pour des raisons de travail exclusivement, et, aussi, étranger que le monopole du politique réservé aux indigènes ou aux nationaux ainsi que la *politesse* excluent du politique ; de l'autre côté – c'est la définition de l'émigré –, indigène ou national absent provisoirement (au moins en théorie) et pour des raisons de travail essentiellement (pour ne pas dire exclusivement) et, de ce fait, continuant à jouir toujours (au moins en théorie) des attributs et des compétences politiques de la nation dont il reste le ressortissant (contrepartie de l'exclusion politique qui le frappe en tant que résident dans une nation étrangère). Ce sont là, solidaires l'une de l'autre et complémentaires, les deux définitions dominantes (ou officielles) qui instituent le même individu respectivement en immigré et en émigré. Cette double définition ne produit tous ses effets qu'à la condition qu'elle reste masquée : tout un travail collectif de dissimulation de la vérité de l'émigration et de l'immigration – auquel se prêtent tous les partenaires, les sociétés d'émigration et d'immigration et les émigrés-immigrés eux-mêmes – est nécessaire pour cela. Et, comme par une sorte de nécessité historique (nécessité constitutive de l'immigration elle-même, depuis les conditions de sa genèse jusqu'à sa forme actuelle) qui, en raison sans doute des origines de l'immigration algérienne, de son ancienneté (laquelle, d'ailleurs, n'a été possible qu'au prix de cet intense travail de dissimulation) et, résultat de tout cela, de sa volonté de rester ou de feindre de rester égale à elle-même, pèse sur cette immigration plus que sur une tout autre, plus que sur ses contemporaines qui lui sont toutes dissemblables, car toutes intra-européennes – plus que sur ses homologues, ses similaires par les origines et les conditions sociales, mais toutes plus tardives –, l'immigration algérienne semble avoir vraiment *cultivé* les illusions collectives propres au genre et, aussi, avoir porté au plus haut point d'accomplissement le travail de dissimulation nécessaire à cet effet. Ce travail n'est pas seulement un mécanisme *abstrait* que l'analyse se doit de mettre au jour ; vécu et éprouvé de la manière la plus intense par les émigrés-immigrés eux-mêmes, il consiste pour eux en un effort, parfois désespéré, pour surmonter l'ensemble des contradictions inhérentes à la condition de l'émigré-immigré : la contradiction fondamentale du « provisoire qui dure » (de l'émigration-immigration qui n'est ni un état passager ni un état permanent) se transpose de l'ordre temporel à l'ordre spatial – « ubiquité » impossible : continuer à être présent même absent et là où on est absent (c'est le sort de l'émigré) et, corrélativement, ne pas être totalement présent là où on est présent, ce qui revient à y être partiellement absent (c'est le paradoxe de l'immigré) – et à l'ordre communautaire (contradiction entre, d'une part, l'ordre communautaire d'origine et l'*habitus* qui en est solidaire et, d'autre part, l'ordre « individualiste » que l'on découvre, subit et apprend dans l'immigration). Durement confronté à toutes ces contradictions qui constituent son univers social, l'émigré-immigré est contraint, faute de pouvoir les résoudre, de les *redoubler* parfois au péril de son équilibre social ou psychique.

Ce n'est pas seulement individuellement que chacun des trois partenaires du phénomène migratoire – le pays d'émigration, le pays d'immigration et les émigrés-immigrés eux-mêmes, les premiers concernés – doit entretenir la série d'illusions nécessaires à la perpétuation du processus, c'est aussi de manière *complice*, et *objectivement complice* (c'est-à-dire sans qu'il y ait besoin pour cela de concertation préalable), qu'il leur faut collaborer à cette indispensable entreprise de dissimulation ; et cette complicité est d'autant plus grande que chacun a plus d'intérêt à cette entreprise (intérêt d'autant plus grand que l'émigration et l'immigration sont plus anciennes et qu'elles contredisent la définition théorique qu'on peut en donner).

Au lendemain de l'indépendance, l'Algérie avait « hérité » de son passé colonial une tradition d'émigration déjà longue de plus d'un demi-siècle – dans les régions de très forte et très ancienne émigration, presque tous les hommes d'un même village avaient fait l'expérience, brève ou courte, unique ou répétée, du séjour et du travail en France –, une population émigrée forte de quelque 350 000 personnes (elle comptait déjà certainement plus de 50 000 familles ; à la fin de l'année 1954, 6 000 familles comportant 15 000 enfants avaient déjà émigré vers la France). Cela imposait sans doute de « contracter » et de régler avec le pays d'immigration (l'ancien pays colonisateur) le statut nouveau de cette population émigrée-immigrée et, éventuellement, l'émigration-immigration de nouveaux contingents ; mais, en toute logique, cela n'autorisait aucun des partenaires, ici comme ailleurs, à signer, pour ainsi dire, un contrat d'un transfert définitif ou quasiment définitif (au point d'être consacré politiquement par l'attribution de la nationalité française aux enfants nés en France dans les familles ainsi transférées), pour l'un (l'Algérie), d'une partie de sa population, ses *émigrés* et, pour l'autre (la France), d'une partie de sa population future, les *immigrés*. Cela ne se peut pas, car il y va de tout l'ordre national et de la nation d'immigration et de la nation d'émigration (ce dernier ayant été tout récemment institué et très chèrement payé). On comprend de la sorte pourquoi ce sont les deux pays qui ont, respectivement, sous le rapport de l'émigration et de l'immigration, l'histoire la plus chargée – à moins que, ce qui est aussi vrai, cette histoire chargée rejaillisse sur l'émigration/immigration qui n'en est en définitive qu'une résultante –, qui entretiennent (et ont le plus intérêt à entretenir) avec le plus grand acharnement, au mépris de toutes les évidences et voire au mépris des lois du changement social, toutes les illusions et toutes les dissimulations qui font que l'émigration et l'immigration continuent à être éprouvées, pensées et traitées comme si elles étaient toujours ce qu'elles étaient initialement ou, mieux, ce qu'elles sont *idéalement et abstraitement* (hors de toutes déterminations sociales ou hors de l'histoire, c'est-à-dire éternellement et universellement). Pareil travail collectif de dissimulation est indispensable si on veut, d'un côté, que l'émigré (*i.e.* le ressortissant national) reste toujours un émigré lors même que, à proprement parler, il n'a pas émigré du pays dont, étant né en France de parents émigrés, il est le ressortissant et, de l'autre côté, que l'immigré reste toujours un immigré, pour si permanente et continue que soit sa présence, pour si grand que soit son engagement dans la vie économique, sociale, culturelle, voire politique de la nation, et pour si « intégré » qu'il soit. Il y a là, de part et d'autre, comme un « intégrisme » national (nourri de toutes les autres caractéristiques distinctives, culturelles, sociales, linguistiques, religieuses, politiques et même ethniques) qui fait que, dans un cas, l'émigration ne peut correspondre à une exclusion ni même à une auto-exclusion nationale des émigrés et, corrélativement, à leur identification pleine (*i.e.* même politique et surtout politique) à une population et à une nation auxquelles ils sont étrangers ; et que, dans l'autre cas, l'immigration ne peut correspondre à l'intégration totale (c'est-à-dire plus que politique car, en cette circonstance, c'est souvent que la naturalisation ou la possession de la nationalité française ne suffisent pas) à la nation et surtout à la population nationale de personnes qui leur sont étrangères (davantage par l'histoire et par l'origine ethnique que par la nationalité qu'elles peuvent posséder déjà ou acquérir). Ainsi, en dépit des divergences et des intérêts *objectivement* antithétiques qui opposent pays d'émigration et pays d'immigration et, aussi, à travers précisément ces mêmes divergences de tous ordres et ces mêmes oppositions, une complicité objective lie néanmoins nécessairement l'un à l'autre les deux partenaires du phénomène migratoire.

Les coûts et les profits de l'immigration

Que coûtent et que rapportent les immigrés ? Comme si elle était contenue dans la définition implicite de l'immigration, cette question semble traverser tous les propos qu'on peut tenir sur la présence des immigrés. L'immigration n'a de sens, et n'est intelligible pour l'entendement politique, qu'à la condition qu'elle soit source de « profits » ou, pour le moins, que les « coûts » qu'on lui impute n'excèdent pas les « profits » qu'elle peut procurer. À partir de ce présupposé s'est constituée toute une méthode d'analyse qui consiste à recenser les effets, certains positifs (les « profits »), d'autres négatifs (les

« coûts »), de l'immigration[1]. Mais parce qu'elle n'est pas seulement une pure investigation des incidences de tous ordres que peut avoir l'immigration, la manière habituelle aux économistes et surtout aux économètres de « traiter les problèmes de la migration en termes complémentaires ou antithétiques de coûts et avantages[2] » n'est possible qu'à la condition qu'on ne s'interroge ni sur la manière dont est constitué ce qu'on convient d'appeler respectivement « profits » et « coûts », ni sur la signification politique de l'opération elle-même qu'on présente comme n'étant, à la limite, qu'une technique « comptable » ou une technique administrative du type des études de « rationalisation des choix budgétaires » ou encore des travaux préparatoires des commissions du Plan.

La pratique économique ou le calcul économétrique procèdent ici comme si la définition qu'ils donnent de ce qui est « coût » et de ce qui est « profit » avait une valeur *absolue*, c'est-à-dire invariable et de portée universelle, et comme si la frontière tracée arbitrairement entre les uns et les autres était *nécessaire* et immuable. Ce partage

1. Voir, entre autres références, N. Scott, « Grandes lignes d'une méthode pour l'analyse des coûts et des avantages des migrations de main-d'œuvre », *Bulletin de l'Institut international des études sociales*, février 1975, p. 55-72 ; E.-J. Mirshan, « Does Immigration Confer Economic Benefits on the Host Country ? », *Economic Issues in Immigration*, Londres, Institute of Economic Affairs, 1970, p. 91-122 ; G. Tapinos, *L'Économie des migrations internationales*, Paris, FNSP, 1974 ; A. Le Pors, *Immigration et Développement économique et social*, Paris, La Documentation française, « Études prioritaires interministérielles », 1977 ; F. Bourguignon et G. Gallais-Hamono, *Choix économiques liés aux migrations internationales de main-d'œuvre*, Paris, OCDE, 1977.

2. N. Scott, *Principes d'une analyse comparative des coûts et avantages des migrations de main-d'œuvre*, OCDE, Séminaire d'Athènes, octobre 1966.

étant fait une fois pour toutes, il ne reste qu'à affiner
l'investigation des éléments à prendre en considération
pour établir le bilan de chacune des rubriques et, en fin
de compte, le bilan global de l'immigration ; à préciser
les évaluations auxquelles on procède à cet effet, en
introduisant notamment un certain nombre de distinctions, comme par exemple la distinction entre effets à
court terme et effets à plus long terme, effets masqués
qui n'apparaissent que tardivement, ou encore, dans le
meilleur des cas, entre effets *quantitatifs* (les effets économiques essentiellement et, encore, ceux d'entre eux
qui sont les plus facilement quantifiables) et effets *qualitatifs*, c'est-à-dire, en gros, toute une série d'autres présupposés (ou préjugés) sociaux, politiques, culturels,
etc.[1], que l'économie au sens étroit du terme ne peut
saisir et encore moins mesurer, se contentant de les mentionner ou des les suggérer. En fait, chacun des éléments
pris en considération pour dresser cette sorte de bilan
comptable des « coûts » et « avantages » de l'immigration
constitue un enjeu de luttes, pas seulement entre théori-
ciens de l'économie de l'immigration ou encore entre
spécialistes de la gestion sociale des immigrés, mais un
enjeu de luttes sociales : la lutte pour la représentation de
l'immigration et des immigrés en termes économiques de
« coûts » et « profits » est, en réalité, l'exemple même du
travail politique qui se déguise sous les dehors d'une

---

1. Dans ce cas comme dans le cas des descriptions qu'on donne des
économies « sous-développées », on se plaît à évoquer, d'un côté, les
aspects « qualitatifs » de certains faits économiques (aspects définis
négativement en tant qu'ils échappent à la mesure quantitative) et,
de l'autre côté, les facteurs « culturels », trop nombreux (*i.e.* trop
encombrants, car ils sont fréquemment dénoncés comme « obstacles »
au développement économique ou comme manquements à la
« rationalité » économique), que comportent les économies sous-
développées.

simple opération d'ordre économique. Rationaliser dans le langage de l'économie un problème qui n'est pas (ou pas seulement) économique mais politique revient à convertir en arguments purement techniques des arguments éthiques et politiques.

Il est comme dans la « nature » même de l'immigration qu'on s'interroge, et même qu'on polémique sur ce qu'elle « coûte » et sur ce qu'elle « rapporte ». Cette problématique s'impose d'elle-même au point qu'elle apparaît comme allant de soi et comme la seule possible ; non seulement, elle dispense de toute autre question, mais elle interdit qu'on la soumette elle-même à une réflexion critique. L'exercice comptable qui la retraduit ne saurait se réduire à ce qu'il croit et veut être, une simple technique visant à « rationaliser les choix » des décisions à prendre. Parce qu'il s'applique à une population jouissant d'un statut particulier, il n'a rien de commun avec tel ou tel exercice analogue portant sur un autre groupe : quand il s'agit, par exemple, de la petite enfance, des jeunes ou des personnes âgées, la question posée est seulement de prévoir et de dégager les moyens que requiert le traitement qu'on veut réserver à la population concernée, alors que, dans le cas de la population immigrée, il s'agit de juger des profits et des coûts de la politique qui consiste à recourir à l'immigration, c'est-à-dire de l'*existence* ou de la « disparition » de la population immigrée. Au travers d'une question apparemment technique, c'est tout le problème de la *légitimité* de l'immigration, problème qui hante tous les discours de cette nature, qui est objectivement posé. Il n'est presque aucun propos tenu sur les immigrés, surtout quand ce propos porte explicitement et sciemment, comme c'est le cas avec la « théorie économique des coûts et profits comparés de l'immigration », sur la fonction de l'immigration, qui ne consiste, tantôt à *légitimer* et, tantôt, à dénoncer l'*illégitimité* (foncière) de l'immigration[1].

La lutte autour du « bilan social de l'immigration » pourrait être, comme beaucoup de luttes autour d'enjeux politiques, une lutte sans fin en raison des nombreuses constructions et reconstructions auxquelles donnent lieu les multiples effets de l'immigration – en nombre indéfini –, tous susceptibles d'être constitués en « coûts » ou en « profits ». Parce que « la théorie économique des coûts et profits comparés de l'immigration » n'a suscité, jusqu'ici, que des divergences portant sur l'évaluation des éléments qu'il y a lieu de prendre en compte, l'accord s'étant réalisé d'emblée sur tout ce que cette théorie demande qu'on lui accorde préalablement à toute discussion, à savoir, entre autres choses, le principe du partage entre ce qui est « coût » et ce qui est « profit », le principe de l'établissement d'un solde positif ou négatif de l'immigration, etc., elle a masqué toute une série d'autres questions devenues impensables, comme, par exemple, la question de savoir à qui « coûte » et à qui « rapporte » l'immigration. Mais, plus fondamentalement, qualifier exclusivement de « coût » ou de « profit » chacun des éléments discernables, et arbitrairement dissociés, d'un ensemble qui n'a de réalité (économique et politique) qu'en tant que totalité revient à imposer le sens qu'on entend donner à chacun de ces éléments et à l'imposer d'autant plus impérativement qu'on ne se doute pas de l'opération d'imposition qu'on accomplit de la sorte. On

---

1. La récente « querelle de chiffres » sur l'importance numérique de la population immigrée n'échappe pas à la logique de la reconversion des arguments politiques en arguments techniques qu'on peut plus facilement avouer et proclamer publiquement : plus la population immigrée est nombreuse, ce qui sous-entend qu'elle est nombreuse d'« immigrés clandestins », plus sont élevés les « coûts » qu'elle entraîne pour la société.

ne veut comme exemple de ce travail de « technicisation » du politique que l'étude qu'Anicet Le Pors consacre aux flux monétaires dont l'immigration est responsable, ainsi que les divergences qui séparent, par exemple, ses conclusions de celles que Fernand Icart tire de données sensiblement identiques[1].

S'il est des « coûts » qu'il faut imputer à l'immigration, le premier auquel on pense est, bien sûr, le coût monétaire que supporte tout pays qui recourt à l'immigration en raison de transferts de fonds que réalisent, pour une part, les immigrés eux-mêmes « sur leurs économies » et, pour une autre part, les organismes sociaux (allocations familiales, prestations de la sécurité sociale, retraites, pensions diverses, etc.). Mais ce « coût » lui-même qu'on peut tenir comme évident et indiscutable ne va pas sans comporter des « profits » de quelque autre espèce : « En particulier, on peut se demander quelle est l'incidence des transferts d'économies à l'extérieur [...]. Or, il apparaît que 1 million de francs de moins transféré à l'extérieur signifie une amélioration de l'équilibre extérieur [...] seulement de 38 000 francs environ. En effet, une diminution *ex ante* des transferts à l'extérieur augmente la consommation des ménages ; une bonne partie de cette augmentation est satisfaite non par un accroissement de production intérieure mais par un accroissement des importations ou une diminution des exportations. Par ailleurs, une réduction des transferts d'économie vers des pays étrangers limite les acquisitions de devises de ces pays et par suite leurs importations dont celles provenant de France[2]. »

1. F. Icart, député du Var, auteur du rapport *Le Coût des travailleurs étrangers en France, note de synthèse*, Paris, Assemblée nationale, 1976.
2. A. Le Pors, *op. cit.*, p. 185.

À l'inverse, s'il est pour les pays d'immigration un « profit » immédiat, « profit » initial et apparemment net de tout coût en compensation, c'est celui qui consiste à « importer » des hommes adultes et encore jeunes donc « utiles » et productifs dès le premier jour de leur arrivée ; ce « profit » qui consiste dans l'économie réalisée sur ce qu'Alfred Sauvy a appelé « le coût d'élevage » est considérablement atténué dans le rapport de Fernand Icart pour ne pas dire qu'il a été transformé en « coût » ; la « qualité » de ces hommes qui ont été élevés dans des pays pauvres, sous-développés, donc à un « coût » moindre que le « coût moyen français »[1], fait qu'ils reviennent plus « cher » (ou tout au moins plus « cher » qu'on pense) en raison du « coût » dont il faut payer leur adaptation à la société et au travail qui les utilisent.

À ce jeu, tout peut être « coût » et « profit » : ce qui est « coût » selon telle vision politique du phénomène de l'immigration peut être « profit » selon telle autre et inversement. On pourrait continuer à énumérer longtemps encore les « contradictions » de ce type, chacun des critères retenus pouvant être classé comme « coût » ou comme « profit » ou, tout au moins, comporter sa part de « coût » et sa part de « profit ». Et plus on s'éloigne des aspects sur lesquels porte traditionnellement et prioritairement l'économie ou, en d'autres termes, plus on se rapproche des facteurs que néglige la technique économique, parce qu'ils sont rebelles à la « mesure » (quantitative), plus est grande l'indétermination et, par suite, plus sont faciles et fréquentes les manipulations et les inversions de sens qu'on peut opérer ; plus il apparaît que les faits

1. Ce qui laisserait entendre que les pays d'origine, parce qu'ils ont « produit » leurs émigrés moins « cher » que le « coût » que la France « paie » pour ses hommes, peuvent les « exporter » à un moindre « prix », c'est-à-dire à un moindre « coût » pour le pays qui les « importerait ».

qu'on analyse et qu'on interprète comme données purement économiques sont aussi, et peut-être avant tout, des faits et des réalités politiques, sociaux, culturels. Ainsi, par exemple, du taux de natalité des familles immigrées en général et des familles originaires des pays d'Afrique du Nord plus particulièrement : tantôt on se félicite officiellement du surplus démographique que ces familles apportent à une population qui tend à décroître et à vieillir, tantôt on déplore (tout aussi officiellement) ce même accroissement d'une population qu'on continue à appeler « population immigrée » (bien que les jeunes générations nées en France n'aient émigré de nulle part), parce qu'il est « coûteux », parce qu'il pèse trop lourd sur les mécanismes d'aide aux familles – pour ne pas dire parce qu'il est « encombrant » –, les arguments « économiques », ou la formulation en termes économiques d'arguments d'une autre nature, étant plus facilement ou plus innocemment avouables. Et ce qui est dit de l'ambiguïté du taux de fécondité de la population immigrée, c'est-à-dire, au fond, de l'immigration familiale et du passage de l'immigré ancien, simple travailleur isolé et sans sa famille, au géniteur, vaut aujourd'hui, en raison des difficultés du marché de l'emploi, pour cette autre caractéristique de l'immigré, qui pourtant le constitue et qui le définit, à savoir, son statut de travailleur : le « profit » représenté par la force de travail qu'il apporte – et qui a pour contrepartie le salaire qu'on lui verse et qu'il peut transférer – tend à être redéfini comme un « coût »[1], un « coût » direct lorsque l'immigré est chômeur, perdant de

---

1. Indépendamment de la situation de l'emploi, c'est souvent que le recours à la main-d'œuvre immigrée est dénoncé comme un « coût » en tant qu'il constitue une solution de facilité propre à compromettre ou, pour le moins, à retarder les innovations techniques qu'il aurait fallu inventer en l'absence de l'immigration.

ce fait personnellement la justification qui faisait son existence, un « coût » indirect lorsque l'immigré est occupé comme si l'emploi qu'il occupe constituait une sorte de manque à gagner, de dommage virtuel occasionné à la main-d'œuvre nationale.

Relevant d'une opération de construction dont la genèse et la signification objectivement politiques peuvent échapper à ses auteurs, la mise en parallèle de ce que « coûte » et de ce que « rapporte » l'immigration ne peut qu'opposer les différents groupes qui, parce qu'ils sont inégalement ou différemment « intéressés » par l'immigration, sont portés à produire des définitions antagonistes. S'il est plus aisé et plus agréable d'énoncer ces « coûts » et ces « profits » – surtout les « coûts » – dans le langage technique et relativement neutre (ou voulu et perçu comme tel) de l'économie, il reste que ce langage ne peut masquer qu'il s'agit, en réalité, de « coûts » et de « profits » qui se réfèrent à des systèmes de valeurs étrangers à la sphère de la stricte économie. Pour être acceptable, il aurait fallu que cette sorte d'« économie de l'immigration » soit une économie totale, c'est-à-dire qu'elle intègre tous les autres « coûts » et tous les autres « profits », laissés pour compte ou totalement ignorés par la théorie strictement économique[1].

1. Il arrive que la théorie économique ignore aussi, outre les données non directement économiques, certaines données qui relèvent pourtant de son domaine ; on découvre aujourd'hui que l'immigration peut être génératrice de toute une « économie souterraine », fort importante, hautement « profitable » par certains aspects et « préjudiciable » par d'autres : les transferts directs sur les économies des travailleurs immigrés algériens se sont presque totalement taris et ont été remplacés par des transferts de biens de consommation achetés en France par les « touristes » algériens avec l'argent des immigrés – un vrai marché parallèle, qui est un marché « noir », s'est institué de cette façon entre le dinar algérien (DA) et le franc – ou achetés par les immigrés eux-mêmes et revendus par leurs soins en Algérie.

Les choses se compliquent encore quand on sait que, procédant de la même logique et restant justiciable des mêmes interrogations et des mêmes critiques, « la théorie économique des coûts et profits comparés de l'immigration » peut se transposer dans le pays d'émigration et donner lieu à la constitution d'une théorie homologue. Cette « théorie économique des coûts et profits de l'émigration » commence, d'ailleurs, à produire ses premiers résultats, obtenus selon le même schème d'analyse, la même combinaison de simulations et de dissimulations, de dévoilement et de voilement partiels de la signification réelle des critères retenus des luttes dont elle est un enjeu. Et à travers ces deux « comptabilités » parallèles de l'immigration d'un côté et de l'émigration de l'autre, se dessine une espèce de « comptabilité » de tout le phénomène migratoire qui est, elle aussi, un enjeu de luttes entre les deux partenaires, le pays d'immigration et le pays d'émigration, qui se rencontrent et s'affrontent en cette occasion. Les traités dont ils conviennent, « conventions bilatérales de main-d'œuvre et de sécurité sociale », et les négociations qu'ils mènent à cet effet, en explicitant les intérêts de chacun des contractants, instituent le terrain où s'objectivent les luttes pour la définition à la fois économique et politique des coûts et profits respectifs.

La vérité des rapports de force

La problématique de la « théorie des bénéfices et coûts comparés de l'immigration » (et de l'émigration), qui hante intrinsèquement tout le phénomène migratoire, est aussi présente, implicitement et au titre de schème générateur des comportements et des discours, dans l'émigration et dans le pays d'émigration, dans la manière de penser l'émigration, dans l'attitude globale à son égard (c'est-à-dire dans la relation qu'entretiennent l'ensemble des émigrés, d'un côté, et la société d'émigration, de l'autre côté) et, par-dessus tout cela, dans le système de relations qui lie au pays d'immigration.

« Exemplaires » à cet égard, les relations entre la France et l'Algérie à l'occasion de l'immigration fournissent la meilleure illustration qu'on puisse trouver de la relation de dominant à dominé, objectivement inscrite dans la relation de pays d'immigration à pays d'émigration. Cette dissymétrie apparaît d'autant plus nettement, donc est d'autant plus grande et d'autant plus conflictuelle, que les deux partenaires s'accordent et s'évertuent à masquer, à se masquer à eux-mêmes et à se masquer mutuellement, la vérité de leur relation ; que chacun des partenaires feint de croire – c'est la condition implicite pour pouvoir contracter – au caractère bilatéral et même réciproque de la relation contractuelle dont ils conviennent, relation qui n'est bilatérale que dans les formes, le temps du contrat, et qui n'est réciproque qu'en théorie (rien ne fera que l'«immigré» reçoive dans le pays de son immigration un traitement à parité avec celui qui est réservé au «coopérant» dans le pays de sa coopération). Le pays dominé (le pays d'émigration) s'efforce, dans la mesure de ses moyens, politiques, économiques, voire techniques et intellectuels (la connaissance qu'il peut se donner de son émigration et de toute l'immigration de son partenaire), de réduire l'écart ou la distorsion dont il est victime ; le pays dominant (le pays d'immigration) semblant ignorer l'avantage intrinsèque qu'il doit à sa position de dominant peut, lui aussi, accepter des concessions, soit par condescendance, soit parce qu'elles lui rapportent des avantages d'une autre nature (économique, politique, diplomatique) – et, le plus souvent, les deux choses en même temps –, visant de la même manière à réduire en apparence le décalage, voire à nier l'inégalité des rapports et, par là même, à nier la violence qui les habite.

Inégal, l'échange est ici, intrinsèquement et incontestablement, en faveur du pays fournisseur d'emplois excédentaires et, non moins incontestablement, aux dépens du pays exportateur d'une force de travail devenue disponible pour l'émigration depuis qu'elle a découvert et acquis la conscience qu'elle est inemployée[1]. La thèse, très fréquemment et trop facilement admise, selon laquelle l'immigration constituerait pour les pays d'émigration comme une « soupape » sur le plan social et même politique, une manière pour ces derniers de se délester de leur trop-plein, toujours dangereux, de « chômeurs », etc., pèse – et chacun des partenaires le sait, lors même qu'il feint et qu'ils feignent ensemble (c'est de bonne stratégie) que la confrontation bilatérale est à parité – sur toutes les négociations relatives au transfert de main-d'œuvre ; et, en cas de difficultés (périodes de crise du marché de l'emploi, de crise dans les relations entre les deux pays), cette même donnée n'est pas loin de constituer l'occasion et le moyen d'un véritable chantage sur le pays d'émigration.

L'avantage inhérent qui revient au pays d'immigration tout comme son corollaire, la faiblesse intrinsèque du pays d'émigration, peuvent se dire aussi (à condition de sortir de la sphère étroitement économique) en termes de *présence* et d'*absence* : « avantage » pour le pays d'immigration d'avoir présents sur son territoire, sous sa souveraineté et sous son autorité (l'autorité de sa loi, de ses institutions, de ses tribunaux, de sa police, de sa réglementation, etc.), les immigrés, c'est-à-dire les nationaux (les

1. Voir A. Sayad, « Immigration et conventions internationales », *Peuples méditerranéens*, 9, octobre-décembre 1979, p. 29-52.

émigrés) de quelque autre nation ; et, *a contrario*, « faiblesse » – « tare » originelle de l'émigration – pour le pays d'émigration d'avoir *absents*, hors de son territoire, de sa souveraineté et de son autorité et, plus largement, hors de toute l'action des mécanismes intégrateurs et des processus d'identification propres à toute société, bref, hors de la culture commune (et, corrélativement, dans le territoire et sous la souveraineté et l'autorité et, plus largement, sous l'action intégrative et sous la culture de quelque autre nation), ses nationaux émigrés (immigrés chez les autres et immigrés des autres).

L'histoire conjuguée de la colonisation et de l'émigration-immigration fait et fera longtemps encore qu'une partie de cette communauté, les jeunes nés en France depuis le 1er janvier 1963 (paradoxalement, depuis que les Algériens en France sont devenus de vrais immigrés, au sens juridico-politique du terme), est partagée et se partagera non seulement entre deux statuts (celui d'émigré et celui d'immigré), entre deux pays, deux sociétés et deux nations, mais aussi entre deux *nationalités*, la nationalité algérienne qu'ils ont du fait de leur filiation (enfants nés d'un père algérien) et la nationalité française qu'ils ont automatiquement, sans aucune possibilité d'opposition, ni du gouvernement français s'il voulait les en empêcher (sauf à enfreindre sa propre loi, les prescriptions du Code français de la nationalité), ni d'eux-mêmes (s'ils voulaient se soustraire à cette obligation et aux effets liés à la possession de la nationalité, le service militaire principalement), ni, *a fortiori* de l'Algérie – en raison de ce que le droit français de la nationalité appelle le « fait de la double naissance ». Une des conséquences de ce « partage » est que s'ils restent des « émigrés » (*i.e.* des Algériens, des ressortissants de la nationalité algérienne), même s'ils n'ont jamais émigré, de fait, hors de l'Algérie, ils disparaissent comme immigrés (au sens juridique du terme), la nationalité française qui leur est impartie les nie en tant qu'étrangers immigrés en France. Ils sont « partagés » aujourd'hui entre la nation de leur immigration (et sa nationalité) et la nation de leur émigration ou de l'émigration de leurs parents (et sa nationalité, nationalité de leurs parents), tout comme l'Algérie entière avait été « partagée » entre la nation conquérante (et sa nationalité imposée) et la « nation » conquise (et sa « nationalité » déniée, interdite). Produits et victimes de cette double histoire, ils en sont le vivant rappel ; ils en sont une actualisation anachronique : le conflit de nationalité dont ils sont le lieu est d'autant plus aigu qu'il renvoie fondamentalement à la définition donnée de la compétence territoriale de la souveraineté française (articles 6 et 8 du Code de la nationalité). La France, en se refusant (pour l'instant) à « enfreindre » (ou à réviser) sa propre législation, refuse de revenir, même implicitement et rétrospectivement, sur l'état qui a prévalu jusqu'à l'indépendance de l'Algérie (c'est-à-dire sous la colonisation) ; l'Algérie, pour sa part, outre des considérations d'amour-propre (national) et d'intérêts qu'on peut dire proprement symboliques, en se refusant à accepter la « naturalisation » automatique et unilatérale (par la volonté de la législation française) de ses « enfants » (de ses « naturels » ou de ceux qu'elle considère comme tels) et, par là, l'« atteinte » portée ainsi, à travers l'intégrité de sa population (lors même que celle-ci, née à l'étranger, réside hors du territoire national), à son intégrité nationale, refuse en fait de souscrire, même implicitement et rétrospectivement, à l'ancien ordre colonial qu'elle a combattu et dont elle s'est affranchie. C'est donc en toute objectivité (comme si cela était indépendant de la volonté des agents) que les deux parties sont amenées à revendiquer l'allégeance exclusive des enfants qu'ils se disputent à la nationalité de l'un ou de l'autre État.

156

Une autre bizarrerie de ces relations d'État à État est que les émigrés (pour l'un) et les immigrés (pour l'autre) ne sont ici, en définitive, que la « matière » première d'un phénomène dont ces États sont tenus de débattre : *immigrés* comme on ne peut l'être plus (c'est-à-dire totalement « immergés » et profondément engagés dans la société française et dans toutes ses manifestations, comme ne peut jamais l'être tout autre étranger) mais, en dépit de cela, *émigrés* presque comme au premier jour de l'histoire de leur émigration (c'est-à-dire encore fortement attachés à l'Algérie, le pays de leur émigration ou de leurs origines, même s'ils ne le connaissent que fort peu ou pas du tout). Cette position *paradoxale* qui est une des caractéristiques *exemplaires* des émigrés-immigrés algériens en France les place, en fait, en marge des intérêts inter-étatiques dont conviennent les deux parties qui contractent à propos d'émigration et d'immigration. Si à l'origine les intérêts des émigrés correspondaient effectivement avec les intérêts de leur pays – ou, plus précisément, avec les intérêts plus proches de leurs familles, de leurs groupes de parenté, de leurs communautés, plus qu'avec les intérêts plus lointains, indirects et abstraits (intérêts politiques) de leur État –, ces systèmes d'intérêts tendent à diverger inévitablement à mesure que perdure l'émigration et que, à la longue, se distendent les relations entre le pays d'émigration et ses émigrés. À l'exception, semble-t-il, du domaine symbolique où les intérêts de l'État et des individus (intérêts d'amour-propre) sont totalement confondus, indissociables, et s'entretiennent mutuellement, l'honneur étant un capital toujours indivis, partout ailleurs les intérêts propres des émigrés-immigrés tendent à se constituer en intérêts autonomes, distincts, voire opposés (au moins partiellement) aux intérêts, à la fois, du pays d'émigration et du pays d'immigration et, plus assurément, aux intérêts concertés des deux pays.

C'est à un véritable travail d'imposition des intérêts *officiels*, les seuls dignes d'être pris en considération aux yeux du politique, que se livrent toutes les négociations auxquelles donnent lieu l'émigration et l'immigration ; c'est là encore un autre lieu où *s'objective* « la complicité » intrinsèque qui lie nécessairement et fondamentalement les deux pays pour qu'il y ait émigration et immigration. Que les intérêts des émigrés-immigrés et, corrélativement, de leur pays d'émigration puissent être contraires aux intérêts officiels, étatiques du pays d'immigration (et puissent être contrariés par ces intérêts), c'est, à la rigueur, facile ou plus facile à admettre, compte tenu de l'expérience qu'on a de l'immigration et des surprofits qu'elle procure à ses utilisateurs (il y a dans cette opposition et dans l'opposition plus large entre population immigrée et société d'immigration une variante paradigmatique de l'opposition plus profonde entre main-d'œuvre salariée et patronat, entre prolétariat et bourgeoisie, etc.). Mais que les intérêts de ces mêmes émigrés-immigrés puissent se distinguer, jusqu'à leur être opposés, des intérêts du pays d'émigration – intérêts que ce pays aime souvent présenter et imposer à tous comme étant des intérêts « supérieurs », « intérêts majeurs de la nation » –, il faut le degré de complexité (et d'exception) auquel a atteint l'immigration algérienne pour qu'on puisse observer une telle situation qui confine au scandale. La duplicité indispensable (elle s'impose d'elle-même) que suppose le phénomène migratoire commande l'illusion que les intérêts des trois parties en jeu (les pays d'émigration et d'immigration et les émigrés-immigrés pour lesquels et au nom desquels décident les deux premiers partenaires en feignant d'ignorer qu'ils peuvent avoir des intérêts spécifiques), pourtant contradictoires, peuvent être conciliés et regardés comme complémentaires et comme mutuellement dépendants, mais cela à condition qu'on en convienne seulement à deux. Le pays d'immigration est ainsi amené à reconnaître implicitement que les intérêts des immigrés (en tant qu'ils sont des « émigrés ») et les intérêts du pays dont ils sont les émigrés sont confondus, et que souscrire aux intérêts du pays d'émigration (ou d'origine), c'est servir, du même coup, les intérêts des émigrés et des immigrés ; l'identification des intérêts, qu'on veut solidaires, de l'une et l'autre parties est telle qu'on en vient, après avoir posé (non sans quelque raison) que les intérêts des immigrés sont aussi et nécessairement les intérêts de leur pays, à admettre tout naturellement que les intérêts du pays d'émigration, quand il arrive (dans le meilleur des cas) qu'on en discute vraiment, ne peuvent que coïncider, eux aussi, avec les « vrais » intérêts des immigrés, et qu'il n'est, à la limite, d'intérêts « vrais » pour les immigrés que ceux que les deux pays reconnaissent comme étant aussi les intérêts du pays d'émigration[1]. On sacrifie d'autant plus et d'autant plus volontiers à cette illusion, du côté du pays d'immigration,

1. On pourrait faire l'analyse (qui outrepasse le cadre de cet article) des derniers « accords » franco-algériens conclus sous la forme d'un échange de lettres signées, pour la France, par le secrétaire d'État aux Travailleurs immigrés (membre du gouvernement français) et, pour l'Algérie, seulement par le secrétaire général du ministère du Travail (donc par un administrateur, même s'il occupe la fonction administrative et politique la plus haute du ministère), en date du 18 septembre 1980. Cet échange a été ratifié par l'Assemblée nationale le 27 novembre 1980 (*Journal officiel*, 28 novembre 1980). Ils constituent une excellente illustration de l'antinomie croissante qu'il y a entre les intérêts réels des individus (intérêts ignorés, pour partie, et par conséquent sacrifiés) et les intérêts que l'Algérie (et, avec elle et en plein accord, la France, qui trouve là aussi ses intérêts) leur prête en tant qu'ils sont ses « émigrés », imposant de la sorte la définition qu'elle a de leurs intérêts, et qui n'est, au fond, que la définition qu'elle donne de ses propres intérêts d'État, intérêts matériels mais aussi symboliques.

qu'elle contribue à « moraliser » le recours à l'immigration et, plus encore, le rapport qu'on a, en la circonstance, avec le pays (ou les pays) d'émigration – surtout maintenant que l'immigration, devenue le résultat d'une affaire contractuelle entre États, est gratifiée de cette autre vertu qui est d'être une donnée nouvelle de la politique de coopération ou d'aide au développement. C'est, en tout cas, le rôle « exemplaire » qu'on fait servir à la politique de « formation-retour » convenue entre les deux pays, et qui, indépendamment de l'application qui en sera faite et des résultats qu'elle donnera ou ne donnera pas, apparaît d'ores et déjà comme « exemplaire », tant dans sa genèse que dans ses fonctions et sa signification globale : ou ni « formation » ni « retour » (pas de formation parce que pas de retour) ; ou « formation » séparée du « retour » (pour ne pas dire « sans retour », en ce sens que le fait qu'il n'y ait pas obligation du retour constitue comme la garantie de la formation), comme l'entend le pays d'émigration ; ou « retour » prioritairement et principalement comme a tendance à l'entendre le pays d'immigration, la « formation » n'étant, en ce cas, qu'un « accompagnement » pour ne pas dire un alibi (tout au moins selon l'esprit dans lequel on avait initialement défini la formation et fixé les contingents à « former » et à « retourner » annuellement). Incontestablement, pareille formule traduit à merveille cette sorte de double jeu de la foi et de la mauvaise foi, de la foi définie comme mauvaise foi, dans lequel s'installe toute relation à propos de l'émigration-immigration.

On ne peut conclure sans au moins évoquer un autre aspect de l'immigration algérienne, lui aussi *exemplaire* à plus d'un titre : c'est le type de relations que les immigrés algériens en France entretiennent avec l'Algérie, en tant que représentation (politique, culturelle, nationale), en tant que « volonté », c'est-à-dire représentation d'eux-mêmes (en tant qu'Algériens « par volonté »), et en tant que réalité (sociale, économique, culturelle, etc.) ; c'est l'histoire de ces relations, qui ne sont pas toujours sereines, même si cette histoire est, au fond, l'histoire de leurs rapports avec eux-mêmes. Pour introduire seulement à ce sujet qu'il n'est pas possible de traiter ici, il faudrait faire l'analyse de tout le discours que l'Algérie tient sur son émigration (et, d'une certaine manière, sur elle-même) à l'intention, d'abord, des émigrés eux-mêmes et, plus encore, du pays vers lequel ils ont « émigré » et, ensuite, à l'intention d'elle-même ; il faudrait analyser plus spécialement la genèse et les fonctions (surtout symboliques) du discours sur la « réinsertion », particulièrement révélateur de la relation que la société algérienne entretient avec elle-même à travers son émigration, à travers l'image que lui renvoie d'elle-même son émigration, autre variante (enviée et détestée) d'elle-même et autre variation (qui aurait pu être possible) de son histoire ; il faudrait déterminer le rôle exact que l'Algérie, c'est-à-dire la politique qu'elle a adoptée à l'égard de son émigration, a joué, contre toute attente et en contradiction avec la fin visée et les résultats escomptés (politique de rattachement et de réintégration à distance ou malgré la distance), dans la constitution progressive de cette *autonomie* (relative) dont la communauté immigrée algérienne s'est dotée elle-même, pour une part, et dont elle a été dotée, pour une autre part : rôle de tout le discours dénonçant l'émigration comme un « accident de l'histoire », louant (officiellement) la population émigrée comme « partie intégrante de la nation », faisant de la « réinsertion » des émigrés une « obligation » nationale (discours qui n'est pas sans susciter des jalousies et sans imposer la représentation de l'émigré comme un « profiteur » et, par conséquent, sans créer autour de lui et à son propos un climat de suspicion et le sentiment de sa culpabilité, voire

de sa « trahison » parce qu'il s'est retiré du « jeu national »)[1] ; effets des séminaires et des conférences nationales sur l'émigration, de la journée nationale de
l'émigration ; rôle d'encadrement et de « moralisation »
des émigrés en France même, confié à une association
quasi « officielle », dotée d'importants moyens techniques
et financiers et d'un personnel nombreux rétribué sur le
budget de l'État algérien – association de droit français
(régie par la loi de 1901) mais qui apparaît, aux yeux de
tous (à ses propres yeux, aux yeux de l'Algérie, aux yeux
des émigrés-immigrés, bien sûr, mais aussi, avec une certaine mauvaise foi et quand elle y a intérêt, aux yeux de la
France elle-même), comme une organisation officielle
algérienne et comme la représentation du FLN en France
et est traitée presque officiellement comme telle (du côté
français) – ; existence en France d'une presse « officielle »
du pays d'émigration (un hebdomadaire en français et une
revue en arabe) ; etc.

On veut espérer que ce tableau, très large et grossière-
ment esquissé, de l'immigration algérienne en France,
même s'il n'apporte rien de nouveau sur l'objet, contribue
un tant soit peu à expliquer la place particulière et particulièrement significative que cette immigration occupe dans
le panorama d'ensemble des immigrations passées et présentes, originaires des pays européens ou de pays du tiers

1. Arrêter l'émigration, c'est une chose ; mais cela ne suffit pas. Il
ne suffit pas de décider de l'émigration actuelle, il faut revenir sur
l'émigration passée : le discours sur la « réinsertion » est, indépendamment de ses effets, une manière de « revanche » sur l'histoire ancienne
(sur la colonisation et sur l'émigration), une manière magique de nier
cette histoire en « réintégrant » et en niant ses effets ; l'émigré, en tant
qu'il est un national à l'étranger, n'a de solution légitime à sa
condition d'immigré que le « retour » logique, nécessaire, inéluctable,
au pays (même si c'est à la fin de sa vie active, à la veille de sa mort ou
seulement pour y être enterré).

monde et, en ce dernier cas, de l'ancien empire colonial français ou de pays non anciennement colonisés par la France, etc. ; contribue à faire comprendre la valeur *symbolique* de cette immigration, tant pour le pays d'immigration, dans ses relations avec la population immigrée, que pour les immigrés eux-mêmes et pour tous les immigrés.

Nationalisme et émigration

Est-il besoin de rappeler que toute émigration est *rupture*, rupture avec un territoire et par là même avec une population, un ordre social, un ordre économique, un ordre politique, un ordre culturel et moral ? Mais, cause de ruptures, l'émigration est elle-même le produit d'une rupture fondamentale : il faut que s'effondrent tous les cadres qui assuraient la cohésion de la société, pour que l'émigration puisse apparaître et se perpétuer. Et on sait que cette rupture initiale est, dans le cas de l'émigration algérienne vers la France (et, certainement, dans le cas de beaucoup d'autres émigrations), le produit direct de la colonisation. Toute l'histoire de cette rupture et, par là même, de l'émigration consécutive à cette rupture se confond avec l'histoire de la paysannerie qui fut et reste encore la grande pourvoyeuse de l'émigration ; un peu moins aujourd'hui que par le passé et moins directement, parce que les mêmes candidats à l'émigration vers la France qui, autrefois, seraient partis de leur village natal rural sans autre étape intermédiaire, transitent aujourd'hui (quand ils peuvent émigrer) par un séjour, plus ou moins long et en famille, dans une ville algérienne, avant d'émigrer vers la France.

Un acte objectivement politique

Émigrer constitue *objectivement* (c'est-à-dire à l'insu de tous les partenaires et indépendamment de leur volonté) un acte qui, à n'en pas douter, est fondamentalement politique même s'il est dans la nature même du phénomène migratoire, en la forme qu'on lui connaît en France par exemple, de le masquer et de le nier. Cela est encore plus vrai dans le cas d'une émigration qui s'inscrit dans un contexte colonial : elle est politique en dépit du fait qu'elle est à destination de la métropole ou, plus précisément, parce qu'elle est en direction de la métropole. Bien qu'elle soit totalement solidaire de sa genèse mais aussi, quoique de manière moins directe et moins visible, de cette autre émigration qui fut tout entière et tout de suite au service et au profit des colons (l'émigration des travailleurs agricoles permanents ou saisonniers attachés aux domaines de la colonisation), elle ne pouvait pas ne pas être perçue par le colonat comme une émigration concurrente venant lui disputer de manière « déloyale » la main-d'œuvre déjà disponible en abondance et, plus encore, la main-d'œuvre potentielle qu'il s'autorisait à regarder comme lui étant définitivement ou structurellement acquise, à son profit exclusif. Toute autre possibilité d'emploi qui viendrait à s'offrir à cette main-d'œuvre, pourtant surabondante, ne pouvait apparaître dans ces conditions que comme une sorte de détournement. C'est aussi de cette manière, c'est-à-dire en tant que l'émigration est nécessairement un acte politique, que les émigrés eux-mêmes, même s'ils s'en défendent, ont vécu leur émigration vers la France, celle-ci les dispensant de cette autre émigration à laquelle ils se savaient voués, l'émigration vers les fermes de la colonisation. Qu'ils aient été ou non ouvriers agricoles (saisonniers ou permanents), première forme d'émigration rurale et de prolétarisation des fellahs, les émigrés vers la France savaient plus ou moins consciemment qu'en agissant de la sorte ils se soustrayaient à l'exploitation coloniale en sa forme la plus directe et la plus visible et s'affranchissaient ainsi *objectivement* de l'allégeance à laquelle ils étaient tenus à l'égard de l'ordre colonial. C'était là, de la part des premiers émigrés, l'expression d'un « nationalisme » nécessairement politique, même s'il ne pouvait encore se dire en des termes à proprement parler politiques. Tout immigré de la colonie ou tout indigène de quelque colonie émigrant vers la métropole ne peut oublier qu'il est d'abord et avant tout un colonisé (et non pas un simple immigré au même titre que tout autre étranger). Colonisé, c'est-à-dire nié politiquement dans son être politique et historique national, l'émigré algérien fut amené à découvrir, à l'occasion de son émigration, la politique et le nationalisme – car, à la limite, il n'y a, pour le colonisé, de politique que nationaliste[1]. C'est en tous ces sens qu'on peut dire que l'exil revêt nécessairement une signification politique. Plus que toute autre occasion propre à créer et à renforcer les liens de solidarité, l'exil auquel contraint l'émigration, c'est-à-dire l'existence minoritaire telle qu'elle s'impose et qu'elle doit être subie quand on doit vivre *chez les autres* (qui, en la circonstance, se trouvent être, de surcroît, les colonisateurs)[2], ne pouvait que forger, entre les uns et les

1. C'est indépendamment de l'intention politique qui l'habite que tout acte politique du colonisé (qu'il soit un immigré dans la métropole ou non) est *objectivement* un acte « nationaliste ».
2. Un rapport de profonde similitude unit l'immigré et le colonisé quand même le premier n'est pas aussi et en même temps le second, et quand même les deux conditions ne sont pas simultanées et ne viennent pas se redoubler mutuellement : colonisé nouvelle manière ou colonisé de dernière heure (à l'ère de la décolonisation, après que la colonisation eut pris fin), l'immigré est en position minoritaire, en

autres, une communion inédite de pensées et d'espoirs, quand ce n'est pas de revendications et d'actions militantes, ou encore de visées proprement politiques. Et n'aurait-il produit que cet effet, le détour par l'immigration aurait encore eu cela de positif : l'exil, par la distanciation qu'il impose à chacun des émigrés, les porte à relativiser leur condition originelle. C'est là une nécessité impérieuse, non pas seulement intellectuelle, mais d'ordre tout à fait pratique. Déjà imposée au colonisé, même le moins exposé à l'ordre nouveau de la colonisation, cette nécessité s'impose impérativement à tous les immigrés, et plus encore aux colonisés immigrés dans la société métropolitaine : les uns comme les autres se trouvent engagés dans une partie qu'ils ne sauraient quitter, ni même, dans le dernier cas, esquiver en se tenant en marge, à la manière de ce qu'on pouvait faire encore dans la colonie à la faveur des poches de « traditionalisme » qui se sont ménagées et perpétuées, mais que l'émigration commençait à entamer. Cette situation n'est qu'un cas, une variante paradigmatique, de ce qui peut être considéré, en la circonstance, comme la loi du genre : en effet, dans tout contact entre cultures, c'est à la culture en position dominée que sont demandés l'effort de ré-invention le plus grand et le plus urgent et une intelligence relativement plus vraie et plus juste de la culture dominante. L'ethnocentrisme est, d'abord, le fait des dominants, et fait partie de la culture des dominants (culture qui se veut universelle, absolue, la seule culture qui soit culture) : pleinement assurés d'eux-

---

position dominée alors qu'il est hors de chez lui, qu'il est chez les autres – ce qui en peut être une consolation –, alors que le colonisé est, au contraire, réduit à une position dominée, à une position minoritaire sur son propre territoire, position qui se juxtapose à l'existence sur le mode majoritaire que les autres, les conquérants, les dominants, les colonisateurs, ont pu acquérir chez lui.

mêmes et de leur culture, il n'y a pour eux rien à « réinventer », rien à comprendre sur le mode pratique. Et quand, par exception, ils se donnent les moyens de comprendre ces « autres » qui leur sont culturellement étrangers, les dominés, cela reste de l'ordre de l'intellection, de la réflexion théorique, et leur compréhension la plus compréhensive, lors même qu'elle essaie de se garantir contre l'ethnocentrisme, reste encore le produit de leur propre culture. Sans doute, la réaction première des premiers émigrés fut-elle une réaction d'*étonnement* au sens le plus fort du terme : la « relativisation », dont l'émigré et aussi, avant lui, le colonisé font l'expérience, le premier plus intensément que le second, équivaut à la découverte non seulement de l'« arbitraire » culturel, presque au sens ou l'entend l'anthropologie savante, mais aussi de l'*histoire*. Découverte d'autant plus large et plus profonde que l'immigration se prolonge, c'est-à-dire que s'élargissent et s'intensifient, d'une part, l'investigation et la connaissance que l'émigré se donne de cet autre monde dans lequel il est jeté – un *cosmos* fort éloigné du sien, monde qui est tout à la fois un mode de relations, un mode d'existence, un système d'échanges, une économie, une manière d'être, etc., bref, une culture – et, d'autre part, la comparaison que cette investigation par elle-même impose à quiconque effectue l'apprentissage de deux existences sociales différenciées et de ce qui les différencie. Par le seul fait qu'elle contribue à rompre avec la condition première du colonisé (du colonisé-dans-la-colonie), l'émigration autorise une nouvelle vision du monde social et aussi politique, une nouvelle représentation de la relation qu'on a avec le monde, et de la position qu'on y occupe : contre l'attitude ancienne, historiquement et culturellement déterminée, qui faisait qu'on semblait adhérer foncièrement à la condition de colonisé et qu'on la percevait – pouvait-il en être autrement ? – non pas comme le produit de l'histoire mais comme une sorte de donnée « naturelle », on est venu à découvrir l'historicité de cette condition, c'est-à-dire à lui assigner une origine et une genèse sociale et, par conséquent, une signification historique. Par l'expérience qu'elle apporte d'un monde social, économique, culturel et, pour tout dire, politique, différent de l'univers familier, et aussi par le minimum d'assurance qu'elle procure quant au présent – et, à travers le travail relativement stable et organisé quant à l'avenir –, la condition d'émigré a sur la condition de colonisé la supériorité et l'avantage, pourrait-on dire, de contenir en germe le principe de la différence qui sépare l'*état des prolétaires* (que sont tendanciellement les émigrés venus en France), capables de projets virtuellement révolutionnaires, et l'*état des sous-prolétaires* (que sont tendanciellement les paysans déracinés sur place et « dépaysannés »), voués aux attentes eschatologiques. Et si la condition de salarié a, sous ce rapport, des effets différentiels, ce n'est point par l'effet de quelque métamorphose magique qu'elle ferait subir à quiconque accède au salariat, mais plutôt en raison de l'inculcation qu'elle opère d'un certain type de dispositions : celles-là qu'exigent les structures dont on fait l'apprentissage social ; celles-là aussi qui s'expriment aussi bien dans les pratiques quotidiennes de l'existence que dans la projection d'un avenir qui, dans ces conditions, ne peut en lui-même qu'être révolutionnaire. Telle est la « vertu » politique de l'immigration qu'il faut entendre, ici, au sens d'expérience du travail salarié et de tout ce qui dans le travail salarié est propre à structurer une nouvelle *conscience temporelle* et une nouvelle *conscience sociale* (même si cet « enseignement » ne produit pas toujours les effets qu'on peut en attendre ou les produit inégalement en raison, notamment, des dispositions différentielles des émigrés et groupes d'émigrés).

Quand la même expérience est réalisée en Algérie, et à condition qu'elle soit possible en Algérie, elle ne le cède en rien à son homologue de l'émigration ; elle apporte tout autant, sinon plus, car l'origine sociale et le capital social et culturel de ce premier noyau de la classe ouvrière algérienne (très différents sous ces deux rapports de la frange de population qui fournissait aussi bien la main-d'œuvre agricole locale que l'émigration vers la France) semblent de nature à favoriser, dans le pays plus qu'en émigration, une intégration plus rapide et plus assurée, plus vraie au monde ouvrier et à ses modes d'organisation (syndicalisation après que la loi de 1884 fut étendue à l'Algérie, engagement dans les luttes ouvrières et maîtrise de l'arme qu'est la grève, etc.). Certes, la structure même de l'économie coloniale – la colonie ne fut jamais une grande créatrice d'emplois industriels –, jointe à la nature essentiellement discriminatoire du régime colonial – les quelques possibilités d'emplois salariés non agricoles étant réservées par priorité à la population européenne qui, elle aussi, avait son prolétariat – laissaient peu d'espace pour la formation d'une classe ouvrière algérienne. Mais, même minoritaire, celle-ci commençait, contre vents et marées, à se constituer très timidement. Et il est significatif de constater que durant toute la période de l'entre-deux-guerres, de 1920 à 1937, ce sont les secteurs qui employaient, même en nombre restreint, la main-d'œuvre algérienne (les abattoirs, les docks portuaires, les mines, etc.) qui ont été les plus actifs sur le front des revendications sociales et des grèves (par exemple, grève des mineurs de Beni-Saf, des ouvriers du tabac de la manufacture Bastos d'Oran, des syndicats de la ville d'Oran en 1919 ; grève des cheminots en 1920 ; grève des abattoirs d'Alger en 1921 ; grèves multiples, notamment en 1924 et en 1929, des dockers de Mostaganem, d'Arzew, d'Oran, des éboueurs d'Alger en 1927, etc.) : participation, bien sûr, aux grèves communes décidées par les syndicats ou lancées par la fraction européenne de ce prolétariat – participation qui a objectivement signification de solidarité et en est comme le degré le plus élémentaire[1] –, mais, fait plus significatif, prise en charge plus autonome de certaines grèves (là encore à la manière de ce qui se passe aujourd'hui, dans l'immigration en France).

Mais, au juste, qui étaient donc les émigrés de l'époque qui allaient fournir l'ossature sur laquelle s'appuiera l'Étoile nord-africaine ? Pour bien apprécier ce qu'était cette génération d'émigrés algériens, il aurait fallu tenir, dans une même perspective et sous un même regard, plusieurs histoires parallèles et montrer comment elles ont concouru à la constitution d'une véritable formation politique parmi les travailleurs émigrés : histoire, d'abord, de la colonisation et, plus précisément, après 1880, de la viticulture, cette spéculation qui aura, après bien des chimères, scellé le destin colonial de l'Algérie ; ensuite, histoire du travail (salarié) offert à l'« armée de réserve » qui aura été constituée à mesure de la dépossession et, pire encore, de la « dépaysannisation » des fellahs ; puis, résultante de tout cela, histoire de l'émigration proprement dite ; et, enfin, histoire des mouvements politiques ainsi que de tout le contexte sociopolitique (en Algérie, bien sûr, mais aussi en France) dont l'émigration porte nécessairement le témoignage.

---

1. « [...] Si les Européens font grève (sous-entendu, contre leur propre système et contre le système dont ils sont les principaux bénéficiaires, les privilégiés), ce n'est pas moi (sous-entendu, qui suis le laissé-pour-compte de ce même système et, à la limite, qui en suis l'ennemi parce que la victime) qui vais travailler », devait-on se dire ; c'est cette même réaction qui commandait et commande encore partiellement la participation aux grèves des travailleurs immigrés algériens (et autres probablement) jusqu'à la période actuelle.

Restituer toutes ces conditions, c'est aussi caractériser le profil que pouvaient avoir les émigrés d'alors, ces émigrés de l'entre-deux-guerres (1920-1938), qui allaient être, à la fois, les acteurs et les spectateurs, les militants, les sympathisants ou seulement les témoins de la formation et de l'action de l'Étoile nord-africaine (ENA). Cela dit, il faut se garder de croire, comme une certaine hagiographie pourrait le laisser penser, que l'ENA fut une création *ex nihilo*, l'œuvre inédite de quelques individualités ou d'un groupe de pionniers qui n'auraient eu pour eux que leur vertu ou leur foi « révolutionnaire ». De même, on ne peut que tenir en suspicion, tout au moins jusqu'à plus ample information, la thèse officielle de la continuité « révolutionnaire » qui conduit successivement de l'Étoile nord-africaine (première version) à la Glorieuse Étoile nord-africaine (nouvelle manière), puis au PPA-MTLD (Parti du peuple algérien et Mouvement pour le triomphe des libertés démocratiques) et, enfin, au FLN, le Front de la guerre d'indépendance et le parti unique de l'Algérie indépendante. L'intérêt politique et le caractère idéologique de cette thèse sont trop évidents pour qu'on puisse ne pas y soupçonner une lecture intéressée de l'histoire, qu'il faut elle-même incorporer, avec bien d'autres, condition de l'objectivité du travail historique, à l'histoire même de l'Étoile.

Le champ des associations

Parce qu'elles ne sont que les éléments d'une structure plus large, les formations organiques, qu'elles soient d'ordre politique (partis ou à la manière de partis politiques) ou qu'elles soient des associations d'une autre nature – ce que fut, en son temps, l'ENA et ce qu'est encore aujourd'hui le mouvement associatif qu'on observe parmi les immigrés –, appellent une analyse en termes de *champ* : chaque pièce isolément (c'est-à-dire chaque formation) ne tient sa fonction et sa signification que de la position des autres pièces, des relations qu'elle entretient avec chacune d'elles et avec le tout qu'elles constituent. Il faut donc reconstituer la totalité du champ, ou encore l'ensemble des positions socialement possibles à un moment donné et dans le contexte d'alors, pour pouvoir comprendre la position qu'occupe dans ce champ un des éléments qui en est constitutif, en l'occurrence l'ENA. À vrai dire, l'ENA, sous réserve des caractéristiques qui lui sont propres, n'est ni la seule ni la première « association » qui ait vu le jour parmi l'émigration ou sous le prétexte de l'émigration des travailleurs algériens en France. Quand même la fonction avouée et officiellement proclamée par les associations n'est qu'une fonction d'entraide, de secours et d'assistance mutuels, de philanthropie, le contexte colonial imprime à ces associations, même les plus « apolitiques » en apparence, une surdétermination qui leur confère objectivement une signification et une fonction politiques. Qu'il s'agisse d'associations de solidarité, d'associations de défense des intérêts matériels et moraux (c'est-à-dire sociaux et culturels, dirait-on aujourd'hui) ou d'associations caritatives ; qu'il s'agisse d'associations s'inspirant ou se fondant sur des bases franchement politiques, assimilationnistes, réformistes et, *a fortiori*, nationalistes révolutionnaires, « s'associer », dans le cas des émigrés de la colonie, constitue, à soi seul, un acte nécessairement politique, tout comme l'acte même d'émigrer hors de la colonie. De ce point de vue – et l'administration coloniale, tant celle de la métropole que celle de la colonie, qui a poursuivi ces associations (même celles qui furent créées presque à son instigation) de ses rigueurs, de son contrôle vigilant et de ses répressions, ne s'y est pas trompée –, tout se passe comme si

174

toute forme d'organisation déclarée, visant à une existence qui soit publique et à une activité visible, constituait, pour ainsi dire, la forme embryonnaire de ce nationalisme avant qu'il ne trouve son énonciation explicite et son expression proprement politique. Mais, à l'exception de l'ENA, le double isolement qui frappait ces associations les condamnait à un dépérissement inévitable, par défaut d'enracinement : *les solidarités de fait*, qui épousent le cadre traditionnel des relations propres aux émigrés (parenté selon les différents niveaux hiérarchisés, villages, régions d'origine, etc.), dispensent de recourir aux formules qui ont la préférence des associations explicitement organisées, tels les associations locales, les partis politiques, les syndicats, etc., et qui sont plus institutionnalisées, plus bureaucratiques, dans leur constitution comme dans leur fonctionnement, ou moins personnalisées.

Ces associations, ou tentatives d'association plus ou moins éphémères, ont toutes besoin de s'appuyer sur des structures d'une autre nature (partis politiques de droite ou de gauche, organisations syndicales et autres courants d'opinion, etc.) dont elles se sentent solidaires ou proches, ou dont elles ne sont parfois que de simples émanations, en même temps qu'elles essaient d'être des transpositions en France des tendances politiques qui se dessinent en Algérie aussi bien dans l'opinion coloniale que dans l'opinion musulmane (le mouvement Jeune-Algérien, la Fédération des élus, le courant réformiste musulman, etc.). On peut citer, parmi les groupements qui prétendent à une notoriété ou à des dimensions d'ordre national, le Comité d'action pour la défense des indigènes algériens, la Ligue de défense des musulmans nord-africains, le Comité d'action et de solidarité en faveur des victimes de la répression de Constantine, le Comité d'organisation des Nord-Africains de Paris, le Comité d'action pour le retour de l'émir Khaled, le *Nâdî al-ta'dîb* (le « cercle » ou les « cercles de l'éducation »), etc., et, enfin, l'Étoile nord-africaine, et, en amont de celle-ci, en liaison avec le syndicat (la CGTU), les Amicales de protection destinées à mobiliser les ouvriers algériens lors des défilés et des meetings (le 8 novembre 1924, jour anniversaire de la révolution bolchevique ; le 23 novembre de la même année pour le transfert des cendres de Jaurès au Panthéon).

Le même phénomène se retrouve au niveau local, soit que ces organisations aient essayé d'essaimer dans les villes et les régions de forte implantation, soit que des associations *ad hoc* aient été créées localement : ainsi, à Lyon, l'Association des travailleurs algériens ; à Marseille, l'Amicale protectrice des Nord-Africains ; la Solidarité algérienne, le Comité de défense des droits et des intérêts des Algériens, le Cercle de l'éducation de Marseille, l'Association franco-musulmane, le Comité provisoire de la mosquée de Marseille. On pourrait certainement retrouver autant d'exemples dans toutes les régions de France (notamment dans le Nord et dans l'Est) où se trouve fortement concentrée la population des émigrés algériens.

L'ENA est incontestablement l'organisation qui sera la plus connue, car elle fut aussi la plus explicitement politique, la plus active, et bien sûr, la plus réprimée et, en dépit de cela, la plus persévérante (certains de ses adhérents et membres fondateurs se retrouvèrent dans le PPA, formation proprement politique – puis dans le PPA-MTLD, forme légaliste et électoraliste du PPA – et, pourquoi pas, dans le FLN). Certains aiment voir en elle l'origine même du mouvement nationaliste – généalogie qui, en tant que reconstruction historique, est un véritable enjeu de luttes sociales et politiques, chacun attendant de l'histoire ainsi reconstruite une espèce particulière de profits, des profits symboliques comme celui, par exemple, de *légitimer* l'histoire ultérieure et, à travers celle-ci, la position présentement occupée ou revendiquée.

Mais, en tout état de cause, la double erreur de l'histoire nécessairement « nationaliste » de l'organisation que fut l'ENA, organisation nationale et nationaliste en dépit de l'espèce de couverture communiste et internationaliste qu'elle pouvait et devait se donner, a consisté, d'une part, à ne lire l'histoire de cette formation que rapportée à un élément extérieur à elle, le Parti communiste français, et les formations politiques algériennes ; d'autre part, à brouiller les positions de tous les partenaires de cette confrontation, l'Étoile elle-même, le PCA, et chacune des formations politiques contemporaines ou postérieures à l'Étoile nord-africaine, qui verront le jour en Algérie, au sein de la société algérienne.

D'une part, la manière dont on a envisagé les relations ENA-PCF préfigurait déjà l'opposition, devenue classique et portée jusqu'à une totale irréductibilité entre nationalisme et communisme. Alors qu'il eût été plus prudent de se donner comme hypothèse de travail la possible complémentarité, pas seulement idéologique (là, on est, au contraire, en une totale incompatibilité théorique), mais d'ordre pratique, des deux mouvements et des formations qui s'en inspirent et les réalisent. Car bien malin qui pourra départager, dans la conjonction que réalise l'immigration de colonisés entre le fait colonial (et le nationalisme qui en est le produit et la riposte) et la dimension sociale de la condition ouvrière dont les travailleurs immigrés sont une des composantes nouvelles, la part distincte qui revient à l'un et à l'autre mouvement dans la lutte commune contre le joug colonial. Pareille approche non seulement n'eut jamais la faveur des historiens, mais elle a encore à triompher de toute une série d'autres oppositions, variantes paradigmatiques de cette opposition majeure qu'on se plaît à constituer entre nationalisme et communisme, considérés le plus souvent comme de pures abstractions. Une de ces variantes, la plus subtile de toutes et la plus pernicieuse, car elle s'impose d'elle-même par le seul fait qu'il s'agit de travailleurs et de colonisés ouvriers en métropole, concerne la définition et la localisation qu'on donne au « prolétariat » algérien, puisque, pour les uns, l'Algérie est une société qui a son prolétariat en France (voir C. R. Ageron : « Le prolétariat algérien s'est, pour l'essentiel, formé en France avant de revenir en Algérie ») et, pour les autres, les émigrés algériens se trouvant en France ne sont qu'une « composante du prolétariat français » (R. Gallissot).

D'autre part, l'espèce de prééminence « révolutionnaire » qu'on accorde à l'ENA, outre qu'elle participe d'une vision complaisante de l'histoire qu'elle tend à perpétuer et à renforcer, contribue à retarder la prise de conscience de la nécessité de procéder à un vrai travail historique et, par suite, à retarder ce travail lui-même, véritable réévaluation de l'histoire du nationalisme, c'est-à-dire de toute l'histoire de la colonisation et de ses effets structuraux sur la société algérienne, celle-ci étant sortie de l'épreuve coloniale radicalement transformée et, en fin de compte, de toute l'histoire de l'Algérie, histoire vouée aujourd'hui comme hier, en raison (dans les deux cas) des considérations partiales qu'on a toujours portées sur elle (considérations diamétralement opposées certes, mais aboutissant au même résultat), à être une histoire toujours mutilée d'une partie d'elle-même.

Les émigrés et la politique

Comment le politique (ici, le nationalisme) vient-il aux immigrés et comment certains émigrés (lesquels ?) viennent-ils à la politique et à l'apprentissage du politique ? Et, plus précisément, ne faut-il pas dire plutôt, comment viennent-ils au nationalisme politiquement constitué et formulé car, en cette circonstance, il ne peut y avoir de politique que la politique nationaliste ? C'est à ce type de questions qu'il convient de répondre en priorité.

Dès le lendemain de la Grande Guerre, alors que l'émigration concernait un effectif permanent d'une centaine de milliers de travailleurs (sans doute davantage, du fait, notamment, du rythme rapide de renouvellement des émigrés d'alors), une émigration d'une tout autre nature commençait à se dessiner : émigration que, par opposition à l'émigration qu'on dit « de travail », on peut qualifier d'« émigration politique », même si elle n'est pas constituée exclusivement par des politiques, des hommes connus comme tels avant leur émigration et indépendamment de leur émigration, qui se seraient exilés pour mieux agir politiquement. Toute émigration-immigration, surtout quand elle est d'origine coloniale, finit toujours ou par attirer à elle ou par engendrer ou susciter en elle-même une composante explicitement *politique*, soit que la communauté des colonisés émigrés vers la métropole pour des raisons de travail serve de terrain d'accueil, tantôt à des exilés réellement politiques, tantôt seulement à des individualités qui, plus tard, se révéleront des militants politiques ; soit que des membres de la communauté des émigrés, parce qu'ils sont forts d'un certain nombre de caractéristiques distinctives et d'un capital social et culturel d'une espèce particulière, en viennent à se transformer en agents politiques. Bien sûr, tous ces émigrés « politiques » sont aussi des « émigrés de travail » en même temps et au même titre que tous les autres. Mais, en toute rigueur, cette identité de statut ne saurait autoriser une totale identification des uns aux autres.

En vérité, il y a là, relativement distinctes l'une de l'autre, deux formes (ou deux modalités) différentes d'émigration et, corrélativement, deux catégories différentes d'émigrés, mais que leur condition commune de colonisés allait rendre, en dépit de tout ce qui pouvait les séparer et séparer leur émigration, nécessairement solidaires ; et, à travers ces deux émigrations, deux formes différentes d'un même nationalisme. En effet, dans le contexte colonial de l'Algérie d'alors, qui interdisait aux colonisés toute possibilité d'expression et *a fortiori* toute possibilité d'action politique, surtout quand cette expression, en raison même de l'origine sociale de ses partisans et de ses porte-parole se teintait d'un nationalisme un peu plus radical que celui des « élites » (ou, comme on disait alors, des hommes politiques indigènes « évolués »), comment n'aurait-on pas été tenté d'émigrer vers la « métropole », cette métropole qu'on découvrait comme différente parce qu'on la voulait différente ? Comment ne pas se laisser aller à l'émigration quand celle-ci, outre sa fonction strictement économique, offrait l'occasion de se soustraire à la répression qu'encourait quiconque s'avisait de transgresser l'ordre voulu et instauré par la colonisation ? En effet, pour comprendre le succès que pouvait avoir l'émigration auprès d'une nouvelle catégorie de militants politiques, ceux-là qui n'avaient pas leur place dans le champ politique de l'Algérie d'alors (et même dans le champ concédé aux « indigènes »), il faut se souvenir que les seules voix qui pouvaient se faire entendre, et encore dans des sphères restreintes, étaient celles qui savaient composer avec les limitations imposées par la domination coloniale, qui savaient se conformer aux mécanismes institutionnels spécifiques de la colonie et aux règles du jeu politique propre à la situation coloniale, qui savaient observer les exigences de fond et de forme auxquelles devait sacrifier, sous peine d'interdiction, tout discours politique dominé, bref, qui savaient, pour dire leur position dominée, adopter le langage même des dominants, le seul qui puisse être entendu au moins formellement (le langage dominant tel qu'il parle des dominés, tel qu'il désigne lui-même la position dominée des colonisés), adopter aussi les formes de représentation institutionnellement prévues à cet effet, les seules qui soient tolérées.

La séduction, pour ne pas dire la nécessité de l'émigration apparaissent d'autant plus grandes qu'on découvre, rétrospectivement, que le séjour en France est susceptible de faire bénéficier de conditions infiniment plus libérales pour un engagement politique (c'est-à-dire nationaliste) que celles qu'on connaît dans la colonie. En effet, les uns et les autres, les militants comme les non-militants, faisaient, qui à l'occasion du service militaire effectué dans la métropole d'alors (ce fut le cas de Messali, notamment), qui, plus rarement, à l'occasion d'un séjour d'études (la première génération des étudiants nord-africains à Paris), qui, plus banalement, à la façon des émigrés du lot commun à l'occasion de la vie de travail (luttes sociales, grèves, syndicalisation, etc.). l'expérience des conditions, nouvelles pour tous, de la vie politique en France même : plus grande latitude dans les mouvements et dans les propos ; plus grande liberté d'expression et d'action ; diversité des courants politiques avec lesquels il devenait possible de s'entendre ; formations politiques et syndicales et, plus largement, vaste mouvement anticolonialiste dont on pouvait attendre de multiples manifestations de solidarité et la participation à diverses actions de lutte ; rencontres « internationales », d'abord, entre les nationalistes des différentes colonies françaises (tous réfugiés à Paris pour les mêmes raisons) et, ensuite, entre ces derniers et leurs homologues dans les autres capitales européennes, etc. Tout cela préfigurant la possibilité ou l'éventualité d'un mouvement unitaire anticolonialiste ou anti-impérialiste dans lequel se retrouveraient tous les nationalistes sous colonisation française. Ainsi, dès cette époque, alors que la société coloniale est *une*, métropole et colonie confondues, alors que le régime colonial et le système impérialiste sont *un* et engagent en premier lieu la métropole, on voyait se constituer chez les colonisés, en raison, pour une part, de leur expérience directe, c'est-à-dire de l'expérience des relations objectivement différentes qu'ils ont avec les colons, les «Français» de la colonie, et avec les Français de la métropole, moins directement et moins immédiatement intéressés par la colonie, le mythe d'une France « libérale », « généreuse », « bonne » (ou, tout au moins, meilleure que sa colonie), la France des « vrais » Français, opposée à la France « répressive », « méchante », « injuste », « raciste », incarnée par les « Français » d'Algérie, « faux » Français, néo-Français et Français néophytes, « faits français » pour la circonstance, pour les besoins de la colonisation ; ce mythe, entretenu continûment par l'histoire même de la colonisation et, parfois, complaisamment, par les « bons » Français (qui ont, eux aussi, intérêt à ce mythe), aura la vie longue puisqu'il se perpétuera au-delà de l'ère coloniale proprement dite.

Mais qui sont ces émigrés que l'on convient de désigner comme des émigrés «politiques» ? En d'autres termes, de quel capital social, de quelles dispositions sociales sont dotés ces émigrés pas comme les autres ? En quoi se distinguent-ils des émigrés du lot commun ? Par quelles déterminations sociales sont-ils conduits à imprimer à leur émigration une trajectoire distinctive, voire exceptionnelle ? Alors que l'immense majorité des émigrés était constituée, on l'a vu, de paysans paupérisés qui, sans ignorer les risques que l'émigration comportait pour eux, c'est-à-dire pour leur propre équilibre et pour l'équilibre vacillant de leur société (l'ordre communautaire et l'ordre économique de la société traditionnelle), recouraient à la solution extrême, voire désespérée, de l'émigration parce qu'ils étaient convaincus qu'ils contribuaient, ce faisant, à sauvegarder leur état de paysans, les émigrés « politiques », leurs contemporains, à l'inverse, étaient le plus souvent des citadins ou, quand ils ne l'étaient pas, ils faisaient déjà partie de cette catégorie de ruraux qui avaient découvert sur place certaines formes d'urbanisation. Ils avaient été, pour une bonne proportion d'entre eux, scolarisés, certains jouissant d'une bonne instruction primaire – caractéristique qui n'était pas répandue à l'époque, même parmi la population des villes –, d'autres, d'un niveau plus élevé (enseignement primaire supérieur) et, parfois, très élevé (enseignement supérieur), caractéristique tout à fait exceptionnelle surtout si on la rapporte à ce qu'était alors l'état global de la scolarisation des Algériens, et, aussi, à ce qu'était l'origine sociale, toujours modeste, de ces émigrés relativement privilégiés. Ils avaient aussi, pour un grand nombre d'entre eux, accompli le service militaire dans les rangs de l'armée française. En tant que travailleurs immigrés, ils ont occupé des emplois qui, sans être d'un rang élevé, ne sont pas à proprement parler des emplois de manœuvres comme ceux des autres émigrés et qui laissent du « loisir » susceptible d'être consacré à d'autres activités ou qui mettent en contact avec le public, émigré ou français. Portés à élargir leur réseau de relations sociales bien au-delà des univers très restreints et relativement clos du travail (et du travail parmi des compatriotes, pour ne pas dire des contribules) et, plus encore, de la vie domestique ; conduits à effectuer des séjours en France beaucoup plus prolongés et aussi plus intenses, en tout cas plus longs que ceux des autres émigrés qui réglaient leur absence hors du pays selon les nécessités du calendrier des travaux agricoles ; curieux de connaître leur nouvel environnement, qu'ils ont le souci d'investir et de comprendre – comme en témoignent leur bonne volonté culturelle, leur soif d'apprendre, leurs grands efforts d'autodidaxie ; et leur engagement politique lui-même, qui n'est, dans une large mesure, qu'une autre manifestation de ces mêmes dispositions intellectuelles –, ils ont fini par nouer de solides relations et même des amitiés (politiques, syndicales, etc.) dans la société française, et ils ont souvent épousé ou eu comme compagnes des femmes françaises et, parfois, pris la nationalité française.

Alors que les structures ordinaires de la famille, c'est-à-dire la répartition des fonctions et le partage des responsabilités tels qu'ils s'effectuaient entre tous les hommes de la même unité indivise, désignaient pour l'émigration un certain type d'hommes, et nécessairement des hommes mariés, donc des hommes liés par leur mariage – hommes sûrs, ayant fait leurs preuves, ni trop jeunes et, par conséquent, exposés à faillir à leurs obligations, ni âgés, donc affranchis de la servitude des tâches les plus matérielles, donc les moins nobles –, les émigrés qui allaient se retrouver comme militants politiques dans l'émigration et à la faveur de l'émigration étaient célibataires et avaient émigré alors qu'ils étaient souvent célibataires, pour ne pas dire parce qu'ils étaient célibataires. Être célibataire, c'est être disponible, notamment pour une action politique qui n'allait pas sans risque. Ce sont les structures mêmes de la société qui, déniant tout statut légitime au célibat (même masculin), vouent à la réprobation générale le statut de célibataires attardés qui est fréquent chez les militants, dans tous les mouvements révolutionnaires et, *a fortiori*, les mouvements nationalistes en situation coloniale et, plus encore, les partis nationalistes algériens, notamment les plus exposés à la répression coloniale (l'ENA, le PPA-

MTLD et, dans une moindre mesure, l'UDMA). Le manquement à la morale sociale n'encourt malgré tout que des blâmes laissés souvent à l'état implicite ou des reproches discrets qui ne se disent que sur le mode du regret. Une manière d'accord se rencontre autour de la signification politique qui s'attache au célibat et, une chose entraînant l'autre, à la renonciation au célibat. Tout le monde – la famille et l'entourage familier des militants célibataires, les organisations politiques et les compagnons de luttes, les forces de répression (c'est-à-dire toutes les formes de police) – s'accorde pour voir dans le mariage des militants les plus actifs, « enfants terribles » d'un certain ordre social et politique qui placent l'idéal militant au-dessus de leurs intérêts privés, un indice sinon la preuve de la volonté qu'ils mettent à « rentrer dans le rang », se prêtant de la sorte à ce qu'on peut qualifier, selon les points de vue, de démobilisation ou d'embourgeoisement.

Voilà ce qu'étaient, selon toute vraisemblance, les émigrés qui allaient compter parmi les pionniers de l'action politique en France, parmi les pionniers du nationalisme militant, et qui allaient être, les uns, les fondateurs, les autres, plus nombreux, l'ossature de l'Étoile nord-africaine, notamment celle de la première génération (1926-1929), car très vite, en l'intervalle de moins d'une décennie, certaines des caractéristiques sociales qui étaient distinctives des pionniers (comme, par exemple, la scolarisation élémentaire, la familiarité avec l'ordre urbain sinon l'origine citadine, etc.) allaient se généraliser et s'étendre à des ensembles relativement plus importants. On trouvera plusieurs illustrations de ces figures dans l'excellent dictionnaire biographique que Benjamin Stora consacra, à force de recherches patientes, aux « militants nationalistes algériens (1926-1954) ».

L'émigré militant

Mais, s'il fallait, sur la base des caractéristiques ainsi recensées, définir les émigrés de ce type autrement qu'ils se définissent eux-mêmes et aussi autrement que les définit une tradition historique portée tantôt à l'hagiographie (celle des héros ou des martyrs du nationalisme) et tantôt à l'ethnocentrisme qui ne sait faire revivre que des individus uniques, individus singuliers ou individus collectifs – que le langage commun a tendance à écrire avec une majuscule : Prolétariat, Révolution, Nation, etc. –, on ne pourrait le faire qu'à travers la relation à construire entre deux états du social : l'histoire objectivée dans les institutions, dans les structures tout à la fois sociales, économiques, politiques (la colonisation, le Parti communiste, mais aussi la religion, la langue, l'école, etc.) et l'histoire incorporée, incarnée dans les personnes sous forme de systèmes de dispositions durables socialement déterminées, sortes de structures structurées en tant qu'elles sont le produit de l'histoire, mais agissant comme structures structurantes en tant qu'elles déterminent la forme particulière de présence au monde social que suppose l'action sur ce monde. À défaut de cette relation entre l'histoire et l'*habitus* des agents et, ici, l'*habitus* que partagent globalement tous les émigrés de l'époque et, au sein de celui-ci, l'*habitus* plus spécifique des émigrés militants, il n'y a plus qu'à sacrifier à cette vision de l'histoire qui veut que le principe de l'action historique, celle de l'homme politique, de l'intellectuel comme celle du militant ou de l'ouvrier, réside dans un sujet qui s'affronterait à la société (la colonisation ou le colonialisme, l'administration, le capitalisme, la bourgeoisie, l'impérialisme, etc.) comme à un objet extérieur ; il n'y a plus alors qu'à faire comme si le principe de l'histoire était ou dans la conscience ou dans les choses, dans la conscience des choses, toutes habitudes de pensée associées aux polémiques de la politique ou de l'idéologie quand il faut à tout prix trouver des responsables, et des responsables du meilleur comme du pire.

En bref, les militants dotés de cet *habitus* sont très proches du cas extrême des émigrés que leurs propres communautés qualifient de *jayhin* (pluriel de *jayah*, ou *imjahen*, pluriel de *amjah* en kabyle). Il est légitime de reprendre en ce cas le langage de la morale que la société d'alors (et notamment la société paysanne) partageait et réinvestissait dans son émigration. Qu'est l'émigré *jayah* ? Littéralement, c'est celui qui est perdu, détruit, anéanti – par un malheur ou une catastrophe – ; qui a changé de chemin, de voie en cours de route, s'est détourné ou a été détourné de son chemin, qui n'a pas réussi, qui est devenu mauvais sujet, fainéant, lâche, poltron, etc. ; on le dit de l'animal qui est peu docile, se tient toujours à l'écart du troupeau et prêt à fuir – sorte de « brebis galeuse ». Aussi l'émigré *jayah* est-il celui dont on peut dire approximativement qu'il est un « déviant », un « marginal », un « individualiste » ; il n'est pas « conforme » à la norme ambiante ou dominante. « Perdu » pour son groupe et pour lui-même, pour lui-même parce que « perdu » pour son groupe, il est celui qui a « déserté » sa communauté, qui n'est plus d'aucun profit – matériel ou symbolique –, ni pour lui-même ni pour les siens (ne pas l'être pour les siens, c'est aussi ne pas l'être pour soi). Il est l'« égaré », au sens propre et au sens figuré, au sens physique et au sens moral : le fait de se « perdre » dans un monde physique ou humain inconnu, hostile, où on ne peut s'orienter, se retrouver, se ressaisir, faute d'avoir les catégories nécessaires pour cela (perdre l'orient et s'égarer au couchant) et, aussi, ceci étant lié à cela, le fait d'être « égaré »,

« perdu » pour les siens ou d'être considéré comme tel par sa communauté, c'est-à-dire au regard de la norme sociale qui est la vérité du groupe à un moment donné de son histoire (cette acception du terme s'accorde d'ailleurs en tout point avec la signification du radical *jyh* dont les dérivés s'appliquent aussi bien au fruit, à la récolte qui se sont détériorés, au champ, à l'arbre, à la femelle du troupeau qui n'ont pas tenu leurs promesses, qui ont failli, ont déçu les attentes placées en eux)[1].

Sous de multiples rapports, les émigrés *jayah* sont en rupture avec l'ordre commun de l'émigration ; et, sans doute, parce qu'ils étaient déjà, avant même leur émigration, en rupture avec l'ordre social qui alimentait l'émigration et avec la morale commune à cet ordre. Contrairement aux émigrés conformes à la *doxa* de l'époque, c'est-à-dire conformés socialement de telle sorte qu'ils répondent aux besoins sociaux du moment et contribuent par cela même au maintien du *statu quo*, n'émigrant alors que pour conformer leur émigration à ce qu'on en attendait, les émigrés taxés de *jayhin* n'avaient émigré que parce qu'ils contrevenaient ou parce qu'ils étaient enclins à contrevenir à la morale de leur groupe, morale qui se projetait dans l'émigration et en réglait le cours. Anomique, leur émigration ne faisait, à la limite,

---

1. Curieusement, *jayah*, en cette dernière acception, renoue avec l'ancien sens du mot épave (du latin, *expavefacta*) : « c'était proprement ainsi que l'on désignait les animaux effarouchés qui s'étaient éloignés de leur troupeau, et dont on ne connaissait pas le maître » ; épaves, ce nom qu'on commença à donner dans les *Coutumes* (c'est-à-dire au IXe siècle) à certains étrangers – l'autre nom étant celui d'*aubains* réservé à une autre classe d'étrangers –, désignant les « hommes et femmes nez dehors le royaume, de si loingtains lieux que l'on n'en peut au royaume avoir connaissance de leur nativitez » (extrait des registres de la Chambre des comptes, cité par C. Demangeat, *Histoire de la condition civile des étrangers en France*, Paris, 1844).

que consacrer la rupture plus ou moins explicite qui était à son principe.

C'est par référence au cas de figure de l'émigré *jayah* que les caractéristiques sociales différentielles, que les historiens et autres observateurs lisent dans la personne même de certains émigrés et groupes d'émigrés, peuvent prendre toute leur signification. Ainsi, cet exemple entre beaucoup d'autres : si en 1938 (et, à plus forte raison, avant cette date, quand l'ENA était encore plus étroitement localisée dans la région parisienne et la métropole lyonnaise et que, les deux choses étant liées, l'émigration algérienne, moins nombreuse et surtout moins différenciée socialement, ne comportait pas encore de composante susceptible d'être réceptive à l'idéologie militante), la ville de Paris rassemblait 76 % de l'effectif des militants « étoilistes », alors que la région parisienne en son entier, première région d'émigration des travailleurs algériens, ne regroupait, en 1937, que 38 % de l'ensemble de la population algérienne émigrée, il faut se souvenir que Paris avait la réputation (qu'il garde encore au regard d'une fraction de l'émigration plus assurément installée en province et qui est, tout à la fois, effet et cause de la grande concentration dans la capitale des émigrés du type *jayah*) d'être une « ville de perdition » ou, tout au moins, une « ville-piège », une ville de tentations, une ville qui n'est pas spécialement indiquée pour les travailleurs « honnêtes », c'est-à-dire économes de leur argent, bien sûr, mais aussi et, plus encore, de leur temps, de leurs préoccupations et de leurs aspirations, pour les travailleurs qui ne se laissent pas séduire par l'hédonisme citadin (tels que le voient des paysans austères et sévères) et par les diverses distractions que leur offrent la ville (notamment Paris) et la vie à la française, l'engagement politique, voire seulement syndical, étant la plus subversive de ces distractions. Émigration majoritairement ouvrière bien qu'elle soit (et, sans doute, parce qu'elle est) d'origine paysanne dans sa quasi-totalité ; émigration se tenant à égale distance aussi bien du travail agricole que du travail « affranchi » ou propre à « affranchir » de la condition de prolétaire (commerçants, marchands, etc.) ; émigration également méfiante ou également réservée à l'égard de l'une et l'autre activités, sans doute, parce qu'elles exigent, chacune à sa manière, un investissement en temps, en attente et en intérêts incompatible avec ce qu'on attend de l'émigré ordinaire ou traditionnel dont l'attention ne saurait à aucun moment et sous aucun prétexte se détourner du seul objectif qui donne un sens à son émigration, à savoir tout sacrifier à la famille (au sens large), au groupe, à l'ordre social dont on est l'émigré : ce sont là quelques-unes des caractéristiques historiquement déterminées de toute émigration paysanne, c'est-à-dire de toute émigration de paysans pauvres et appauvris par leur confrontation avec les effets économiques, sociaux, culturels de l'ordre urbain.

Ainsi, si l'ENA pouvait encourager ses militants et ses sympathisants à se rendre acquéreurs de commerces (notamment des hôtels-restaurants), même si elle se méfiait quelque peu de leurs propriétaires, cette nouvelle catégorie de « patrons », émigrés comme les autres, mais émigrés « sortis » de la condition commune à tous les autres émigrés, ce n'était pas seulement pour se donner des médiateurs et de bons agents recruteurs ou propagandistes, pour accroître son influence sur la masse des immigrés, clients obligés de ces mêmes hôtels et restaurants, véritables centres de vie offrant en réalité une multitude de services (hébergement et pensions assurés aux primo-arrivants, bourse aux nouvelles et réseaux de recherche pour l'embauche, crédit consenti aux chômeurs, prêts d'argent, pas toujours usuraires, assistance

morale, etc.) ; c'était aussi, plus significativement, en raison d'affinités, qu'on dirait structurales, entre le système
de dispositions propres à cette petite notabilité commer-
çante surgie au sein de l'émigration et sous prétexte de
l'émigration, et le système d'attentes objectives inscrites
dans la fonction militante, la même catégorie sociale pouvant remplir simultanément ou alternativement les deux
rôles, celui de « commerçant » (travailleur aux « mains
blanches » ou travailleur ayant des loisirs) et celui de
« militant », deux formes ou deux manières d'être, déjà,
des « notables ».

En bref, pas tout à fait des notables, mais pas pour
autant des ouvriers, ni même de « vrais » travailleurs, tels
devaient être les premiers émigrés algériens qui ont pris
sur eux de se lancer dans les luttes sociales de leur époque
en vue de leur émancipation indissociablement sociale et
nationale : émancipation, tout d'abord, solidaire de toute
émancipation de la classe sociale au contact de laquelle,
voire au sein de laquelle, et avec l'appui de laquelle ils se
sont engagés dans les mêmes luttes, avant d'en venir à
une autonomie plus grande, tant dans la finalité même
de ces luttes que dans la manière de les conduire (programme, revendications, moyens d'action et d'organisation, etc.). Pour la première fois, sans doute, depuis le
début de la conquête coloniale et, à coup sûr, depuis la fin
des insurrections populaires paysannes et tribales, com-
mandées par l'aristocratie d'épée (la grande insurrection
de 1871 semblant clore et cette période et cette première
forme de résistance à l'intrusion coloniale), l'émigration,
dont les débuts sont précisément contemporains du passage d'une ère à une autre (c'est-à-dire de l'ère du
« patriotisme » terrien à l'ère du nationalisme politique ou
de l'opposition politique et politiquement constituée à la
colonisation), aura eu pour effet, avant même que la chose
ne fût possible en Algérie, de réaliser la rencontre ou,

pour le moins, la possibilité d'une rencontre entre, d'une part, la masse des émigrés ordinaires (paysans expatriés vers la France et vers la condition ouvrière ; paysans convertis en ouvriers le temps de leur immigration) et, d'autre part, les émigrés « politiques », individualités dont le projet migratoire, la trajectoire sociale avant l'émigration et durant leur émigration, les comportements et toute l'expérience accumulée sont en tout point différents. Événement proprement *politique*, cette rencontre historique sans autre précédent durant toute l'histoire de l'Algérie colonisée annonçait et préfigurait déjà toute l'évolution ultérieure du nationalisme algérien. Que cette rencontre capitale s'opère (paradoxalement) en France et pas en Algérie, qu'elle s'opère longtemps avant qu'elle se rédite en Algérie – il faut, pour cela, attendre les lendemains de la Seconde Guerre mondiale –, c'est là, semble-t-il, un des effets spécifiques de l'émigration ; c'est là aussi comme l'apport décisif par lequel les émigrés ont contribué à l'avancement et à la radicalisation de l'idée nationaliste. Et si, aujourd'hui, on découvre le rôle particulier de l'émigration dans la formation du nationalisme pour s'étonner de l'énorme décalage qu'il y a entre le discours politique (discours, à la fois, social pour ne pas dire socialiste, et nationaliste) tenu en France dans l'émigration et, pour partie, à l'intention des émigrés et le discours de rigueur en Algérie, tout en compromis (compromis qui, après coup, peuvent apparaître aux yeux de certains comme des compromissions), en demi-teinte, en simulations et dissimulations, il serait naïf de mettre cela purement et simplement sur le compte de l'émigration en elle-même ou de n'y voir qu'une des vertus intrinsèques de l'émigration, ou, en d'autres termes, une de ces conversions miraculeuses que provoquerait, comme par une alchimie sociale, le fait même de l'immigration. En effet, sans nier complètement l'importance pédagogique et politique de l'expérience de l'émigration ainsi que le rôle positif qu'elle a joué sous ce rapport, il ne faut pas se laisser aller, uniquement pour se faire plaisir, à en exagérer la portée ; il ne faut pas, succombant à l'effet de quelque illusion romantique, magnifier le résultat d'une expérience dont on ne sait pas encore tous les tenants et aboutissants. La métamorphose sociale (et politique) qu'on met au crédit de la fonction éducative de l'émigration, si celle-ci existe effectivement, n'est le fait, d'abord, que de quelques cas singuliers sur lesquels on n'arrêterait pas de s'interroger ; et avant d'universaliser le « miracle » de la conversion que l'émigration opérerait par elle-même sur l'ensemble des émigrés, il importe de ne jamais perdre de vue le caractère exceptionnel de cette conversion. Et encore, quand cette conversion peut être attestée, elle n'est, somme toute, qu'une attitude conditionnée dans la plupart des cas par le contexte du moment. Aussi n'était-elle le plus souvent qu'une attitude toute passagère, révocable ou, tout au moins, susceptible de régression. De ce conditionnement relativement éphémère, tout à l'opposé de ce qu'on peut tenir pour une disposition permanente, profondément intériorisée, inchangeable et transférable en tous les domaines de l'existence, on a comme une preuve *a contrario* dans le fait que les émigrés de cette période, à quelques exceptions près, sont restés des « hommes de la tradition » et le plus souvent des hommes voulant apparaître comme tels, en toute fidélité à eux-mêmes, en hommes que l'émigration n'a en rien « changés » (c'est-à-dire altérés).

Situation exceptionnelle s'il en est, l'émigration aura agi à la manière d'un catalyseur précipitant une évolution qui était inévitable. En Algérie, par contre, parce que la situation y était différente, il faudra attendre encore longtemps pour que se produise ce que l'émigration a réalisé expérimentalement (c'est-à-dire comme en une expérience de laboratoire et en modèle réduit, mais préparant à une expérience réelle qui aura lieu sur le terrain, à grande échelle et selon un modèle naturel), mais, aussi, il faut le dire, quelque peu artificiellement, et, somme toute, superficiellement. Il faudra attendre pratiquement le déclenchement de la guerre d'indépendance pour que s'opère – et encore épisodiquement, lors de quelques grands moments révolutionnaires seulement – la jonction entre le nationalisme populaire, passablement syncrétique (ou patriotisme spontané) et le nationalisme politiquement élaboré, doté d'une théorie, d'un programme et d'une ligne d'action proprement politiques. Les liens nouveaux qui se tissent à la faveur de l'émigration entre ces deux formes de nationalisme et, partant, entre les deux catégories d'émigrés attachés à l'une et à l'autre forme, ne peuvent être, bien sûr, totalement différents des relations habituelles (ordinaires) que la solidarité traditionnelle et l'entraide coutumière nouent entre tous les émigrés et avec lesquelles, ce qui se comprend aisément, ces derniers renouent encore plus activement et plus intensément ; mais plus que cela, ils sont la condition même de possibilité de l'émigration qu'on dit être explicitement « politique ». Voués d'emblée à s'épauler et à se soutenir mutuellement, les émigrés des deux catégories ne peuvent s'unir seulement sur la base de l'espèce de connivence ou de complicité, toute « naturelle » somme toute, que chacun pouvait trouver ou retrouver dans le terrain d'accueil, seconde patrie, que constituait la communauté des émigrés. En effet, c'est l'existence même de toute l'émigration réputée « politique » qui ne peut se concevoir sans la présence simultanée des émigrés ordinaires (« les émigrés du travail ») ; c'est toute cette émigration qui ne prend son sens vrai d'émigration « politique » aux yeux mêmes des intéressés – l'alibi du « politique » est ici l'homologue de l'alibi du travail chez les autres émigrés ou, tout au moins, un alibi supplémentaire qui se surajoute à l'alibi du travail – que grâce à l'autre émigration et aux autres émigrés, « l'émigration et les émigrés du travail ». Il est essentiel pour l'émigration « politique » qu'existe une émigration de travail qui lui serve comme de nouvelle « terre natale » (une terre natale « expatriée »). Ce n'est qu'à la condition de pouvoir prendre appui sur une émigration de travail, nécessairement plus nombreuse et plus ancienne, que l'émigration « politique », nécessairement plus restreinte – non pas, comme on pourrait le croire, parce qu'elle n'était encore qu'à ses débuts mais, plus fondamentalement, parce qu'il est, semble-t-il, dans la nature même de cette émigration d'être très minoritaire, de n'être le fait que de quelques individus ou individualités –, peut trouver sens et raison et, plus encore, les conditions de son efficacité. Cette conjonction commencée dès les années 1920 se continuera et se renforcera tout au long de l'histoire de l'émigration, la génération de l'après-Seconde Guerre mondiale, qui jouera à l'égard du PPA, plus massivement encore, le même rôle qu'avait joué la génération de l'après-Première Guerre mondiale à l'égard de l'ENA – il y a là d'une génération à l'autre et d'une formation politique à l'autre, la même continuité historique –, sera à proprement parler la grande propagatrice (et aussi propagandiste) du nationalisme vraiment politique parmi les populations rurales.

En somme, sans la rencontre quasi expérimentale et providentielle, car franchement anticipée, que l'émigration réalisait entre l'une et l'autre catégorie d'émigrés et, en définitive, entre deux catégories socialement différenciées de la population algérienne, l'émigration « politique » des colonisés aurait été contrainte, solution du pis-aller, de se mettre totalement au service des forces politiques qui, en France, pouvaient lui être favorables ; récupéré par tous ceux qui pourraient l'aider (soit par idéologie, soit par « bons sentiments » ou par charité, soit par condescendance) et en qui elle pourrait reconnaître des alliés *objectifs* de sa cause, mais qui, en contrepartie de l'aide qu'ils lui auraient apportée, en attendraient certainement des profits politiques, elle aurait été réduite à n'être qu'une clientèle nouvelle pour un certain nombre de partis politiques, une sorte de caution éthico-politique apportée à l'ensemble du mouvement anticolonialiste, force d'appoint pour les syndicats et force d'autant plus appréciable qu'elle rencontre la logique même de l'action syndicale (au principe de l'action syndicale et de son efficacité se trouve, on le sait, le nombre, la manifestation comme moyen de lutte étant aussi, bien sûr, la manifestation du nombre et du plus grand nombre). Si les émigrés « politiques » algériens (et, plus largement, les émigrés « politiques » des colonies) ont réussi, tant bien que mal, à échapper à une totale subordination à ces formations politiques (au sens le plus large du terme) dont l'aide militante leur était acquise, ils doivent cette relative autonomie au fait qu'ils pouvaient compter en France même sur une clientèle qui leur était « génétiquement » (au sens social du terme, c'est-à-dire au titre de clientèle produite par les mêmes conditions de « genèse » : des colonisés et des émigrés) et « nationalement » semblable. Alliance mais non inféodation ; affirmation de l'objectif « nationaliste », voire primat accordé à cet objectif sur les autres impératifs caractéristiques des luttes sociales et politiques propres au champ politique français : c'était toute l'histoire des démêlés entre le nationalisme algérien et les forces politiques et sociales constitutives de la gauche française qui commençait. C'est ainsi qu'il faut comprendre, sans doute, les difficiles relations entre le PCF tout particulièrement et l'Étoile nord-africaine (la première et plus encore la seconde) et, plus largement, entre le communisme (français d'abord et algérien ensuite) et le nationalisme algérien, depuis le début de sa constitution jusqu'à sa phase finale représentée par la tumultueuse rivalité entre le PCA et le FLN durant la guerre d'indépendance – tentatives de constitution de maquis « communistes » autonomes ; relâchement des relations entre le PCA et le PCF son aîné, notamment après le vote par ce dernier des « pouvoirs spéciaux » ; reniement du PCA par une bonne partie de sa clientèle « pied-noire » ; et, du côté du FLN, volonté hégémonique et lutte pour un monopole sans partage du nationalisme combattant – et, finalement, par le sabordage du PCA au lendemain de l'indépendance sous couvert de la foi commune de l'une et l'autre formation en la vertu du parti unique.

5

Le choc en retour
sur la société d'origine

Les effets de l'émigration font, depuis les années soixante-dix, l'objet d'un procès instruit contre ce que l'on appelle en Algérie l'« immigration » (par un changement de vocabulaire très significatif) à travers le discours sur la « réinsertion » des émigrés – en partie imposé par le discours, qui se tient en France après l'arrêt de l'immigration en 1974, sur la « réinsertion » des immigrés dans « leur » société, « leur » économie, « leur » culture. À la faveur de ce discours officiel et nationaliste et des « mesures » prises ou à prendre en vue de la réinsertion des émigrés, le conflit souterrain et refoulé entre la société algérienne enfermée sur elle-même – c'était le temps des « autorisations de sortie » –, sevrée de biens de consommation dont elle a la connaissance et l'habitude (denrées comestibles, mais aussi travail, école, santé, etc.) et les « émigrés » éclate au grand jour. Traîtres et repus, ces mauvais Algériens cumulent les avantages en ajoutant à tous les bénéfices qu'ils tirent de la société d'émigration ceux qui leur sont promis pour leur réinsertion : franchises douanières, scolarisation en français, quotas réservés dans le parc de logements et dans les emplois, etc.

Avant d'en arriver aux effets de l'émigration sur la société algérienne ou, plus exactement, au discours qu'on tient sur ces effets (réels ou supposés), il convient de retracer le processus d'autonomisation (relative) dans lequel se trouve engagée la population algérienne présente en France (qu'elle ait émigré d'Algérie ou qu'elle se soit reproduite en France même) par rapport à la société algérienne. L'émigration des familles, rupture radicale dans une longue tradition d'émigration d'hommes seuls, a amorcé ce processus d'autonomisation que viendront accélérer les conditions nouvelles, corrélatives de l'accession de l'Algérie à l'indépendance nationale (changement de nature politique qui aura des effets immédiats sur la population algérienne émigrée en France en en changeant le statut juridique : de population de colonisés ou de « Français-Musulmans » d'Algérie travaillant en France, sorte de continuateurs de leurs prédécesseurs les « travailleurs coloniaux », elle deviendra population « étrangère » – en droit – immigrée en France). Et, paradoxalement, c'est le « travail » politique de l'Algérie dans sa volonté acharnée d'intégrer à elle-même cette partie d'elle-même qui est hors d'elle-même (à travers le discours rituel tendant à réaffirmer l'indéfectible attachement de la population émigrée à la nation-mère et de celle-ci à ses émigrés), qui aura le plus contribué à constituer la population « émigrée » comme réalité *autonome*[1]. Et, là encore, à l'opposé les unes des autres, les réactions de la société d'immigration et de la société d'émigration à l'égard de leurs immigrés et émigrés sont structuralement identiques : le « paradoxe du tas de sable », figure métaphorique pour rendre compte de la formation d'une population d'immigrés – il convient de voir les immigrés telles des unités individuelles qui arrivent séparément, mais de ne jamais prévoir la totalité qu'ils recomposeront –, trouve son équivalent dans l'émigration, absences isolées

1. Pour l'analyse de ces mécanismes, on se reportera à A. Gillette et A. Sayad, *L'Immigration algérienne en France, op. cit.*

qui, en s'accumulant, finissent par creuser, sans qu'on s'en rende compte, un gouffre : une sorte de « paradoxe de l'abîme » et d'un « abîme fait de petits vides ». À l'ancienne poussière d'individus « émigrés », c'est-à-dire seulement absents ici et, corrélativement, seulement présents là-bas, se substituent une autre réalité, une autre représentation et une autre définition de l'émigré (comme personnage abstrait, comme pure dénomination ou pur stéréotype) et, par suite, un autre mode de relation avec l'émigration (en tant que processus et en tant que catégorie sociale) et, à l'occasion, avec l'émigré concrètement défini[1]. Il n'est peut-être pas de famille algérienne qui n'ait « son » émigré en France (un membre de la famille, un parent ou un allié, ou seulement un ami très proche), mais cela n'empêche pas qu'on puisse parler des émigrés (*i.e.* de l'émigré en général) en termes de dénonciation, d'accusation, de stigmatisation ; et cela, sans le moindre sentiment de contradiction entre le jugement global qu'on vient de porter, qui est une condamnation générique, et l'expérience directe qu'on a de l'émigration par la relation immédiate, concrète, effective et affective (et affectueuse) qu'on a avec son émigré.

Il n'est pas de discours générique sur l'émigré, devenu une manière de personnage social, de personnage

---

1. Il est significatif que la société algérienne nomme ses émigrés des *immigrés*, reprenant en cela l'appellation par laquelle les intéressés eux-mêmes se dénomment en France et par laquelle ils y sont dénommés : *limigri* ou *el migri*, *a-migri* (*immigri* ou *migra* : immigrer ; il a immigré, en kabyle et en arabe respectivement) ; *l'immigré* devient alors une manière de désignation sociale et même professionnelle – celui dont le statut social et l'activité sont d'être un « immigré » (chez les autres) –, une sorte de reconnaissance donnée prioritairement, voire exclusivement, au fait d'être un « immigré » en France et, de plus en plus souvent, au fait d'avoir été seulement un ancien « immigré » en France.

historique – on parle de l'émigré comme, en d'autres circonstances, on parle de la paysannerie, de la classe ouvrière ou de la bourgeoisie, etc. – et, à l'inverse, il n'est pas de discours de l'immigré sur son « pays » – le pays abstrait, le pays en tant qu'entité (celle-là qui s'écrit avec une majuscule, l'Algérie) et non pas le « petit » pays, le pays « local » qui reste encore le pays familier, le pays de l'interconnaissance, pays effectif et affectif (*el balad* ou, en kabyle, *thamourth*) –, qui ne tende aujourd'hui à prendre la forme d'un procès que chaque partie intente à l'autre. Si les termes de ce procès réciproque empruntent souvent, dans un premier temps, à l'économie, c'est d'abord parce que la compétition pour les choses économiques (pour tous les biens de consommation) est la première qui se découvre, surtout dans une économie indigente et de pénurie ; ensuite, parce que le recours au langage de l'économie permet, par la « technicisation » qu'il opère, de pouvoir énoncer et dénoncer ce qui, autrement, ne peut se dire sans risque, sans entraîner d'une certaine manière la disqualification (relative) de ce qui est dit et de qui le dit – en cela, l'emprunt qu'on fait au vocabulaire de l'économie agit comme un facteur d'euphémisation. Ainsi, alors qu'on a longtemps loué le sacrifice, l'abnégation de tous ces hommes qui, pour pouvoir travailler et subvenir aux besoins de leur famille et, par là, contribuer à l'économie du pays, sont contraints de s'exiler, c'est-à-dire d'affronter les épreuves, hostilité et adversité, auxquelles expose cet exil (elles sont le lot de tout immigré et, plus encore, de l'immigré colonisé ou ancien colonisé, ou originaire des pays du tiers monde), aujourd'hui, c'est de manière publique, et de la manière la plus officielle, qu'il est reproché aux émigrés de ne plus pourvoir comme par le passé ou de ne pas mieux pourvoir – en devises – à l'équilibre de la balance des paiements[1]. Les « échanges d'argent » qui sont devenus une pratique courante entre Algériens non émigrés (fournisseurs de dinars en Algérie) et émigrés algériens (fournisseurs de francs en France), font l'objet d'âpres récriminations de part et d'autre, les émigrés apparaissant comme de sordides usuriers nouvelle manière, et les Algériens en visite en France comme de vulgaires « profiteurs », comme des consommateurs avides et prétentieux du « luxe » produit en France que rien n'autorise ou ne légitime à avoir pareil mode de consommation.

Le visiteur algérien et son « émigré-banquier »

Mais il faut citer ici un Algérien d'une cinquantaine d'années, habitant un vieux garni à Saint-Denis et travaillant en France depuis 1949 : « Ils n'ont pas d'argent, qu'ils restent chez eux… ; on ne peut pas jouer aux touristes quand on n'a pas le sou…, ils débarquent chez nous [*i.e.* : en France] et croient qu'ici [en France], c'est comme chez eux [en Algérie], […] ils ne voient pas comment nous gagnons notre argent ici et comment nous l'économisons ; c'est au prix de privations, car je n'achète jamais pour mes enfants ou pour ma femme ce qu'ils viennent acheter ici […]. Et tout ça, avec quel argent ? Avec le

---

1. L'amenuisement des sommes transférées volontairement sur leurs économies par les émigrés algériens (mandats postaux qui ont totalement disparu, transferts à l'occasion des voyages) est tel que le ministère des Finances algérien a dû instituer, pour compenser ce manque à gagner, une véritable « taxe d'entrée dans le territoire national » qui frappe tous les Algériens non résidents en Algérie qui exercent une activité à l'étranger : l'obligation de change ainsi imposée devient *de facto* une manière de plafonnement des transferts, car rares sont les émigrés qui échangent au cours légal des sommes supérieures au minimum exigé.

nôtre [...]. Leur argent ? C'est du papier journal ; s'il valait quelque chose, ils le sortiraient ici, ils le montre-raient... On leur donne des dinars là-bas [en Algérie] et on leur dit "débrouillez-vous" pour acheter tout ce que vous voulez [...]. Et avec ça, ils nous reprochent à nous de ruiner le trésor algérien... mais ce sont eux les gas-pilleurs ; eux qui jettent leur argent par les fenêtres. Et ils nous le font payer cher, ils nous rendent la monnaie de notre pièce : 1 500 francs, et là-bas, ils te donnent 815 dinars ! Alors que lorsqu'ils viennent ici, ils cherchent l'argent français à n'importe quel prix : ils t'offrent 2 400, 2 500 dinars pour 1 000 francs, parce qu'ils ont besoin de cet argent !... Alors qu'ils ne nous accusent pas de les voler, de les ruiner, de les trahir, c'est tout ce que nous demandons ; le reste, c'est leur affaire à eux, l'affaire de leur gouvernement, ce n'est pas le nôtre. Ce n'est pas moi qui vais en Algérie pour mendier du dinar, ce sont eux qui viennent en France mendier du franc !... »

C'est souvent qu'en réponse au procès que l'émigré fait ainsi à son partenaire algérien, on entend cet autre mode d'accusation que l'Algérien fait à *son* « émigré-banquier » (en France, et en francs) : « [...] Ils sucent notre sang, ils nous ruinent. Ce sont des accapareurs ; ils s'imaginent que nous, ici [en Algérie], le dinar nous faisons que nous baisser pour le ramasser [reprise, pour l'adapter à cet autre contexte, de l'anecdote par laquelle l'émigré, à qui elle était attribuée initialement, se représentait le mirage de l'émigration]. Quand j'arrive là-bas et que je vois la misère dans laquelle ils vivent, les taudis, le travail qu'ils font, le racisme qu'ils subissent et qu'ils acceptent... ; à leur place, je n'aurais jamais accepté cela, j'aurais préféré la misère matérielle chez moi, c'est sain, j'aurais gardé ma dignité... plutôt que tout l'or du monde. J'ai honte à leur place, je souffre à leur place. Et, avec ça, ils nous narguent avec leur argent, ils nous en mettent plein la vue… comme savent… ou ne savent pas le faire… tous les parvenus ; pour t'épater, ils font un effort, ils sortent avec toi pour te montrer qu'ils connaissent Paris… Je m'amuse à les regarder faire. Ils t'emmènent manifestement dans les endroits qu'ils croient chics… et qu'ils ne connaissent pas d'ailleurs. Ça se voit… ils ne sont pas à l'aise, cela ne leur est pas familier. Ils sont tout embarrassés, ils ne savent pas s'asseoir à table, ils ne savent pas commander [la boisson]. […] À la limite, je leur pardonne tout ça, je ne leur en demande pas tant d'ailleurs. C'est peut-être gentil de leur part, je leur reconnais ça… Mais il y a aussi cette désagréable impression qu'ils ont envie de te montrer qu'ils ont réussi, qu'ils ont de l'argent…, qu'ils peuvent te rendre service…, faire que tu sois leur obligé, c'est ça… Tu deviens leur obligé. Alors que le problème n'est pas du tout là, je ne le situe pas là. Tout ce que je demande, c'est tiens, voilà je peux te donner ça… et toi quand tu arrives à Alger, tu donnes ça…, voilà l'adresse. C'est tout, je viens traiter une affaire, c'est tout. Il n'y a pas à avoir de sentiments. Et souvent, après t'avoir fait traîner comme ça, des heures et des heures, quand tu arrives à discuter vrai, il te dit : "Ah, je n'ai pas l'argent, je vais essayer de te le trouver ailleurs, reviens demain ! […]" Je me souviens, la première fois que j'ai été à Saint-Denis, je ne m'imaginais pas ce que c'était. Je n'y ai jamais mis les pieds, c'était seulement une adresse qu'on m'avait donnée à Alger. Je prends un taxi, déjà le taxi m'avait averti : "Monsieur, je vous laisse à distance, parce que c'est un quartier dangereux, je ne m'y aventure pas." Rien que ça, ça te fait froid dans le dos, quand le taxi te dit cela ! J'arrive là-bas, effectivement… un dédale obscur, de la boue… ma paire de chaussures… j'en avais honte en revenant à l'hôtel ! […]. Voilà les relations avec nos "frères" les émigrés en France » (médecin d'Alger, fils d'un ancien agent des chemins de fer à l'époque de la

SNCFA, originaire d'un village et d'une région de très forte et très ancienne émigration vers la France).

Quand on sait la condition sociale réelle de l'un et l'autre partenaire qui sont les interlocuteurs de ce « dialogue », la vérité de la relation et la signification profonde de celle-ci apparaissent sous un autre jour. « C'est un médecin de chez nous…, de la famille ; nous connaissons tous son père…, un brave homme. Lui n'était pas un parvenu, il est resté un fellah comme nous tous. Il a "instruit" ses enfants – on le sait –, il s'est beaucoup privé pour cela, il s'est donné beaucoup de peine, on ne peut que le féliciter pour cela, ce fut un homme [de bien]. Quand son fils est arrivé un jour ici, il a frappé à notre porte, ce fut une surprise, une joie, un immense bonheur. Parce que nous ne l'avions jamais vu, nous connaissions son existence, c'est tout. Nous savions que le fils de Untel est médecin à Alger, c'est tout. Bien sûr, il a été à l'école, il a vécu en ville, il s'est marié là-bas, il ne revenait plus au village. C'est normal, tout cela. Quand il est arrivé ici, nous l'avions tous très bien entouré, très bien reçu. Nous étions très flattés. Nous avons un médecin dans la famille. C'est à qui voulait le voir, discuter avec lui, un homme intelligent… et quelqu'un de la famille […]. Nous savons…, quand quelqu'un d'Alger vient te voir, tu sais pourquoi : il a besoin d'argent. Ce n'est certainement pas la première fois qu'il vient à Paris, il a fait ses études ici à Paris, mais, cette fois, il est venu jusqu'à nous, chez nous. On lui a trouvé de l'argent. Autant qu'il en voulait et à un taux extrêmement avantageux pour lui… On lui a donné une partie à parité 1 000 ici et 1 000 là-bas, et, une autre au cours "normal" mieux que pour tout le monde. Ça va. Ensuite, c'est devenu une habitude, il revenait régulièrement, il nous écrivait avant qu'il vienne. Mais voilà ; comment ils font eux… Ils ont oublié la manière de faire de leurs père et grand-père. Quand il a besoin d'argent, c'est lui qui vient et uniquement pour l'argent, mais pour récupérer l'argent à Alger c'est nous qui devons courir derrière... notre argent. Il te laisse une carte de visite avec son adresse, son numéro de téléphone, docteur et tout... Tu arrives à Alger – tu sais ce que c'est, nous descendons de l'avion, la douane, et dehors il y a toujours des taxis, à deux ou à trois un taxi et directement au village. Tu quittes Paris le matin, tu prends ton repas chez toi le soir, à 200 km d'Alger. On n'a pas de temps à perdre et Alger ne nous intéresse pas, nous ne sommes pas des touristes à Alger. [...] Toi tu as un numéro de téléphone, tu appelles, tu tombes sur une Française comme ici... Non, sa femme est algérienne, une Kabyle, mais au téléphone et pas seulement au téléphone, même chez elle, je suppose, c'est une Française, c'est comme une Française, il n'y a plus de différence. Alors tu entends : "Monsieur, qui êtes-vous ? Mon mari n'est pas là, monsieur, que lui voulez-vous ? Si c'est pour un rendez-vous, allez à l'hôpital [...], monsieur, je ne vous connais pas. Rappelez-ce soir..." Que vas-tu dire à cette femme ? Déjà, ici en France, nous sommes chez les Français, je ne sais pas parler au téléphone, il faut bien savoir parler français pour bien parler au téléphone. Ensuite à une femme, qu'est-ce que je peux lui dire au téléphone ? Ici, en France, il n'y a que la secrétaire de l'usine avec qui je peux parler au téléphone, elle me connaît d'ailleurs. Dès qu'elle reconnaît ma voix, elle me dit : "Ah ! C'est Belaïd, qu'est-ce qui vous arrive... vous êtes malade ?" C'est elle qui parle pour moi. Mais, là-bas, à Alger, qu'est-ce que tu peux dire à cette femme que tu n'as jamais vue [...] ? Combien de fois je me suis dit : "je vais lui parler en kabyle, je suis sûr qu'elle me comprendra... mais je sais aussi qu'elle fera semblant de ne pas savoir parler en kabyle, comme je suis sûr qu'elle me connaît – son mari a dû tout lui dire –, mais elle fait semblant de ne pas savoir qui je suis […]. Je vais pas lui dire : "j'ai donné de l'argent à ton mari, qu'il me le rende"… Après ça, je raccroche. […] Aller frapper à la porte ? Comme je te l'ai dit : je ne vais pas aller jouer le touriste à Alger. Et qu'est-ce que cela changerait ? Je vais me retrouver devant la porte d'un immeuble, là-bas, tout en haut de l'ancienne rue Michelet…, je sonnerai à la porte et ce sera le même dialogue qu'au téléphone […]. Alors je laisse tomber, j'attends que mon argent arrive tout seul… il finit par arriver. Ça, je reconnais qu'il n'y a jamais eu de désaccord là-dessus. Mais, je sais pourquoi il finit toujours par arriver… pour qu'on revienne en chercher ici… C'est comme ça […] Cela veut dire aussi que, même parents, nous ne sommes pas du même monde. Eux sont là-bas ; nous, nous sommes ici. Quand nous retournons là-bas, ou nous nous retrouvons chez nous, dans le village, dans la famille, ou nous nous retrouvons entre immigrés de France. Mais avec tous les autres, avec la société algérienne, chacun de son côté… je crois que c'est définitif […]. »

Derrière les divergences qui portent, apparemment, sur les modes de consommation, sur les objets de consommation, sur le prix à payer – sur le prix dont il faut les payer, pour les uns, et sur le prix que les autres « font » payer aux premiers –, sur la manière légitime ou illégitime de les consommer, etc., derrière toutes ces querelles, ce sont les rapports sociaux, et les rapports de compétition, entre groupes ou fractions de classes que leurs trajectoires propres ou leur histoire commencent à séparer et à opposer, qui constituent l'enjeu réel des luttes qui se dessinent à l'intérieur des groupes sociaux (que l'on continue à identifier selon un mode de perception et un principe d'unification qui doivent encore beaucoup à l'ordre social antérieur : l'unité parentale en tant que telle ou, de proche en proche, en tant que modèle archétypal de toute relation sociale, ce modèle pouvant s'élargir jusqu'à englober toute la nation, tous les Algériens sont « frères » ou « comme frères », etc.)[1].

On ne comprend pas la hargne des propos que les uns tiennent sur les autres – les non-émigrés d'ailleurs, plus que les émigrés –, si on n'a pas présent à l'esprit l'effet « perturbateur » que suscite l'émigration de manière générale et l'émigration des familles plus particulièrement. L'effet le plus inattendu de l'émigration semble être d'avoir bouleversé les frontières qui séparent les groupes sociaux et aussi la hiérarchie sociale en donnant aux émigrés l'occasion et les moyens sociaux d'une promotion qui ne peut que paraître « illégitime » parce que acquise hors des normes socialement admises, hors de l'orthodoxie qui règle les transformations sociales même les plus

1. La querelle à propos des opérations de changes (clandestins) n'est qu'une variation paradigmatique de toute une série d'autres « accusations » de même nature qui en sont comme des dérivations : ainsi des conflits (certains, bruyants, d'autres masqués et comme « refoulés » à des fins de stratégie) avec le douanier – car tout commence là, dès lors qu'on a franchi la frontière et qu'on a pris contact avec cet autre espace, cette autre société, cet autre marché dans lesquels on revient –, l'opération du contrôle douanier étant l'occasion d'objectiver le système de consommation « hédoniste », dont participe l'émigré et qu'il importe partiellement à titre privé, voire à titre collectif ou « clandestinement » public (on peut toujours suspecter que l'importation alimente le marché public, c'est-à-dire le marché noir) ; ainsi des « accusations » portées contre l'afflux saisonnier des retours en vacances au pays d'émigrés que tout porte à des consommations excessives et ostentatoires et dont l'une des conséquences est le renchérissement de la vie durant les mois d'été, dans un marché déjà marqué par la pénurie – les « émigrés » font monter les prix des marchandises ; ainsi des accusations portées contre les « chauffards » que sont les émigrés quand ils rentrent au pays, eux qui ne conduisent pas en France, qui n'achètent de voiture que pour leurs vacances et pour « épater » ; ainsi, évidemment, de tous les autres « coûts » économiques et non économiques qu'on attribue aux émigrés. Mais sans doute faut-il insister plus sur ce qui est dénoncé comme « coûts » non économiques, c'est-à-dire culturels.

accélérées et les plus totales (*i.e.* les plus « révolution-naires »). La promotion sociale (relative) que l'émigration assure (ou, plus exactement, dont elle donne l'illusion) agace d'autant plus qu'elle est foncièrement suspecte : elle est réalisée dans un autre ordre social, économique, politique, linguistique, bref culturel, et avec les moyens que donne cet ordre *allogène*. Le point faible, la tare indélébile de cette sorte de promotion (plus apparente que réelle) est qu'elle ne résulte pas, semble-t-il, directement, des luttes internes, des conflits réglés à l'intérieur de l'ordre national et selon une logique historique proprement interne ; et si elle participe quelque peu de cet ordre (aux deux extrémités au moins de l'itinéraire de l'émigré), la promotion qu'apporte l'émigration se réalise comme par procuration. C'est, sans doute, cette « tricherie » objective (*i.e.* non voulue sciemment et consciemment) qu'on peut appeler la « ruse sociale » de l'émigration, qui est spontanément et unanimement dénoncée. Ce que leurs homologues qui n'ont pas émigré ou ont émigré différemment reprochent rétrospectivement aux émigrés actuels de mille manières (implicitement et explicitement), c'est d'avoir quitté la patrie, de l'avoir quittée presque par « lâcheté », par « traîtrise » [1] pour mieux y revenir avec d'autres armes que celles dont la société a convenu socialement. On comprend de la sorte que tous les reproches adressés aux émigrés, la dénonciation ou la stigmatisation dont ils sont l'objet, prennent la forme du discours « nationaliste », soumis aux catégories

1. Le soupçon de trahison, voire d'apostasie (sociale, culturelle plus que proprement religieuse) est une constante qui hante l'émigration en tant que conduite pratique et en tant que catégorie de pensée ; en cela, elle est une *absence* aussi « illégitime », une absence qui demande un intense et constant travail de légitimation, tout comme est fondamentalement « illégitime » la présence de l'immigré qui appelle elle aussi, selon le même schème de pensée, une autre opération de légitimation.

qui opposent « national » et « non-national », le second terme de l'opposition (le « non-national ») pouvant se dire ici (et se dit) par son équivalent structural : « dénationa-lisé » ou « dénaturalisé », « national » qui ne l'est plus, « national » hors de la nation, etc. On comprend que, sous de multiples rapports, l'émigré apparaisse d'une certaine manière comme le « colonisé de la dernière heure », comme le « colonisé » qui survit à la colonisation dont il ne peut se « libérer », le « colonisé de l'après-colonisation » et, par suite, comme un « colonisé par volonté » (*i.e.* du fait de sa volonté de rester un émigré)[1].

À la manière du langage de l'économie, le langage de la culture constitue une manière d'euphémisation, par la « technicisation », permettant de formuler toutes ces dénon-ciations ouvertement, sans retenue, souvent avec une condescendance autorisée par les « bonnes intentions ». L'émigration « déculture », parce qu'elle « acculture » à quelque autre culture étrangère ; l'émigration « dénature » parce qu'elle « naturalise » conformément à quelque autre « nature » étrangère ; l'émigration « dépersonnalise », etc. Et il est significatif que le procès ainsi fait à l'émigration et, par là même, aux émigrés, porte prioritairement et plus violemment sur la population féminine émigrée et, plus précisément, sur le *corps* des femmes, à travers le costume, l'*hexis* corporelle, les manières de se tenir, de parler, de se

---

1. Le discours scientifique lui-même participe avec toute l'autorité qu'on lui reconnaît de cette entreprise globale de mise en accusation : ainsi vivant sous la souveraineté effective, au sens politique et au sens « culturel », d'un pays étranger, les émigrés peuvent être qualifiés de « supports publicitaires aux produits français » et d'« *hommes-sandwiches* de la politique française » (voir M. N. Bourenane, « Élé-ments pour une approche critique de la question de l'immigration algérienne en France », *Les Algériens en France, genèse et devenir d'une migration*, CNRS, Actes du colloque du GRECO 13 (Grenoble, 26-27 janvier 1983), Paris, Publisud, 1985 ; voir p. 67).

comporter, surtout en public, bref les manières de porter
leur corps et de se comporter avec leur corps. Il est inutile
– et aussi trop long – d'insister sur la signification symbolique accordée au corps féminin, objet d'un intense et dramatique investissement, et au « corps » des femmes (au
sens de l'ensemble des femmes) qu'on voue à la « tradition », allant jusqu'à célébrer la fidélité à cette tradition et
les valeurs féminines qui en sont respectueuses. Il n'y a
d'innovation possible que pour les hommes et de la part
des hommes ! Hors du monde masculin, toute innovation
est interdite sans autre considération.

6

Une relation de domination

Autant la littérature sur l'immigration dans les pays d'immigration, pour les besoins de la société d'immigration, est surabondante, autant est indigente, voire totalement défaillante, la littérature sur l'*émigration*, telle qu'on est en droit de l'attendre des pays d'émigration ; autant la première est diversifiée, allant du journalisme jusqu'à la littérature scientifique, en passant par l'essayisme, la littérature militante, les écrits législatifs, politiques et même le roman, autant la seconde, quand elle existe, ne traite des émigrés qu'en tant qu'ils sont des immigrés chez les autres, c'est-à-dire, en gros, de la même manière qu'en parlent les autres, préoccupés de l'immigration. C'est dire à quel point le discours tenu sur les émigrés, dans les pays d'émigration, manque totalement d'autonomie ; subordonné au discours sur l'immigration dont il reprend les thèmes essentiels et à qui il emprunte souvent ses catégories de pensée et son matériel d'analyse, n'ayant pas réussi à faire de l'émigration et de l'émigré un objet de science, il se condamne, en dépit ou peut-être à cause de l'intention polémique qui l'anime, à n'être que le pâle reflet de ce qui se dit de l'immigration : opérant un étrange retournement de l'ordre, au moins chronologique et génétique du phénomène migratoire, l'émigration dont il parle semble être devenue le produit de l'immigration et ce discours inversé se contente le plus souvent de substituer les termes *émigration* et *émigré* à immigration et immigré. Ce ne sont pas là de simples jeux sur les mots ou de simples subtilités de langage ; la signification et, encore plus, les effets de ces changements de noms ne sont pas aussi anodins qu'il paraît.

La dépendance dans le discours

On ne veut comme preuve de cette subordination au langage dominant sur l'immigration que le colloque tenu à Alger, les 28, 29 et 30 mars 1981, sous l'égide du CREA (Centre de recherches en économie appliquée, de l'université d'Alger), autour du thème « L'émigration maghrébine en Europe, exploitation ou coopération ? ». Comment faut-il comprendre ce titre ? L'habitude est tellement prise d'entendre et de penser « immigration » et « immigrés » quand on dit et écrit, quand on entend et lit « émigration » et « émigrés », que tout le monde (orateurs, auditeurs, auteurs et lecteurs) a effectué d'emblée, tout « naturellement », le travail de correction et de redressement de sens nécessaire pour restituer au discours sa vraie signification ; significatif est l'étonnement général que l'on puisse prendre les mots à la lettre comme s'il était admis de tous que « émigration » et « immigration », d'une part, et « émigrés » et « immigrés », d'autre part, étaient interchangeables et pouvaient servir aux mêmes discours, l'usage différentiel qui en est fait ne tenant qu'aux lieux d'où l'on en parle et à l'intention avec laquelle on en parle.

Ce colloque qui se voulait sur l'émigration, dans un pays d'émigration, est, en réalité, un colloque sur l'immigration pour le plus grand profit des sociétés d'immigration et, surtout, de la science de l'immigration ; profit d'autant plus grand que ce colloque sur l'immigration (qui ne dit pas son nom) se tient dans un pays d'émigration[1]. N'y aurait-il donc de discours et de science que sur l'immigration ? Les rapports de force, ceux-là mêmes qui ont engendré l'émigration-immigration, n'épargnant pas la science et, plus particulièrement, la science du phénomène migratoire, l'immigration se subordonnerait-elle l'émigration, qui n'est pourtant que l'autre aspect de la même réalité, au point de l'occulter ? Il y a là une véritable question de sociologie de la science, une question comme l'histoire sociale des sciences sociales en fournit de nombreux exemples : comme la science de l'immigration a ses conditions de possibilité qu'elle a su réaliser, la science de l'émigration a, elle aussi, ses conditions sociales de possi-

---

1. On ne se lasserait pas de relever dans la littérature consacrée en toute autonomie, croit-on, à l'émigration les nombreuses inversions et substitutions de cette sorte, certaines engendrant de véritables contresens et parfois des falsifications extrêmement dommageables pour la réflexion et la connaissance de l'émigration ; ainsi dans *L'Émigration maghrébine en Europe, exploitation ou coopération ?* (Alger, SNED, sans date), ouvrage rassemblant les communications présentées au colloque d'Alger, on peut lire, entre autres exemples empruntés, un peu au hasard, aux toutes premières pages des Actes (A. Benachenhou, « Les vrais enjeux de l'émigration maghrébine en Europe », p. 6-19 ; les exemples sont pris aux pages 6 et 8) : « La connaissance scientifique de la crise et de ses effets sur l'émigration en Europe. » De quelle émigration s'agit-il ? Est-ce l'émigration future ? Il aurait fallu alors écrire : « l'émigration vers l'Europe ». Est-ce l'émigration déjà effectuée ? Il s'agit alors, en toute rigueur, de « l'immigration en Europe », car les « effets de la crise » s'exercent sur l'immigration et sur les immigrés et non sur l'émigration et les émigrés. Et, de manière encore plus flagrante : « malgré le chômage (dans les pays d'immigration) il n'y a pas de baisse sensible de la part relative de l'*emploi émigré* [?] total » ; l'emploi dont il s'agit, ici, pour que la phrase prenne son sens, est l'emploi qu'offre le marché du pays qui recourt à l'immigration et aux immigrés. Ou encore : « la diversité des attitudes des capitaux français face au problème de la force de travail émigrée » ; ces capitaux français ne peuvent être que « face au problème de la force de travail *immigrée* » et non d'une autre force de travail, etc.

bilité qu'elle n'a pas encore trouvées (si elles peuvent se trouver), la première de ces conditions étant sans doute de refuser l'identification des deux sciences, c'est-à-dire de la seconde à la première. De même que la « sociologie du développement » et l'anthropologie culturelle du « sous-développement », c'est-à-dire la sociologie et l'anthropologie des sociétés « précapitalistes », ainsi que la réflexion sur l'économie de ces mêmes sociétés au moment où elles subissent l'emprise globale (économique et culturelle) des sociétés développées avec tous les effets (surtout économiques) qui en résultent, ont grandement contribué à l'avancement des sciences sociologique, anthropologique et économique en elles-mêmes, en les amenant à réfléchir sur leurs propres postulats (postulats de la « rationalité », de l'*homo œconomicus*, etc.) et, du même coup, à sortir quelque peu de leur « ethnocentrisme », contribuant, par là même, aux progrès de la connaissance que ces mêmes sociétés et leurs économies capitalistes peuvent avoir d'elles-mêmes, de même la réflexion sur l'émigration, quand même elle reste à la traîne de la réflexion sur l'immigration, ne peut que servir la science de l'immigration en conduisant à s'interroger sur la science de l'immigration, sur ses conditions de possibilité, sur les intentions qui sont à l'origine de cette science (et, corrélativement, sur la science de l'émigration et sur son absence). La disproportion, dont on fait quotidiennement l'expérience, entre le langage sur l'immigration et le langage (ou le non-langage) sur l'émigration, ne serait-elle qu'un effet de la dissymétrie qui caractérise le phénomène migratoire ? Ne peut-on y voir un autre indice utile pour juger des rapports de force particulièrement inégaux entre les pays d'émigration et les pays d'immigration ?

À l'évidence, il est plus facile de faire la science de l'immigration et des immigrés (*i.e.* la science de la société d'immigration) que la science de l'émigration et des émigrés (*i.e.* la science de la société d'émigration). À cela, plusieurs raisons : les unes, techniques et sociales, sont d'ordre pratique ; les autres, idéologiques, sont d'ordre politique. Mais au principe des unes comme des autres se trouve un fait majeur : l'immigration se solde par une *présence*, l'émigration se traduit par une *absence*. La présence s'impose, l'absence se constate sans plus ; la présence se règle, se réglemente, se contrôle, se gère, alors que l'absence se masque, se comble, se nie. Ces différences de statut déterminent des différences dans le discours qu'on peut tenir sur l'une et sur l'autre, la présence (l'immigration) qui est justiciable de discours et l'absence (l'émigration) dont il n'y a rien à dire sinon qu'elle appelle une suppléance. L'immigration, c'est-à-dire la présence des immigrés comme corps étrangers (à la société, à la nation), est l'objet d'une problématique qu'on peut dire totalement *imposée*, extérieure à l'objet dont elle traite. Le discours explicite sur l'immigration et, notamment, le discours scientifique ont pris l'habitude, pour répondre à l'exigence d'*ordre* à laquelle ils doivent sacrifier, d'« accoupler » les immigrés aux différentes institutions auxquelles ils sont nécessairement confrontés en raison de leur immigration : « les immigrés et le travail » (ou « le chômage »), « les immigrés et le logement », etc., et de poser à leur propos des questions concernant, en dernier ressort, l'*ordre public*, et imposées par des considérations d'ordre public. Tout ce discours, qu'on croit être produit sur les immigrés et pour les immigrés, n'est en réalité que le discours de la société (nationale) face aux immigrés dont elle a besoin, avec lesquels elle a à compter, et qui risqueraient, si on n'y prenait garde, de perturber l'ordre public[1]. C'est une nécessité de l'ordre

---

1. L'ordre public au double sens où l'entendent le droit administratif et le droit international privé ou le droit civil : d'abord, comme

national, lorsqu'il est confronté à l'immigration (*i.e.* à la présence de non-nationaux dans la nation, du non-national et non-politique dans le national qui a le monopole du politique), que de « discourir » (politiquement, législativement, réglementairement, socialement, économiquement, sociologiquement, culturellement, etc.) sur l'immigration pour en neutraliser les dangers de perturbation et de subversion ; le langage scientifique sur l'immigration n'échappe pas à cette règle.

Toujours est-il que ce travail, même s'il répond à une problématique imposée, même s'il procède *objectivement* (*i.e.* à son insu) d'une intention d'ordre, même s'il consiste en un travail de mise en garde (de l'immigration et contre l'immigration) et de mise en ordre, a eu pour résultat de rendre compte des conditions de vie et de travail des immigrés, de leur mode de présence dans la société d'immigration, de leur mode de relation avec celle-ci et avec eux-mêmes en tant qu'ils sont des immigrés immergés dans un ordre social, économique, politique, culturel, etc. qui n'est pas le leur. Tout cela, en s'accumulant, a fini par produire une somme de savoirs d'une importance capitale, tant du point de vue pratique (*i.e.* pour le contrôle, l'adaptation, la domestication,

---

ordre municipal, c'est-à-dire l'ordre dans la rue, la sûreté, la tranquillité et la sécurité publiques – ordre auquel on aime réduire, pour mieux l'objectiver, l'ordre global qui est l'ordre national ; ensuite, comme ordre proche de ce qu'on nomme l'« assimilation aux mœurs et aux usages » (voir l'article 69 du Code de la nationalité français) ; le droit civil, précisément, définit l'« ordre public » par « les mœurs et les usages » – selon cette conception, la bigamie, par exemple, contraire aux « mœurs et usages de France », est contraire à l'« ordre public » en droit des personnes (la naturalisation, pour cette même raison d'« ordre public » qu'il faut comprendre ici comme facteur contrariant l'« assimilation » et comme incompatibilité avec les « mœurs et usages de France » donc avec la nationalité française, peut-être refusée à un étranger bigame).

l'insertion des immigrés, c'est-à-dire pour leur neutralisation ou la réduction de l'altérité, de l'hétérogénéité, qu'ils introduisent avec eux) que du point de vue heuristique (*i.e.* pour la compréhension des mécanismes sociaux, démographiques, économiques, culturels qui président à l'immigration depuis l'acte initial qui est l'acte d'émigrer jusqu'à l'acte final de dissolution, de fusion totale, d'absorption ou d'*assimilation*, au sens de la métaphore digestive, dans la société à laquelle les immigrés finissent par s'agréger et s'identifier). À la limite, il n'y aurait à proprement parler d'observation et de mesures possibles (par exemple, les recensements) que dans l'immigration et sur les immigrés, c'est-à-dire sur une *présence* et sur des quantités et des qualités *présentes*. Ce « privilège » qu'ont les pays qui reçoivent chez eux (en qualité d'immigrés) les émigrés des autres pays se retraduit très vite en avantage politique et économique et, notamment, en avantage dans les négociations qu'ils ont à mener avec les pays d'émigration : ils ont le « privilège » de pouvoir contrôler, dénombrer, mesurer chez eux, sur leur propre territoire, les émigrés des autres ; de pouvoir se donner de leurs immigrés la connaissance voulue (connaissance que les pays d'émigration, pour plusieurs raisons, n'ont pas et ne peuvent avoir de leurs émigrés) et le pouvoir que donne cette connaissance (pouvoir que n'ont pas les pays d'émigration) ; de pouvoir rassembler à leur propos tout un ensemble d'informations utiles ainsi que tout un appareil de données statistiques, nécessaires pour constituer de « bons » dossiers, bien fournis et bien argumentes (« scientifiquement » élaborés, dit-on).

Au contraire, pour connaître son émigration et ses émigrés, force est d'interroger l'immigration et les immigrés, de se reporter à ce qu'on en dit ailleurs et de reprendre à son compte ce que le pays d'immigration produit sur l'immigration et sur les immigrés, selon son point de vue, pour ses propres besoins et aussi pour ses propres intérêts[1]. Comment se dégager de la dépendance obligée à l'égard du pays d'immigration, comment accéder à la pleine autonomie en ce domaine et comment se donner une connaissance de l'émigration et des émigrés qui ne doivent rien à la connaissance reflétée que le pays d'immigration se donne de l'immigration et des immigrés ? Pour des raisons qui ne tiennent pas seulement à l'immigration et à la seule histoire de l'immigration algérienne en France, car elles débordent plus largement sur l'ensemble des relations entre les deux pays ainsi que sur l'histoire qu'ils ont en commun (histoire d'une colonisation intense et systématique comme il en est peu d'exemples), l'Algérie apparaît sans doute comme l'un des pays d'émigration les plus « dépendants », mais aussi l'un des plus impatients de s'affranchir de cette dépendance : l'intense activité de négociations menées avec le pays d'immigration qui est, ici, de surcroît, l'ancienne puissance colonisatrice, ne pouvait que faire éprouver à l'Algérie, peut-être plus durement qu'aux autres pays, sa dépendance en la matière (dépendance qui, en temps

1. Jusque dans cet aspect, en apparence, purement technique des négociations, les positions respectives sont inégales. On ne compte pas les dommages, les pertes (abus, injustice ou manque à gagner, comme on voudra) que subissent les pays d'émigration (et parfois, plus directement, les familles des émigrés), faute d'avoir seulement une bonne évaluation de leur population émigrée : population globale, nombre de familles émigrées, proportion de travailleurs émigrés ayant laissé leurs familles au pays, structure de la population par âge, structure socioprofessionnelle de la population émigrée active, etc. Ces évaluations sont, parfois, explicitement demandées et presque toujours empruntées au pays d'immigration qui est la seule source d'informations fiables ; les négociations s'engagent sur la base des données que le pays d'immigration verse dans le débat à l'appui de ses thèses, sans que les pays d'émigration puissent contester valablement la validité et le bien-fondé de ces données, faute de pouvoir en produire d'autres à leur substituer.

ordinaire, pouvait rester masquée) ; elle ne pouvait que la rendre plus prompte à essayer de rompre cette dépendance. C'est, sans doute, ainsi qu'il faut comprendre tous les efforts tentés, en Algérie même, pour « recenser » les émigrés et, en France, pour aider au recensement français des immigrés algériens (donc des Algériens émigrés en France) et pour procéder à des enquêtes auprès de la communauté algérienne en France, Les deux recensements généraux de la population effectués en Algérie en 1966 et en 1976 ont, certes, essayé d'inclure dans les dénombrements effectués les « absents hors d'Algérie » (*i.e.* les émigrés, manière détournée et élégante de désigner les Algériens émigrés en France qui constituent l'écrasante majorité des Algériens « hors d'Algérie ») ; mais cette tentative, fort louable, se heurte à un écueil plus profond et, en même temps, soulève une excellente réflexion épistémologique sur l'art de la statistique et la technique du dénombrement : qu'est-ce que dénombrer des « absents » ? Pareille tentative semble ignorer que, ce faisant, plus qu'elle ne mesure effectivement la somme des individus absents, elle enregistre leur degré d'intégration à leurs groupes d'origine et par là l'intégration des groupes eux-mêmes ou, si on veut, la mémoire que les différents groupes interrogés ont conservée de leurs émigrés, mémoire qu'on sait sélective et différentielle, déterminée socialement selon le sexe, l'âge et toute une série d'autres indicateurs sociaux (origine sociale, position sociale, taille de la propriété et de la postérité de la personne, prestige social, etc.) propres à la personne absente[1].

1. Il en est du recensement, surtout quand il porte sur des « absents », comme il en est des généalogies, autres recollections des « absents » (les défunts, les générations antérieures) : le premier, recollection synchronique et, les secondes, recensements diachroniques, sollicitent de la même manière la mémoire collective. Déjà, s'agissant de généalogies, on pouvait constater que « la force du souvenir » étant proportionnelle à la valeur que le groupe accorde à chaque individu (présent ou absent) au

Conditions sociales d'une science de l'émigration

Est-ce à dire qu'il ne peut y avoir de vrai discours sur l'émigration et sur les émigrés, que toute science autonome de l'émigration et des émigrés est impossible ? Il ne semble pas. Cependant pareil discours et pareille science ont leurs conditions sociales de constitution : il faut, d'abord, qu'il y ait, notamment dans le cas des

moment de la recollection, elles conservent mieux les hommes, surtout quand ils ont produit une nombreuse descendance masculine (donnant raison en cela à la théorie indigène qui voit en toute naissance une *résurrection*) ; elles enregistrent les mariages proches mieux que les mariages lointains, les mariages uniques plutôt que la série complète des multiples mariages qu'a contractés un individu – et, par suite, les produits de tous ces mariages mémorables, qui contribuent eux-mêmes à la mémoire de ces mariages. Tout incite à supposer que des lignes entières d'un même arbre généalogique peuvent être passées sous silence lorsque le dernier représentant est mort sans descendance aucune ou, ce qui revient au même, sans descendance mate (voir P. Bourdieu et A. Sayad, « Stratégie et rituel dans le mariage kabyle », dans J. Peristiany (éd.), *Mediterranean Family Structures*, Cambridge, Cambridge University Press, 1976, et aussi P. Bourdieu, *Esquisse d'une théorie de la pratique*, Genève, Droz, 1972, p. 76). De même, la mémoire que le groupe a conservée de ses « absents » est plus fidèle à la campagne qu'à la ville, s'agissant des proches que des parents plus éloignés, des hommes ayant *émigré* relativement âgés plutôt que des plus jeunes, des émigrés qui se *rappellent* au souvenir de chacun et de tous, par leurs lettres, leurs envois d'argent, leurs retours en vacances plutôt que de ceux qui *ont oublié* et dont on dit qu'ils se *sont oubliés*, des hommes plutôt que des femmes, des hommes émigrés seuls plutôt que des familles installées en France, etc. La situation limite est atteinte lorsque la famille émigrée n'a même pas laissé une habitation vide (c'est le cas des familles urbaines émigrées en France) et, dans les cas extrêmes, lorsque les familles ont été fondées en France même, dans la communauté immigrée, ainsi que dans le cas de tous les enfants (dont certains sont maintenant adultes) nés dans ces familles (voir A. Sayad, « Immigration et conventions internationales », *op. cit.*).

émigrations-immigrations en situation coloniale, une volonté techniquement et politiquement (donc étatiquement) garantie de connaître l'émigration, de l'instituer comme objet d'étude, et, pour cela, condition indispensable, il faut qu'il y ait, comme on l'a vu à propos de l'immigration et de la science de l'immigration, un partenaire qui ait intérêt (intérêt économique, intérêt politique, intérêt dans les négociations, intérêt de pouvoir, etc.) à l'émigration et à la science de l'émigration. Il faut que l'émigration cesse d'être cette « chose » honteuse dont on ne peut parler (sur le mode des « coûts » et « bénéfices » comparés) que, tantôt, pour rendre hommage aux émigrés (*i.e.* aux *nationaux* émigrés) de leur sacrifice, de leur contribution à la vie et à l'œuvre de la nation, c'est-à-dire aux « bénéfices » dont la nation leur est redevable ; et, tantôt, pour magnifier, reprenant en cela ce qu'on en dit dans le pays d'immigration, le travail qu'ils accomplissent dans l'immigration et pour le pays d'immigration, c'est-à-dire les « bénéfices » qu'ils procurent à ce pays (ce qui est une manière de désigner *a contrario* les « coûts » que supporte le pays d'émigration du fait de ses émigrés). Il faut que s'instaure une manière de percevoir et d'appréhender l'émigration, en elle-même et pour elle-même, comme une réalité autonome ou comme une réalité rendue *décisoirement* indépendante de l'immigration, l'autre face d'elle-même ; il faut que s'instituent un discours autonome sur l'émigration et, avant cela, les raisons constitutives de ce discours.

Telles les deux faces d'une même médaille, aspects complémentaires et dimensions solidaires d'un même phénomène, l'émigration et l'immigration renvoient mutuellement l'une à l'autre et la connaissance de l'une gagne nécessairement à la connaissance de l'autre. Interroger de manière complète l'immigration conduit inévitablement à s'interroger, en amont, sur les conditions de production et de reproduction des émigrés et, en aval, sur les mécanismes sociaux qui président à leur transformation d'allogènes en indigènes ; de même, interroger complètement l'émigration conduit aussi, et inévitablement, à s'interroger sur les effets de l'émigration et des émigrés sur la société d'émigration et sur ce qu'ils deviennent chez les autres.

À la contradiction d'ordre temporel – un « provisoire » qui se fait définitif ou un « définitif » vécu comme provisoire –, dont on peut dire qu'elle est constitutive de la nature de l'émigration (et de l'immigration) et de la condition de l'émigré (et de l'immigré), correspondent d'autres contradictions en tous les autres domaines de l'existence : contradiction dans l'ordre spatial, dans l'ordre communautaire, dans l'ordre culturel, et, de plus en plus, couronnement ou consécration suprême de toutes ces contradictions partielles ou « régionales », dans l'ordre politique (ou national). Absence à l'*étranger* (et là, présence étrangère), donc absence nécessairement *provisoire* et devant être justifiée par quelque raison extérieure à elle-même : absence pour raison de travail et totalement subordonnée au travail, ce qui suppose absence de travail à l'intérieur du pays et tant que dure ce manque de travail ; et, solidairement, pour dire la même chose mais autrement, présence étrangère, donc présence nécessairement provisoire, non pas pour elle-même, mais devant être justifiée par quelque autre raison extérieure à elle-même : présence pour raison de travail et présence totalement subordonnée au travail (tant que dure le travail), ce sont là, corrélatives l'une et l'autre et mutuellement dépendantes – chacune contient toutes les autres –, trois caractéristiques respectives de l'absence de l'émigré et de la présence de l'immigré. Mais de toutes ces contradictions, il en est une qui détermine plus fondamentalement la signification de l'émigration, qui pèse d'un poids spécifique sur le sens de l'émigration et la condition de l'émigré et, en tant que telle, ne peut être ignorée par la société d'émigration (et, par suite, par la science de l'émigration) à laquelle elle s'impose : c'est, symétrique de la *présence* que réalise selon une modalité particulière l'immigré en sa terre d'immigration, l'*absence* que réalise aussi, selon une modalité particulière, l'émigré en sa terre d'émigration. Tout comme l'immigration, c'est-à-dire cette *présence* particulière qui affecte la société d'immigration, a déterminé, on l'a vu, une « science » particulière ou tout au moins une somme de connaissances relatives à l'immigration et à l'immigré et imposées par le fait de l'immigration, l'émigration, c'est-à-dire cette *absence* particulière affectant la société d'émigration, devrait, elle aussi, déterminer une « science » homologue, tout au moins, une somme de connaissances relatives à l'émigration et à l'émigré, imposées elles aussi par le fait de l'émigration. Et, là encore, le paradoxe de la science de l'émigration est qu'elle serait une « science de l'absence » et des absents.

Une « science de l'absence »

L'émigration, pour ne pas être pure « absence », appelle une manière d'« ubiquité » impossible, une manière d'être qui affecte les modalités de l'absence qu'elle entraîne (de même qu'elle affecte les modalités de la présence par laquelle se matérialise l'immigration) : continuer à « être présent en dépit de l'absence », à être « présent même absent et même là où on est absent » – ce qui revient à « n'être que partiellement absent là où on est absent » – c'est le sort ou le paradoxe de l'émigré – et, corrélativement, à « ne pas être totalement présent là où on est présent, ce qui revient à être absent en dépit de la présence », à être « absent (partiellement) même présent et même là où on est présent » – c'est la condition ou le paradoxe de l'immigré. Le risque pour l'émigré et pour l'immigré qu'il est aussi est que ces formes incomplètes d'absence et de présence finissent, tôt ou tard, par s'accomplir intégrale-ment : la présence « physique » et seulement physique de l'immigré finira par devenir une présence « morale » aussi (par le corps et par l'esprit ; par l'actuel et par le futur ; par le travail et par l'engendrement, c'est-à-dire le *sang* ; par le fait et par le droit) ; corrélativement, l'absence maté-rielle et seulement matérielle de l'émigré finira par deve-nir une absence « morale » (et « spirituelle »), une absence consommée, une rupture accomplie avec la communauté.

L'émigration constitue une menace grave pour l'inté-grité et la survie de l'émigré en tant que membre de sa communauté ou de sa nation, et, aussi, pour l'intégrité et la survie des communautés elles-mêmes, quand elles sont privées, par l'émigration, d'abord de leurs hommes et, ensuite et de plus en plus, de familles entières. Aujour-d'hui que le mode d'existence « moderne » des commu-nautés qui fournissent les émigrés prend la forme de l'*existence* nationale, la forme de la nation (on est un *Algérien* émigré et, de l'autre côté, on est un immigré *algérien*) et que l'émigration est devenue presque partout un problème *national* (et non plus le problème des com-munautés confrontées à l'émigration des leurs), c'est la nation entière qui est menacée de mutilation par l'émigra-tion, qui est menacée de perdre des « morceaux » d'elle-même en perdant des « morceaux » de sa population actuelle et à venir (reproduction hors de la nation des familles émigrées), qui est menacée dans son intégrité physique (ou morphologique) et dans sa souveraineté en ayant une partie d'elle-même (une partie de l'ensemble de ses ressortissants) hors d'elle-même et hors de sa sou-veraineté. On comprend de la sorte la double relation d'attraction et de répulsion, de rattachement et de déta-

chement qui s'instaure entre, d'une part, les émigrés toujours suspects de « perdition » (la leur et celle des leurs
solidairement, suspects de « perdre leur âme » ce qui,
dans le langage actuel, se dit en termes de « décultura-
tion », « dépersonnalisation » ou en termes d'altérité et
d'altération « culturelle » et, ce faisant, de la faire perdre
à leurs communautés, à leur société, à leur nation, etc.),
de sédition, voire de subversion, ne serait-ce que par
l'exemple qu'ils constituent et par les exemples qu'ils
apportent (les « modèles culturels qu'ils importent de
l'étranger », comme on dit de plus en plus souvent) et,
d'autre part, leurs communautés et leur société (ou leur
nation) d'origine. C'est le travail réciproque d'intégration
ou de plus grande intégration, les émigrés-immigrés
et leurs communautés d'origine revendiquant, de part
et d'autre, la mutuelle appartenance des uns aux autres :
les premiers, immigrés en quelque autre société, se revendiquent comme étant toujours des « émigrés », donc
comme appartenant toujours à *leur* société, à *leur* pays,
à *leur* nation et, inversement, les seconds, qui ont leurs
immigrés chez les autres, les revendiquent comme étant
toujours *leurs* émigrés, donc comme étant toujours une
partie d'eux-mêmes. Travail de réintégration et de réap-
propriation mutuelles pour les immigrés, ré-intégrer,
se ré-approprier *leur* société, *leur* territoire, *leur* pays,
leur nation (et leur nationalité) et s'y rapatrier, et, inversement, pour les autres, ré-intégrer en leur sein, se réapproprier, rapatrier en eux leurs « émigrés » (le discours
algérien sur la « réinsertion » des émigrés, quand il
n'aurait que cette signification toute symbolique aurait
pleinement rempli sa fonction)[1].

De même que la *présence* de l'immigré est à l'origine
d'une série d'études qui ne manquent pas d'intérêt

1. Voir chap. 3, note 1 (p. 162).

même si, en définitive, elles s'avèrent de portée limitée, de même l'absence de l'émigré devrait, elle aussi, faire surgir une série d'études analogues à celles qui ont été produites pour l'immigration inspirées par le même souci d'ordre – l'ordre de la société d'émigration qui a besoin de régler les absences cumulées et de réguler l'effet de ces absences. Confrontée au risque d'émiettement, comment toute société d'émigration s'efforce-t-elle, sous peine d'aller vers sa décomposition, de contrôler l'émigration qui la délite ? Comment supplée-t-elle les absences ? Comment arrive-t-elle à neutraliser les risques de contamination, d'altération ou de subversion qui lui viennent de l'émigration des siens, surtout quand cette émigration – effet incontestable d'un certain nombre de perturbations, qui ne peut que renforcer, en retour, les causes qui l'ont produite – se fait plus nombreuse et concerne, d'abord, prioritairement, les éléments les plus actifs, c'est-à-dire, en majorité, les jeunes et, ensuite, plus fondamentalement, la clé de voûte de la société. Aujourd'hui cet ensemble de questions peut se reformuler en une seule, qui s'énonce en des termes éminemment *politiques* : comment peut-on être algérien ou un émigré *algérien* (*i.e.* un Algérien émigré) quand on n'est pas né en Algérie, qu'on n'a pas été élevé et qu'on n'a pas grandi au sein de la société algérienne en Algérie, qu'on n'a pas été soumis au travail de socialisation que toute société exerce, pour les conformer à elle-même, sur ses membres effectifs et, en fin de compte, ceci résultant de cela, quand on est « appelé » à vivre et à travailler sa vie durant hors de l'Algérie et hors de la société algérienne en Algérie ? En d'autres termes, comment peut-on être le national d'une nation, quand, du premier au dernier jour, on est hors de la nation ? Et, inversement, comment une nation peut-elle avoir des « nationaux » qui, du premier au dernier jour de leur existence, sont hors de la nation ? Si on sait comment, dans un premier « âge » de l'émigration, les communautés réussissaient à s'attacher indéfectiblement leurs émigrés, à neutraliser les risques qu'encourt tout émigré de devenir un *jayah* (ou un *amjah*), à subordonner à leurs propres objectifs (objectifs communautaires) l'émigration et ses effets, même les plus pervers ou les plus perturbateurs et les plus dissolvants – elles sélectionnaient les émigrés à cet effet ; elles continuaient à les « habiter » au sens vrai du terme durant toute leur émigration, l'individu n'étant que le groupe *incorporé* ; elles continuaient à agir sur chacun d'entre eux, souvent par l'intermédiaire du groupe qu'ils constituent et qui n'est lui-même qu'une reconstitution contrainte, réduite et mutilée de la communauté d'origine, on voit mal, par contre, la nation – puisque c'est de la nation qu'il s'agit maintenant, en cet autre « âge » de l'émigration qui est comme la phase ultime du processus – opérer aujourd'hui avec la même efficacité et réussir tout aussi bien à maintenir parfaitement intégrés à elle-même tous ses ressortissants émigrés.

À interroger l'émigration comme *absence* et à s'interroger sur les effets de cette absence, on est amené à réévaluer tout autrement le partage que fait la théorie économique des « coûts et bénéfices comparés de l'immigration » entre le pays d'immigration et le pays d'émigration qui, respectivement, tirent des « bénéfices » et supportent des « coûts », l'un, de l'immigration et, l'autre, de l'émigration. Aussi réservé qu'on soit à l'égard de cette théorie qui n'est, au fond, qu'une opération *comptable*, on ne peut que déplorer que l'émigration n'ait pas produit d'elle-même et pour elle-même une théorie économique équivalente des « *bénéfices* et *coûts* comparés de l'émigration ». De plus, transposer la théorie des « coûts et bénéfices comparés de l'immigration », c'est, du même coup, produire, là comme ailleurs, c'est-à-dire à propos de l'émigration, ce qui se fait et continue à se faire pour l'immigration, une espèce de légitimation de l'émigration ; corrélatives l'une de l'autre, la légitimation de l'immigration et la légitimation de l'émigration rejaillissent l'une sur l'autre. Si la théorie économique de l'immigration, qui réduit celle-ci à un ensemble de « coûts » et de « profits », contribue à légitimer l'immigration – cette présence qui, à trop durer et à trop se manifester partout et en tous les domaines de la vie publique, finit par devenir illégitime –, la même théorie économique appliquée à l'émigration, et appliquée de manière aussi réductrice, contribuerait, elle aussi, à légitimer l'émigration, cette absence qui, à trop se prolonger jusqu'à se rendre totale, finirait par devenir illégitime. Découvrir que l'émigration relève d'un travail de légitimation autonome ne devant rien au travail homologue qui s'effectue ailleurs pour l'immigration, c'est ne plus prendre pour vérité universelle ou pour « argent comptant » la vérité que le pays d'immigration a constituée de l'immigration ; c'est ne pas accepter le partage qu'il fait pour lui et, corrélativement, pour le pays d'émigration des « bénéfices » et des « coûts » de l'immigration, et de l'émigration. C'est découvrir qu'un autre bilan peut être fait de l'émigration ainsi que de ses « coûts » et « avantages » ; un bilan autre que le symétrique de celui qui est fait de l'immigration par le pays d'immigration qui, de son point de vue, a tout avantage à minimiser ses « bénéfices » et à maximiser ses « coûts » (et, par voie de conséquence, à maximiser les « bénéfices » et à minimiser les « coûts » de l'immigration pour le pays d'émigration) et qui est renvoyé tel quel à l'émigration et à ses auteurs. C'est découvrir qu'il peut y avoir des « coûts » insoupçonnés de l'émigration, des « coûts » qui ne sont jamais pris en compte dans le bilan qu'établit le pays d'immigration, des « coûts » excédentaires que ne compense aucun « bénéfice » et aussi des « coûts » *spécifiques* de l'émigration, (*i.e.* des « coûts » qui n'ont pas même leur contrepartie en « bénéfices » pour le pays d'immigration), tout comme l'immigration a aussi ses « bénéfices » *spécifiques* (« bénéfices » qui n'ont pas leur contrepartie en « coût » pour le pays d'émigration) ; c'est procéder à une tout autre évaluation du phénomène en sa totalité, de l'émigration et de l'immigration, et c'est découvrir, par-dessus tout cela, que l'*absence*, en elle-même ou par elle-même, est un énorme préjudice et qu'elle entraîne un « coût » littéralement incommensurable, c'est-à-dire sans commune mesure avec les « bénéfices » qu'elle peut apporter (réduction du chômage, rentrée de devises, etc.). Cela étant, c'est aussi inventorier et dévoiler tous les effets, habituellement masqués, niés ou transfigurés (de « coûts » en « bénéfices »), de l'absence. Mais, sans doute, cette réévaluation intégrale des effets de l'émigration tout en étant, elle-même, solidaire d'une reconversion du tout au tout de l'attitude à l'égard de l'émigration, n'est possible que dans certaines conditions économiques : soit que l'émigration cesse de remplir la fonction économique qui est la sienne et qu'on attend d'elle – elle est alors pure « faillite » ; il n'en reste que les « coûts », les inconvénients, les dommages, etc. – ; soit que les conditions économiques (celles-là mêmes qui étaient à l'origine de l'émigration) aient connu une transformation telle que l'apport de l'émigration devient accessoire, voire superflu. Ces deux conditions semblent être simultanément réalisées ou en voie de réalisation dans le cas de l'émigration algérienne, maintenant que, sous l'effet de différents facteurs, celle-ci semble avoir perdu la fonction, la signification et l'importance qu'elle avait initialement. Cause ou effet, ces deux conditions annonçaient, de la part de l'Algérie et de toute la société algérienne, d'abord, une reconversion totale de l'attitude à l'égard du phénomène de l'émigration lui-même et à l'égard des émigrés, et, ensuite, une réévaluation de tout le système de relations (droits et devoirs) que l'une et l'autre entretiennent avec l'émigration et avec la population émigrée. Si l'émigration a été longtemps la première source, sinon la source exclusive des revenus monétaires disponibles, surtout en milieu rural ; si, au niveau national, elle a figuré pendant longtemps comme l'origine principale (à égalité avec les revenus des produits pétroliers quand ce n'est pas dans une proportion supérieure) des ressources du budget algérien, aujourd'hui elle a complètement perdu cette fonction ; elle l'a perdue très rapidement et massivement et, par là, elle a perdu aussi son importance, perdant du même coup l'espèce de légitimité qu'elle tenait de cette fonction. Pour qu'on en vienne à dénoncer l'émigration, à dénoncer l'absence qu'elle est (et, de plus en plus, à la dénoncer *politiquement*), à dénoncer l'illégitimité d'une absence aussi totale et aussi prolongée, il faut que, pour une raison ou une autre, s'anéantissent toutes les bonnes raisons qu'on avait alors pour la justifier et la légitimer ; les « bons » motifs ayant ainsi disparu, éclate alors au grand jour l'illégitimité de l'émigration, c'est-à-dire tout ce par quoi elle est suspecte, son caractère honteux, voire scandaleux et, aussi, l'espèce de désertion ou de « trahison » qu'elle représente. Toute une série de facteurs ont contribué, ces dernières années, à dépouiller l'émigration de ses attributs les plus positifs[1], ainsi que

---

1. Comme si la fonction première et unique de l'émigration, la fonction qui est à son origine était de procurer des revenus monétaires (des entrées de devises, en termes de trésorerie nationale), que ce « bénéfice » essentiel vienne à se réduire en valeur relative ou en valeur absolue (ou les deux en même temps) – ce qui est le cas

de tous les effets compensatoires qu'elle se donnait pour pouvoir se racheter de l'absence qu'elle suscitait, allant même jusqu'à prendre sa revanche sur ceux-là pour

---

aujourd'hui pour l'émigration algérienne – on n'aperçoit même pas les autres « bénéfices » qui se substituent à celui-là qui a décliné ou qui est perdu, comme, par exemple, toujours dans le cas de l'émigration algérienne, les biens (biens de consommation ou biens d'équipement) introduits en Algérie par les émigrés au lieu des mandats qu'ils expédiaient auparavant ; pire que cela, il n'y a pas seulement cécité à cette substitution d'un « bénéfice » à un autre « bénéfice », mais dénégation de cet autre « bénéfice » qui vient prendre la relève : plutôt que de considérer l'économie réalisée s'il avait fallu importer l'équivalent des biens dus à l'émigration – et cette importation aurait été faite si l'émigration n'y suppléait – et, dans une moindre mesure, l'impulsion qui en résultait pour l'ensemble de l'économie algérienne, on est porté à voir en ce « bénéfice », le renversant en « coût », seulement l'influence néfaste qu'il exercerait sur les habitudes de consommation de la nation (alors que ces habitudes seraient plutôt à l'origine, cause plus qu'effet, de la demande de biens préférentiellement à la demande de numéraire), accroissant de la sorte les relations de dépendance d'avec le pays exportateur (le pays d'immigration), de même qu'on est porté à voir dans la réduction du « bénéfice » traditionnel de l'émigration (les rentrées de devises) non pas seulement un « manque à gagner » mais un préjudice causé au trésor ou à la balance des paiements. Sans doute parce qu'on se trouve ici au centre d'une économie « clandestine », économie qu'aucun des partenaires qui y contribuent n'a intérêt à objectiver, c'est-à-dire à constituer en tant que telle (à décompter, à évaluer, à mesurer), il est procédé de part et d'autre, de la part du pays d'émigration comme de la part du pays d'immigration, à la même dénégation de cette fonction nouvelle, et « honteuse », de l'émigration et de l'immigration ; de même qu'on préfère, ici, ignorer le fait que l'émigration contribue à l'équipement (surtout en milieu rural) et à la satisfaction des besoins d'une bonne partie de la population algérienne (relèvement du niveau de vie des populations rurales surtout : meilleur confort de l'habitat, de l'équipement domestique, de l'habillement, meilleure hygiène, etc.) – quand on s'en souvient, c'est pour fustiger l'émigration au lieu de lui en être reconnaissant –, on a intérêt, là, à ignorer que, par l'intermédiaire de l'immigration algérienne, ce sont quelques millions de consommateurs « clandestins » qui s'offrent à la production française.

lesquels elle acceptait l'absence insupportable qui lui était imposée[1]. Parmi ces facteurs, il en est qui ne sont pas liés directement à l'émigration, comme l'accroissement rapide de la masse des revenus provenant des produits pétroliers qui a considérablement réduit l'importance relative des ressources dues à l'émigration et, par suite, l'importance même de l'émigration. Par contre, il en est d'autres qui procèdent plus directement de l'émigration, de son évolution propre et des effets qu'elle entraîne : les uns, d'ordre structurel, tiennent aux transformations qui, à la longue, ont fini par modifier inévitablement la structure de la population émigrée ainsi que la nature même du phénomène de l'émigration ; les autres, conjoncturels, ne peuvent se comprendre qu'à la condition qu'on les réfère à la politique monétaire de l'Algérie (monnaie non convertible, contrôle très rigoureux des changes, etc.), voire à toute l'économie algérienne (nationalisation du commerce, institution du monopole de l'État sur tous les produits importés) et, plus particulièrement, au système de consommation de la société algérienne (d'un niveau relativement élevé et, en tout

1. De la même manière que « bénéfices » et « coûts » de l'immigration sont un enjeu de luttes au sein même de la société d'immigration (avant même de l'être corrélativement, entre le pays d'émigration et le pays d'immigration), les « bénéfices » et les « coûts » qu'on reconnaît à l'émigration ne font pas (ou ne feront pas) l'objet d'un consensus au sein même de la société d'émigration ; ils constituent eux aussi un enjeu de luttes entre les différentes composantes de la société d'émigration et surtout entre les émigrés et les non-émigrés, les uns et les autres s'efforçant d'imposer la définition la plus « avantageuse », c'est-à-dire la définition la plus conforme à leurs intérêts, de ce que sont les « bénéfices » et les « coûts » de l'émigration. L'émigration devient ainsi un terrain d'application des rapports de force entre les émigrés et leur société, et l'évolution actuelle du phénomène ne semble pas être en faveur des émigrés, le rapport de force s'inversant à mesure que l'émigration perd de son intérêt.

cas, disproportionné par rapport au niveau et aux possibilités de production du pays ; exigences de consommation de biens, matériels et symboliques, du niveau des pays développés ; habitudes de consommation de produits français et de consommation « à la française ») : ils se retraduisent, de la part des émigrés, mais cette fois-ci en tant qu'ils sont des immigrés, par toute une série de stratégies qui les engagent et les installent en France plus qu'elles ne les rapprochent de l'Algérie, pour ne pas dire qu'elles les éloignent, corrélativement, encore plus de l'Algérie : stratégies d'investissement, d'épargne, voire, parfois, de simples thésaurisations, tout cela en France même[1].

Plus que cela, de toutes ces stratégies responsables de la réduction, voire de l'extinction des transferts que les émigrés réalisaient auparavant sur leurs fonds économisés à cet effet, ce sont les opérations de « compensation » qui donnent lieu, pour des raisons ne relevant pas toujours uniquement de considérations exclusivement économiques, à la plus grande réprobation et au discours le plus accusateur et le plus stigmatisant à l'égard des émigrés. Un véritable marché parallèle du change entre le dinar algérien et le franc français (et, plus largement, entre le

1. Combien d'émigrés se font ouvrir, au moment de prendre leur retraite, un compte bancaire ou postal – alors qu'ils s'en sont dispensés tout au long de leur immigration en France, c'est-à-dire tout au long de leur vie active – uniquement pour pouvoir y faire verser les prestations qui leur seront servies au lieu que celles-ci soient transférées en Algérie (de la sorte, c'est le volume global des transferts sociaux opérés d'organismes français à organismes homologues algériens qui s'en trouve affecté et pas seulement le volume des transferts opérés par les émigrés eux-mêmes sur leurs économies par voie de mandat postal) ; le but, en agissant de la sorte, est de disposer, en permanence et à l'extérieur du pays, d'un pécule en « devises » (pécule d'autant plus précieux qu'il est en « devises » et à l'extérieur du pays, dans un pays de très haut niveau de consommation).

dinar et toute autre devise convertible à la place du franc) s'est institué par l'intermédiaire de l'émigration et des émigrés. Le résultat de tout cela est qu'on a abouti aujourd'hui au tarissement presque complet des envois d'argent par la poste, comme en effectuaient les émigrés il n'y a pas encore si longtemps. À titre indicatif (voir tableau 1 ci-après), alors que, en 1971, les émigrés algériens qui étaient à cette époque au nombre de 697 000 (actifs et non-actifs, les deux sexes réunis et tous les âges confondus), soit 20,5 % de l'ensemble de la population étrangère résidant en France, participaient encore pour 16,4 % du total des sommes transférées par les résidents étrangers en France, cette proportion n'était plus que de 4,2 % en 1978 (sur un montant total des transferts évalué à 10 102 millions de francs) et seulement de 1,9 % (!) en 1979, (sur 11 119 millions de francs transférés par l'ensemble des immigrés en France), alors que la population algérienne n'avait cessé d'augmenter entre-temps (en valeur absolue), atteignant le nombre de 819 000 personnes (soit 19,6 % de la population totale des étrangers en France) ; pour reprendre une formule célèbre [1], chaque « Algérien (non émigré) ayant son banquier (en francs), en France et, corrélativement, chaque émigré algérien ayant son banquier (en dinars), en Algérie », la quasi-disparition des transferts sur les économies des émigrés algériens apparaît encore plus manifestement quand on compare le comportement de ces derniers sous ce rapport avec le comportement des émigrés des autres pays, pays proches de l'Algérie et ayant comme elle une monnaie non convertible (Maroc, Tunisie) et pays d'Europe (Italie, Espagne, Portugal). Et une pareille chute extrêmement

1. La rumeur publique ou seulement l'humeur populaire attribuait cette formule à H. Boumediene, déjà de son vivant.

TABLEAU 1

Transferts effectués par les immigrés eux-mêmes sur leurs économies ; part de ces transferts dans le cas des travailleurs de six nationalités, en 1971, 1978 et 1979 (en millions de francs)

Immigrés	1971				1978*		1979			
	Population		Transferts		Transferts		Population		Transferts	
	Effectifs	%	Montants	%	Montants	%	Effectifs	%	Montants	%
Algériens	697 316	20,5	778	16,4	426	4,2	819 053	19,6	212	1,9
Marocains	170 835	5,0	363	7,6	1 644	16,3	385 991	9,3	1 686	15,2
Tunisiens	96 821	2,9	135	2,8	400	4,0	180 429	4,3	440	3,9
Italiens	592 787	17,5	222	4,7	237	2,3	496 079	11,9	290	2,6
Espagnols	601 095	17,7	929	19,5	1 901	18,8	457 134	11,0	1 962	17,6
Portugais	607 069	17,9	1 711	36,0	4 346	43,0	873 736	21,0	5 308	47,7
Autres immigrés	–	13,0	620	13,0	148	1,4	–	–	1 221	11,0
Ensemble	–	100	4 748	100	10 102	100	–	100	11 119	100

SOURCE : *Migrations-Informations*, n° 38, septembre 1981, ministère de la Solidarité nationale-DPM.
* Le document original ne comporte pas de chiffres de population pour l'année 1978.

rapide – sans être continue, la baisse des transferts sur les économies se dessinait déjà depuis quelques années, mais ce ne fut qu'entre 1976 et 1977 (année qu'on peut considérer comme marquant une nette rupture) qu'elle s'accentua et se précipita au point de n'avoir en 1977, 1978 et 1979 qu'à peine l'équivalent respectivement de 54,5 %, 42,5 % et 21,2 % des transferts de 1976 – ne peut en aucune manière s'expliquer, compte tenu des proportions qu'elle a atteintes, par les seuls changements, même massifs et subits, qui se seraient produits dans la structure de la population algérienne résidant en France. Preuve *a contrario* que l'explication est d'un tout autre ordre, à l'inverse des transferts effectués par les travailleurs immigrés eux-mêmes ; les autres transferts vers l'Algérie liés au travail en France des émigrés algériens (salaires transférés directement par les employeurs au nom de leurs salariés, rémunérations annexes du travail et autres prestations sociales dont, notamment, les allocations familiales, les pensions et les retraites, etc.) n'ont pas diminué, ni en valeur absolue ni en valeur relative dans les mêmes proportions ; on peut même dire que, globalement, la proportion qui revient à l'Algérie dans l'ensemble des transferts de cette catégorie est restée relativement constante durant toute la période concernée (comme l'indique le tableau 2 ci-après, elle se maintient pour les années 1971, 1978 et 1979 à, respectivement, 20,9 %, 19,4 % et 18,4 % du total des transferts sociaux).

Cette constance apparaît, par contraste, d'autant plus significative que le nombre des familles algériennes résidant en France, donc y percevant les allocations familiales (et, aussi, secondairement, les autres prestations sociales), s'est considérablement accru (de là, sans doute, la légère baisse qu'on constate entre 1971 et 1979 : 2,5 points ; 1 point de 1971 à 1978 et 1,5 point de 1978 à

TABLEAU 2

**Transferts sociaux (montants et proportions)
du fait du travail des immigrés de six nationalités
en 1971, 1978 et 1979 (en millions de francs)**

Immigrés	1971		1978		1979	
	Montants	%	Montants	%	Montants	%
Algériens	358	20,9	1 240	19,4	1 367	18,4
Marocains	77	4,5	400	6,2		
Tunisiens	25	1,4	152	2,4	616	8,3
Italiens	157	9,2	594	9,3	637	8,5
Espagnols	61	3,6	249	3,9	329	4,4
Portugais	53	3,1	242	3,8	288	3,9
Autres immigrés	980	57,3	3 523	55,0	4 207	56,5
Ensemble	*1 711*	*100*	*6 400*	*100*	*7 444*	*100*

SOURCE : *Migrations-Informations, op. cit.*

1979). Bien plus, en raison probablement de l'ancienneté de l'immigration algérienne en France, de l'importance et de la complexité qu'atteint cette immigration, l'Algérie arrivait en 1979 en bonne position pour tous les transferts autres que les envois volontaires des immigrés eux-mêmes (936 millions de francs, soit 26,5 % de l'ensemble des transferts de cette catégorie), avant même l'ensemble des pays membres de la CEE qui ne sont pas des pays d'émigration (c'est-à-dire l'Italie exceptée), cette primauté lui étant assurée notamment par les transferts effectués au titre des allocations familiales (241 millions, soit plus de 41 % des transferts dus à ce titre). Ce n'est pas seulement par rapport à l'ensemble des transferts hors de

France du fait de l'immigration que diminue la part qui revient aux transferts opérés par les immigrés algériens sur leur avoir, c'est aussi par rapport à la somme des autres transferts sociaux à destination de l'Algérie.

C'est au moment où elle est le plus contestée, au moment où elle se révèle comme un lieu de conflits entre les émigrés et leur société d'origine, que l'émigration dévoile au mieux sa vérité objective et la vérité de la condition de l'émigré : l'une et l'autre ne se conçoivent, ne se supportent que si ce qu'elles « rapportent » est supérieur à ce qu'elles « coûtent » ; la définition des uns et des autres étant là aussi (comme dans l'immigration) un objet de luttes incessantes. C'est sans doute ainsi qu'il faut comprendre l'évolution des mesures financières, décidées en chaque début d'année (voir, à cet effet, la série des lois de finances annuelles), qui prennent toutes en compte les incidences de l'émigration, incluant au titre des recettes l'apport financier des émigrés (sans jamais indiquer les « coûts » financiers ou le manque à gagner, le « coût » de la parité, fût-elle nominale, entre le franc et le dinar, le manque à gagner du fait des exonérations fiscales accordées, etc.). À mesure que se réduisent, en valeur absolue et en valeur relative, les revenus (monétaires) rapportés par l'émigration, à mesure que le « compte-devises » de l'émigration s'amenuise, comme pour en rétablir le bilan positif et, par là, restaurer l'émigration dans sa fonction originelle et sa légitimité première, les « privilèges » consentis aux émigrés, c'est-à-dire ce qui dans une comptabilité superficielle des « bénéfices » et des « coûts » est tenu pour le « coût » à payer à l'émigration, ne cessent de se restreindre eux aussi. Le comble semble être atteint par la mesure (les décrets d'application de la loi de finance de 1982, entrés en vigueur en mai 1982) imposant aux émigrés algériens (les salariés, qu'ils soient chômeurs ou non, les membres de leurs familles, etc.) de changer, lors de tous leurs séjours en Algérie, pour l'équivalent au minimum de 700 dinars algériens (soit 1 070 francs français), les émigrés commerçants et membres des professions libérales semblant être « imposés » pour une somme supérieure. Les émigrés ne transfèrent plus par les voies les plus visibles (les mandats postaux) que 27 % en 1979 (et certainement une proportion encore plus petite aujourd'hui) de ce qu'ils ont transféré en 1971 (!). Outre le caractère quelque peu infamant de cette mesure pour les émigrés désignés ainsi comme des « parasites » auxquels il faut faire payer le prix de leur séjour dans leur propre pays, c'est une véritable « atteinte à sa propre souveraineté intérieure » qu'a opérée l'Algérie en agissant de la sorte : un des attributs inaliénables du ressortissant d'une nationalité est de pouvoir entrer dans son pays sans condition (si ce n'est de prouver son appartenance nationale, ce qui est la fonction des pièces d'identité) et surtout sans condition financière. Ce faisant, ce n'est pas la seule atteinte que l'Algérie porte à son propre crédit, c'est-à-dire à l'image qu'elle devrait avoir d'elle-même face à l'émigré, cet être hybride à la fois national et non national (c'est sans doute ce qu'on lui pardonne le moins) : l'émigré qui ne peut s'acquitter de l'obligation qui lui est faite de changer au minimum 1 070 francs et de disposer de son billet de retour (obligation à laquelle est tenue ordinairement l'étranger mais non le national) ou de son équivalent en devises (au-dessus du plancher de 1 070 francs) se voit dépouillé, non pas de son passeport, mais de son « certificat de résidence » en France, pièce délivrée par une autorité étrangère et frappée du sceau (*i.e.* de la souveraineté) d'un État étranger, signifiant par là qu'on tient cette dernière pièce pour plus « estimable » (ce qui est objectivement vrai) que la première et, par là, son retrait pour plus répressif ou plus dissuasif : la restitution de ce document et de la liberté de circuler, vertu dont on le crédite objectivement (ne voit-on pas des émigrés embrasser, après ces épreuves, leur « certificat de résidence », ce même certificat sur lequel ils crachaient et qu'ils honnissaient en France en raison de tous les déboires qu'il leur valait), n'étant obtenue que lorsque l'émigré « touriste » en vacances chez lui aurait apporté, quitus à l'appui, la preuve qu'il a versé la quantité de devises nécessaire à sa « libération ». Malgré tous ces motifs, pourtant extrêmement blessants pour l'orgueil national dont on sait l'Algérie et les Algériens particulièrement jaloux, cette mesure n'a soulevé aucune objection, aucune indignation même dans l'opinion publique et, plus que cela, elle jouit même d'une certaine popularité, tout le monde trouvant « normal » que les émigrés « paient » (comme si tout émigré qui ne s'acquitte pas de l'obligation qu'il a contractée en émigrant, envoyer de l'argent au pays, était un mauvais émigré, un *jayah*, et aussi un mauvais national), qu'ils soient soumis, eux qui ont de l'argent (entendre par là des « devises ») et qui participent de l'opulence des riches (entendre par là qui ne subissent pas les restrictions et les pénuries qui sont le lot des nationaux), à un « impôt » (« impôt-sanction », maintenant qu'ils ne s'en acquittent plus d'eux-mêmes, volontairement) qui contribue à la prospérité du pays (*i.e.* des nationaux qui y résident et non pas des nationaux qui ont le « tort » ou la « chance » d'en être absents) ; ne s'indignent de cela que les émigrés, c'est-à-dire à proprement parler, les « victimes » de la mesure, certains d'entre eux allant jusqu'à jurer de « ne plus remettre les pieds dans leur pays tant que celui-ci exige d'eux un tribut (*maks*) », une taxe fiscale pour pouvoir rentrer chez soi !

Les « bénéfices », réels ou supposés de l'émigration, ayant disparu réellement ou dans la représentation qu'on s'en fait (et, ici, la réalité est tout entière dans la représentation qu'on en a, elle est faite de cette représentation et par cette représentation), il ne reste plus alors, à son passif, que les « maux » sociaux qu'on lui attribue : renchérissement de la vie durant la période de l'année qui concentre le flux le plus élevé des retours en vacances (juillet-août) en raison de la forte demande dont sont responsables les émigrés, ces « touristes » illégitimes (des touristes dans « leur » pays et, surtout, des « touristes » démunis des qualités sociales et du capital culturel qui font les vrais touristes) qu'on crédite toujours d'un fort pouvoir d'achat (prestige de la monnaie étrangère, consommation exceptionnelle, voire ostentatoire pour une période exceptionnelle, surenchère des dépenses en vue de racheter son absence ou de se racheter de son absence auprès des siens, etc.) ; multiplication des accidents de la route durant cette période des vacances, les émigrés ayant la réputation d'être de « mauvais » conducteurs (ils n'achètent de voitures que pour leurs vacances et pour « épater », ils ne connaissent pas les routes en raison de leur absence, ils n'ont que de vieilles voitures d'occasion et en mauvais état) ; responsables de tous les « trafics » possibles (tous les biens de consommation sont objets de trafics, sans compter l'or et les bijoux, les fusils de chasse, les alcools, etc.) et des « atteintes » qu'ils portent à la stabilité de la monnaie nationale ; etc. Il n'est pas jusqu'aux « bénéfices » qu'on reconnaît traditionnellement à l'émigration (les ressources monétaires dont elle a été la source principale, sinon exclusive dans les campagnes) qui ne deviennent, rétrospectivement, « négatifs », voire néfastes : ainsi, on découvre, après coup, combien l'injection massive de monnaie a été cause de perturbations sociales, économiques, culturelles, etc., provoquant, au fur et à mesure que se généralisaient et s'intensifiaient les échanges monétaires, principalement dans les campagnes et auprès des populations paysannes, ce qu'on appelle la « dépaysannisation[1] » ; effet, dans un premier temps, de l'émigration (*i.e.* de la découverte du travail salarié), celle-ci a fini, dans un second temps, par devenir, par un choc en retour, cause de l'extension et de la précipitation de l'émigration (cette fois-ci, pérennisée) et, plus généralement, cause de tout l'exode rural[2].

1. Pour une analyse plus rigoureuse des mécanismes qui ont déterminé la crise de l'agriculture traditionnelle, une fois qu'elle fut confrontée aux techniques de production et à l'*habitus* capitalistes (esprit de calcul, conscience économique et conscience de la temporalité ou structures économiques particulières et structures temporelles qui leur sont spécifiquement liées, notions de rendement, de rentabilité, etc.), ainsi que la désaffection qui s'ensuivit à l'égard non seulement du travail paysan mais de tout l'état paysan, de l'art de vivre et de la manière d'être paysans, voir P. Bourdieu et A. Sayad, *Le Déracinement, la crise de l'agriculture traditionnelle en Algérie, op. cit.*

2. L'Algérie avait décidé, le 18 septembre 1973, à la suite, semble-t-il, de la campagne de meurtres et d'attentats perpétrés durant l'été de la même année sur la personne et les biens des Algériens en France, de « suspendre » toute émigration vers la France « tant que la sécurité des ressortissants algériens n'était pas assurée » et que la preuve de cette assurance n'était pas apportée ; autant de conditions qui, indépendamment de la mesure française (et antérieurement à cette mesure, puisque celle-ci ne fut prise qu'un an plus tard, en juillet 1974) suspendant, elle aussi, toute immigration de nouveaux travailleurs, faisaient que cette « suspension » sur laquelle l'Algérie pourra difficilement revenir, même si la conjoncture l'exigeait, équivalait, en fait, à un arrêt définitif de l'émigration. Mais par-delà la raison officiellement invoquée, il est d'autres raisons objectivement plus importantes qui ont contribué à imposer la décision de mettre fin à l'émigration : il fallait que s'ajoute la volonté politique de revivifier l'agriculture pour que réapparaisse à nouveau la relation qui lie la paysannerie prolétarisée et l'émigration ; la « révolution agraire », qui était la préoccupation socio-économique et le grand dessein sociopolitique du moment, manquant de « volontaires » même parmi les paysans les plus pauvres (et, peut-être, surtout parmi ceux-là qui étaient les plus profondément affectés par la « dépaysannisation »), ne pouvait que souffrir encore plus de la « rivalité » directe et indirecte avec l'émigration ou seulement la possibilité

244

Faut-il attendre que se dissipent toutes les illusions constitutives de l'émigration, que se dévoilent au grand jour toutes les dissimulations ou tous les *enchantements* qui sont la condition même de possibilité de l'émigration (de son avènement, de sa diffusion, de sa reproduction, donc de sa perpétuation), pour que se constituent les conditions de possibilité d'une science de l'émigration ? Que l'émigration cesse d'être cette « absence » qui n'a d'expression qu'*affective* (absence d'êtres chers, d'autant plus chers qu'ils sont « absents », et absence des êtres chers, d'autant plus chers qu'on est absent), est-ce là la condition indispensable à une connaissance objective du phénomène ? Faut-il donc que l'objet cesse d'être, qu'il soit sur le point de se dissoudre complètement, pour que, par un étrange retournement, la science soit, enfin, possible ?

(théorique) d'émigrer, c'est-à-dire d'échapper à la condition de fellah prolétarisé.

7

Les torts de l'absent

Le rapport « malheureux » que l'immigré peut avoir avec le travail et dont les indices abondent, prenant parfois la forme de conduites proches de la pathologie (absences désordonnées et non motivées, comportements « nostalgiques », « stress », si le terme n'était habituellement réservé à une autre catégorie sociale, celle des cadres, etc.), tient tout autant à ce qui fait la condition de l'immigré qu'aux conditions de travail proprement dites. Ce qui conduit inévitablement à s'interroger non seulement sur le mode de présence qui est accordé à l'immigré dans l'immigration, mais aussi, et plus significativement, sur les effets de l'absence. Pour si justifiée que soit l'émigration, elle reste toujours suspecte. Sauf à « moraliser » l'émigration, ou, en d'autres termes, à l'« innocenter », « innocentant » du même coup aussi bien ceux qui vont « s'absenter » (les émigrés) que ceux qui les laissent « s'absenter » et se rendent complices de leur « absence » (l'ensemble de la société d'émigration), celle-ci contient toujours secrètement en elle le soupçon de la « trahison », de la « fuite » et, à la limite, du reniement. Il suffit que surviennent un « accident » de parcours, un léger écart dans les comportements, pour que surgisse le sentiment de la faute, de la faute originelle, qui est consubstantielle à l'acte d'émigrer. Culpabilité, culpabilisation et autoculpabilisation ; accusation et auto-accusation : voilà qui est constitutif indissociablement de la condition de l'émigré et de la condition de l'immigré.

Le cas rapporté ici illustre de manière paroxystique le coût social de l'émigration. L'immigré algérien qui est l'auteur du récit présenté ici était âgé de 51 ans au moment de l'entretien auquel il a accepté de se prêter (en juin 1985). Comme beaucoup de ses contemporains de même âge et de même condition sociale, il avait émigré vers la France pour la première fois dès l'âge de 19 ans (en 1953). Son immigration apparaît rétrospectivement comme un condensé particulièrement saisissant de toute l'histoire de l'immigration algérienne en France dans les années postérieures à la Seconde Guerre mondiale. Émigré jeune, alors qu'il était encore célibataire, il n'est retourné dans son village (et cela dans la seconde moitié de son immigration, c'est-à-dire après 1963 et après son mariage relativement tardif, à l'âge de 30 ans) que le temps des congés annuels (« et encore, une année sur deux »), la seule interruption relativement prolongée de cette immigration fut en 1958-1959 quand, en raison de l'état de guerre d'alors, il dut séjourner dans son pays pendant plus de quinze mois (arrestation, assignation provisoire à résidence, refus de l'autorisation nécessaire pour quitter l'Algérie, etc.).

En France, il connut les différents moments importants de l'immigration algérienne, c'est-à-dire, en fait, les différentes manières de mise au travail de l'immigré et aussi les différents postes de travail qui correspondent à chacun de ces moments : jeune, nouvellement immigré, après beaucoup d'hésitations et après de nombreuses difficultés et pérégrinations, le premier travail dont il garde un bon souvenir, en raison, sans doute, de la forte intégration qui l'a accompagné (intégration au groupe des immigrés, parents ou du même village que lui, sur le lieu même de l'emploi commun à tout le groupe), fut celui de mineur dans le charbonnage (à Valenciennes), à une période où la production de la houille était encore fortement encouragée, voire exaltée. Ce fut, confie-t-il avec une nuance de regret, la meilleure période de son immigration, car «tout y était clair» (ou lui semblait clair), alors même, ajoutait-il en jouant sur les mots, qu'il «travaillait dans le *noir de la terre* (*i.e.* sous terre) et par *temps noir* (*i.e.* de nuit), c'est-à-dire par double obscurité, celle du ciel et celle de la terre»; et aujourd'hui encore, et peut-être aujourd'hui moins que jamais, il ne parvient pas à dissiper la nostalgie que lui a laissée cette période où tout lui paraissait bien ordonné; c'était sans doute le seul moment où la signification qu'il accordait à son immigration et à sa vie dans l'immigration correspondait à ce que tout le monde, de part et d'autre de la ligne qui sépare l'émigration et l'immigration (c'est-à-dire du point de vue de la société d'émigration comme du point de vue de la société d'immigration), en attendait et à ce que lui-même en concevait, à savoir une mise au travail intensive et exclusive de toute autre préoccupation, de toute autre interrogation sur la signification réelle de l'acte de travailler et, par suite, de l'acte d'émigrer et d'immigrer.

Vint par la suite toute une série de désenchantements, c'est-à-dire la dissipation de toutes les illusions qui contribuaient à donner du sens à une situation qui, réduite à sa vérité nue, ne pouvait être ni intelligible ni supportable; et, sans doute, ne pouvait-elle être supportable, faute de pouvoir recevoir un sens, faute de pouvoir être supportable intellectuellement. Sauf à réinvestir constamment de sens (travail dont tous les immigrés ne sont pas capables) une expérience qui, à trop durer, finit par devenir incontrôlable – ou, pour le moins, finit par échapper au contrôle des immigrés les moins aptes socialement à se réapproprier de manière continue un phénomène qui les dépasse et dont ils ne peuvent maîtriser les multiples transformations, toutes plus contraignantes les unes que les autres –, c'est l'« absurdité » même de la condition d'immigré qui finit par éclater au grand jour, par s'imposer à tous, parfois au point d'attenter à l'intégrité psychique des immigrés les plus vulnérables.

Comment rendre compte de cette vulnérabilité particulière ? On ne saurait le faire sans remonter le cours de l'immigration sur toute sa longueur et au-delà, jusqu'en amont même de l'émigration ; sans s'interroger sur tout l'itinéraire de l'immigré et sans l'interroger lui-même sur son itinéraire (son itinéraire professionnel et son itinéraire social) afin de pouvoir cheminer avec lui et tenter de reconstituer, rétrospectivement et avec son aide, la trajectoire sociale qui a fait de lui le représentant d'un certain mode d'émigration et, ceci prolongeant et confirmant cela, d'un certain mode d'immigration. La première leçon qui s'impose au terme de cette tentative d'explication consiste en une remise en cause fondamentale de la séparation qu'on établit entre le travail et ce qui n'est pas travail, c'est-à-dire tout ce qui est hors du lieu et du temps fermé du travail (c'est ce que commencent à découvrir les études sur la « santé au travail » qui, s'inspirant d'une approche synthétique, sont soucieuses de reconstituer l'unité d'un objet qu'on a fait éclater entre des sphères posées comme autonomes et entre les disciplines propres à ces sphères). Ainsi, dans le cas de X., si un certain nombre de facteurs tenant à l'expérience de l'immigration à proprement parler (facteurs faciles à déceler bien localisés dans le temps et dans l'espace comme, par exemple, les multiples changements d'emplois qui pourraient laisser croire à une « instabilité » professionnelle, les nombreux congés de maladie qu'aucune cause franchement pathologique, et de pathologie organique, ne vient motiver jusqu'à ce que s'ensuivent des hospitalisations en psychiatrie, etc.) peuvent rendre compte partiellement de la relation conflictuelle au travail (relation qui va jusqu'à l'autoculpabilisation et à l'auto-agression), ils ne sauraient en fournir l'explication totale. Car, pour pouvoir être pleinement explicatifs, ils demandent à être eux-mêmes élucidés et à être rapportés à ce qui pourrait en être la genèse. Or cette genèse est ailleurs ; elle est dans ce que l'immigré n'avouera jamais, n'avouera pas à qui ne le sait déjà, de fait et d'expérience directe, par participation ; elle est dans ce qu'il ne s'avouera jamais à lui-même comme étant la cause de son mal et la cause de la relation de culpabilisation qu'il entretient avec lui-même en tant qu'émigré (c'est-à-dire en tant qu'absent de chez lui) et, par suite, avec son immigration et, en dernière analyse, avec son travail, celui-ci étant au principe de l'émigration et de l'immigration en même temps qu'il en est comme la fin ultime, donc au principe par là même de ce qui est considéré comme la « faute originelle ». À quoi bon avouer, à qui avouer et pourquoi avouer ce que savent tous ceux qui sont intéressés à savoir, tous ceux qui sont concernés à un point tel qu'ils ne peuvent rien ignorer (même s'ils feignent de tout ignorer), et à un point tel qu'on ne peut rien leur cacher ? C'est dans la nature publiquement « clandestine » ou secrètement « publique » de l'« infamie » – ainsi parle-t-on de cette « chose » qui est présente à l'esprit de tous les membres du groupe mais que personne ne veut énoncer, et dont l'immigration est rendue responsable en définitive – que réside le « mal » (la maladie et le mal-être) qui ronge l'immigré quand il se trouve dans l'incapacité de donner un sens crédible à son immigration ou, plus que cela, se trouve porté à dénoncer son immigration, à la mettre en accusation et à en instruire le procès. Chose « clandestine », en ce sens que l'atteinte portée à l'honneur et au moral de la personne relève de la stricte intimité, et qu'elle touche au creux de la sphère domestique et au plus profond de la vie privée ; mais chose « publique » aussi, parce que connue inévitablement de tout le monde, au moins dans les limites de l'interconnaissance, le seul monde qui compte et importe pour qui s'identifie totalement au groupe dont il est membre, pour qui n'a d'existence sociale réelle que par ce groupe, pour ce groupe et au sein de ce groupe.

De quelle « infamie » s'agit-il ? L'enquêté la relate en ces termes : « Un jour, je reçois dans une enveloppe postée d'Alger un extrait d'acte de naissance sans aucun mot d'accompagnement. Maintenant, je devine qui a pu m'avertir de cette manière, je suis à peu près sûr de la personne ; cette personne ne m'en veut pas, elle a dû souffrir autant que moi, elle ne pouvait me cacher cette chose, elle a raison. Si je pouvais le faire, je l'embrasserais, je lui baiserais les pieds et la tête [...]. Sur le coup, j'ai mis du temps à comprendre et pourtant le père mentionné dans l'acte, c'est bien moi, c'est mon nom, mon prénom [...]. Ainsi, j'étais père d'une fillette que j'ignorais. D'où me tombe-t-elle ? Je ne suis pas retourné dans ma maison en Algérie, je n'ai pas vu ma femme depuis plus de deux ans [...]. J'ai reçu un énorme coup sur la tête. » Plus tard, revenant sur ce « traumatisme », il dira : « Que veux-tu ? Je ne crois plus à l'"endormi" (*i.e.* à la « théorie de l'enfant endormi »]. C'est peut-être dommage. Mais n'y croient que ceux qui veulent y croire[1]... »

---

1. Théorie de « l'enfant endormi » : conçu à un moment antérieur, le bébé « se serait endormi » dans le ventre de sa mère où il aura attendu plus de neuf mois avant de se « réveiller » à la veille d'un accouchement qui, somme toute, n'aura été que tardif ; invention géniale d'une culture pour laquelle « il n'est pas, comme elle dit elle-même, de situation qui n'ait sa porte » (ou « d'impasse qui n'ait son issue ») !

Retiré de la production après une dizaine d'années d'activité, X., qui comptait quinze années de travail dans la même entreprise, fut versé au service du nettoiement eu égard à ses antécédents médicaux, alors qu'il avait espéré être affecté, comme il dit, au « service de la porte ». X. étonne par son comportement solitaire, par son mutisme lors même qu'il se trouve en groupe ; les rares moments où il s'anime, semble « reprendre goût à la vie » et adopte un point de vue engagé sur les choses dont on débat et aussi sur ses propres comportements, les rares moments où « il semble redescendre sur terre », ainsi qu'il le dit souvent lui-même, c'est lorsqu'il se retrouve parmi un petit groupe de familiers qui lui sont très fidèles et dont il a su faire des complices. Ce sont tous ceux dont il sait qu'ils sont au courant de tout au point de le comprendre et de tout partager de son trouble et de son malheur, sans qu'il ait rien à leur dire pour cela et sans qu'eux-mêmes aient rien à lui en dire ; tous ceux dont il sait qu'ils savent et dont il sait de plus qu'eux-mêmes savent qu'il sait qu'ils le savent. Hormis ce groupe d'intimes, il n'y a d'environnement pour X. qu'hostile ; et celui du travail n'est pas moins hostile que les autres.

Mélancolique, X. l'est incontestablement, mélancolique se complaisant dans sa mélancolie, réaction *nostalgique* de quelqu'un qui est *attaché à l'ordre* et à un ordre qui a été définitivement et irrémédiablement rompu. Si l'immigration est déjà en elle-même une rupture, une rupture initiale qui sera suivie de bien d'autres, elle a quand même fini par être « ordonnée », par se laisser imposer un « ordre ». Il faut qu'il y ait, au sein ou à l'occasion de cette première rupture collectivement organisée et ordonnée, une seconde rupture, une rupture individuelle celle-là, pour que le *désordre* apparaisse ; pour qu'il resurgisse, irréductible, car il est alors désordre pour une conscience individuelle. Il n'y a d'illusion efficace, c'est-à-dire d'illusion qui s'ignore comme telle (c'est la condition commune de tous les immigrés), qu'à la condition qu'elle soit collectivement entretenue : illusion et collusion. L'ordre dont il est question ici implique rapport avec le monde et avec autrui : avec le monde, c'est la minutie, et X. donne des exemples de cette minutie pouvant aller jusqu'à la manie (minutie des gestes qui, dans le travail sur machine, s'avère extrêmement dangereuse ; minutie qu'il met dans le rangement de ses papiers, dans l'examen des détails de sa vie ainsi que de ses relations et, plus largement, du « spectacle » du monde) ; avec autrui, c'est la volonté de s'enfermer dans les limites d'un monde social organisé selon des références solides et claires. Minutie et conception hypertrophiée du devoir, c'est l'« indivision des contraires » caractéristique de l'angoisse. Et il suffit qu'une tendance l'emporte sur l'autre pour que ce soit le déséquilibre. Même le groupe le plus soudé des intimes et des familiers et, peut-être, prioritairement ce groupe (le groupe époux, enfants, parents, frères et sœurs, etc.) ne suffit pas à protéger de la solitude. Celle-ci est une mortification totale de l'être dont on ne peut saisir que les symptômes, à savoir les transformations de tous les rythmes, et même des rythmes les plus ordinaires et les plus quotidiens qui sont autant de cadres de la vie sociale (repas, veille-sommeil, travail-loisirs ou vacances annuelles, séjour en France-retour au pays, etc.) ; ces transformations vécues dans le temps *intérieur* inclinent au repli sur soi, sur un *tempo* propre et, par suite, portent à l'introspection minutieuse et soupçonneuse, préoccupée de déceler la faute partout et en tous les actes de la vie et, en premier lieu, la faute originelle qu'est l'immigration elle-même, cette faute essentielle qui a engendré toutes les autres qu'on se complaît à inventorier, fautes mineures, ponctuelles, qui ne sont que des actualisations multiples de la faute principale. L'exclusion qu'on s'impose et qu'on recherche, à la fois douloureuse et fort goûtée pour le confort qu'elle procure, peut susciter la plus effroyable des monotonies, un enfer que recouvre un linceul ou, en apparence, un tapis immobile fait de tristesse, d'angoisse et de souffrance. Le facteur décisif réside dans le *sentiment de la faute*, obsession du retour au passé. Paradoxalement, c'est dans le cas particulier où le travail est objectivement mis en cause en tant qu'il est la raison d'être de l'immigration et, en dernier ressort, la raison ultime du mal et du mal-être qu'on éprouve dans l'immigration et dont on rend l'immigration responsable, qu'il tend à se constituer comme pivot central d'une existence déchirée, minée de l'intérieur (aux prises avec une contradiction interne) au point de perdre le sens de la vie. C'est là aussi que travailler tend à être identifiable et totalement identifié à vivre, parce que, dans la situation de rétrécissement social dans laquelle se réfugie le « mélancolique », le travail contraint à vivre et non pas seulement permet de vivre. Il a, de ce fait, une fonction littéralement vitale, une fonction salvatrice, voire thérapeutique : puisqu'il faut continuer à vivre et qu'il faut, par conséquent, continuer à lutter de toutes ses ressources contre le blocage, cette espèce de stagnation dans la stupeur, cela revient, dans le cas présent, à travailler, travailler étant la seule raison d'exister dans l'immigration. Avec le *sentiment de la faute*, c'est tout l'ordre, ordre *doxique*, établi avec soi et avec les autres qui est constamment mis en péril, menacé de déséquilibre. La rupture avec cet ordre, intérieur et extérieur, peut atteindre un niveau où elle devient intolérable : le monde environnant – le monde physique et, plus encore, le monde social (c'est-à-dire les autres) – est constitué selon le point de vue, selon la situation dans laquelle se trouve en propre celui qui le perçoit de la sorte.

L'apparent détachement qu'affecte celui-là qui semble être revenu de tout, la position de « spectateur » du monde qu'il affectionne, sorte de mise entre parenthèses du monde dans lequel il lui faut bien évoluer et vivre, sorte de distance prise avec le « siècle » dans lequel on est pourtant engagé qu'on le veuille ou non (et on ne peut pas ne pas le vouloir), semblent consacrer le dernier trajet ou le tronçon ultime d'un parcours au terme duquel il n'y a plus de « choix personnel » possible, plus d'alternance crédible qui offrirait une solution, plus d'issue à l'impasse dans laquelle on est engagé. Le désespoir ou, mieux, la désespérance cruellement éprouvée à tous les moments, est une espèce de va-et-vient « intérieur » que nul ne peut résoudre, va-et-vient entre ce qui était possible hier et ce qui ne l'est plus aujourd'hui ; entre ce qui, hier, n'était que virtuel et ce qui, aujourd'hui, est devenu irrévocable, etc.

Que reste-t-il alors ? Sinon la rupture de la « perspective de vie », la déchirure, l'autodestruction ; sinon, comme disent les immigrés eux-mêmes quand ils frôlent cette situation limite qui leur fait découvrir leur « in-existence » et leur incapacité (sociale) à se situer dans une « perspective » qui donne *sens* à leur existence, la situation paradoxale du « mort vivant » ou du « vivant (déjà) mort[1] ». Renouer les fils par-delà la rupture, recomposer les morceaux brisés, c'est l'acharnement désespéré qui soutient la vie, porte la vie et remplit toute la vie, de sorte que cet

1. Le langage de la sagesse traditionnelle, langage qu'affectionnent les individus que leur condition sociale incline, de nécessité faisant vertu, à se « retirer » de l'engagement mondain, traduit bien la série des contradictions dans lesquelles une situation, en elle-même contradictoire (l'immigration), enferme ses agents : à la formule relativement optimiste « il n'y a pas de situation qui n'ait sa porte », s'oppose cette autre formule paradigmatique selon laquelle « il est des morts vivants » comme il est des « vivants morts » !

effort finit par s'identifier totalement à la vie, par constituer la vie au point que l'auteur de cette entreprise en vient à oublier de vivre autrement ; à oublier que vivre, c'est vivre autrement qu'en s'acharnant à vivre. Nécessité et liberté !

L'enquête comme analyse et auto-analyse

« Comment je me suis retrouvé dans ce travail ? Ne crois pas que j'ai été embauché spécialement pour faire ce travail, pour balayer, nettoyer les ordures [...]. Tu me dis que tu cherches à voir les "planqués", à comprendre comment on devient un "planqué". Crois-moi, ce n'est pas une "planque"... et quand ce serait une "planque" – ce que je voudrais bien –, il faut savoir de quoi je l'ai payée. Je l'ai payée de mon sang, de ma chair [se tâte pour montrer combien il est maigre, c'est-à-dire combien il a « perdu » de sa chair... au travail], de mes cheveux blancs [...]. Beaucoup disent ça : "Ah, voilà un 'planqué'[1]." Si seulement ils savaient... Toi aussi tu t'imagines cela. Est-ce qu'il y a seulement une "planque" ici, une "planque" dans ce lieu de travail, est-ce qu'il existe seulement une planque dans le travail ? Personne ne se demande cela [...]. Oui, quand on travaille, on essaie toujours de gagner une minute par-ci, une minute par-là, on essaie de tricher un peu, de passer à l'as comme on dit. Mais, moi je préfère quand même faire comme tout le monde, comme au

1. Les termes arabes pour dire « planque » et « planqué » sont souvent empruntés au français et soumis au moule syntaxique de la langue arabe : *planeka* (la planque), *planka roubou* (il s'est planqué) ou *mplanki* (planqué), *planki* (se planquant) ; ce n'est que rarement qu'on recourt au vocabulaire proprement arabe qui est, en la circonstance, autrement plus suggestif : *m'khabbi*, embusqué, masqué, caché (pour dire « planqué »).

temps ou j'étais sur la chaîne, plutôt que maintenant où je suis seul, j'arpente avec mon balai les rues de l'usine [...].

« Ce travail, je l'ai eu sur ordre des médecins, après des visites et des visites, après des conseils de la sécurité sociale, des conseils des médecins du travail. J'ai été longtemps en congé de maladie, j'ai été classé par la commission d'invalidité. Il a fallu que je refuse ; ce fut une énorme bataille qu'il a fallu engager contre la sécurité sociale, contre la direction, contre les médecins pour qu'on accepte de me reclasser [...]. Moi, j'aurais aimé être à la porte, être au service de la porte. C'était ça que j'avais voulu avoir, je l'avais demandé. Mais, paraît-il, il faut être plus pistonné que moi pour avoir ça [...].

« Pourquoi ça me plaisait ? Parce que tu pouvais être assis toute la journée, tu pouvais être à l'abri ; tu n'as personne [sous-entendu : aucun chef] au-dessus de toi et à côté de toi pour te surveiller [...]. Mais, en définitive, je ne suis pas mécontent d'être là, d'avoir été mis au balai au lieu d'avoir été mis à la porte comme je dis dans mon langage. Dans mon travail, j'ai la chance d'avoir comme seul compagnon mon balai ; nous sommes deux, inséparables l'un de l'autre : mon balai et moi. Nous nous connaissons bien maintenant, nous nous parlons l'un l'autre, mon balai est témoin de tout ce qui m'arrive, de tout ce que je fais, de ce que je pense. C'est un autre moi-même. Je préfère sa compagnie à celle de tout le monde ici ; lui, il a le grand mérite de se taire, de ne rien dire et pourtant je lui parle, je lui dis tout, je lui raconte tout. Il n'ignore rien de moi, c'est un autre moi-même. C'est l'homme le plus fidèle que je connaisse, jamais il ne m'a trahi, jamais il n'a dévoilé un secret, jamais il n'a changé d'endroit : je le laisse là, je suis sûr de le retrouver à la même place toutes les fois que j'ai besoin de lui, il ne bouge pas d'un empan même au bout d'une année d'attente. Il n'y a pas plus sûr, plus fidèle, plus reconnaissant que mon balai ; nous sommes deux grands amis mon balai et moi, nous sommes frères [il embrasse le manche de son balai, le serre amoureusement contre lui ; à plusieurs reprises, X. témoignera de l'amour qu'il porte à son outil et de la complicité qu'il entretient avec lui : le fait semble être connu de tous les familiers qui ne manquent pas de s'étonner et de se moquer de la relation tout à fait extraordinaire ou, pour le moins, inattendue entre l'ouvrier et son outil, celui-là investissant sur celui-ci plus qu'il n'est de tradition et plus qu'il n'est de convention dans le rapport purement instrumental que l'ouvrier peut avoir avec son outil], nous nous entendons à merveille.

« En définitive, je ne regrette pas de n'avoir pas été placé à la porte. Je vois maintenant, j'aurais eu beaucoup d'embêtements, c'est plein d'embêtements. Tandis qu'ici, avec mon balai – et un territoire – je suis en paix. Tant mieux ! La paix ! Bon débarras […]. Quels embêtements, tu me demandes ? Je ne sais pas trop quoi, mais je suis sûr que j'aurais eu des embêtements…

« […] J'aime être seul, j'aime travailler seul, seul comme Dieu est seul ! C'est pour cette raison que j'ai fini par aimer ce travail. Pourtant, il n'a rien d'enviable. Que dire ? Les ordures…, dans les ordures…, balayer et ramasser les ordures des autres… Une ordure parmi les ordures, voilà ce qu'on est ! D'ailleurs, on m'a jeté là comme une ordure, comme on jette une ordure !… Mais, malgré cela, je ne m'en plains pas. Seul, pas à pas, je travaille à mon rythme. Dès que j'ai revêtu ma combinaison, dès que j'ai entre les mains mon balai, tous les autres soucis sont derrière moi, je les laisse au vestiaire avec mes autres affaires. Je ne parle à personne, personne ne me parle, de temps en temps, bonjour, bonsoir, salut ici ou là, à celui-ci ou à celui-là qui vient à passer près de moi. Rares sont les fois oh je tombe avec une ou deux personnes qui me sont agréables, telle la personne qui m'entend en ce moment comme toi à qui je m'adresse présentement [c'est là une formule de politesse], et avec lesquelles j'ai plaisir à bavarder pendant une ou deux minutes. À part de petites choses de ce type, je ne m'occupe de personne et personne ne s'occupe de moi. Je vais de mon train : quelqu'un m'est agréable, je suis en sympathie avec lui, je lève les yeux vers lui, tout autre que je n'ai pas envie de voir, je regarde mon balai plutôt que lui quand il vient à passer près de moi… Effectivement j'ai plus plaisir à regarder mon balai plutôt qu'à diriger mon regard dans sa direction… Je travaille, les yeux regardant le sol, ni vu ni connu… Tant pis. On dit de moi : "il est sauvage…" ; oui, je préfère être "sauvage" que me forcer à sourire : "Comment vas-tu, mon ami ; comment vas-tu, mon frère ; comment vas-tu, mon oncle !" C'est être imbécile [*elbassal*[1]] que d'agir de la sorte. N'avoir que des frères, que des oncles partout ; faire du premier venu son frère, son père, son oncle, il faut vraiment n'être rien, n'avoir aucune estime de soi pour se donner en spectacle de la sorte. Je n'aime pas ça, je ne suis pas fait pour ça ! Que Dieu m'éloigne de tout ça et de tous ceux qui se comportent ainsi. Ils n'ont aucun sens de leur honneur et de leur dignité… Ils peuvent s'imaginer que je porte sur moi tout le déshonneur de la terre, toutes les infamies, toutes les vilenies parce que je suis balayeur, je préfère mon balai à eux tous, ils ne valent pas mon balai. En réalité, ce sont eux qui se rabaissent, qui vont à

---

1. *Elbassal* (imbécile), *labsala* (imbécillité), *yatbassal* (faire l'imbécile), etc. ; le sens donné au mot arabe emprunté au mot français est plus proche de fat et de fatuité, de vaniteux, d'infatué (et d'infatuation) ou encore d'inconsistant, manquant de retenue et de considération et, à la limite, de sans honneur ou en marge des règles de l'honneur (plus que de manquant à l'honneur).

plat ventre, qui donnent du "monsieur ici et du monsieur là", tout juste s'ils ne disent pas "sidi" car ils en sont encore là, ils voient des "sidi" partout, ils ont besoin de "sidi". Le déshonneur, l'humiliation ne sont pas dans le balai que je porte à la main, ils sont dans leur âme. Si je suis venu à ce stade, à préférer le balai à leur travail, à leur préférer ce balai que je n'ose pas nommer devant toute personne respectable, c'est parce que je sais qu'ils sont méprisables, qu'ils ne méritent même pas le regard qu'on porte sur eux [...].

« Il y a certains jours où je passe la journée entière à marcher. Cela me fait beaucoup de bien. Tant que je marche, je ne vois rien, je n'entends rien. Je suis avec moi-même, avec ce que j'ai dans le cœur [c'est-à-dire dans la tête] ; je suis avec mes pensées.

« [...] Je repasse tout en pensée, toute ma vie en pensée. Je la regarde de près, j'essaie de me souvenir de tout, et tout me revient, à certains moments, dans le moindre détail. Le premier jour de mon départ – j'avais seulement 18 ans : un gosse, mais un gosse qui a déjà beaucoup vécu car il a beaucoup souffert, [un gosse] plus grand que son âge –, je l'ai toujours devant les yeux, c'est peut-être le jour [inaugural] de mon plus grand malheur. Ce n'est que par la suite, longtemps après, quand c'est déjà trop tard, qu'on se rend compte de ces choses. Tout est parti de là ; ce premier jour est la cause de tout ce qui a suivi. Tout cela me revient à l'esprit, point par point, dans le moindre détail. Il y a des choses qui ne s'oublient pas, tout cela qu'on voudrait oublier. Alors quand je suis seul, je pense à tout ça, je réfléchis chaque chose, je l'examine dans tous les sens. J'essaie de comprendre ; de comprendre comment arrivent les choses. Est-ce que les choses qui arrivent dépendent vraiment de moi ou est-ce qu'elles arrivent d'elles-mêmes ; elles sont écrites. Il y a de quoi passer toute sa vie à essayer de démêler les responsabilités [...]. Je sais qu'il n'y a rien à faire, qu'on ne peut pas refaire ce qui est déjà passé, mais ce qui est passé, contrairement à ce qu'on dit, n'est pas mort ; il est toujours en nous, dans notre mémoire, dans notre présent et ce que nous vivons en ce moment n'est que la suite de cela qui est passé. Alors je préfère rester avec mes pensées, cela m'occupe suffisamment, je n'ai pas besoin de regarder à droite et à gauche pour ajouter des choses. Au contraire, regarder à droite et à gauche, cela dissipe tout ce que j'ai en tête... ; de toute façon, je ne vois rien, je n'entends rien. Il n'y a de vrai que ce que j'ai en moi [...].

« Oui, bien sûr, on a tous besoin de quelqu'un, de quelqu'un à qui dire les choses, mais ce quelqu'un est rare à trouver, ce quelqu'un n'existe pas. Alors pourquoi perdre son temps à le chercher [...]. Oui, c'est très agréable quand on a ce quelqu'un. Comme on dit chez nous : à l'unique [c'est-à-dire le solitaire], le droit lui interdit d'avoir une maison [c'est-à-dire une famille]. On ne peut pas exister en solitaire. Mais on n'est jamais solitaire, on a toujours quelqu'un en soi... Et puis, moi, j'ai toujours mon balai, mon compagnon de tous les instants ! Faute de trouver ce compagnon à qui on peut tout dire, autant rester avec soi ; plutôt que d'aller au-devant des autres et, on ne sait jamais, au-devant de l'hostilité et du mépris de ces autres, mieux vaut rentrer en soi-même, regarder à l'intérieur de soi. Il n'y a de vrai remède que là, que dans sa force propre, dans ce qu'on a dans le cœur [c'est-à-dire dans son courage].

« [...] Plutôt que de faire comme tout le monde, de faire semblant d'oublier jusqu'à ce qu'on oublie tout, moi, je préfère me souvenir de tout, avoir tout à l'esprit... Ce n'est que de cette manière que je suis rassuré, que je peux voir clair en moi parce que je m'efforce de trouver la lumière là où chacun met de l'obscurité.

« Si je pouvais lire dans ma vie comme on lit dans un livre ! Et pourtant, je ne sais pas lire. Mais avec un peu de cervelle [index pointé sur la tempe], quand on réfléchit bien, on arrive toujours à renouer les fils. C'est pour cette raison, en définitive, que je suis bien là où je suis, je ne regrette pas, mieux vaut le travail dans lequel j'ai la paix, plutôt qu'être au service de la porte et voir tout le monde passer devant moi, celui qui me plaît comme celui qui ne me plaît pas. C'est comme si tu étais au milieu de la foire, c'est le souk ; c'est la vitrine, c'est un spectacle… Tu regardes le spectacle, le spectacle de la rentrée et le spectacle de la sortie. Il n'y a pas de quoi se réjouir […]. Et moi, dans cette baraque, je me donne aussi en spectacle avec mon costume, ma casquette. Tout m'est donné à voir [littéralement : toute chose est à mon attention] à la manière d'un gardien, sauf que je n'ai rien à garder ; il n'y a rien à garder, sinon à être là pour se faire voir… et pour voir qui entre et qui sort. Je ne sais pas si tu les as vus les gardiens, ils n'arrêtent pas de parler entre eux – je me demande de quoi ; depuis qu'ils sont ensemble, comment n'ont-ils pas fini par tout se dire ? – et, dès que quelqu'un passe, ils ne manquent pas de l'interpeller comme s'ils étaient tout contents d'avoir quelqu'un à qui parler […], il n'y a pas de différence entre eux et les concierges des immeubles…, je n'ai pas envie d'être une concierge. Alors, je préfère mon balai au trousseau de clés qu'ils ont dans les mains.

« […] Ah, oui ! Beaucoup aimeraient avoir ce travail [le poste de gardien], il faut d'ailleurs être drôlement pistonné pour être mis à ce poste. On dit qu'il faut être bien dans les dossiers là-bas, dans les bureaux… On dit même que ce sont les espions qu'on place là : on a confiance en eux, on leur demande d'avoir l'œil sur tout mine de rien et ils vont faire leur rapport […]. D'ailleurs, tout le monde s'en méfie […].

« La France, je vais te dire, c'est une femme de mauvaise vie ; c'est comme une putain. Sans que tu t'en rendes compte, elle tourne autour de toi, elle entreprend de te séduire jusqu'à ce que tu tombes dans ses filets et alors elle te suce, elle te vide de ton sang, elle te fait faire toutes ses volontés et quand elle en a marre de toi, elle te jette comme une savate usée, comme quelque chose qui n'a aucune importance [littéralement : sans signification]. C'est une ensorceleuse. Combien n'en a-t-elle pas emporté avec elle. Elle a mille manières de te tenir prisonnier. Oui, c'est une prison, une prison dont on ne peut sortir, une prison à vie ; c'est une malédiction. Dès que tu y as mis le bout du doigt, elle se saisit de toi et elle t'emporte entièrement, elle te pétrit, t'écrase jusqu'à ne plus pouvoir te relever. Elle nous a eus tous, elle est maligne. Bienheureux qui ne la connaît pas ou qui a su résister à la tentation !... Même s'il faut accepter sa misère [initiale], car c'est la misère qui nous a poussés dans les bras de cette femme de rien ! Ce n'est pas réellement de nous-mêmes que nous avons choisi de venir en France [...]. Oui, on ne nous a pas mis les chaînes pour nous amener ici sous [la contrainte du] besoin [...]. Oui, c'est vrai, je me souviens de cela : j'attendais ce jour [le jour du départ vers la France] avec impatience ; quand on a 18 ans, on a toute la vie devant soi. On ne voit qu'une chose, l'état de misère dans lequel on était ; ce qui va venir par la suite importe peu et, de toute façon, ce ne peut être pire que ce qu'on a ! Ce ne peut être que mieux et pour cela on est prêt à accepter toutes les autres misères qui nous changeraient de notre misère présente. France ou ailleurs, je crois que j'aurais suivi quiconque m'aurait dit : je t'emmène avec moi, même à l'autre bout du monde [...]. [...] Sincèrement, je crois qu'au fond de moi-même, je n'ai jamais été totalement dupe ; je savais que ce n'était pas le paradis, je savais que ça ne peut pas être le paradis. Nous ne sommes pas faits [socialement] pour le paradis, il n'y a pas de paradis pour nous, mais on se l'imagine, on s'en convainc seulement. Ou on se fait des illusions... je crois que je ne suis pas le seul dans ce cas, personne n'est différent de moi, mais seulement nous faisons tous semblant [...]. Sans illusions ; oui, sans illusions, j'étais. Si on était fasciné par la France, c'était un problème d'argent ; quand tu es sans le sou, tu ne vois que ça : comment avoir de l'argent, peu importe par quoi il faut passer, peu importe le prix qu'il faut payer pour ça. D'ailleurs, on n'en a aucune idée. Pour tout le reste, on s'en doute. On n'a qu'à voir tous les autres immigrés, même s'ils ne disent rien. Ils ne laissent paraître que le meilleur aspect des choses, et puis comme tout le monde a les yeux fixés sur eux, tout le monde a envie de les gâter, de les flatter, ils sont chéris de leur famille, de tout l'entourage, c'est tout cela qu'on envie en eux ; eux-mêmes se laissent séduire par cela, ils sont flattés, c'est cela qui leur fait le plus plaisir quand ils reviennent au pays et ils ont l'impression que ce petit moment agréable vaut bien tout ce qu'ils endurent toute l'année. Alors, ce n'est pas le moment pour eux de dire aux autres ce qu'il en est exactement, mieux vaut se taire, Mais il arrive qu'en petit groupe, entre familiers, ils disent autre chose [...]. Une histoire..., on la raconte chez moi. C'était avant l'émigration en France, quand les gens ne partaient encore que dans la région d'Alger pour travailler dans les fermes, dans la pomme de terre, les tomates. C'était un père et son fils. Une année, le père emmena son fils pour lui apprendre, pour lui montrer ce que c'est le travail chez les colons. Arrivés dans les lieux, ils achetèrent un pain qu'ils partagèrent et prirent une pastèque. Le garçon émerveillé demanda à son père si c'est de cela qu'ils allaient se nourrir tout le temps. Le père acquiesça, se gardant bien de lui dire qu'ils s'étaient emparés de la pastèque en cachette sans avoir eu l'autorisation de la cueillir et qu'ils n'auront probablement jamais cette autorisation. Alors le jeune fils, ôtant sa calotte de la tête et la lançant par terre, s'écria de joie : "Que le pays ne revienne jamais, que je ne le revoie jamais si je dois vivre toujours de pain blanc et de pastèque et de raisin !" Ce cas est resté proverbial chez nous… Il en est ainsi de tous nos émigrés : tant qu'ils ont de quoi acheter leur pain, ils ne regardent pas à leur peine, à leur détresse […].

« C'est peut-être parce que je ne peux pas m'empêcher de penser à tout cela, que je ne peux jamais rire comme les autres, que je ne peux jamais être aussi joyeux qu'eux ou faire semblant comme eux […]. Mais les temps changent, la situation aussi a changé, aussi bien là-bas qu'ici, en France. Je me rends compte par moi-même. Quand j'essaie de repenser aux premières années quand je suis arrivé en France, que je compare entre ce temps-là et la situation d'aujourd'hui, il y a beaucoup de changements. En quoi ? En tout. Dans le travail, dans la manière de vivre, dans l'argent qu'on gagne et qu'on dépense […].

« Je suis arrivé au mois d'octobre 1953 à Valenciennes… Je suis venu avec tout un groupe de parents qui étaient déjà en France. Ils étaient revenus au pays, comme il est de tradition, en été et en automne, pendant la belle saison et, à l'époque des labours, un peu avant ou un peu après, ils repartent tous en France. C'étaient tous des mineurs. Et, une année, quand j'ai rassemblé assez d'argent pour payer le bateau, je suis venu avec mon oncle maternel […]. Je ne connaissais rien, je n'avais jamais vu une ville de ma vie, je n'avais jamais pris le train. J'allais de surprise en surprise ; à Valenciennes, je ne sortais que si j'étais accompagné. Dans le quartier où nous habitions tous, ça va, je n'étais pas trop dépaysé.

Mais ma grande terreur, c'était l'idée d'aller travailler, d'aller seul au travail et de revenir et aussi de pouvoir travailler, tout seul, sans rien comprendre de ce qu'on me dira, de ce qu'on me demandera. Comment travailler ? Tout ce que je souhaitais, c'est d'avoir la chance de rencontrer, de travailler avec quelqu'un du pays ou seulement avec un Arabe pour que nous nous comprenions. L'idéal, c'était de travailler en même temps et à côté d'un parent. [...] Malheureusement pour moi, rien de tout cela. Pas de travail du tout. On disait que la période était mauvaise, c'était la crise, le chômage partout. Je suis resté comme cela, trois mois sans travail. Manque de pot : arrivé en France, où que j'aille, on me dit : tu es trop faible [trop jeune] ; on ne t'embauche pas, tu n'es pas costaud. Évidemment, j'étais tout malingre [...].

« Un jour, en faisant les chantiers ou en allant d'usine en usine – je n'étais jamais seul, nous étions toujours deux ou trois, tous chômeurs comme moi, mais qui connaissaient déjà le pays –, c'était de cette manière qu'on cherchait l'embauche comme on disait, je suis tombé sur un marchand de charbon. C'était l'hiver, un hiver très froid ; je prenais le travail le matin, de très bonne heure, à 6 heures du matin, il faisait encore nuit, j'avais froid, je n'avais pas beaucoup de choses à me mettre sur le dos, je coltinais des sacs de charbon, charger le camion, le décharger, descendre les sacs dans les caves. C'était épuisant, sale, la marque du charbon est restée incrustée dans ma peau des mois et des mois après que j'ai quitté ce travail. Et au bout du compte, après trois semaines de travail, je lui ai demandé des avances car je n'avais pas un sou, pas même de quoi prendre un café et quand le client à qui on livrait le charbon nous donnait une pièce, le chauffeur gardait tout pour lui, moi, je n'avais droit à rien. Pas d'avances et, à la fin du mois, pas même de salaire ou presque rien, sous prétexte qu'il me donnait à manger à midi. J'ai découvert par la suite qu'il ne m'a même pas déclaré à la sécurité sociale. Entre-temps, je voulais faire comme un grand, comme tout le monde : j'avais emprunté 3 000 francs [anciens] – c'était énorme à l'époque – que j'ai envoyés tout de suite à mes parents. Apprenez : votre fils est déjà en France et déjà il vous envoie un mandat ! C'était une habitude : dès qu'on arrivait en France, on empruntait de l'argent ; d'ailleurs, tout le monde propose de l'argent pour cela. Tout le monde…, c'est-à-dire ceux-là qui doivent le faire. C'est une obligation. Certainement a-t-on fait la même chose pour eux quand ils sont arrivés en France. Là aussi, la situation est la même pour tous : chacun sait… ; rien n'est caché […].

« Alors, après cet hiver de 1954…, un parent qui, lui, était venu de l'Est, de Longwy – on appelait cela l'Allemagne comme on dit de nous que nous sommes en Belgique –, est venu nous voir. Il m'a trouvé dans cet état… malheureux, chômeur, je vivais chez l'un et chez l'autre…, tout le monde me cherchait du travail, mais on ne me trouvait rien…, j'ai même travaillé chez les paysans. Alors, il m'a proposé de m'emmener avec lui. Il s'est tellement vanté qu'il me trouverait du travail, que là-bas c'est très facile, personne n'est chômeur, que là-bas on gagne beaucoup d'argent, bref, le paradis sur terre, que je me suis laissé séduire ; j'étais ravi et tout le monde l'était avec moi. Je sentais que je commençais à trop peser sur tout le monde, me nourrir, me loger, le souci de me trouver du travail. Ça va un mois, deux mois, trois mois, mais au-delà de ce délai raisonnable, ça commençait à grincer. J'entendais murmurer qu'il fallait peut-être que je rentre au pays… ; on parlait de se cotiser pour moi, rassembler un peu d'argent pour me payer le voyage, payer mes dettes – les 3 000 francs et quelques autres encore – et ramener un peu d'argent à la maison. Quelle honte ! Tout ce qu'on veut mais pas ça. Rentrer sur le compte des autres, il n'y a qu'une fille avec qui on agit de la sorte. C'est mal commencer "ma" vie en France. Que dira-t-on ? Alors que les derniers des derniers, des bossus, des pieds-bots, des stupides sont venus en France, ont travaillé, ont envoyé de l'argent, ont réussi, comment moi qui me considère au-dessus d'eux, comment accepterai-je de retourner à la maison bredouille, la tête basse ? Quel visage dois-je composer pour me montrer aux gens ? Jamais ! Alors, je n'avais donc rien à perdre, allons pour l'"'Allemagne". Ce sera toujours autant de gagné, autant de moins pour les gens de Valenciennes.

« Arrivé là-bas, rien de tout ce qu'il m'avait promis. C'était sinistre. Plus mal logé, plus mal nourri, personne de connaissance, personne du pays. La nuit totale. Lui-même était en réalité chômeur et vivait aux crochets des uns et des autres, mais c'est dans ses habitudes. J'ai tenu trois semaines, je lui ai dit au revoir au bout de ce petit séjour. Il n'a pas insisté. Là encore, revenir à Valenciennes ? C'était comme retourner au pays, à peine un peu moins. D'autant plus que si à Longwy, on m'y a amené, personne n'est là pour m'emmener à Valenciennes, pour m'y ramener, ou pour m'inviter à revenir à Valenciennes. Est-ce que je dois avertir, annoncer mon retour à Valenciennes ? À qui ? Cela faisait déjà cinq ou six mois depuis que je vivais en France, je commençais à me débrouiller un peu, à avoir moins peur, à savoir m'aventurer. Alors je me suis dit : mieux vaut changer de région, allons voir ailleurs. Un beau matin, j'ai quitté Longwy et je me suis retrouvé en Haute-Marne, à Saint-Dizier exactement. Arrivé à Saint-Dizier, j'ai fini par trouver des gens de chez moi ou presque de chez moi. Heureusement, ils se sont montrés bien disposés à mon égard, l'un d'entre eux a eu la gentillesse de s'occuper de moi : il m'a fait embaucher. Pour quoi faire ? Je décharge des wagons de charbon, comme les wagons de train ; deux par jour et débrouille-

toi : un le matin, un autre l'après-midi, et il fallait les finir.
Et tout le temps, et tout le temps… J'ai tenu ainsi de 54
à 56. Deux wagons chacun, jusqu'à ce qu'ils soient vides ;
à la pelle. C'est une usine d'acier, c'était dans une forge,
les forges de Haute-Marne. Et de cette forge, on sortait du
fil de fer, on sortait des roues de brouette et beaucoup
d'autres choses. Il y avait aussi un four, on l'appelle four
Martin ; son souffle chaud te pousse jusque là-bas, là-bas
[geste de la main]… Il marche avec du charbon et, alors, il
fallait du charbon, des wagons entiers, l'un derrière
l'autre ; deux personnes ici, deux personnes là ; deux ici,
deux là et ainsi de suite, à la chaîne. C'était trop pénible
[…].

« Dans cette affaire de charbon, le premier travail de
ma vie… c'était "ma" France et je l'ai commencée bien
comme il faut : le charbon par wagons et à la pelle. J'ai
commencé le premier jour, le 16 août 54, je me souviens
de cela, comme ce jour. J'ai tenu ainsi de 54 jusqu'à 56,
j'en ai eu marre de ce travail… Mais ceux qui vont suivre
ne seront pas meilleurs. Au travail, j'ai toujours été d'un
enfer à l'autre. Est-ce que j'ai moins de chance ou est-ce
que c'est la même chose pour tout le monde ? Le travail,
pour moi, ce fut toujours aller d'un enfer à l'autre.

« […] J'ai changé et pris un autre travail dans un four :
c'est un travail de l'acide, cet acide pour décapage des
métaux et autres. Une goutte d'acide court sur le pantalon
ou sur un autre vêtement, celui-ci se déchire sur place. Et
nous respirions cette odeur […]. C'est la même chose,
tous les travaux sont les mêmes, il n'y a pas de meilleur
que les autres travaux. C'est toujours du travail dur. Pas
seulement pénible, mais dangereux aussi ; que du poison !
Depuis que je suis arrivé en France, il n'y a pas un travail
dans lequel j'ai trouvé un peu de miséricorde, tous, tant
qu'ils sont, du premier au dernier, ne sont que des travaux
durs ; pas seulement durs, ils vont jusqu'à être mortels.

"Ils tournent autour de ta tête", jusqu'à avoir ta tête : c'est l'accident, ou c'est un peu de poison qui, doucement, tous les jours, te pénètre et, sans te rendre compte, creuse ta tombe. Travaux durs et dangereux, il n'y a que cela.

« Après ce deuxième travail – je ne suis pas resté longtemps dans ce poste –, c'était encore la même chose. Que le diable soit maudit ! Je n'ai jamais eu de chance au travail. Certains, quand ils terminent leur journée de travail, tu croirais à les voir qu'ils viennent de se réveiller ; moi, j'ai toujours été d'un enfer à l'autre. J'avais encore un autre vague parent, là-bas à Saint-Dizier, un ami plutôt : il travaillait dans une autre usine. Il a cru bon m'enlever de là pour me mettre dans cette autre usine où il travaillait. Cela pour qu'on me donne un travail plus léger, parce que j'étais encore trop jeune, je n'avais pas la force qu'ont les hommes faits. Je lui faisais pitié. Mais, en réalité, c'est la même chose, le même calvaire : tel le premier travail, tel le deuxième, tel le troisième et tels les autres qui allaient suivre, il n'y a aucune différence, c'est la même chose. Là, nous faisions de la galvanisation, nous travaillions le fil de fer, le barbelé. Moi, mon travail…, j'étais galvaniseur. Je montais les bottes sur le dévidoir [*dividouar*] et je dévidais [*dividigh*] ainsi : je conduisais le bout de la botte : ici, c'est le bain de plomb, le fil y passe, là, c'est le bain d'acide. Quand le fil sort du bain de plomb, il entre dans l'acide pour être décapé. Encore le bain, séchoir, et enfin le bain de zinc. Le fil devient alors tout brillant […], ce fil de fer devient tout blanc. Ici, ce sont ces bobines-là qui tournent. Des bottes de 120 kilos, 100 kilos, 80 kilos, tout dépend des commandes ; il n'y a pas moins de 70, 60 kilos.

« Il faut faire le tournage avec ça ! Alors le temps que tu passes le bout de fil de fer dans le bain de plomb, la vapeur te saisit, premièrement, le plomb, après tu passes à l'acide, et là, c'est la fumée, elle te vient toute chaude…

C'est incroyable ! Ensuite, le bain de sel et aussi le bain de séchoir, le bain de zinc, et enfin, c'est la bobine tout entière. Et c'est la concurrence entre nous et les autres ouvriers, surtout les Français ; c'est qui fera plus de tonnage que les autres, parce que c'est en équipe. On nous paie au mois, mais on a des primes sur le tonnage. Y a trois équipes. Nous, quand nous arrivons, la première chose est de regarder au tableau I, l'équipe I, la première, de 4 heures du matin à 12 heures, ça arrive à tant de tonnes. Concurrence ! Notre équipe prend son travail à 12 heures, elle finit à 8 heures du soir. Nous sommes six ; chacun à son travail : l'un surveille le dévideur, l'autre surveille les bains, le troisième est là ; deux transportent la fourniture. Cela fait en tout cinq ouvriers et souvent un de plus ; c'est le balayeur, il ramasse les déchets. J'ai assisté à un accident. Dieu nous garde.

« En fin de compte, à Saint-Dizier, je suis resté jusqu'au mois de juillet 56, presque jusqu'à ce que meure juillet 56. [...] J'étais fatigué de la Haute-Marne. Je savais que tant que je resterais dans ce pays, c'est toujours la même chose : du travail de peine et de mauvais salaires. Qu'y a-t-il de plus ? Du fer et rien que du fer, de la sidérurgie, il n'y a que cela ; tu quittes une usine pour une autre ; un four pour un autre [...]. J'étais OS1 ; il n'y a eu que dans le charbon, le premier travail, que j'ai été manœuvre ordinaire [...].

« J'ai quitté la Haute-Marne et je suis retourné "chez moi", à Roubaix. Maintenant, je peux retourner à Valenciennes, parce que je suis un travailleur comme tous les autres, je suis déjà un ancien. Et comme tout le monde, je suis entré à la mine, à la taille. J'ai retrouvé un peu de ce qu'on disait de la mine à l'époque où, comme je l'ai toujours entendu, "on tirait de la mine autant d'argent que de charbon" [...]. Oui, il faut dire que la mine dans notre village, dans notre région, va chercher très loin : les gens de chez moi ont commencé à travailler dans la mine déjà en 1930 ou avant. Avant que je vienne en France, je savais déjà ce que c'était. Dans notre village, entre nous, nous ne parlons que de cela. Même ceux qui ne sont jamais venus en France, qui ne savent rien ni de la France ni de la mine n'arrêtent pas de parler de la mine, ils ont tout le temps pour cela […]. Qu'est-ce qu'on disait ? C'était l'époque où les mineurs travaillaient presque à la tâche. C'était à qui abattra le plus de charbon. Et on disait : "Tu sais, Untel, on dit qu'il fait tant par jour et qu'il gagne tant…" Et l'autre de répondre : "Oh, non ! Il y a mieux… Untel a fait plus que lui." Et il y avait ainsi trois ou quatre personnes dont tout le monde parlait. Jeunes, forts, gros travailleurs, très économes, ils envoyaient beaucoup d'argent. C'étaient les vedettes. Tout le monde voulait être comme elles.

« À la mine, je suis resté deux ans, un peu plus de deux ans […]. Et en 1958, là-bas dans le Nord avec la guerre d'Algérie…, trop d'histoires. La police, les "frères[1]". Il a fallu partir de là […]. Et pourtant, il n'y avait pas que les sales moments de la guerre, c'était la meilleure période de ma vie en France. On était entre parents, on se serrait bien les coudes, le travail marchait très bien, là aussi on était entre parents, entre amis. C'était comme lorsque nous travaillions au village tous ensemble : les mêmes

1. Les « frères », allusion aux militants nationalistes de la fédération de France du FLN pendant la guerre d'Algérie : on s'appelait « frères » et on s'interpellait par cette expression pour réaffirmer l'appartenance à la même communauté (communauté de condition, les colonisés, communauté militante), opposée, ici, implicitement à la « communauté » des colonisateurs et aussi, pour se différencier, objectivement même si cela n'est jamais dit explicitement, de l'usage qui est fait de cène autre appellation marquée idéologiquement d'une tout autre manière, celle de « camarade » dont on a pourtant repris le paradigme.

travaux, à la même période, pour tout le monde. Là, j'ai beaucoup travaillé, comme tout le monde. Il n'y avait que le travail qui comptait… On travaillait comme des bêtes, on aurait travaillé jour et nuit ; on comptait et recomptait notre argent. Je travaillais jusqu'à en être rassasié, jusqu'à satiété ; je me jetais dans le travail jusqu'à ne plus faire qu'un avec le travail, je travaillais jusqu'à en être aveugle, jusqu'à ne plus voir clair de travail. Je plongeais dans le travail…, le travail et moi, c'était la même chose ; si je pouvais, je travaillerais même le dimanche. C'était comme la drogue le travail, et quand j'arrêtais, je me rendais compte que j'étais drogué, ivre de travail […]. Que dire ? Je suis venu pour travailler, je suis là pour ça, alors je me noie dans le travail […]. Il faut dire que, en ce temps-là, c'était la jeunesse, j'étais costaud : assoiffé de travail et d'argent, c'était à qui travailler le plus et envoyer le plus d'argent au pays […].

« J'étais en paix… malgré la guerre, malgré tout ce qu'on entendait du pays, malgré que nous ne pouvions pas rentrer au pays, y aller aussi souvent que nous voulions. À l'époque, les choses étaient bien claires, tout était clair. Le pays, c'est là-bas ; ici, c'est seulement parce qu'il fallait travailler, gagner l'argent pour là-bas ; à part ce souci, rien n'existait et rien ne venait dissiper cette attention qu'on avait pour le pays. C'était beaucoup mieux que maintenant… pourtant nous étions en pleine guerre, nous assistions à des arrestations tous les jours, chaque jour, chacun d'entre nous attendait son tour, son heure pour se faire arrêter […]. Oui, c'était clair, c'était lumineux ; même la mine, l'obscurité de la mine, c'était de la lumière par comparaison avec le désordre, le brouillard, le "noir" [ce qui veut dire aussi l'erreur] de la situation présente […]. De la lumière alors qu'il fait deux fois, trois fois la nuit : la nuit de l'exil [de *elghorba*] ; la nuit "souterraine", la nuit des entrailles de la terre ; et le travail souvent de nuit, car il y avait aussi l'équipe de nuit ! C'est comme ça ; le "noir", c'est dans les cœurs qu'il se trouve, qu'il se forme, dit-on ; quand le cœur est limpide, "propre" [pour dire serein], qu'il resplendit de lumière, l'obscurité "extérieure" est encore lumière !

« Malgré toutes les difficultés, c'est encore dans le Nord que j'ai passé, peut-être, la meilleure période de mon séjour en France... Le moral était encore bon à l'époque. Nous étions comme les doigts de la main ; c'est grâce à cela que nous avons pu tenir, nous avons tenu le coup, nous nous soutenions. Nous avons habité jusqu'à seize dans une seule chambre [...]. La viande..., la viande, nous en mangions une fois par semaine. On ne connaît pas..., comme maintenant, tous les jours bifteck. Ce qu'est la viande, nous ne le savions... qu'une fois par semaine, et encore ! Mercredi, c'était jour de marché : l'un d'entre nous va chercher de la viande, ce n'est pas que l'un s'approvisionne en viande et l'autre non, c'était parce que tous les deux, trois, parfois quatre camarades s'accordent pour partager leur nourriture et manger ensemble en partageant les dépenses. Il n'y a, de toute façon, aucun qui fait la cuisine pour lui seul : c'est chacun selon avec qui il s'accorde et on s'entend sur les horaires. Nous étions bien organisés pour cela, nous nous entendions bien entre nous tous [...]. Pourtant, nous n'étions pas tous ou du même village, ni même du même pays : deux étaient [originaires] de ce qu'on appelait avant Affreville – tu vois, c'est loin –, deux de Michelet, et moi de Sétif. Ce fut la meilleure période que j'ai passée en France, pourtant, à cette époque, qu'est-ce qu'on gagnait ? 8 000, 9 000 par quinzaine, le meilleur d'entre eux arrivait à 30, 28 par mois. C'est tout.

« Mais pour d'autres raisons, les embêtements de la guerre, il a fallu tout quitter, quitter la mine, quitter le Nord et je suis venu à Paris. Et depuis, toujours là, à Paris je suis resté [en France] pendant tous les événements, je ne suis pas retourné au pays. Alors, de 58 jusqu'en 60, j'ai repris ici à Paris. Quand je suis venu à Paris, je suis resté au chômage neuf mois, neuf mois de chômage.

« Après, ce fut un travail dans la confection des matelas. Non, c'est un vrai travail, pas seulement une couverture[1]. [...] Dans ce travail des matelas, j'étais capitonneur... C'était une toute petite "boîte", mais alors on travaillait péniblement. Ah, oui ! On était aux pièces et on gagnait notre vie, c'est vrai. À l'époque, on gagnait jusqu'à 70 ou 80 000..., bien sûr, c'était avec les heures supplémentaires, 70 ou 80 000 à cette époque, c'était beaucoup, mais on travaillait jusqu'à soixante-quatre heures par semaine. La presse, à elle seule, quand il faut mettre un matelas dans la presse et qu'il faut appuyer dessus, il faut soulever jusqu'à 200 kilos, la presse et le cadre, pour placer le matelas. Et, en plus, il faut faire vite pour piquer et faire les boutons. C'était pénible, mais rien de comparable avec le travail que j'ai fait en Haute-Marne. Il n'y a rien de plus pénible, je crois, que le travail devant le feu. La mine, à côté, c'est de tout repos. Mais avoir le feu devant soi, le feu qui brûle à 1 700 degrés ou encore le feu qui coule, l'acide, c'est ça l'enfer.

« [...] Dans la sidérurgie, dans l'acide, c'est souvent qu'il y a des accidents. Et Dieu nous garde, ce ne sont pas de petits accidents : ou tu laisses la vie, ou tu laisses une partie de toi-même, un membre. Un outil qui tombe, c'est énorme, c'est un mastodonte. C'est toujours bouillant : la fonte, qui te semble, un fleuve de feu. Quant à l'acide, garde-toi, c'est à approcher avec pru-

---

1. « Couverture » pour ses activités politiques : « J'étais pas permanent, j'étais dans la "qasma" (cellule de militants), c'est tout, j'étais comme militant responsable de la "qasma" et du groupe d'intervention et de protection de la "qasma". »

dence, il ne faut pas trébucher. C'est ainsi que j'ai vu des accidents effroyables. Dans le travail du barbelé, il y avait un ouvrier, le malheureux, que la bobine a retenu. Il criait comme un aigle. Heureusement pour lui, lorsque la bobine tournait, elle n'a accroché que son tablier et elle le lui a arraché et emporté, si ce n'était pas le tablier, elle lui aurait emporté la tête. Son tablier s'était déchiré et a été emporté par la bobine et lui a été rejeté de l'autre côté.

« Un autre ouvrier – nous étions dans la même équipe – est monté au-dessus du bain pour enfoncer, avec une lance, le fil de fer, pour le décaper. Il a perdu l'équilibre et il est tombé dans le zinc, il a été plongé dans ce bain-là. Tout le pied a plongé. Il est resté quatorze mois à l'hôpital. Quatorze mois à l'hôpital pour soigner son pied, le malheureux. Il ne restait que les os, il a été brûlé à un degré… Mieux vaut ne rien en dire.

« Un autre encore – cet autre aussi travaillait avec moi –, cinq doigts, trois de la main gauche et deux de la main droite. Tous ses doigts sont partis dans la bobine. Alors qu'elle tournait, il a essayé d'arranger la bobine à la main, pour qu'elle s'enroule bien, pour qu'elle ne s'enchevêtre pas, qu'elle soit bien roulée. Il a voulu la taper comme ça, à la main. La bobine lui a retenu ses doigts, il a essayé de les arracher avec l'autre main, elle lui a encore sectionné deux autres doigts ; en tout, ce sont cinq doigts qu'il a laissés sur place… Il ne sait pas ce que c'est que la mécanique, il voulait l'arranger avec la main alors qu'elle était en mouvement. On ne touche pas à la mécanique avec les doigts ! Cet ouvrier est de chez moi, il est d'ailleurs à Alger maintenant. Il m'a dit qu'il ne reviendrait jamais [en France] ; il m'a dit : "Je vais chercher par tous les moyens à ne pas retourner en France." Enfin, lui aussi a une pension […]. Oui, il avait repris le travail ici en France, ses doigts ont guéri entre-temps, non, on les lui a coupés ; trois doigts de la main gauche et deux de la main droite. C'est un mutilé. Il y avait beaucoup d'accidents dans ce travail-là. Celui qui a travaillé là-bas [à Saint-Dizier] et en est revenu sain et sauf est un heureux devant l'Éternel, car les accidents ne manquent pas. Il ne se passe pas une semaine sans qu'on ramasse quelqu'un ; tu ne sais jamais d'où l'accident peut survenir.

« [...] Oui, il faut, enfin, arriver à l'emploi actuel. Entre tous ces travaux et mon travail aujourd'hui, il y a eu une longue interruption. En 1960, ce qui devait arriver arriva. J'ai été arrêté, on a trouvé chez moi des listes de personnes, tous ceux qui cotisaient. Heureusement, je venais juste de remettre l'argent que j'avais ; quelques heures auparavant, ils auraient trouvé des millions entre mes mains. On m'a embarqué. Je passe sur tout cela... Quelques semaines de prison, le fort de Noisy-le-Sec..., le camp. Un peu plus d'une année. On m'a transféré en Algérie, à Bône ; et, là-bas, le cessez-le-feu est arrivé, j'ai été libéré en Algérie. Je suis resté quelque temps en Algérie, dans mon village, j'ai tenté ma chance, comme tout le monde à l'époque, à Alger. Je pouvais bricoler comme tout le monde, trouver à loger comme tout le monde, le logement était encore plus facile à l'époque avec tous les appartements laissés vides. Mais quand on a pris l'habitude de quelque chose de sûr, on ne peut pas s'accommoder d'une situation pareille [...].

« Évidemment, je me suis marié, c'est peut-être la plus grande bêtise de ma vie. Mais que veux-tu ? Quand on rentre au pays, qu'on retrouve la maison, que veux-tu faire d'autre ? Ensuite, j'avais déjà 30 ans, j'étais vieux pour le mariage. C'est vrai, j'ai quitté le village jeune avant de me marier, déjà à l'époque, beaucoup de jeunes de mon âge, à 18 ans, 19 ans, on les avait déjà mariés avant de les laisser partir en France [...]. Oui, c'était une manière de les retenir. C'est vrai. D'ailleurs, aucun de ceux-là n'est resté comme moi, dix ans en France, sans retourner au pays. Moi, la France, depuis son début jusqu'à ce jour, ce fut d'une seule traite. Et ça laisse des traces, tu n'es pas comme les autres. Alors, je me suis marié, j'avais traîné encore quelque temps et, finalement, je reprends le chemin de la France ; et, en novembre 1963, me revoilà en France. Cette fois-ci, Paris directement. J'ai travaillé, ici et là, dans de petites choses, dans le polissage de métaux dans le XIᵉ, et même à l'hôpital, l'hôpital de la Pitié-Salpêtrière.

« Pendant tout ce temps, marié, j'ai commencé à avoir des enfants, alors il fallait que je rentre au pays régulièrement, mais je ne rentrais que le temps des congés annuels…, un mois par an, pas plus ou, au grand maximum, une semaine de plus. Et encore je ne peux pas dire que je retournais toutes les années, c'est plus vrai de dire une année sur deux […]. Maintenant je n'ai plus de raison de retourner, je n'ai plus rien à y faire. Ça ne m'intéresse plus. Tout a changé, ici comme là-bas. Les choses n'ont plus le même sens. Tu ne sais plus pourquoi tu es ici en France, à quoi tu sers. Il n'y a plus d'ordre, cet ordre-là qu'il y avait avant, quand les choses étaient peut-être difficiles mais avaient du sens. Aujourd'hui, tout cela a changé, je n'ai plus de goût, plus aucun plaisir à retourner là-bas même en vacances, ou à rester ici… Seulement, ici, j'y suis, il faut que j'y reste. Je n'ai pas choisi […]. Mes enfants, ils sont avec ma mère, j'ai une fille et deux garçons. […] Parce que leur mère est partie, j'ai divorcé […]. Mieux vaut divorcer. Quand ta femme est d'un côté et toi de l'autre, il n'y a pas d'époux et d'épouse, alors mieux vaut lui rendre sa liberté. Qu'est-ce que c'est qu'avoir une femme quand tu es toujours absent, une femme dont le mari n'est jamais là. J'ai fait l'expérience, je sais ce que c'est, cela me suffit. C'est ce qu'on appelle, chez nous, l'homme auquel il est interdit d'avoir une maison, auquel le droit interdit d'avoir une maison. Alors mieux vaut ne pas essayer une maison, une femme. Elle est veuve du vivant de son mari. Il faut être fou, inconscient pour accepter une chose pareille. Je m'en repens [...].

« Amener ma femme ici. Jamais de la vie. C'est une chose impossible ! Je n'envie pas du tout la situation de ceux qui sont ici avec leur famille [...]. Oui, apparemment ; comme tu dis, c'est la seule manière..., si on n'a pas envie de séparer, de diviser la famille : d'un côté, le mari qui est en France, tout seul ; et de l'autre côté, la femme et les enfants. Mais quand on réfléchit bien, c'est embarquer la femme et les enfants dans la même galère que soi et c'est encore plus grave pour eux que pour l'homme qui est parti travailler pour eux. Dans ma famille, il n'y en a pas. Mais, à vrai dire, s'il faut regarder du côté de tous les cousins, il n'en manque pas ; rien que du côté de ma mère, et seulement à Paris, il y a trois familles. Quelle est leur situation ? Je ne peux rien en dire, car on ne se voit pas souvent. L'un d'eux n'était pas bien un moment : ils étaient sept ou huit personnes, entre sa femme et tous ses enfants, ils vivent dans une seule pièce-cuisine [...]. Il n'y a pas très longtemps qu'ils sont en France ; ils sont venus en 1971 ou 1972. D'ailleurs, ils travaillent à l'hôpital tous les trois et ils ont des enfants ici tous les trois. L'un a acheté un appartement à Ivry : deux-pièces-cuisine, avec ses trois gosses, l'autre est dans un logement HLM à Champigny [...].

« Et ce sont tous des gens qui tiennent encore à nos habitudes, qui vivent encore selon les traditions. Leurs femmes, par exemple, ne sortent pas sauf avec eux [les maris] ; jamais, sauf si elles sont accompagnées et encore, pour le médecin et pour quelque autre chose qui vaille la peine, qui soit nécessaire. Ce n'est pas pour blaguer [*abla-gui*, pour le plaisir]. À la maison, cela ne fait pas de doute, c'est l'arabe qui est parlé nécessairement ; à coup sûr, entre eux [entre adultes, les parents entre eux] et même quand ils s'adressent aux enfants, quant aux gosses, c'est plus fort qu'eux…, surtout quand ils parlent entre eux, c'est plus fort, c'est alors le français qui prend le dessus.

« Oui, l'idée [de faire venir en France sa femme et ses enfants] m'est venue, bien sûr. Comme à tout le monde, d'ailleurs, il n'y a personne qui, un jour ou l'autre, n'a pas songé à cela. Mais il y a ceux qui résistent, refusent d'accepter cela, et ceux qui se laissent aller… […]. Cela m'est venu à l'idée, un certain temps, c'est vrai ; je ne dis pas le contraire. J'ai pensé les faire venir pour une bonne raison : pour les enfants, à cette époque, on n'avait pas d'école dans le village, c'était donc pour les scolariser. J'avais un fils aîné et une fille plus petite. D'ailleurs, ce fils aîné, je l'ai amené avec moi, il a été à l'école ici, en France […]. Il a terminé son service militaire et je crois qu'il est dans une société nationale où il doit s'occuper de commerce […]. Je compte un peu plus sur lui pour faire attention à ses grands-parents ; il me remplace là-bas. […] Passe pour nous, les hommes, ça a commencé pour lui depuis longtemps maintenant ; c'est notre lot. Mais la femme, nos malheureuses femmes ici, la femme que tu amènes ici, vers quoi l'amènes-tu ? Un logement qui en vaille la peine ? Le bonheur d'ici ? Où est-il ? Si elle a gagné quelque chose à venir ici – elle est mieux nourrie, mieux habillée, mieux soignée –, elle le paie cher, très cher, elle perd sa liberté. Ce n'est que pour son malheur, sa solitude ; elle sera emprisonnée dans une seule pièce, sale, obscure, dans l'humidité. C'est tout ce qui l'attend, elle enviera le soleil, le ciel ; le ciel manquera pour elle […]. En définitive, je ne regrette pas. Dieu sait ce qu'il fait, il a agi dans le bon sens […].

« […] Je préfère qu'ils [ses enfants] soient arriérés, s'il le faut, mais qu'ils restent là-bas. Je sais : un homme sans

instruction, c'est un homme mort. Et cela de plus en plus ;
plus on avance, plus cela est vrai. Qui n'est pas instruit, le
malheureux, ne peut rien. C'est une statue, une potiche
[ou une image]. On voit cela partout ; on le voit encore
aujourd'hui, en tout, en chaque chose, à chaque moment
et, ici même, chez Renault. Entre toi et moi, tous les gens
comme moi qui sont OS et qui resteront OS et les autres
qui ont de l'instruction, des diplômes, des métiers entre
les mains, il est tout de suite au-dessus de toi, il devient
ton chef. C'est ça l'instruction […].

« Voilà l'idée qui m'était venue un certain temps, mais
que j'ai éliminée très vite. D'ailleurs, les événements ne
m'en ont pas laissé le temps. J'ai amené avec moi seulement le grand, l'aîné, et je suis resté à Paris. Je l'ai gardé
avec moi. Il est resté deux ans ici. C'était dans le XXᵉ.
En dernier, il a fini dans un collège de comptabilité, la
branche commerciale, il a suivi la comptabilité […].
L'aîné seulement et, en plus, il est reparti suffisamment à
temps. Quand je vois tous les enfants [des familles algériennes immigrées] d'ici, quand je vois ce qu'ils sont
devenus, ils n'arrêtent pas de traîner, ils ne sont bons à
rien, tu ne sais pas ce qu'ils sont – ils ne sont pas français,
ils n'arrivent pas à la cheville du dernier des Français, ils
n'en ont pas les moyens – ; ils ne sont pas algériens, alors
là, ils n'ont rien de leurs parents ; tu ne sais pas à qui la
faute : est-ce la faute des enfants ? Est-ce la faute des
parents ? Mais, à coup sûr, la faute est d'avoir fait venir ici
les familles au lieu de les laisser là-bas […]. Et à cela
s'ajoutent beaucoup d'autres choses. Franchement, il y a
aussi beaucoup de notre faute ; nous aussi, nous y ajoutons
de nos torts. Qu'est-ce que tu entends ? Tous ceux qui
reviennent de là-bas, quelle catastrophe ! Pas une seule
parole de bien, ils ne la disent du pays : il n'y a que des
maux, "le ciel, ils le font tomber sur la terre". Les jeunes
d'ici, qu'est-ce qu'ils en pensent, eux qui ne connaissent

pas ? Ce n'est pas leur faute. Le pays, pour que ça leur plaise, il faut que ça soit mieux qu'ici. Donc, au départ déjà, ils partent avec une mauvaise impression. Et quelqu'un qui n'est pas habitué là-bas ne peut pas se plaire, c'est sûr. Les parents ne font rien, ils ne leur expliquent rien, ils ne les préparent pas, ils ne leur parlent pas du pays. Combien d'enfants des émigrés que je connais ont honte de leur pays. Quand ils vont une fois tous les dix ans, qu'est-ce qu'ils disent ? "On n'aime pas manger algérien…, il fait chaud…, on est malade là-bas." Cela quand ils sont petits ; quant aux plus âgés : "Il n'y a pas de cinémas, pas de cafés, pas de bals, on ne s'amuse pas." Résultat de tout cela : c'est bon à peine pour les vacances. Et s'ils le pouvaient, ils resteraient en France et laisseraient les parents aller seuls en Algérie. C'est ce qui se passe d'ailleurs le plus souvent ; petits, ils choisissent les colonies de vacances ; plus grands, ils restent seuls en France. Garçons comme filles […]. Quand tu les entends, tu t'aperçois qu'ils parlent de leur pays comme les Français d'ici : "Je mange la cuisine algérienne…", ils ne savent pas le nom du couscous, la galette est devenue le pain algérien. Ils disent : "Moi, je sais pas parler algérien", ce qui veut dire, ne pas savoir parler arabe. De ce point de vue, je crois que les enfants d'ici, il faut tirer une croix dessus. Nous ne savons pas ce qu'ils sont. C'est à n'y rien comprendre ; tu ne peux les prendre pour des Roumi [pour des Français], ni pour des Algériens. C'est cela l'impasse, l'incertitude. À bien considérer tout cela, vaut mieux les laisser au pays, ils sont comme tout le monde, au milieu de tout le monde […].

« Est-ce vraiment pour cette raison, me demandes-tu ? Oui et non ! […] C'est ça et ce n'est pas ça. J'ai dit tout cela parce que cela a à voir avec la question que tu m'as posée. C'est la conversation qui m'a amené à dire tout cela [littéralement : ce sont les paroles qui ont amené cela]. Mais dans ma décision, il entre un peu de cela ; il y a de cela, mais il y a aussi autre chose, beaucoup d'autres choses en plus […]. De toute façon, c'est sans objet puisque maintenant je suis seul, je n'ai plus de femme ; j'ai divorcé. Le problème ne se pose donc plus. C'est peut-être, c'est même, à coup sûr, pour cette raison que j'ai divorcé. Cela ne pouvait plus tenir entre nous, c'est une chose qu'il faut savoir, que chacun devrait savoir : elle, là-bas, en Algérie, dans notre village, et moi, ici, en France ; la femme restant dans le pays, l'homme vivant ici en France. Ça ne peut pas durer indéfiniment. Il faut savoir un jour trancher. Ici ou là-bas ? La question doit recevoir une réponse. Ici et là-bas à tour de rôle, beaucoup ici et peu là-bas, ce n'est pas une réponse. »

Ce n'est que bien plus tard, et au terme de nombreux entretiens, les uns avec l'enquêté sur le lieu même de son travail et, plus significativement, hors du travail ; les autres, par son intermédiaire, avec le groupe très étroit de ses relations les plus familières parmi lesquelles, principalement, les deux ou trois personnes qui lui sont le plus attachées, l'entourent de beaucoup de précautions et sont pleines de prévenances à son égard en raison de son état de santé extrêmement fragile, sa santé psychique plus que physique, que l'aveu finit par venir : l'enquêté avait fini par « avouer ce qu'il n'avait jusqu'à maintenant jamais avoué à personne » – à l'exception, bien sûr, de ses confidents, lesquels m'avaient averti avec beaucoup de délicatesse et de discrétion du « malheur » qui lui est arrivé, malheur qui fut certainement à l'origine des troubles psychiques pour lesquels il fut soigné.

À l'évidence, certains silences de l'enquêté, certains de ses propos désabusés, assez elliptiques ou plutôt allusifs et toujours très suggestifs, tout pleins de sous-entendus, ne pouvaient se comprendre, prendre sens qu'à la condition qu'on soit informé de toute la dimension « inavouable », indicible de la vie de l'enquêté, que fut sa relation conjugale.

Ce n'est jamais sans émotion, et ici plus qu'en toute autre circonstance, qu'on reçoit les confidences les plus intimes d'un enquêté, marque de l'extrême confiance qu'il finit par accorder à l'enquêteur, ce sempiternel questionneur, curieux de tout, fouineur dans le passé et le présent de chacun, dans les comportements visibles, manifestes et patents, comme dans les raisons d'être de ces comportements ainsi que dans leur finalité dernière, toutes choses secrètes ou latentes ; cet « importun » qui a la prétention de détenir la vérité des sujets mieux que les sujets qui la portent en eux, qui l'agissent et qui la mettent en œuvre ; et qui, au terme de son travail de spectateur et d'analyste extérieur, intervenant toujours après coup, prétend vouloir l'enseigner à ses propres auteurs. On ne peut que se laisser aller à cette espèce de fascination et de séduction qu'exerce sur tout observateur lucide l'effort constant qui se voit chez l'enquêté : effort acharné, visible en chacune des conduites et en chacune des paroles prononcées ; effort sur soi, dramatique et continu, prodige de lucidité là ou tout un chacun n'aurait eu besoin que d'entretenir banalement et communément les illusions utiles à la justification de sa situation présente, c'est-à-dire toutes les illusions nécessaires pour masquer la vérité de sa condition.

Une longue habitude ou, mieux, une longue pratique de ce qu'on peut appeler les « contacts culturels », surtout quand dans ces contacts on occupe la position dominée, incline à porter sur ses propres comportements et sur les comportements des autres (dont on est séparé fondamentalement, en tout et par tout) un regard étonnamment critique et à adopter, de ce fait, une attitude profondément réflexive. Cette sorte d'expérience du monde social qui est faite d'étonnement et de «déconcertement» semble reproduire, à sa manière, l'attitude qui précisément fut à l'origine de la tradition ethnologique et semble avoir inspiré aux professionnels de l'ethnologie cette valeur essentielle de leur discipline qu'est le «relativisme culturel». Pareille disposition mentale socialement constituée ne peut que conduire à comprendre pratiquement (d'une compréhension qui implique la pratique) l'intention qui habite les questions du sociologue et qui est aussi objectivement contenue dans l'objet dont on débat. Toute entreprise sociologique véritable, parce qu'elle est aussi, en partie, une *socio-analyse*, suppose une part d'«auto-analyse»; sans être toujours bien contrôlée et bien qu'elle soit une entreprise «sauvage» et une œuvre toute personnelle, cette auto-analyse, qui est aussi une réponse aux contraintes qu'imposent certaines situations particulières (dont, en premier lieu, la situation que partagent les immigrés), rejoint ici la socio-analyse que la sociologie met en œuvre pour acquérir l'intelligence de ces situations particulières; le produit de l'analyse sociologique devient de la sorte, à son tour, l'instrument d'une socio-analyse. À la condition de pouvoir redonner à l'enquêté les moyens de se réapproprier les schèmes de perception et d'appréciation du monde social et politique, la carence de ces moyens étant précisément au principe de la misère proprement sociale et morale caractéristique de toute une classe sociale; à la condition de pouvoir s'acquitter, du même coup, de sa fonction de libération, la sociologie n'aura pas démérité, car, ce faisant, elle ne se sera pas contentée de dépouiller l'enquêté de son discours, c'est-à-dire d'une partie de lui-même.

De celui qui s'ouvre à quelque confident d'un secret trop lourd à porter, trop profondément enraciné dans la structure sociale et psychique de la personne, secret littéralement *incorporé*, fait corps, mais doté, malgré cela, d'une relative autonomie qui le rend susceptible d'objectivation, ou de celui qui reçoit la confidence, on ne sait lequel est l'obligé de l'autre. Ainsi que le dit l'enquêté lui-même, « premier étranger (à son "malheur") à être le confident auquel il s'est ouvert de son *malheur* » – « *malheur* qu'il lui est interdit de nommer et de publier », dira-t-il ailleurs –, on ne peut pas ne pas être effrayé de devoir supporter le poids de la charge confiée et de devoir assumer les obligations qui en découlent, à commencer par la première d'entre toutes, l'obligation de ne rien dévoiler du message *sacré*. « Sacré » au sens le plus fort du terme : au sens, d'abord, où la parole est chose « sacrée » et, surtout, celle-là qui « parle d'un secret », qui « parle de ce dont on ne veut pas parler » ; au sens, ensuite, où il s'agit ici de l'univers du « sacré » par excellence, du *haram* qui, comme le veut la logique de l'honneur, ressortit au domaine de ce qui est « interdit » et de ce qui est « chéri », de ce qui est « précieux », interdit parce que précieux et précieux parce que interdit[1].

S'il est une chose qui peut autoriser et encourager à disposer du discours recueilli, et recueilli, à coup sûr, en toute confiance (c'est-à-dire en oubliant la relation d'enquêté à enquêteur et, par moments, la relation symétrique d'enquêteur à enquêté, « oubli » qui est, sans doute, la condition de la confiance, mais aussi, plus certainement, l'effet de la confiance établie), c'est l'espèce de soulagement, voire de joie très visible bien qu'éphémère, qui a suivi le moment décisif où les mots les plus douloureux, les plus « retenus » ont été lâchés. Ce fut, de l'aveu même de l'enquêté et de ses témoins, « comme un

---

1. Aussi ne pouvait-on que multiplier les précautions pour ne rien dévoiler qui puisse identifier la personne enquêtée, mais sans rien altérer de ses propos, de ses caractéristiques propres, essentielles à la compréhension de son discours et de ses conduites.

voile qui s'était levé ». La confession – car c'en est une ; confession plus que confidence – apparaît comme un gain de *liberté*, comme une *libération*, comme un morceau arraché à l'«inexistence», donc une nouvelle parcelle d'existence : un petit espace, une petite rencontre, un petit échange, une relation intermittente, un bavardage de quelques instants dans lesquels et à l'occasion desquels on peut exister, partiellement certes, mais d'une existence socialement attestée. Le discours recueilli n'est pas seulement livré en toute confiance et même en toute affection (ou, comme on aime dire et comme cela m'a été dit par l'enquêté et ses proches – sans lesquels il eût été impossible d'obtenir de l'enquêté plus qu'il n'a l'habitude de dire –, « fraternellement ») ; il est empreint d'une profonde sincérité et d'une indéniable authenticité ; il est d'autant plus sincère et authentique que tous, l'enquêté et ses proches comme l'enquêteur lui-même, ont, à plus d'un moment, fini par oublier la finalité ultime de l'opération consistant, pour les uns, à produire à la demande un certain discours sur eux-mêmes et, pour l'autre, à recueillir ce discours à des fins d'analyse. Cet oubli partagé, en lequel on peut voir la condition même de l'authenticité du discours, peut être considéré aussi, très justement, comme le produit de la confiance qui est au principe de la relation d'enquête la plus fructueuse. Produit comme pour lui-même et comme ayant sa fin en lui-même, et non comme réponse à une situation d'enquête, le langage de vérité qu'on peut tenir sur soi est aussi, et nécessairement, un langage de communication de soi avec soi-même, d'information de soi sur soi-même autant (et peut-être plus) qu'un langage de communication avec autrui et d'information pour autrui.

8

L'immigré, « OS à vie »

La réflexion sur « la double condition de travailleur immigré et d'OS », c'est-à-dire sur la relation qui lie l'une à l'autre, sur les effets mutuels de l'une sur l'autre constitue à notre sens le préalable indispensable pour comprendre, à la fois, la fonction de l'immigration, la situation de travailleur immigré (son statut social, la relation à son travail) et la qualification (sociale plus que technique) d'OS. L'usine Renault de Billancourt offre l'occasion la meilleure et aussi le terrain le plus approprié, à plus d'un titre, pour saisir l'effet de la conjonction presque systématique de la condition d'immigré et de la condition d'OS[1].

1. Ce texte est une contribution à une œuvre collective qui présente les résultats d'une recherche, menée de 1984 à 1986, issue d'un contrat entre le CNRS et la Régie nationale des usines Renault (RNUR) et devant porter sur l'ensemble des « OS dans l'Industrie automobile ». Dans les faits, pareil intitulé élargi à l'ensemble des OS de l'industrie automobile n'est qu'une manière élégante de nommer, sans le désigner spécialement, un objet social plus restreint : les seuls OS qui sont aussi des *travailleurs* immigrés (la majorité, sans doute, des OS, mais pas la totalité) du seul constructeur Renault. Comme si la désignation précise de l'objet réel de l'étude, les OS immigrés, avait quelque chose de discriminatoire. La dénomination générique a la vertu de l'euphémisme et joue ici le rôle de l'euphémisation. Comment et pourquoi dire en termes moralement acceptables, c'est-à-dire purs de tout soupçon de discrimination « ethnique », voire de tout racisme, la fonction qu'exercent les travailleurs immigrés, la place qu'ils tiennent

Un système de rapports déterminés

Comme la colonisation, dont Sartre avait dit, en un autre temps, qu'elle formait système, l'immigration constitue un système de «rapports déterminés, nécessaires et indépendants des volontés individuelles» en fonction duquel s'organisent toutes les conduites, toutes les relations ainsi que toutes les représentations du monde social dans lequel on est amené (en raison, respectivement, de la colonisation et de l'immigration) à vivre. Ignorer cela, c'est-à-dire l'effet de système, reviendrait à gommer par subreption ce qui fait la vérité objective de la situation d'immigré.

En effet, au nombre des caractéristiques de nature à constituer l'immigration en système figurent, et en première place, les rapports de domination qui prévalent à l'échelle internationale. L'espèce de bipolarité qui est la marque du monde actuel, partagé en deux ensembles géopolitiques inégaux – un monde riche, développé, monde de l'immigration, et un monde pauvre, «sous-développé», monde de l'émigration (réelle ou seulement virtuelle) –, peut être tenue pour la condition génératrice du mouvement migratoire et, plus sûrement encore, de la forme que revêt actuellement l'immigration, la seule vraie immigration (socialement parlant), c'est-à-dire celle qui provient de tous les pays, voire les continents qu'on regroupe sous l'appellation de tiers monde. Le rapport de force qui est ainsi à l'origine de l'immigration se retraduit dans des effets qui se projettent sur les modalités de la présence des immigrés, sur la place qui leur est assignée, sur le statut qui leur est conféré, sur la position (ou, plus

---

dans le système de production et plus largement dans la société ? C'est un peu de cela aussi qu'il sera question dans cet article.

exactement, sur les différentes positions) qu'ils occupent dans la société qui les compte au nombre de ses habitants de fait (sinon de droit). Aboutissement d'une double évolution qui se joue, à la fois, dans les rapports internationaux et dans leurs répercussions dans l'aire offerte en propre à chaque immigration, elle a fini par se doter de sa logique intrinsèque, par sécréter ses principes de fonctionnement et de reproduction et, en fin de compte, par réaliser les conditions de son autonomie relative ou, tout au moins, de l'autonomie qu'on lui accorde à l'intérieur de l'espace et dans les limites qu'on lui assigne. Pour toutes ces raisons, on ne peut mieux caractériser l'immigration dès lors qu'on renonce à se placer dans la perspective purement historique, autrement qu'en la considérant comme une forme sociale qui a fini par s'imposer à tous : elle s'impose, tout d'abord, impérativement et sur le mode pratique, à tous ceux qui lui sont assujettis, les immigrés en premier lieu, dans la mesure où ils ont à compter en tous leurs actes et en chacune de leurs représentations du monde social sur l'effet de système qui est caractéristique de leur situation présente ; et, en second lieu, elle s'impose aussi à la société d'immigration, mais cette fois-ci sur le mode théorique et de manière toute spéculative, à tous ceux qui sont en position d'observateurs ou qui veulent en entreprendre l'étude.

La manifestation, sans doute, la plus visible qu'on a aujourd'hui du caractère systématique de l'immigration, et aussi la plus lourde de conséquences et la plus riche de significations, réside dans l'identification presque totale qui se réalise entre la condition d'immigré et la position d'OS (qualification qui se veut seulement technique). « Immigré OS », « OS immigré », il y a entre ces deux termes ou, mieux, entre ces deux catégorisations, une relation qui, semble-t-il, dépasse la conjoncture actuelle, c'est-à-dire le fait que la grande majorité des OS de l'industrie se recrute aujourd'hui parmi les travailleurs immigrés, ou, plus significativement encore, l'immense majorité des travailleurs salariés immigrés est constituée d'OS. La similitude qu'il y a de la sorte entre les deux conditions, la condition d'immigré et la condition d'OS, n'a certes pas besoin d'être confirmée empiriquement ; elle est, d'une certaine manière, indépendante de l'expérience qu'on peut en faire et au-delà même de cette expérience, comme si « tout immigré travailleur salarié était par définition OS » et cela qu'il le soit ou qu'il ne le soit pas techniquement – et corrélativement, comme si « tout OS était nécessairement un travailleur immigré ». Ou, pour dire les choses autrement et de manière peut-être plus sociologique, la condition d'immigré ne va pas sans qualifier socialement le travail qui est effectué par le travailleur immigré ou, à vrai dire, qui lui est dévolu. La définition d'OS n'est plus ici une définition strictement technique ou seulement technique telle qu'elle figure et telle qu'on en use dans la taxinomie des qualifications techniques ; elle est plutôt, et foncièrement, une définition sociale.

Bien avant les autres catégories sociales qui peuvent encore fournir des OS (ou des équivalents professionnels d'OS) et plus, par exemple, que les derniers transfuges du monde rural vers la ville et le travail industriel ou que les dernières recrues (des femmes en règle générale) du marché du travail non qualifié, le travailleur immigré constitue la figure idéale de l'OS. Objectivement inséparables l'une de l'autre, les qualifications d'immigrés et d'OS se confondent totalement ; et non seulement en partie, dans la réalité matérielle, mais aussi dans les consciences individuelles, tant chez les immigrés, les premiers concernés, que chez les observateurs[1]. En effet,

1. D'une certaine manière, c'est toute la réalité sociale et, plus particulièrement, ce sont tous les mécanismes qui président à toutes les

quand bien même la confusion qui s'opère de la sorte entre la catégorie des immigrés et la catégorie des OS ne serait que le produit de la pure subjectivité ou, mieux, de l'intersubjectivité, parce qu'elle réalise autour d'elle un accord objectif, en ce que cet accord est le fruit non pas de quelque concertation préalable mais de conditions sociales communes, elle est de nature à transmuer en donnée objective la relation subjective communément partagée.

L'évolution actuelle de la division sociale du travail entre main-d'œuvre « nationale » et main-d'œuvre immigrée, jointe à l'évolution technique des postes de travail qui est, en partie, responsable de la première dans la mesure où elle contribue à renforcer la double concentration des travailleurs immigrés en même temps dans certaines activités (le travail à la chaîne ou ce qu'il en reste dans l'industrie de l'automobile, le BTP, etc.) et dans certains niveaux de qualification les plus bas (tels ceux des OS, des agents de production selon la terminologie nouvelle et, plus généralement, de tous ceux qu'on qualifiait autrefois de manœuvres, etc.)[1] auront fait que les

---

formes de hiérarchisation et de sélection sociales, qui ne sont que les produits de cette sorte de dialectique entre les *chances objectives*, inscrites dans les structures objectives de la société (dans les rapports de force ou les positions de classe internes à la société) et la *représentation subjective* que les individus, selon le capital (en toutes les espèces) dont ils disposent et selon la position qu'ils occupent, ont de leurs chances objectives ; les unes et les autres se déterminant mutuellement, c'est à la fois l'immigré qui fait l'OS qu'il est (ou qu'il n'est pas, a proprement parler, c'est-à-dire à parler le langage des qualifications techniques) et l'OS qui fait le travailleur immigré.

1. C'est la logique même du recours à l'immigration ou, en d'autres termes, la règle propre du marché du travail quand il emprunte à l'immigration, c'est-à-dire à une main-d'œuvre dominée, qui fait qu'on a besoin de travailleurs immigrés prioritairement pour les postes et les secteurs les moins prisés, ceux qui sont le lot habituel des

deux conditions d'immigrés et d'OS tendent à se redoubler et à se renforcer mutuellement, portant à leur extrême les caractéristiques propres à chacune d'elles. La conjonction entre ces deux conditions, telle qu'elle peut se produire de fait, à un moment donné et en un lieu donné ou en un type donné de société et, au sein de celle-ci, en un type donné d'activité, ne peut que confirmer sur le mode pratique et de manière quasi expérimentale l'identification que l'analyse permet d'établir entre l'ouvrier immigré et l'OS ; en même temps, elle donne l'occasion d'éprouver plus intensément et plus concrètement cette même identification. Cette conjonction semble être réalisée dans l'industrie de la construction des voitures automobiles qui est aujourd'hui l'une des plus grandes industries utilisatrices d'OS (et d'immigrés) et, plus particulièrement, à la Régie Renault, dans l'unité de production de Boulogne-Billancourt, usine qui, à cause de son emplacement en pleine agglomération parisienne (donc au centre d'un

« ouvriers OS » au sens le plus large de l'expression (au sens générique). La logique qui préside de la sorte à la division du travail se laisse apercevoir à travers ses effets et se laisse imposer aux travailleurs immigrés qui découvrent, ainsi qu'ils le disent eux-mêmes, que « lorsque le compagnon de travail qu'ils ont à [leur] côté n'est pas un autre immigré, il y a de fortes chances pour que ce soit une Française et non un Français (c'est-à-dire une femme et non pas un homme) » – c'est là une des homologies structurales caractéristiques du marché du travail ; il est même des régions entières qui parce qu'elles ajoutent aux déterminations qui, d'ordinaire, ont suscité dans certains secteurs du travail industriel et surtout dans le BTP de véritables « ghettos professionnels » les raisons qui leur sont propres (structures démographiques, structure des entreprises et structures de l'emploi, marché du travail relativement étroit se partageant pour l'essentiel, comme c'est le cas en Corse, entre l'agriculture et le bâtiment, etc.) ont été amenées à faire exécuter la quasi-totalité des travaux manuels ne requérant pas une grande qualification (ce que sont, précisément, les travaux des OS et de leurs équivalents) par des travailleurs immigrés.

bassin d'emploi ouvrier relativement restreint), par son ancienneté et par la position centrale qu'elle occupe dans l'ensemble des établissements de la Régie, en raison surtout de l'importance relative qui est la sienne ou, encore, du poids spécifique dont elle est dotée et, plus encore, du fait de l'énorme capital symbolique et de prestige qu'elle a accumulé au fil du temps, présente des caractéristiques propres qui la distinguent des autres usines.

Grande utilisatrice de main-d'œuvre immigrée (59 % et 45 % respectivement de l'ensemble du personnel ouvrier des usines de Boulogne et de Flins constitués de travailleurs immigrés), l'industrie automobile semble devoir concentrer la quasi-totalité du personnel immigré sur les postes de moindre qualification, c'est-à-dire les postes d'OS – et, en contrepartie, réserver les emplois d'ouvriers qualifiés pour le compte, à peu de chose près, des seuls travailleurs français – ; ainsi, à l'usine de Boulogne-Billancourt, si on convient de considérer comme main-d'œuvre réellement qualifiée au moins l'ensemble constitué par les agents techniques de production, les régleurs, les agents professionnels des échelons les plus élevés – les P2 et P3, à l'exception des P1 qu'on peut assimiler aux OS –, la part de la main-d'œuvre immigrée dans cet ensemble ne dépasse pas les 8 % de l'effectif total de cette main-d'œuvre.

Immigrés et OS : deux conditions, en droit, distinctes l'une de l'autre mais qui, étant réunies dans les mêmes personnes, portées par les mêmes personnes, ont fini par se confondre au point de devenir interchangeables. Certes, cela n'est pas nouveau. L'histoire des migrations, à commencer par l'histoire des migrations internes au pays, enseigne qu'il en a été, *mutatis mutandis*, toujours ainsi : au dernier arrivé à la condition de prolétaire dans la civilisation urbaine et industrielle échoit presque systématiquement la position la plus basse dans la hiérarchie sociale et solidairement dans la hiérarchie des métiers. Le seul changement qu'il y ait eu, donnant l'illusion d'un progrès sous ce rapport, tiendrait principalement au fait que l'immigration a introduit des modifications dans le recrutement et l'origine nationale et sociale de la fraction de la classe ouvrière vouée aux tâches d'OS. Mais ce changement, en apparence d'ordre seulement morphologique – changement dans le recrutement, donc dans la composition de la catégorie des OS et dans le statut social qui est le leur dans le travail et hors du travail –, entraîne une transformation dans le contenu et la nature même de la classification professionnelle ainsi que dans la signification sociale qu'on attache à ses différentes divisions.

La perception que les uns et les autres, les ouvriers immigrés (OS ou non) et les ouvriers non immigrés, ont de la position qui revient presque invariablement aux travailleurs immigrés dans l'échelle des qualifications, la position d'OS, et, par là même, des mécanismes sociaux qui président au recrutement et au déroulement de la carrière (soit, le plus souvent, une stagnation pour un temps indéfini dans la position d'OS, soit, dans le meilleur des cas, une petite et exceptionnelle promotion), porte à identifier tout poste d'OS à un poste pour travailleur immigré et, inversement, tout travailleur immigré à un OS possible.

La qualification d'OS se transforme et change totalement de signification : elle se découvre comme le produit d'une véritable « discrimination » atteignant le travailleur immigré jusque dans son travail ; comme une position au sein de la hiérarchie interne au travail mais dont la raison dernière est étrangère à l'ordre du travail. C'est d'ailleurs en ce sens que tout le monde entend l'expression d'OS immigré (ou d'immigré OS), les travailleurs immigrés eux-mêmes qui, le plus sérieusement du monde, sans la moindre intention de plaisanter, parlent en toute innocence, sans se rendre compte des contradictions internes de leurs propos, de « contremaître-OS », de « chef d'équipe-OS », de « régleur-OS », etc. pour désigner l'ouvrier immigré qui est contremaître, chef d'équipe, régleur etc., aussi bien que les non-immigrés qui, tant sur le lieu de travail (les compagnons de travail, les chefs directs, etc.) que hors du travail, stigmatisent comme « travail pour immigrés » tous les travaux sans grande qualification, dépréciés techniquement et socialement, c'est-à-dire les travaux d'OS précisément[1].

Immigré = OS

Vraie ou fausse, objective ou purement subjective, l'identification immigré-OS s'impose à tous ; elle est un fait qui appartient à cette classe de données qui sont constitutives de l'expérience qu'on a du monde – données *a posteriori*, données qui résultent de l'expérience, mais qui, très vite, deviennent des formes *a priori*, à travers lesquelles on appréhende la réalité. Comme si l'indignité sociale dont souffre l'ouvrier retentissait sur le travail qui

1. La relation de réciprocité entre l'immigré et l'OS dépasse le cas strict du travailleur manuel ou du travailleur ouvrier ; elle marque toute la population qui a partie liée avec les différentes catégories sociales constitutives du phénomène de l'immigration. Ainsi, être un avocat « immigré » ou un médecin « immigré », c'est-à-dire un avocat ou un médecin partageant la même origine nationale que de nombreux autres travailleurs immigrés, ses « compatriotes » (c'est ainsi qu'on les dit et qu'ils se disent eux-mêmes entre eux), c'est être, presque inévitablement, « l'avocat ou le médecin des immigrés » (ou être, comme on dit dans un autre contexte, « l'avocat ou le médecin des Arabes ») ; et, effectivement, on se fait (ou on devient) « l'avocat ou le médecin des immigrés » pour des raisons qui ne sont pas seulement d'ordre moral (solidarité, militantisme, philanthropie, etc.), mais tiennent aussi aux nécessités ou aux opportunités du marché, qui commandent qu'il en aille ainsi.

lui est dévolu (le travail d'OS), c'est précisément au moment où la réalité technique et strictement professionnelle de l'OS se constitue en pivot central de toute l'existence de l'immigré, qu'elle est le plus discréditée, le plus dépréciée. C'est aussi au moment où les préoccupations majeures de l'immigré (et, sans doute, pour être plus exact, de l'émigré) se réorganisent totalement, renversant l'ordre des priorités qui jusque-là faisait que l'émigration (c'est-à-dire le point de vue de l'émigré) l'emportait sur l'immigration (c'est-à-dire le point de vue de l'immigration), et où, conséquence de l'évolution récente qui a conduit de l'immigration de travailleurs isolés à l'immigration des familles, apparaît un engagement plus total dans la vie du pays d'immigration, et, par suite, un désengagement par rapport à la vie sociale dans le pays d'émigration, que la réalité sociale de l'immigré, qui est d'une autre nature que la qualification professionnelle d'OS (la première est, tout à la fois, d'ordre juridique et politique, social et économique, ethnique et culturel, alors que la seconde pourrait n'être apparemment que technique), se met à contaminer et à absorber dans le même discrédit social la signification proprement professionnelle du travail d'OS. Dès lors, la relation que l'ouvrier immigré entretient avec son travail ne dépend pas du seul travail. S'y projettent les effets de tout l'environnement dans lequel vit l'immigré, son environnement matériel, social, politique et surtout culturel. Redéfini de la sorte et replacé dans le cadre général de la vie dans l'immigration, c'est tout le travail de l'immigré et avec lui l'appellation même d'OS qui cessent de se réduire à leur dimension technique. Cette définition qui se prétend technique renvoie, en fait, à des déterminations multiples, dont la plus importante est de nature politique, avec le critère suprême de la nationalité et, en dernière analyse, à la discrimination qui est au fondement même de l'immigration et qui, désormais, est éprouvée jusque sur le territoire du travail.

La discrimination à base politique (c'est-à-dire selon le critère de l'appartenance nationale) est justifiée par les différences de nature sociale qui peuvent séparer, par exemple, la main-d'œuvre formée techniquement ou susceptible de l'être (et de l'être davantage), parce que déjà scolarisée, de la main-d'œuvre non qualifiée, non formée techniquement et peu susceptible de l'être, parce que non scolarisée, sans tradition industrielle, etc. – et cela sans considération apparemment du critère de la nationalité, sauf que, d'un côté, on a essentiellement la main-d'œuvre nationale qui a pour elle tous les attributs positifs et, de l'autre côté, on a presque exclusivement la main-d'œuvre immigrée, qui manque de toutes les qualités – ; à l'inverse, la différenciation sociale qui s'opère au détriment des ouvriers immigrés est rapportée, afin d'être expliquée (pour ne pas dire justifiée), à toute une série de facteurs qui renvoient tous à l'origine nationale, ce qui revient donc à une distinction de nature fondamentalement politique. Entre ce qui est politique et ce qui est social en cette circonstance, s'instaure de la sorte une relation circulaire. Quand une des deux fonctions tend à s'effacer, il appartient à l'autre de la réactiver. Ainsi en est-il de la dimension politique quand, après l'acquisition de la nationalité (de nombreux immigrés et parfois même des immigrés OS sont de nationalité française), elle cesse d'être distinctive, mais sans pour autant se faire oublier, car la dimension sociale, c'est-à-dire l'appartenance à la classe ouvrière et au sein de celle-ci à la catégorie la plus basse (la catégorie des OS), ne manque jamais de la rappeler en soulignant l'origine nationale de l'immigré ou en rappelant tout simplement qu'il est immigré. Il en est de même, aussi, de la dimension sociale quand l'immigré, parce qu'il occupe dans la hiérarchie interne à la société d'immigration une position sociale nettement au-dessus de la position que partagent communément tous les immigrés ordinaires, est désigné par sa qualité d'*étranger* – en tant qu'il est justiciable de la définition juridique et seulement juridique du terme – plutôt que par le stigmate d'immigré (au sens social du terme), la dimension politique reprenant alors tout son sens. Parce que la discrimination politique, opérée sur la base de l'appartenance à une nationalité, peut se proclamer en toute légitimité, elle sert de masque à la discrimination sociale qui ne manquerait pas d'apparaître techniquement, éthiquement et intellectuellement comme encore plus scandaleuse. L'immigré incarne l'altérité par excellence : il est toujours d'une autre « ethnie » et d'une autre « culture » (au sens le plus large ou le plus vague, le plus syncrétique, le plus ethnocentrique de ces deux mots) ; il est aussi d'une condition sociale et économique pauvre, essentiellement parce qu'il est originaire d'un pays socialement et économiquement pauvre ; il appartient à une autre histoire et son mode d'agrégation à la société présente ne relève pas de l'histoire de cette société ; il appartient ou il est originaire d'un pays, d'une nation, d'un continent occupant sur l'échiquier international, surtout à l'égard des pays d'immigration, une position dominée, et dominée sous tous les rapports (économiquement, culturellement, militairement, politiquement, etc.). De différenciation en différenciation, on arrive ainsi à la différence qui est au principe de toutes les autres et qui les contient toutes, la différence d'ordre politique entre l'ouvrier (OS ou non) qu'il faut dire « national » (parce qu'il se considère et qu'on le considère comme tel) et l'ouvrier (OS ou non) qu'on ne peut tenir pour être pleinement « national » (alors même qu'il se considère comme tel, juridiquement tout au moins). Ainsi l'ouvrier immigré est, certes, un ouvrier comme tous les autres. Cependant, malgré la volonté d'autonomie et même d'indépendance dont il entend se prévaloir à l'égard du politique, l'ordre du travail et du droit du travail n'échappent pas pour autant aux effets de la surdétermination que le politique exerce sur tout ce qui concerne l'immigration.

Rien, semble-t-il, ne peut rompre l'identification entre la condition d'immigré et le statut d'OS qui s'impose de manière générale à tous les travailleurs immigrés : ni la formation professionnelle dont on ne peut pas ne pas parler, mais qui, à travers l'indispensable alphabétisation, apparaît comme une entreprise ayant sa fin en elle-même (car elle est rarement consacrée par l'acquisition d'une qualification technique reconnue et sanctionnée par une promotion professionnelle) et dont personne, et surtout pas les premiers concernés, c'est-à-dire les immigrés eux-mêmes, ne semble attendre grand-chose, ni les tentatives de « reconversion » proposées seulement en raison de la conjoncture et sous la pression des nécessités du moment, c'est-à-dire en réponse aux opérations de licenciement des OS[1] ; ni le déroulement continu de la carrière qui

---

1. L'alphabétisation apparaît aussi comme une entreprise interminable, l'analphabétisme étant posé comme une des caractéristiques constitutives de l'immigré ou, tout au moins, de certains immigrés ; la formation professionnelle, dans le cas des travailleurs immigrés, a la particularité de faire coïncider deux types d'impossibilité : une impossibilité d'ordre objectif, inscrite dans les structures mêmes de l'immigration et du marché de l'emploi, dans la mesure où il est demandé à l'immigration de répondre, en gros, à une demande en main-d'œuvre non qualifiée que le marché local ne peut pas satisfaire ou n'a pas intérêt à satisfaire ; une impossibilité d'ordre subjectif, inscrite, celle-là, dans les structures du système de dispositions propres aux agents concernés, étant liées à la précarité intrinsèque de la condition d'immigré (et à toute une expérience de la temporalité qui façonne un rapport particulier au futur) vont à l'encontre des conditions requises pour que se forme l'attitude prospective et planificatrice qu'exige tout projet de formation.

devrait logiquement se solder par quelque « promotion » ; ni la possibilité de changer d'emploi, de troquer un emploi fortement structuré et figé (celui d'OS), comme en offrent les grandes entreprises industrielles contre quelque autre emploi plus « souple », là où la distribution des tâches serait moins rigide (entreprises plus petites, services, etc.), l'état actuel du marché de l'emploi interdisant tout espoir de cette nature. Que reste-t-il alors ? Ou la résignation ou la perspective du « retour », c'est-à-dire, avec la fin de l'immigration » la négation quasi magique du destin social que la crise contribue à objectiver.

L'immigré et l'OS sont l'un et l'autre assujettis à la même codification, celle qui fixe en toute chose le minimum qu'il leur faut accorder, le minimum vital, minimum de gain pour le minimum de consommation, le minimum de qualification pour le travail de qualification minimum, le minimum de considération, le minimum d'autonomie, de liberté de mouvement, de disponibilité en temps, etc. L'immigré, OS des temps actuels, constitue sans doute la seule figure ouvrière à laquelle il est donné, aujourd'hui, de réaliser, dans toute sa vérité, la condition de son homologue d'hier, son prédécesseur dans cette double généalogie d'immigré et d'ouvrier situé au plus bas de l'échelle sociale et technique des métiers qui provenait alors de cette autre forme d'immigration, l'exode rural interne au pays : celle d'un « homme labeur », d'une pure force productive qu'il suffit *d'alimenter*, d'abord, en l'entretenant et en la restaurant, en la réparant et en la laissant reposer et se reposer, et dont il faut assurer la perpétuation par un incessant renouvellement, une vague de nouveaux immigrés succédant à une autre. Véritables topiques du discours « ouvrier », du discours des ouvriers sur eux-mêmes et du discours sur les ouvriers, le thème de la nourriture et son corollaire et symétrique, celui de la misère, même s'ils ont quelque peu vieilli (sans jamais disparaître complètement) et s'ils paraissent anachroniques eu égard à l'état présent de la main-d'œuvre nationale, trouvent un regain d'actualité dans les propos de tous les travailleurs immigrés : « gagner sa croûte », « courir derrière le pain », « le pain commande », « que ne ferait-on et que ne supporterait-on pour son pain », « il faut quitter son pays pour gagner le pain de ses enfants », ou encore « mon pays, c'est mon pain, c'est le pays de mon pain », « nous ne demandons que notre pain », etc. ; et, par effet de symétrie, « sortir de la misère », « en finir avec la misère », « la misère (*el mizirya*) nous a chassés de chez nous », « nous payons le prix de la misère », « c'est une situation de misère et le produit de la misère que l'immigration », « un salaire de misère », « une vie de misère qui nous a obligés à venir ici », « un état de misère », « le travail de la misère » (celui d'OS). Autant d'expressions qui, non seulement renouent, selon une modalité particulière, avec le langage propre à la condition ouvrière, mais, de plus, revêtent dans la bouche des travailleurs immigrés la signification d'un alibi, de cet alibi indispensable, aux yeux de tous, pour penser et pour dire la double condition d'émigré et d'immigré.

Plus que pour toute autre catégorie d'ouvriers, le thème de la « nourriture à gagner » là où il devient possible de la gagner et, par voie de conséquence, le thème conjoint de la « misère (ou de la faim) qu'il y a lieu de fuir » (c'est-à-dire émigrer), thèmes qui hantent toutes les conversations, contribuant de la sorte à fonder en expérience le partage établi une fois pour toutes entre, d'une part « les pays du pain » (du travail), c'est-à-dire les pays d'immigration, et, d'autre part, « les pays de la faim » (du chômage), c'est-à-dire les pays d'émigration, se présentent ici comme des données objectivement constitutives de la condition de l'immigré et de l'OS. Tout le monde, patronat, syndicats, les immigrés eux-mêmes, s'accorde pour ne voir dans l'OS d'aujourd'hui, le travailleur immigré, qu'une « machine » à nourrir, une « machine » qu'il faut nourrir, qui doit se nourrir, qui ne demande qu'à se nourrir et ne travaille que pour se nourrir et nourrir les siens.

En règle générale, le travailleur immigré ajoute aux caractéristiques qui lui viennent des conditions de l'immigration et du travail dans l'immigration un certain nombre d'autres caractéristiques qu'il importe avec lui et qu'on convient d'appeler ici, à défaut d'un terme plus précis, « caractéristiques d'origine » ou « capital d'origine ». Héritage d'une histoire sociale et d'une tradition culturelle où la notion même du travail a une signification différente de celle que lui accorde habituellement la société industrialisée, toutes ces caractéristiques ne manquent pas, bien sûr, de subir des transformations du fait de la transplantation. Aussi doit-on se garder à la fois d'en faire une donnée dégagée de ses conditions sociales de production, de fonctionnement et de perpétuation, et d'ignorer complètement ce système de déterminations que les travailleurs immigrés portent encore en eux et qu'ils apportent avec eux. L'une et l'autre de ces deux attitudes opposées comportent un risque d'erreur qui leur est propre : soit la réification qu'on a trop facilement tendance à opérer du système de dispositions originelles empêche de voir que ce système est, d'abord, déstructuré en raison de l'expatriement et de la décontextualisation opérée par l'immigration – et, en vérité, commencée déjà bien avant l'immigration – et, par cela même, voué à devenir totalement inopérant et que, d'autre part, il est contredit aujourd'hui en sa propre terre natale ; soit la dénégation complaisante qu'on croit intelligent de faire, sous prétexte de « modernité », de cet héritage importé dans l'immigration, amène à masquer un de ses effets majeurs, celui d'*informer* la perception que les travailleurs immigrés ont de leur travail dans le cadre de l'immigration et, plus largement, de leur position au sein de la société d'immigration.

L'être et le travail

Ouvrier comme sont tous les ouvriers, le travailleur immigré est, sans aucune exception, tout à la fois identique à ses autres compagnons non immigrés et différent d'eux. Le principe de cette spécificité réside non pas tant dans la mise au travail des immigrés et dans l'exercice effectif de leur travail, mais dans leur relation au travail, celle-ci n'étant, d'ailleurs, qu'une réalisation particulière de la relation plus large qu'ils entretiennent avec le système économique qu'ils découvrent à la faveur de leur immigration. L'immigré OS, immigré originaire le plus souvent de pays non industrialisés et, de ce fait, n'ayant pas pour lui ou en lui cet acquis que seule une longue tradition d'économie moderne peut conférer, se trouve plongé à l'occasion de son immigration dans un cosmos économique dont il n'a pas même l'intuition immédiate, car rien dans sa tradition économique et culturelle ne l'a préparé de longue date à pouvoir s'approprier le type de dispositions (dispositions économiques, sociales, culturelles dont notamment les dispositions temporelles, prospectives et calculatrices) que requiert le système économique dans lequel l'immigration fait entrer, ni à acquérir cette familiarité qui est propre à l'« indigène » de cette économie et qui est le résultat de toute éducation explicite et implicite, subie individuellement depuis la prime enfance et collectivement depuis plusieurs générations.

En conséquence, il ne peut pas investir la signification du système économique auquel il est désormais lié, pas plus qu'il ne peut s'y investir – investissement qui se ferait, d'abord et principalement, dans le champ du travail et par le biais du travail, et, ensuite, plus largement, dans l'ensemble des conduites économiques et sociales. Et surtout, il ne peut se mentir à soi ou se payer de mots quant à l'intérêt qu'il peut trouver à son travail. À défaut de cet investissement dont les conditions de constitution, conditions matérielles et conditions culturelles, ne semblent pas réunies, la seule finalité que le travail peut avoir aux yeux de l'immigré OS, la seule qu'il connaisse et la seule qui lui soit accessible, est le salaire que ce travail procure. Aussi n'est-il pas, pour l'ouvrier immigré, de considération relative au travail qui ne consiste, à condition toutefois que l'essentiel, c'est-à-dire le salaire qui est toute la raison du travail, soit sauvegardé, à remettre en question directement ou indirectement le travail lui-même : faire de sorte qu'on puisse échapper au travail ou à plus de travail, ce bien pourtant si rare et si précieux (au point de valoir qu'on le paie du double prix de l'émigration et de l'immigration). Ainsi, les revendications du travailleur immigré, tant celles qu'il partage avec tout le monde ouvrier, que celles qu'il peut avoir en propre, qu'il les proclame ou qu'il les garde secrètes au fond de lui-même, ne visent pas, en définitive, qu'à réduire la contrainte du travail, la contrainte dans le travail et par le travail. Tout cela doit être entendu, en l'occurrence, comme si c'était par le travail (dans l'immigration) qu'on peut échapper à l'immigration qui est, précisément, produit du travail (ou de la quête du travail) et source de travail. Immigration et travail sont deux états consubstantiellement liés au point qu'on ne peut remettre en cause l'un sans, du même coup, remettre en cause l'autre et se remettre proprement en cause. On ne peut nier l'un sans nier l'autre et sans se nier soi-même (en tant qu'immigré) ; on ne peut détester l'un sans détester l'autre et sans se détester soi-même (en tant que travailleur immigré)[1]. La contradiction est d'autant plus difficile à surmonter dans l'état actuel de l'immigration que celle-ci s'est « professionnalisée » et s'est donné, en se faisant continue, la forme d'une véritable carrière ; de ce fait elle s'est interdit tous les subterfuges et toutes les simulations ou dissimulations dont elle se payait antérieurement, alors qu'elle était intermittente et alternait, selon une vieille habitude de rotation, des « séquences de travail » (c'est-à-dire d'immigration) et des « séquences de non-travail » (c'est-à-dire de non-immigration), les premières étant comme la rançon dont il faut payer les secondes.

Le travail ne peut avoir, pour l'immigré, la signification que lui attache la société d'immigration, tout comme il ne peut non plus avoir la signification que lui donne, hors de l'immigration, l'économie du pays d'origine, forme dégradée et inaccomplie du système économique plus achevé tel qu'il fonctionne dans les sociétés d'immigration : la première signification, parce qu'elle n'a pas été acquise et incorporée (au sens littéral du terme), la seconde, parce qu'elle est interdite en raison du contexte même de l'immigration. De plus, parce que l'immigration se traduit par une manière d'immersion brutale et totale dans une économie pleinement achevée, elle ne laisse pas de place aux multiples formes intermédiaires et composites que les sociétés « sous-développées », sociétés globalement confrontées aux structures de l'économie moderne, ont su se donner comme pour se ménager un continuum allant des

1. « Je déteste mon existence », « elle est amère mon existence » sont les expressions qui reviennent le plus fréquemment dans les propos des OS algériens lorsqu'ils viennent à parler de leurs conditions de travail, déplorant l'atmosphère générale dans laquelle ils travaillent, les relations de travail et, dans le travail, les rapports avec la hiérarchie la plus immédiate plus véhémentement que le travail lui-même.

survivances « culturelles » de l'ancien ordre de la société, quand il était plus intégré aux formes plus ou moins accomplies de l'économie capitaliste. Ni pure activité de gain, mais à la manière dont le veulent l'économie capitaliste et l'éthique qui lui est associée, ni fonction sociale totale et activité morale au sens où l'entend la tradition précapitaliste, c'est-à-dire activité qu'aucun calcul ne rapporte à son rendement, encore moins à sa rentabilité, quelle signification l'immigré, totalement étranger à la morale que la société dans laquelle il travaille associe au travail qu'elle lui commande, et, plus encore, l'immigré OS placé au plus bas de la hiérarchie sociale et technique interne au travail auquel il est voué peuvent-ils donner à leur travail ? Sinon la signification du travail comme activité de gain uniquement pour le gain qu'elle rapporte dans l'immédiat ; sinon le sentiment de la pure contrainte de l'occasion nécessaire et inévitable (occasion recherchée et détestée, désirée et honnie) pour « vendre sa force de travail » sans aucune autre compensation que le salaire qu'on en tire. Dans ces conditions, ce travail-ci ou cet autre, celui-ci ou celui-là, le résultat est le même. Et s'il est une différence qui peut incliner vers un travail plutôt que vers un autre, elle se ramène toujours, directement ou indirectement, à toujours moins de travail : moins de travail, parce que salaire relativement meilleur ; moins de travail, parce que moins de temps passé dans le travail ou consacré au travail quand on y ajoute le temps et la fatigue des transports ; moins de travail, parce que travail moins fatigant, etc. Sans doute, cette relation au travail est-elle commune à toute condition sociale. Et dénoncer comme seule cause de mécontentement les difficultés techniques les plus extérieures et les plus objectivées du travail (travail à la chaîne, travail parcellaire, travail répétitif, monotone, dénué d'intérêt, et même de sens aux yeux de ses exécutants, etc.) au lieu d'interroger la nature du rapport entretenu avec le travail indépendamment des caractéristiques techniques de celui-ci, c'est, dans le meilleur des cas, se condamner à ne produire d'explication qu'en partant des effets, c'est-à-dire de la constatation de la répugnance éprouvée à effectuer certaines tâches pour remonter aux causes et aux raisons de cette répugnance, qu'on place tout naturellement dans le contenu même des tâches[1]. Que certains travaux – ceux des OS, par exemple – soient, en tant que tels, source de mécontentement et de malaise, de désagrément diffus, ce qui conduit à les éviter totalement, quand on peut, ou quand on y est contraint, à tricher avec eux, à les fuir au moins épisodiquement, c'est une donnée constitutive de la condition de prolétaire qui ne peut rien expliquer et qui n'explique en rien ni la nature du travail incriminé, ni l'insatisfaction éprouvée, ni la relation entre l'une et l'autre. Mais à cette donnée commune, il s'ajoute, dans le cas des travailleurs immigrés, ces « tard-venus » à la condition de prolétaire, ou encore ces « novices » du prolétariat, une connotation supplémentaire qui, inscrite dans leur statut politico-juridique, leur est propre.

Engagés à leur corps défendant dans une partie qu'ils ne peuvent quitter, car il y va de leur survie, les travailleurs immigrés découvrent à l'occasion de leur immigration un monde économique, un monde du travail, une organisation du travail – tous éléments du patrimoine objectivé d'une société, d'une culture, d'une histoire autres que les leurs – qu'ils ne peuvent pas appréhender dans leur totalité et en toute leur clarté, en leur restituant leur cohérence et leur pleine intelligibilité. Les ouvriers immigrés en règle générale et, sans doute, les OS plus que les autres, ont de l'univers du travail une vision d'autant plus confuse et désordonnée que la place qu'ils

---

1. Voir D. Mothé, *Autogestion et Conditions de travail*, Paris, Cerf, 1976, p. 5.

occupent dans l'appareil de production, au plus bas de l'échelle technique et sociale, et comme s'ils n'étaient que de simples accessoires (ce que sont statutairement les immigrés, même après être devenus permanents et irremplaçables), ne les prédispose pas à se donner une conscience suffisamment claire de la logique propre du système économique dans lequel ils sont engagés, ni même de la contribution qu'ils peuvent lui apporter. Si chaque OS peut dire en quoi consiste présentement son travail et, à la rigueur, celui de son voisin, le système de classification en différentes catégories professionnelles reste, dans son principe, une chose assez obscure pour presque tous les travailleurs immigrés. À s'en tenir à leur expérience directe, c'est-à-dire à ce qu'il leur est donné d'observer, c'est un désordre total qui apparaît à leurs yeux. Ils ne peuvent établir aucun lien raisonnable, c'est-à-dire régulier et constant, fondé sur quelque principe qui leur soit perceptible, entre les divers cas d'OS qu'ils peuvent connaître. Tel ouvrier qui compte dix, douze, quinze années de services à la Régie est toujours OS, mais, de fait, effectue un travail d'ouvrier professionnel ; beaucoup d'OS se trouvent dans cette situation où ils font un travail qu'ils sont censés ne pas connaître, un travail qui, théoriquement, dépasse leur compétence professionnelle appréciée au rang qu'ils occupent dans la classification. Le même « désordre » apparent règne aussi dans la répartition des spécialités, pour le peu que l'OS en a à connaître, jugeant de cela par l'histoire professionnelle de ses compagnons familiers : tel ajusteur de formation et aussi d'expérience est maintenant ouvrier sur machines ; tel ouvrier promu dans une catégorie supérieure ne peut continuer à exercer le métier qu'il faisait avant sa promotion, ne gagnant au changement de dénomination, dans le meilleur des cas, qu'une augmentation (effective ou potentielle) de salaire. Ce « désordre » apparent n'est pas tout à fait gratuit et l'ouvrier qui s'en scandalise n'est pas loin d'en découvrir la vraie raison et la signification réelle : l'entreprise dispose de son personnel au mieux de ses intérêts du moment et elle en dispose d'autant plus librement et arbitrairement que celui-ci est au plus bas de la hiérarchie et est affecté aux besognes les plus ordinaires, les plus rebutantes, les moins qualifiées et les moins prestigieuses, simples tâches d'exécution.

Vraie ou fausse, conforme à la réalité ou totalement erronée et contredite par celle-ci – là n'est pas, d'ailleurs, le problème –, la perception que l'immigré, cet « OS à vie », a de l'organisation du monde du travail, son monde à lui, fait de celle-ci quelque chose d'obscur, de mystérieux, d'incompréhensible et, donc, d'arbitraire. Sans doute, cette perception n'est pas propre à l'ouvrier immigré ; elle fut longtemps et reste encore, là où les conditions sociales qui sont à son principe demeurent toujours, la perception commune de tous les ouvriers voués aux simples tâches d'exécution. Elle est le mode banal de relation de l'ouvrier à son entreprise, le mode selon lequel il vit son rapport au travail. Si on la découvre aujourd'hui plus facilement ou de manière plus dramatique et plus accusée chez les immigrés, cela ne doit pas faire oublier qu'elle est et qu'elle reste toujours la caractéristique intrinsèque de la position que les ouvriers, surtout ceux qui sont situés au plus bas de l'échelle et de la hiérarchie du commandement, occupent dans le processus de production.

« Moi, tout ce que je sais, c'est que je suis OS et je mourrai OS. Peu importe le travail que je fais. On me dit de faire ça, je le ferai [...]. Ce n'est même pas une question d'argent : je peux travailler comme "professionnel", je sais le faire, je l'ai fait ; je peux faire régleur, je l'ai fait.

Depuis le temps que je suis dans la boîte, j'ai vu passer du monde, j'ai vu passer des contremaîtres, je les ai vus arriver qu'ils ne savaient rien, il fallait tout leur apprendre et avant que tu te rendes compte, les voilà qu'ils te commandent, qu'ils ordonnent ce qu'il faut faire, qu'ils deviennent tes chefs. Et cela sans que tu saches rien : ni qui ils sont, ni pourquoi ils sont là et pourquoi ils ont été embauchés, ni ce qu'ils vont devenir. Tout cela sans que tu te méfies : d'abord, ce ne sont que des jeunots, des novices, des bleus [des *boujadi*] et tu es porté à les traiter comme tels, mais quelques mois plus tard, ils sont au-dessus de ta tête. Alors on ne sait plus à qui on a affaire [...].

« De toute façon, la paie est la même, c'est toujours le même argent qui entre dans ma poche quel que soit le travail que j'ai à faire, celui d'OS ou celui d'OP ; il m'est toujours payé la même chose, alors autant que je fasse le travail d'OS, c'est autant de moins que "j'ai servi à labourer [comme bœuf de labour] pour le compte des autres" [c'est-à-dire que j'ai été exploité à mes dépens]. Sont bien cons ceux qui se laissent avoir de cette façon : la paie d'un OS et le travail d'un OP ; avec moi, qu'ils gardent pour eux leur flatterie. Ou je sais faire le travail de régleur, alors je veux la paie de régleur, ou je ne vaux que la paie d'OS, alors qu'on me donne le travail d'un OS ; pas d'accord pour faire plus qu'on me paie ou qu'on me paie moins que ce que je fais. Ce sont eux qui ont tout fait, qui ont fait ce que doit faire un OS et ce que doit faire un OP, ce que doit toucher un OS et ce que doit toucher un OP, alors qu'ils respectent leurs consignes [...].

« On ne t'embauche pas sur ce que tu sais faire, mais sur ce que tu es ; on te paie non pas pour ton travail, le travail que tu fais, mais pour ce que tu es. Ou tu es français ou tu es immigré, c'est pas la même [chose], c'est pas le même travail et c'est pas le même salaire ; et quand c'est le même travail, c'est jamais le même salaire : pour le même travail, le salaire du Français est au moins une fois et demie le salaire de l'immigré. Si tu es immigré, c'est pas la même chose si tu es arabe ou si tu es noir – Arabe et Noir, ça se vaut, c'est à peu près la même chose – ou, au contraire, si tu es espagnol, portugais, yougoslave ; là, c'est déjà différent. On t'embauche et on te paie sur ce que tu as appris à l'école, sur les diplômes que tu as, CAP ou autre chose, et non pas sur le travail que tu fais : tu as un CAP, tu as appris l'ajustage, le tour, on te paie comme ajusteur, comme tourneur, même si tu fais le travail d'OS tout le temps qu'ils voudront. C'est comme ça, c'est toi qui es à leur botte ; ce sont eux qui commandent, toi tu dois suivre et te taire. Tu t'exécutes. Ils commandent et, avec ça, ils s'arrangent toujours pour ne pas dire la vérité […]. Quelle est cette vérité ? Par exemple, dire que tous les immigrés, surtout les Arabes, tous OS, les Français aucun OS. Ça, par exemple, c'est la vérité. Mieux vaut qu'on la dise comme elle est, plutôt que faire semblant que tout le monde est pareil […].

« […] Y a rien à comprendre ; plus tu cherches à comprendre, moins tu comprends quelque chose. Alors vaut mieux ne pas essayer. Si tu regardes tout et tu essaies de comprendre un peu ce qui se passe autour de toi, comment vont les choses, alors tu seras vite dégoûté, car tout est de travers ; tu auras envie de tout balancer, de tout envoyer en l'air. C'est miracle même que des bagnoles sortent de l'usine et qu'elles tiennent le coup ; il faut vraiment que la technique soit au point. Les chefs diront tout ce qu'ils voudront, que nous sommes des abrutis, qu'on ne comprend rien, qu'on fait tout de travers, que c'est du travail "arabe", c'est le travail "immigré", comme on disait avant le travail "arabe", le travail fait dégueulasse, tout ce qu'ils veulent, mais c'est comme ça […]. À les entendre, y a qu'eux qui bossent. Si ça marche, c'est toujours grâce à eux ; nous on compte pour du beurre […]. Dans tout cela, y a qu'une chose qui est sûre : ce sont les immigrés, ce sont eux, qui trinquent le plus. »

La maladie, la souffrance
et le corps

Plus que la constance même du phénomène, plus que
l'extension qu'il a atteinte actuellement, ce qui importe
aujourd'hui dans l'immigration, en raison précisément
des effets spécifiques qu'elle a suscités dans tous les
domaines de la vie sociale, c'est la *permanence* en France
d'une même population d'immigrés (travailleurs et
famille). Parce que présents en permanence, les immigrés
sont devenus présents en tout et partout ; ils sont présents
dans tous les discours (économique, social, juridique,
politique, moral, voire éthique) : nous en entendons tous
parler et nous en parlons tous. Mais peut-être faut-il
s'interroger sur ce que l'objet dont on parle, l'*immigré*,
doit au fait qu'on en parle et surtout à la manière dont on
en parle. Ce n'est pas cultiver le paradoxe que d'affirmer
que l'immigré, celui dont on parle, n'est en réalité que
l'immigré tel qu'on l'a constitué, tel qu'on l'a déterminé
ou tel qu'on le pense et tel qu'on le définit. Il n'est peut-
être pas d'objet social plus fondamentalement déterminé
par la perception qu'on en a, perception elle-même déterminée par la définition abstraite et *a priori* qu'on s'est
donnée de l'objet, que la population des immigrés. Le
discours sur l'objet faisant partie de l'objet d'étude et
demandant à être pris comme objet d'étude, il faut rompre
avec la phénoménologie habituelle pour transformer en
problème sociologique ce qui n'était que problème social

propre à susciter l'indignation ou le scandale plutôt que l'étude scientifique.

Le discours sur l'immigré

C'est presque une constante du discours sur l'*immigré* et sur les conditions de vie dans l'*immigration* de faire abstraction de l'*émigré* et des conditions sociales génératrices de l'*émigration*. Et parce qu'on a pris ainsi le parti de tout ignorer de ce qui est en amont, collectivement (dans l'histoire sociale de l'émigration) et individuellement (*i.e.* dans la trajectoire sociale particulière de chaque émigré), on s'est interdit par là même de se rendre compte que ce sont les conditions qui sont à l'origine de l'émigration et surtout des transformations que ces conditions subissent au fil du temps, c'est-à-dire tout au long de l'histoire du phénomène migratoire et pour partie sous l'effet même de l'émigration, qui sont responsables des différences qu'on constate entre les immigrés dans l'immigration, chaque classe de conditions initiales engendrant une classe différente d'émigrés qui donneront dans l'immigration une classe différente d'immigrés. À mutiler le phénomène migratoire, comme on a coutume de le faire, d'une partie de lui-même, on s'expose à constituer la population des immigrés comme une simple catégorie abstraite et l'immigré comme un pur *artefact*.

Associant les immigrés aux diverses institutions qui ont à connaître d'eux et auxquelles ils sont, eux-mêmes, nécessairement confrontés, on croit diagnostiquer et formuler toute la série des problèmes qu'on dit être *les problèmes sociaux des immigrés* : les immigrés et le chômage (alors qu'être immigré et chômeur est, en soi, une contradiction), les immigrés et le logement (alors que le logement, tant le logement des hommes isolés que celui des familles, constitue un test projectif révélateur de la condition d'immigré), les immigrés et la formation (alors qu'être immigré et prétendre à une formation ou seulement à faire valoir une qualification déjà acquise est une autre contradiction objective de la condition d'immigré), les immigrés et leurs chances de promotion sociale ou de pleine insertion dans la vie sociale (ce qui revient à dire les chances que les immigrés ont de ne plus être des immigrés, ces chances étant elles-mêmes étroitement dépendantes de leur condition d'immigrés), les immigrés et l'école (suprême paradoxe que celui d'enfants non français, par définition, mais soumis à l'action de l'école *française*, instance qui a pour fonction objective de former culturellement des sujets français) et, enfin, pour ce qui nous concerne, les immigrés et l'institution médicale, l'immigré et la médecine ou l'immigré et sa santé. Bien qu'il s'agisse là de problèmes très réels, se posant en termes pratiques et dans des situations concrètes, mobilisant beaucoup d'énergie, d'efforts, de temps et de compétence, on pourrait poursuivre longtemps encore pareil inventaire sans qu'on sache si tous ces « problèmes » sont vraiment *les problèmes des immigrés* ou, au contraire, les problèmes de la société française et de ses institutions face aux immigrés. Est-ce vraiment les problèmes qui se posent aux immigrés et que se posent les immigrés ? Et, même dans ce cas, on peut se demander si ces problèmes ne se posent pas aux immigrés dans la mesure et dans la mesure seulement où on les leur pose et parce qu'on les pose à leur propos ; si ce ne sont pas là, plutôt, des problèmes que pose, en réalité, la présence permanente des immigrés, sortes de corps étrangers, au sein de la société française.

Si on ne s'interroge pas sur la genèse même de ces problèmes et sur ce qu'ils doivent à la représentation qu'on se fait des immigrés, c'est sans doute parce que le discours abondamment produit sur ces différents problèmes remplit, par lui-même, deux fonctions essentielles : en premier lieu, réguler un phénomène qui risque de perturber l'*ordre* public (social, politique, moral, etc.) et, en second lieu, paradoxalement, masquer le *paradoxe* essentiel de l'immigration, écarter ou neutraliser la question de savoir ce qu'est l'immigré et ce qu'est l'immigration.

La vertu épistémologique de cette interrogation préalable, dont on ne saurait pourtant faire l'économie, est qu'elle nous rappelle à des évidences, à des vérités premières – la vérité de l'immigré et de la condition d'immigré – que nous avons trop tendance à oublier sous l'effet, sans doute, d'une trop grande familiarité avec le phénomène de l'immigration et avec les immigrés. Procéder au dévoilement de ces vérités masquées et, par là même, à l'analyse, d'abord, du paradoxe de l'immigration et, ensuite, des implications contenues dans ce paradoxe ainsi que des retentissements profonds qu'il a sur la condition sociale et sur la personne même de l'immigré, cela renvoie à la question, première entre toutes et antérieure à toutes les considérations sur les conditions de vie et sur le sort des immigrés [1].

Le mal d'immigration

Quel que soit le rapport – émigration ou immigration – sous lequel on considère la situation de l'émigré et de l'immigré, ce ne sont pas les contradictions qui manquent. Une des contradictions majeures est, sans doute, celle qui affecte les relations que l'immigré a avec son propre corps – corps comme objet de représentation et de présentation

1. Voir chap. 3.

de soi, corps comme siège de l'affect et aussi de l'intellect (car le corps est habité par tout le groupe qu'on porte en soi), corps comme instrument de travail et corps comme lieu et comme expression de la maladie – : à l'instar de la contradiction de la conscience temporelle, la contradiction de la conscience corporelle, contradiction *incorporée*, est à la source de toutes les autres contradictions ; c'est elle qui, d'une certaine manière, rend le corps de l'immigré étranger et « incompréhensible » aux autres. Aussi est-ce à l'occasion de la *maladie* (ou de l'accident) et de ses suites que se donnent le mieux à voir les contradictions constitutives de la condition même de l'immigré. Parce que l'immigré n'a de sens, à ses propres yeux et aux yeux de son entourage et parce qu'il n'a d'existence, à la limite, que par le travail, la maladie par elle-même, mais peut-être plus encore par la vacance qu'elle entraîne, ne peut manquer d'être éprouvée comme la négation de l'immigré. À l'inverse de la retraite, de la préretraite et du chômage, qui peuvent aussi conduire l'immigré à découvrir qu'il est « vacant », la maladie, surtout quand elle interdit jusqu'à l'idée même de pouvoir retravailler, semble avoir le triste privilège de prononcer de manière ferme et définitive la « négation » de l'immigré. En effet, en dépit d'une certaine analogie de leurs effets avec ceux de la maladie, l'état de retraité aussi bien que l'état de chômeur, dans le cas de l'immigré, comportent en eux-mêmes la justification et les alibis de la « vacance » qu'ils imposent : la retraite peut se légitimer en prenant prétexte de ce qu'elle n'est plus que la phase ultime de la longue histoire de ce provisoire qui a marqué toute la vie de l'immigré ; le chômage, quant à lui, trouve malgré tout un semblant de justification dans son caractère accidentel et temporaire, la recherche du travail étant considérée, ici, par tout le monde comme un acte qui réhabilite et restaure l'immigré dans sa fonction d'immigré – cela n'est vrai cependant qu'à condition que le chômage ne dure pas au point d'anéantir tout espoir de réembauche ou, ce qui revient au même, à condition qu'il ne devienne pas une donnée structurelle.

Avec la maladie ou l'accident, c'est tout l'équilibre antérieur, équilibre précaire, forgé laborieusement au prix d'un énorme et persévérant « mensonge » social, qui s'effondre. Tant que l'émigration et l'immigration qui la continue étaient encore de simples « accidents », des parenthèses, ouvertes, puis fermées au plus vite, intercalées dans la vie des individus et de leurs groupes, l'accident et la maladie ainsi que leurs conséquences pouvaient encore être maîtrisées[1]. Mais à mesure que l'émigration cesse d'être une solution, même de pis-aller, à une situation critique pour devenir la retraduction permanente d'une crise devenue elle-même endémique, la maladie, l'accident, le chômage, l'âge qui surviennent dans cet état permanent de crise sont éprouvés comme des circonstances paroxystiques, des cas limites aboutissant à des impasses.

Comme si, entre autres situations difficiles, le travailleur immigré malade avait été dépouillé par la maladie du statut qu'il a dans l'immigration et de l'équilibre qui en est corrélatif, il est porté à attendre de l'institution

1. À l'époque, parce que l'émigration n'avait pas d'autre fonction que de procurer un minimum de ressources monétaires, la petite rente pour accident du travail qu'on « acquérait » pouvait encore être perçue comme une manière de résoudre la contradiction de l'émigration – comme un effet susceptible de réduire la cause (l'émigration) qui l'a provoqué : la rente monétaire rapportée au village dispensait de repartir en émigration ; c'était l'époque où les émigrés qui voulaient revenir définitivement au pays se mutilaient presque volontairement (quelques phalanges, un doigt, un orteil). Parce que l'accident à l'époque était inséré dans un ensemble de comportements qui lui donnaient sens parce qu'il était maîtrisé, il ne donnait pas lieu alors à une interminable contestation avec l'institution médicale et l'institution d'indemnisation (sécurité sociale).

médicale et de la guérison qu'elle peut lui apporter qu'elles lui restituent comme magiquement son identité d'immigré et un équilibre disparu, impossible à recouvrer. Aussi incline-t-il à s'attacher avec frénésie à l'instance médicale et, par suite, à la maladie qui le relie à cette instance. Perturbé dans le système d'alibis qu'il s'est constitué pour perpétuer son immigration, le malade se trouve affronté à la tâche de créer le système de modèles de comportement et de pensée lui permettant de s'adapter à la nouvelle situation créée par la maladie. À la façon de ces familles qui, passées brutalement du bidonville à un appartement doté d'un minimum de confort moderne, ne parviennent pas à prendre possession de l'espace qui leur est imparti, et « bidonvillisent » leur logement faute des dispositions et des ressources qui leur permettraient de moderniser leur mode de vie[1], les immigrés malades au point de ne pouvoir surmonter, une fois guéris, les effets de leur maladie risquent de régresser vers des systèmes d'adaptation ou vers des équilibres plus rudimentaires, soit qu'ils se complaisent dans un état de morbidité permanente et, par conséquent, de litige permanent avec la sécurité sociale, soit qu'ils se satisfassent trop vite de leur condition d'invalides n'attendant de celle-ci et de la rente qu'elle leur procure rien d'autre que le prétexte leur permettant de se perpétuer comme « immigrés dispensés de travailler ». En effet, faute de pouvoir composer avec le handicap qui l'atteint (maladie et accident), et surtout avec les répercussions que ce handicap entraîne sur sa condition d'immigré, et, du même coup, avec les sanctions que lui impose un appareil médical dont l'intention objective est tout entière tournée vers la thérapie de troubles (organiques ou psychiques) dûment constatés et

1. Voir P. Bourdieu, *Algérie 60, structures économiques et structures temporelles*, Paris, Minuit, 1977, p. 96-114.

consignés ou consignables dans une nosologie qui ne prend en considération que l'individu porteur de l'affection, il ne reste plus à l'immigré incertain de son statut qu'à se réfugier dans sa maladie et à s'y « installer » comme il s'était installé autrefois dans l'état d'immigré, ou encore, ultime solution, à s'y installer pour pouvoir continuer à s'installer dans l'immigration.

Après l'accident ou la maladie, qu'est-ce que le travailleur immigré peut donc attendre, en définitive, de l'hôpital et de la médecine ? Il n'attend pas seulement un rétablissement de sa santé, il attend aussi, certainement, qu'on lui restitue l'équilibre ancien sur lequel il a vécu jusqu'ici. L'équilibre à venir est d'autant plus malaisé qu'il s'oppose par certaines de ses caractéristiques à l'équilibre ancien, antérieur à la rupture due à la maladie : alors que cet équilibre-là, largement partagé par tous les immigrés, a une dimension sociale fondamentalement collective, l'équilibre qui doit lui être substitué, parce qu'il ne concerne qu'un nombre restreint de cas particuliers et parce qu'il est lié, semble-t-il, à des données apparemment plus individuelles (le traumatisme consécutif à la maladie), se présente plutôt comme un fait individuel, et comme le résultat d'un travail plus individualiste ne participant d'aucune complicité large et collectivement entretenue ; de plus, il est d'autant plus incertain qu'il doit s'élaborer au moment où, en raison de ses antécédents, l'immigré – alors plus âgé, plus averti des réalités et des désillusions de l'immigration, affecté par la maladie ou l'accident, etc. – est devenu plus fragile et plus vulnérable.

Plus l'immigré ainsi perturbé a peine à recouvrer son équilibre, plus il est porté à l'attendre de la médecine : que celle-ci, bien sûr, le guérisse et l'indemnise du préjudice subi, cela va de soi, mais surtout, comme par magie, qu'elle fasse, en dépit de l'indemnisation ainsi revendiquée, comme si la maladie ou l'accident n'avaient rien interrompu et rien perturbé ; plus l'institution médicale le déçoit sous ce rapport, plus il est porté à la tenir pour responsable de son état. Inversant le processus du tout au tout, il a tendance à incriminer d'autant plus vivement la maladie et les médecins, la maladie et l'hôpital, qu'il est en proie à un sentiment de malaise diffus, qu'il éprouve plus intensément le « désordre » ainsi que l'insatisfaction générale qui se sont installés en lui et qu'il ne peut que lier à sa maladie ou à son accident. Pour comble, c'est par le même acte que ce malade « revendique » d'être soigné jusqu'à guérir de sa « maladie », qu'il revendique sa maladie et qu'il s'y installe. Et, revendiquant sa maladie, il « revendique » en fait sa condition d'immigré maintenant que cette condition est liée à son statut de malade, voire de malade inguérissable ; et il n'est pas de malade et de maladie plus inguérissables que le malade et la maladie « contestés », non reconnus par les deux instances qui ont pouvoir de le faire, l'instance médicale et l'instance sociale. Quand la maladie qui est, dans son essence, la négation même de l'immigré finit, à condition qu'elle soit contestée, par constituer un alibi nouveau pour l'immigré (alibi de remplacement, l'alibi premier, le travail, ayant été détruit par la maladie), elle devient, comme par un étrange paradoxe, indispensable à l'immigré affecté de la sorte ; aussi ne peut-elle disparaître que si ce dernier n'en a plus besoin, que s'il trouve une solution à son malaise et à ses contradictions, toutes choses que révèle ou qu'aiguise la maladie. Faute d'issue, la maladie devient permanente et elle est revendiquée en permanence ; elle devient la seule issue à une situation qui n'en a pas[1].

1. Les témoignages de cette attitude considérée comme « pathologique » parce qu'elle est, estime-t-on, trop axée sur la maladie ne manquent pas : tous ceux qui, médecins, psychologues, psychothérapeutes, assistantes sociales, avocats et autres experts, etc., ont approché

Guéris ou considérés comme tels par l'institution médicale, ces malades (pas comme les autres) deviennent des « malades » de leur guérison, des malades guéris mais d'une seule « maladie » : celle de ne pas accepter leur guérison. Faut-il les guérir aussi de cette maladie-là pour qu'ils soient guéris de la première maladie génératrice de celle-là, maladie pour laquelle ils ont été soignés et dont on les tient pour guéris ? Mais à quelle condition peuvent-ils guérir, c'est-à-dire accepter la « guérison » (que les médecins ont constaté selon des critères très objectivistes) ? Certainement à condition que malades et médecins *s'accordent* sur la maladie et sur sa guérison. Étranges situations que celles, d'une part, de ces malades qui continuent à être soignés jusqu'à leur guérison après qu'on les a soignés et déclarés guéris (ou parce qu'on les a déclarés « guéris ») et, d'autre part, de cette médecine qui ne peut rien faire d'autre que de continuer à soigner. Faute d'un minimum d'entente entre malades et médecins, il n'est pas étonnant que la relation thérapeutique dévie, ici, vers une relation litigieuse, vers une relation pervertie en ce sens qu'elle est animée chez les uns et les autres par une intention délibérément procédurière.

Conditions d'accès à la « rationalité » médicale

Ainsi, entre l'immigré et l'institution médicale, c'est un rapport ambivalent, fait de malentendus, qui s'établit. À

_____

ces malades dits « sinistrosés » ou « sinistrosiques » peuvent donner des exemples de ces conduites de malades « incompréhensibles » pour un esprit habitué à considérer que tout malade ne demande normalement qu'à guérir et que tout malade reconnu guéri se reconnaît, lui aussi, *normalement* comme guéri – sauf à être « simulateur », outrancièrement « revendicateur », de « mauvaise foi » (la « foi » implicite de la bonne relation médicale) ou encore « paranoïaque ».

l'origine de cette relation malheureuse, se trouve le discours qui sépare les exigences communes au corps médical (exigences organicistes au regard desquelles tout trouble devrait être, à la limite, attesté expérimentalement), d'une part, et les attentes, jugées « aberrantes », inadéquates, mal ajustées, du patient à l'égard de la médecine et à l'égard du pouvoir qu'il lui prête, d'autre part. Parce qu'il attend du pouvoir médical (pouvoir strictement technique mais aussi pouvoir social, politique, voire magique des médecins) autre chose que ce qui est objectivement contenu dans la logique et la finalité de ce pouvoir parce qu'il ne « parle » pas *correctement* la « langue » (culturelle et fonctionnelle) de l'institution médicale, l'immigré malade est tenu à un dialogue marqué d'une mutuelle incompréhension. Pareil dialogue tourne vite à la violence. Sur un fond conflictuel quasi institutionnalisé, la méfiance des immigrés à l'égard du verdict médical, à leurs yeux, toujours trop pressé, superficiel, et, par conséquent coupable non pas tant techniquement que moralement (on ne dit pas : « ce n'est pas un bon médecin », mais plutôt : « c'est de l'injustice »), le dispute à la méfiance des médecins à l'égard de tous ces malades (quand il s'agit des immigrés) qui continuent à être malades ou, plus exactement, à se dire malades après qu'ils en eurent, eux, signé la guérison.

Ce n'est pas seulement l'immigré qui, à sa manière, fait violence à la « langue » et à la pratique de l'institution médicale en allant à l'encontre de sa finalité, c'est aussi cette dernière qui, d'une certaine manière, animée par le souci, d'abord, de mieux comprendre et, ensuite, d'agir plus efficacement, s'accorde des dérogations avec ses propres exigences, enfreint ses propres règles en recourant à des « emprunts » thérapeutiques d'une autre nature (des barbarismes) car contraires en tout à ses intentions : pratique du « congé thérapeutique » avec le secret espoir que l'immigré, en même temps qu'il retrouve le salutaire environnement qui lui est familier, pourra bénéficier, conformément à la tradition de sa « culture », des « soins » sauvages de quelque « psychothérapeute » magicien ; assistance dans les services hospitaliers de quelques « moniteurs » qui sont les compatriotes des patients et qui sont utilisés tantôt comme des interprètes, tantôt comme des informateurs ou des vulgarisateurs de la « culture » d'origine des immigrés, en tout cas comme des médiateurs entre les malades d'une espèce (culturelle) particulière et le corps des médecins et l'instance médicale ; assistance ou, pour le moins, tolérance (dans les cas extrêmes) des « services » que pourraient apporter les sorciers, les marabouts, les *tolba*, singuliers « confrères » surgis de l'ombre – mais l'essentiel n'est-il pas que le malade y « croie » ! C'est encore cette tendance aux réinterprétations les plus syncrétiques de faits relevant d'ordres radicalement divergents qui a sans doute amené à inventer le néologisme ou nouveau « barbarisme » de *djinnophobie* (peur du *djinn*, « esprit »), nouvelle « pathologie » et nouvelle « théorie » de rites de comportements [1].

On ne peut évoquer tous les moments de crise qui jalonnent l'expérience d'un immigré, sans parler – même si, comme on l'a vu, on ne prononce jamais le mot – de « sinistrose ». Faut-il rappeler la célèbre définition que le Pr Brissaud donnait de la sinistrose : « La sinistrose est une attitude *pathologique* du blessé qui *refuse de reconnaître sa guérison* parce qu'il estime, de bonne foi, qu'il n'a pas obtenu, en vertu de la loi, une juste réparation du dommage subi ; c'est au fond un *revendicateur* dont la *revendication* prend son point de départ dans une estimation excessive de son droit à être indemnisé. Cette

1. Voir le numéro spécial que *Thérapie psychomotrice*, 45, mai 1980, a consacré à l'enfant maghrébin.

attitude de sinistrose peut se trouver à l'état isolé mais elle se combine souvent aux autres *attitudes névrotiques* réalisant un fond de *revendication*, de *frustration* ou de *paranoïa* caractérielle dont l'exacte valeur pathologique est difficile à fixer, surtout quand elle se présente comme le seul symptôme réel dont dépendent tous les symptômes allégués » [c'est nous qui soulignons]. Étrange maladie dont le seul symptôme sûr est que le malade allègue des symptômes imaginaires ! Mais est-on seulement sûr de ce « symptôme dont dépendent tous les symptômes allégués » et est-on sûr que les autres symptômes sont seulement « allégués » ?

Si dans « sinistrose », il y a le radical « sinistre », si nombre d'accidents (corporels ou non) confinent chez les immigrés à des états psychopathiques qualifiés de « sinistrosiques », c'est que l'immigration elle-même, en son entier, est ou est devenue un *sinistre*[1]. Faute de prendre en considération la condition globale de l'immigré et, plus particulièrement, la relation que ce dernier entretient avec les phases les plus critiques de sa condition (comme, par exemple, la maladie), on se condamne à ne retenir que les *phénomènes*, c'est-à-dire les apparences, sans pouvoir ni remonter aux principes constitutifs et explicatifs de ces apparences ni reconstituer le système complet de leurs

---

1. Le mot « sinistrose », qui est aujourd'hui réservé presque exclusivement aux travailleurs immigrés, avait été inventé au début du siècle, c'est-à-dire dans un autre état du marché de l'emploi et de la main-d'œuvre, dans une autre forme d'organisation du travail et surtout dans un autre état social (la couverture sociale des risques professionnels n'étant pas encore ce qu'elle est de nos jours), pour caractériser le plus souvent le comportement des ouvriers nationaux qui étaient, il est vrai, les homologues des immigrés actuels, eux aussi hommes du monde rural et de l'activité paysanne expulsés des campagnes pour se retrouver immigrés dans l'univers de la ville et de l'usine.

déterminations. « Revendicateur » (voire revendicatif) »
« névrosé », « hystérique », « frustré », « paranoïaque »,
« simulateur », « tricheur », etc., autant de traits et de
comportements dont les caractéristiques sociales ne font
pas de doute, dont la genèse et la signification ne relèvent
pas toujours de la pathologie, mais qui, en l'occurrence,
sont interprétés comme indices de pathologie ; autant de
traits et de comportements qui, abstraits du contexte social
dans lequel ils peuvent prendre tout leur sens, oubliés en
tant qu'ils sont des produits sociaux, se prêtent à être éri-
gés (et, en cela, universalisés) en symptômes de quelque
entité *nosologique* constituée comme à dessein. Au centre
de ce syndrome se trouve de toute évidence la constatation
d'une « revendication » qu'on estime injustifiée. Et cela,
sans s'être jamais interrogé, au préalable, ni sur la philosophie implicite ou sur les présupposés qui président au
système de justifications partagé par tous (institution
médicale et usagers de cette institution), selon lequel telle
revendication est légitime et telle autre « excessive » jusqu'à être suspecte de « pathologie » ; ni sur les conditions
de formation de ce système de justifications et, dans le cas
des immigrés, sur les conditions de leur participation
autrement que comme victimes ou comme mauvais usagers, à un système ayant ses exigences de « rationalité »,
dont ils font aujourd'hui l'apprentissage à leurs dépens,
système abstrait, postulé comme universel (alors qu'en
réalité il a ses conditions économiques, sociales, culturelles de possibilité).

Que le travailleur immigré handicapé, accidenté ou
malade, essaie d'obtenir l'indemnisation la plus avantageuse pour lui, essaie de monnayer au mieux de ses intérêts le préjudice qu'il a subi, il n'y a à cela rien d'anormal ;
d'ailleurs, n'est-il pas prévu à cet effet, institutionnellement, c'est-à-dire de la manière la plus légale, toute une
série de procédures de recours devant des tribunaux et des

instances juridico-médico-sociales chargés de se prononcer sur ces recours, tout un arsenal de commissions de contrôle, de visites et contre-visites, d'expertises et contre-expertises, etc. ? Ce qui étonne et fait problème (voire scandale) au point d'être mis au compte de la pathologie, c'est-à-dire de l'*anormalité*, c'est la manière dont l'immigré malade use de la maladie (et de l'instance médicale) pour régler un litige qui est, dit-on, d'ordre social (et non médical) ou, plus exactement, qui relève décisoirement – parce que tel est le partage des attributions entre les différentes institutions – de l'instance sociale (et non médicale) ; c'est la manière « irrationnelle » dont il utilise la médecine à des fins qui ne sont pas toujours thérapeutiques, à des fins autres que celles que s'assigne la médecine. La revendication est « excessive » (aux yeux de la médecine), parce qu'elle est « anarchique », désordonnée et parce qu'elle ne se soumet pas aux exigences de la « rationalité ». Elle n'obéit pas aux règles qui régissent les relations entre les institutions, pas plus qu'elle ne se subordonne (ce qui est gage de « rationalité ») à la spécificité de chacune d'entre elles ; elle brouille le partage « rationnel » qui se fait entre des systèmes différents d'attributions et de compétences, confondant ainsi deux pouvoirs qui, en droit, sont indépendants l'un de l'autre, le pouvoir de la médecine avec son champ propre et le pouvoir de la sécurité sociale ; elle ne sait pas (ou ne veut pas) distinguer entre les exigences spécifiques de l'un et l'autre pouvoir et entre les fonctions qu'ils assurent, fonctions spécialisées et réputées autonomes même si, de fait, elles sont étroitement connexes, l'institution sociale attendant de l'institution médicale que celle-ci instruise et fonde ses décisions.

La revendication est encore « excessive », et surtout « incompréhensible » du point de vue médical, parce que mélangeant ce que le souci de « rationalisation » avait séparé et, de ce fait, s'adressant en priorité à l'autorité médicale (et non à la sécurité sociale, ainsi que le commande la « rationalité » des institutions), elle est entendue comme la réaffirmation de la maladie (le « refus de reconnaître la guérison ») ou comme la contestation de la décision médicale (concluant à la guérison) dans son essence même, dans sa « vérité », et cela au nom de principes qui n'ont rien à voir avec l'intention (pas seulement thérapeutique, elle est aussi scientifique) de la médecine. Contester le jugement rendu par *un* médecin, voire par *des* médecins, cela peut à la rigueur passer, car c'est encore au nom de la médecine et devant la médecine que s'opère cette constatation ; mais nier la guérison que toute la médecine, c'est-à-dire, en dernière analyse, la science (et les qualités de l'esprit scientifique) s'accorde à reconnaître sur la preuve de critères objectifs, cela ne peut être que le fait d'un esprit « illogique » (ou « prélogique »), résultat d'une « aberration » ou d'une « folie » (en regard de la raison scientifique qui fonde la médecine et de la raison sociale qui inspire la pratique médicale) !

La distorsion que l'on saisit ici entre l'institution médicale et certains de ses patients force à réfléchir sur les conditions implicites du dialogue cohérent qui s'instaure quand tous les partenaires parlent le même langage et agissent selon les mêmes modèles, le langage et les modèles de la « rationalité ». Ce n'est qu'à la condition d'adopter et de maîtriser le système des exigences objectives avec lequel s'impose l'instance médicale et, en l'occurrence, à la condition de s'accorder sur le sens, l'opportunité et la légitimité de la revendication consécutive à la maladie ou à l'accident, ou, plus simplement, d'avoir le *sens* (qui est un *sens de classe*) de la revendication légitime (légitime non pas absolument mais en référence avec la condition de classe), que l'on peut établir le dialogue indispensable entre, d'une part, le système de santé (dont fait partie, bien sûr, le système de justification et d'appréciation du bien-fondé de la revendication du malade) et, d'autre part, le système de dispositions des agents. En d'autres termes, ce qui demande à être éclairé, c'est la genèse même de la relation – tantôt ajustée, tantôt en dysharmonie complète – entre les structures objectives (de l'économie ou de la médecine) et les *habitus*, produits pour une part de ces structures mais nécessaires au fonctionnement de ces structures. Ici comme ailleurs (c'est-à-dire comme en économie), ce n'est pas par hasard que l'interrogation surgit en quelque sorte d'elle-même, dans la réalité, sous la forme d'une *discordance* permanente entre les dispositions des agents et le monde dans lequel ils ont à se mouvoir et à agir, entre, par exemple, les dispositions économiques d'une part et le monde économique d'autre part. L'abstraction objectiviste sur laquelle s'accordent souvent les économistes se retrouve aussi chez les médecins qui semblent ignorer, eux aussi, que le sujet des actes médicaux, comme le sujet des actes économiques, est un homme concret, l'homme réel tel que le fait, en pratique, l'économie (ou la médecine) et non quelque homme abstrait, celui que postule la théorie économique (ou médicale).

Le parallèle entre le système économique et le système médical, entre l'économie tout court et l'économie de la santé, deux systèmes et deux manifestations d'un même ensemble social, ne s'arrête pas là : les inégalités devant l'économie « rationnelle » (ou devant la « rationalité » économique), d'un côté, tout comme les inégalités devant la médecine « rationnelle » (ou devant la rationalité médicale), de l'autre côté, ou, en d'autres termes, les rythmes inégaux (selon les individus et les groupes) de la transformation des attitudes économiques, devant l'économie comme devant la santé, se déduisent des inégalités économiques et sociales. Aussi l'économie et la médecine, préférant ignorer les conditions économiques et sociales génératrices des dispositions qu'elles exigent respectivement des sujets économiques et des sujets malades, ont-elles souvent besoin de procéder à la négation de ces conditions et à l'universalisation corrélative d'une classe particulière de dispositions pour pouvoir produire tout le discours justificateur et moralisateur de nature à transfigurer les exigences objectives d'une économie et d'une médecine en préceptes universels de la morale : prévoyance, épargne, dans un cas ; vérité à soi et aux autres, courage, primat désintéressé accordé à l'intégrité physique, etc., dans l'autre cas.

La valeur différentielle des corps

La lutte du travailleur émigré avec la sécurité sociale pour une meilleure indemnisation du préjudice provoqué par la maladie ou l'accident ressemble fort à la lutte du pot de terre contre le pot de fer. Dans cette lutte inégale, il ne reste à l'immigré qu'à s'armer de la plus grande persévérance, voire à se réfugier dans un entêtement qu'on juge extrême. Ici, pour qui n'est jamais assuré de ce qui lui revient et de ce qu'il peut exiger et, par conséquent, ne sait jusqu'où aller dans ses « revendications », pas plus qu'il ne sait si droit a été fait à ses prétentions (il garde toujours en lui le vague soupçon qu'il a été lésé ou, encore, que tout autre que lui, c'est-à-dire tout autre socialement mieux placé que lui, aurait obtenu plus qu'il n'a obtenu), la meilleure stratégie semble être de ne jamais « composer » avec la partie adverse : parce qu'il n'a rien à perdre à aller jusqu'à l'extrême limite du processus engagé et parce qu'il n'a rien à gagner à traiter à l'« amiable », le faible n'a-t-il pas intérêt à continuer à apparaître comme une victime contrainte de se satisfaire bien malgré elle de ce qu'on lui offre ?

Au principe de cette relation foncièrement méfiante à l'égard de la sécurité sociale, se trouvent, bien sûr, les évaluations divergentes qui sont faites, de part et d'autre et à partir de critères eux-mêmes discordants, du dommage subi : dans un cas, le dommage est observé de l'extérieur et on en prend la mesure objectivement ; dans l'autre cas, il est ressenti globalement par l'immigré, qui l'éprouve à ses dépens, comme une atteinte durablement portée à tout son être. Ainsi donc, ces appréciations antithétiques vont donner lieu à des « estimations du droit à être indemnisé », elles aussi fort éloignées l'une de l'autre : d'un côté, une estimation objective, mais jugée insuffisante par la victime dans la mesure où elle ne fait pas justice à ses intérêts immédiats et où elle porte préjudice à ses intérêts futurs, et, de l'autre côté, une estimation subjective jugée « excessive » par l'appareil qui détient l'étalon de la mesure (médecins et sécurité sociale) car, à ses yeux, elle n'est fondée sur aucun des critères reconnus officiellement.

Il y a discordance non seulement parce que les intérêts des parties en cause ne coïncident pas, mais plus fondamentalement parce que leurs conceptions respectives du corps, de sa fonction économique et surtout de sa signification sociale, et, par suite, des conséquences de tout ce qui l'affecte (maladie ou accident) ainsi que de l'appréciation portée sur ces conséquences, divergent du tout au tout. Pour la sécurité sociale et la médecine, le corps, surtout celui du travailleur manuel et, plus encore celui du travailleur immigré, n'est qu'un outil ou, plus précisément, un ensemble d'outils hiérarchisé où chaque outil (c'est-à-dire chaque organe ou chaque partie du corps) a sa fonction propre et aussi une place et une valeur (économique) qui dépendent de son engagement et de son rôle dans le cycle de la production ; pour l'autre, le travailleur immigré, le corps est vécu comme une manière de présence au monde, au monde physique et au monde social et à soi-même. Aussi, face au même corps affecté par la maladie ou mutilé par l'accident, d'un côté on est préoccupé de déterminer l'ampleur de l'incapacité qui en résulte, incapacité seulement physique, c'est-à-dire instrumentale, ainsi que la « juste » estimation de l'indemnisation qu'elle appelle – le travailleur « valant » ce que vaut son travail, son corps est indemnisé sur cette même base et dans les limites de ce qu'il a perdu de force physique ou, en d'autres termes, en fonction de la « valeur » de l'organe mutilé ou de la partie qui est atteinte ; la mutilation du nez ou du pavillon de l'oreille, sans doute parce qu'elle ne diminue pas la force de travail, étant beaucoup moins bien indemnisée que la perte de la main ; de l'autre côté, on s'inquiète du retentissement que le traumatisme, pourtant localisé, a globalement sur toute la personne, en toutes les circonstances de l'existence, et sur tous les aspects de l'identité sociale. C'est dire que « l'estimation du droit à être indemnisé » est, en fait, déterminée socialement. Pour que tous les partenaires, sécurité sociale, médecine et particulier, s'accordent sur cette estimation, même s'ils en viennent à en disputer le montant, il faut qu'ils partagent les catégories sociales dont procède cette estimation et, en dernière analyse, les conditions sociales qui sont à l'origine de ces mêmes catégories : par exemple, la représentation du corps, comme entité abstraite, qu'exige l'économie du travail, représentation analytique et fonctionnelle du corps qui rend possible toutes les mesures et tous les calculs qu'on opère sur l'effort fourni par chacune des parties du corps, ainsi que les équivalences monétaires par lesquelles on compense partie ou totalité du travail qui ne peut être effectué et, corrélativement, la manière de rapporter l'indemnisation du dommage subi, c'est-à-dire l'incapacité (partielle ou totale) de travailler, à la valeur sociale de la profession exercée, donc à la qualité du titulaire de cette profession et, au fond, à la position sociale qu'il occupe et aux caractéristiques dont il est doté. Ainsi, si l'estimation du dommage subi, telle que la fixent la sécurité sociale et la médecine, et, par suite, l'indemnisation qu'elles proposent, sont d'autant plus facilement acceptées qu'elles sont, l'une, plus avantageuse et, l'autre, relativement élevée, compte tenu de la profession exercée, ce n'est pas toujours et seulement pour des raisons économiques, mais probablement pour des raisons d'ordre social. En effet, plus le travailleur victime d'un accident ou d'une maladie professionnelle est haut placé dans la hiérarchie professionnelle, plus il est enclin à adopter sur lui-même, sur son propre corps, sur sa situation d'handicapé, sur l'organisation sociale du monde du travail et du monde tout court le point de vue implicite ou la vision du monde qui inspire la sécurité sociale et la médecine et dont elles sont les produits.

Plutôt qu'un travailleur manuel et à plus forte raison un travailleur immigré, supposons un cadre supérieur victime d'un accident du travail. La « couverture sociale » dont il bénéficie (caisse d'assurance complémentaire des cadres, assurances et garanties contractuelles liées à l'engagement dans la profession et au rang occupé dans la profession, autres assurances souscrites à titre particulier, etc.), le salaire élevé qu'il perçoit constituent en ce cas un système de protection infiniment plus efficace que celui dont peut s'entourer l'ouvrier qui n'a ni les moyens économiques ni, surtout, les moyens culturels de se prémunir contre les risques à venir. Mais plus que l'assurance apportée par toutes les autres ressources dont il peut disposer en plus et indépendamment du salaire, le cadre supérieur a, sur l'ouvrier et *a fortiori* sur le travailleur immigré, l'immense avantage de mieux maîtriser tout le système de relations qu'il est amené à pratiquer avec la sécurité sociale et avec la médecine. Participant, d'abord, des postulats que celles-ci ont en commun et qui, en l'occurrence, sont tout à son avantage parce qu'il est socialement mieux « disposé » que d'autres pour en tirer avantage, il sait – d'expérience et, surtout, en raison d'un *habitus* de classe engendré par les mêmes conditions sociales qui ont constitué l'intention objective de l'instance médicale et sociale – mener à bien, c'est-à-dire conformément à leur logique propre, les relations abstraites qu'appelle toute institution (relations de consultant, relations de requérant, relations de plaignant, relations de défenseur ; relations médicales et relations de justice, etc.) ; averti, ensuite, de la logique interne et des mécanismes de fonctionnement tant de la médecine que de la sécurité sociale, il sait aussi, à tout moment, ou intervenir, quand intervenir, comment et avec quels arguments intervenir, l'opportunité de ce « savoir », c'est-à-dire la « rationalité » dont il est porteur, étant gages d'efficacité ; ayant, enfin, du processus thérapeutique (évolution des soins, chronologie des différents actes médicaux et succession des différentes phases du traitement) et des processus sociaux (calendrier de la procédure) une vision plus juste, plus ordonnée et surtout plus raisonnée, il est à l'abri de ce désarroi qu'éprouvent les travailleurs immigrés. Rien dans sa condition ne le fonde à entretenir, à l'instar de ces derniers, le sentiment d'être perdu comme eux dans l'« imbroglio » que la médecine et la sécurité sociale leur imposent, comme par quelque volonté maléfique, l'impression d'être devenu le jouet de ces deux forces (« ils font ce qu'ils veulent », « ils nous répondent n'importe quoi pour se débarrasser de nous » ou « ils se moquent de nous »). Avec l'interlocuteur conforme au modèle que postule la « rationalité », partenaire « idéal » qui ne peut pas agir autrement que de manière « rationnelle », le « dialogue » est facile ; il est entendu d'avance ; c'est, pourrait-on dire, un dialogue de « complices » : d'un côté, la victime de l'accident, qui sait se comporter conformément aux exigences implicites de la médecine et de la sécurité sociale, sait aller au-devant des attentes objectives de l'une ou l'autre instance, comme elle sait les prévoir de manière toute pratique ; de l'autre côté, les institutions qui, reconnaissant en leur partenaire l'homme de leurs exigences, l'homme de la « rationalité », savent reconnaître les qualités en apparence individuelles (avec lui, il est possible, il est même agréable de « dialoguer » : il a tout prévu, tout préparé, il a tous les renseignements nécessaires, tous les documents, toutes les pièces, toutes les preuves, il est ponctuel, exact, constant dans ses propos, il est même courtois, etc.) qui sont en réalité comme des attributs de classe, des manières d'être socialement déterminées et pour cette raison inégalement réparties. Les relations avec les institutions étant parfaitement réglées (même en cas de contestation), nul besoin de faire preuve de violence. Cette violence « gratuite » est laissée aux plus démunis qui, faute d'avoir l'intelligence de leur situation à l'égard de la sécurité sociale et à l'égard de la médecine, faute de savoir où ils en sont et où est la cause de leurs difficultés et, aussi, faute de pouvoir approcher les personnes qui sont au point central des décisions (médecins-conseils de la sécurité sociale, médecins-chefs des services hospitaliers) pour pouvoir leur exposer leur point de vue sur leur situation, ne peuvent s'en prendre qu'au personnel de rang plus modeste qui a à s'occuper de leur cas (aides-soignants, infirmières, hôtesses et employés de la sécurité sociale, assistantes sociales, etc.) et traitent de manière incohérente et « irrationnelle » les institutions et les personnes, surtout parce qu'ils en comprennent mal les fonctions réelles et l'autorité[1].

Le conflit des institutions

Mais ce n'est pas tout. Même s'ils se dénoncent comme des effets de la relation entre la médecine (ou certaines formes de son fonctionnement) et une catégorie particulière d'usagers, malades « mal disposés » à qui font défaut les dispositions adéquates à utiliser la médecine comme elle demande a être utilisée, les nombreux états particulièrement critiques, en lesquels la médecine (somatique, psychiatrique ou psychosomatique) voit communément, mais peut-être aussi trop commodément, des sinistroses ou des tendances sinistrosiques, ne sauraient se réduire à de simples manquements à la « rationalité » médicale (et économique). On ne peut ignorer ce que les comportements « irrationnels » des malades dits « sinistrosiques » doivent, tant dans leur genèse que dans leurs manifestations présentes, au fonctionnement des institutions (médicale, sociale, juridique) et aux déterminismes qu'elles font peser notamment sur les immigrés.

L'expérience que le travailleur immigré malade ou accidenté a de la sécurité sociale avec laquelle il a

1. Pour mesurer à quel point l'évaluation du taux de l'indemnité accordée est, au même titre que la déclaration de l'accident, fonction des caractéristiques sociales de la victime, il suffira de rappeler que, là aussi, ce sont les catégories les plus protégées professionnellement (OQ, maîtrise) et aussi syndicalement – les deux choses étant souvent liées – qui bénéficient le plus fréquemment des rentes d'incapacité permanente : au moins aussi exposés aux risques professionnels que les OQ, les OS, les manœuvres, les apprentis sont cependant moins nombreux proportionnellement à bénéficier d'une rente d'accident du travail.

presque toujours maille à partir et, par suite, avec l'instance médicale, deux institutions qui, à ses yeux, ont partie liée, est celle d'un tribunal ; celle d'un procès dans lequel se trouvent ligués contre lui le pouvoir judiciaire, le pouvoir de la sécurité sociale et aussi le pouvoir médical, tous complices et tous acharnés, selon lui, à le léser au maximum dans les droits que lui ouvre le handicap dont il est victime, voire à l'en déposséder totalement. En effet, comme le note très justement Rémi Lenoir dans une excellente étude consacrée à la notion de l'« accident du travail[1] », la *déclaration* d'un accident du travail, acte premier de la longue procédure devant aboutir à l'attribution d'une rente en compensation du dommage subi, ne se réduit ni à une simple « constatation des faits » ni à un pur acte administratif d'enregistrement. Elle est l'objet d'un rapport de force, d'abord entre la victime et son employeur et, ensuite, entre la victime et la sécurité sociale, la reconnaissance de l'accident du travail étant un enjeu de luttes entre les partenaires séparés par des intérêts antagonistes ; les salariés intéressés à l'obtention d'une rente – aussi élevée que possible – et les employeurs à une diminution ou, tout au moins, à une non-augmentation du taux de leurs cotisations aux assurances sociales (cotisations qui sont fonction, pour chaque entreprise et chaque industrie, de la fréquence et de la gravité des risques d'accidents ou de maladies qu'elles comportent) ; du fait de la relative indétermination de la qualification juridique des accidents liés au travail, ce ne sont pas les fraudes ou les intentions ou tentatives de fraudes qui manquent de la part des uns comme des autres. De même, avant même qu'il y ait

1. R. Lenoir, « La notion d'accident du travail : un enjeu de luttes », *Actes de la recherche en sciences sociales*, 32-33, avril-juin 1980, p. 77-88.

contestation de la décision rendue, avant même que l'immigré malade et aux prises avec la sécurité sociale en vienne à user des recours que lui laisse la procédure prévue à cet effet, il a le sentiment d'avoir toujours affaire à une instance juridique qui peut être, selon les moments et selon les instances, tantôt un médecin, tantôt un administrateur de la sécurité sociale et, tantôt, véritablement un homme de l'autorité judiciaire. Et le plus surprenant de ces tribunaux et, sans doute, le plus éprouvant aussi, est, paradoxalement, le tribunal « médical ». Les avis consultatifs que le médecin est amené à donner (généralement sollicités par des confrères – ou par leur intermédiaire –, ils sont fournis à des confrères) constituent, en fait, comme autant de sources de droit et comme autant de relais de la décision finale ; ce « tribunal » qui a sa propre hiérarchie, à savoir les différentes commissions médicales composées de généralistes, de spécialistes de rang divers, d'experts alliant la science médicale à la science juridique et sociale, etc., et dont l'autorité médicale est aussi indissociablement une autorité « judiciaire », a, lui aussi, ses audiences, sa procédure, ses procédés de preuve, ses pratiques d'interrogatoire (voire de contre-interrogatoire) et de confrontation, ses prestations largement analogues à celles du prétoire (plaidoiries du médecin « avocat » de l'une ou l'autre partie, « réquisitoire », délibérations), etc. Le caractère, en la circonstance, réquisitorial de l'instance médicale est encore plus affirmé lorsque l'immigré est confronté aux médecins de la sécurité sociale (« praticiens-conseils », « médecins-contrôleurs »), lorsqu'il est « traduit » devant le « contrôle médical » de l'institution sociale, c'est-à-dire quand il doit répondre à des convocations, se conformer à des délais impératifs et à des règles administratives rigoureuses ; quand il doit se soumettre à des visites médicales de contrôle et à des expertises mais aussi – au cas où les conclusions de ces visites et expertises, tantôt imposées à l'immigré justiciable de toutes ces procédures et tantôt provoquées à sa demande, ne donnent pas satisfaction à la sécurité sociale – à des contre-visites et à des contre-expertises. En tous ces cas, la médecine que découvre l'immigré requérant contre la sécurité sociale, c'est, d'abord, la médecine de la sécurité sociale, un corps de médecins rétribués par la sécurité sociale. « Ce sont les médecins de l'assurance, ils sont payés par l'assurance ; c'est normal qu'ils défendent l'assurance qui est leur patron ! » dit-on de tous ces « médecins-conseils » ou médecins requis par la sécurité sociale. Indépendamment des attitudes les mieux intentionnées qui animent souvent les médecins de l'institution, indépendamment aussi de l'histoire même du fonctionnement de cette institution et de la philosophie qui est à son fondement (système fondé sur le principe de la solidarité et financé par les cotisations des travailleurs), la représentation que le travailleur immigré se fait de la sécurité sociale et de la médecine qui lui est attachée contribue, en fait, à poser séparément chacun des trois partenaires ou, plus exactement, des quatre partenaires si on ajoute les employeurs, et à les opposer l'un à l'autre dans un système complet de relations antagonistes. Autonomisée de la sorte et constamment sollicitée par la sécurité sociale (le plus souvent par elle seule) à la manière d'un témoin et, en règle générale, pour statuer au détriment de l'immigré – c'est en tout cas la vision que ce dernier a des rapports entre médecins et sécurité sociale –, la médecine apparaît souvent dans ces conditions comme un allié objectif de la sécurité sociale, voire comme lui étant totalement asservie.

Parce que le travailleur immigré a toutes les raisons apparentes de percevoir la médecine comme partie prenante dans le procès qui l'oppose à la sécurité sociale, quand ce n'est pas comme une force supplémentaire intervenant dans le jeu au profit de cette dernière, il a tendance à en user, lui aussi, à la manière d'un élément de procédure ou, au mieux, à la manière d'un « avocat » qu'il constitue pour lui confier la défense de ses intérêts. Le meilleur médecin est, ici, le meilleur avocat. Puisque le contentieux avec la sécurité sociale ne peut se régler qu'à la façon d'un procès, puisque la médecine est impliquée comme malgré elle dans ce procès, autant jouer de la médecine – à condition d'avoir cependant les moyens que suppose cette stratégie – comme d'une arme de procédure et à des fins de procédure. Ainsi, jusque dans l'usage que peut en faire (sous certaines réserves) l'immigré, la médecine se prête presque à son insu à l'espèce de marchandage qu'impose la procédure juridico-sociale ; le « bon » médecin est celui qui contribue le mieux à ce marchandage, celui qui dote son client du meilleur dossier en lui offrant les meilleurs arguments de négociation : il doit pouvoir conclure au taux d'invalidité le plus élevé tout en sachant que les visites devant les commissions médicales, les expertises à venir n'auront d'autres objectifs que de débattre de ce taux pour l'abaisser. On sait que l'enjeu auquel participent ainsi les médecins est d'autant plus élevé que le taux d'incapacité « réelle », tel qu'il est déterminé par le médecin, approche des 50 %, valeur au-delà de laquelle le taux de la rente est majoré de moitié et, en deçà de laquelle il est, au contraire, diminué de moitié (article L. 453 du Code de sécurité sociale). Ce n'est pas là seulement la perception subjective, donc suspecte, de la victime de l'accident ou de la maladie liés au travail ; cette appréciation portée sur le rôle attribué au médecin dans l'évaluation du taux d'incapacité, et sur le poids de celui-ci dans le système des enjeux auxquels donnent lieu la reconnaissance et la réparation du dommage subi, rejoint les données de fait. En effet, la relation, particulière ici, entre le travailleur immigré accidenté ou malade du fait de son travail et le médecin est une des médiations possibles par lesquelles passe l'évaluation du taux d'incapacité[1]. Cette évaluation est, on le sait, « autodéterminée non seulement par les rapports qu'entretiennent les médecins (ordonnateurs des dépenses) avec la sécurité sociale (instance de contrôle) et avec les entreprises (organismes payeurs), mais aussi par l'intensité de la concurrence sur le marché médical » (voir R. Lenoir, *op. cit.*, p. 79) : on a pu montrer, par exemple, que la présence de plusieurs médecins dans une même localité tendait à élever le taux de fréquence et la durée moyenne des arrêts de travail[2].

Fort de la certitude, acquise d'expérience, que sa « cause » peut être plaidée et mieux défendue s'il a de son côté un médecin bien disposé à son égard, le travailleur handicapé qu'on dit « sinistrosé » s'en va d'un cabinet médical à un autre à la recherche du médecin le plus « compétent » et, en l'occurrence, le plus complaisant ; son dossier bien ordonné sous le bras, ses arguments mis au point depuis fort longtemps, l'histoire de sa maladie et de ses symptômes (et aussi des jugements rendus sur sa maladie) constituée et apprise une fois pour toutes, il a toutes ses armes fourbies bien à l'avance. On connaît ces malades totalement analphabètes, qu'on suppose habituellement désorientés et submergés par le « flot » de papiers que leur amènent leurs relations avec l'administration et qui, ici, étonnent par le soin méticuleux, presque fétichiste

1. Si la relation entre le malade victime de son travail et le médecin est particulièrement significative dans le cas du travailleur immigré, ce sont en réalité tous les types de relations entre les différentes catégories sociales de victimes d'accidents du travail ou de maladies professionnelles et les médecins qui demandent à être observés et analysés afin de connaître et de comprendre l'ensemble des médiations qui interviennent dans la détermination du taux de la rente.

2. P. Jardillier, *L'Organisation humaine des entreprises*, Paris, PUF, 1965, p. 290.

et par l'ordre maniaque – c'est d'ailleurs là un des symptômes sur lesquels se fonde le diagnostic de sinistrose – qu'ils mettent à classer toutes les pièces importantes ou non (certificats médicaux, rapports d'expertises, notifications de décisions, mais aussi simples bouts de papier portant pour mémoire une adresse ou un numéro de téléphone de médecin ou d'avocat, une date, etc.) de leur dossier médical, prompts à produire tous les documents et à en faire état en toutes les occasions afin sans doute d'essayer de pallier les carences et les incompréhensions d'un dialogue qu'ils savent biaisé, le seul langage entendu de leurs interlocuteurs étant, comme ils disent, « celui des arguments et des preuves avec papiers et écritures à l'appui » : « Il fallait voir l'organisation de ce dossier : classement méticuleux. Il connaissait le nombre de feuillets dans chaque sous-dossier avec dates précises, etc. De plus – savait-il lire, j'en doute –, il sortait un Code de droit civil et le montrait en disant : "j'ai des droits, mes droits sont là-dedans, pourquoi alors ne veut-on pas me donner mes droits ?" » (témoignage d'une assistante sociale au centre médico-social Bossuet à Paris). « Monsieur X. se plaint de douleurs multiples au niveau du flanc gauche. Et comme pour bien authentifier cette douleur, il sort de sa poche une page arrachée du dictionnaire représentant le corps humain et indique une zone de son doigt, la région dont il souffre ; il nomme : "c'est la rate"… ; un autre Maghrébin […] se plaint de douleurs cervicales qu'il indique en pointant son doigt à un endroit précis et en tournant légèrement la tête dans une position antalgique ; il porte parmi ses papiers une photo de femme faisant le même geste […], photo publicitaire de laboratoire mentionnant le Glifanan, médication antalgique[1]. »

---

1. J. Bennani, *Le Corps suspect*, Paris, Galilée, 1980, p. 31-32.

« Témoin » (à charge ou à décharge), « procureur » (requis pour confondre le malade « simulateur », « tricheur », etc.), « avocat » (de l'une ou l'autre partie), le médecin n'a plus rien, dans ces conditions, d'un médecin ; il est auxiliaire du tribunal de la sécurité sociale. La fonction thérapeutique de la médecine semble être oubliée tout au long du contentieux ; elle est éclipsée par le rôle second qu'on lui fait jouer : fournir les preuves et certifier les attendus, justifier la décision qui sera rendue – et rendue à ses dépens, pense toujours l'immigré. Pourtant, on peut dire que, même s'ils sont maladroits en voulant s'imposer à la médecine et surtout en voulant la contraindre à les considérer comme toujours malades, les efforts ne manquent pas de la part des immigrés pour essayer, disent-ils, de « ramener la médecine à une plus juste conception de son rôle », c'est-à-dire pour la dissocier de la sécurité sociale et tenter de la ramener un peu de leur côté. De ce point de vue, l'acharnement mis à se faire reconnaître en tant que malades, bien plus que comme anciens malades (« malades consolidés », selon la terminologie médico-sociale) venus seulement quérir avis et conseils en vue du débat avec la sécurité sociale et aussi solliciter la médecine afin qu'elle apprécie au mieux de leurs intérêts les séquelles ainsi que les suites actuelles et à venir de la maladie ou de l'accident, toutes ces demandes de soins et de conseils pour la conduite à tenir en face de la sécurité sociale constituent comme autant de rappels et comme autant d'injonctions adressés (sur le mode pratique) à la pratique médicale pour qu'elle se conforme à sa vraie nature : soigner plutôt que juger. La « neutralité » de la médecine, au moins telle que la postule, en règle générale, la « rationalité » de l'organisation et du fonctionnement des institutions et telle que la proclame aussi la déontologie médicale, ne saurait résister au démenti que lui apporte l'expérience ; dans les faits, elle vole en éclats : en effet, lors même que le travailleur en litige avec la sécurité sociale peut théoriquement faire appel à la science et au jugement de la médecine dans les mêmes conditions que la sécurité sociale, voire à égalité avec elle – ainsi, il peut toujours se faire assister, conseiller par son médecin, le « praticien traitant », dont les honoraires peuvent même parfois être pris en charge par la sécurité sociale –, il a souvent le sentiment que sa voix n'est pas toujours entendue, qu'elle ne compte que pour peu (ou pour rien) en regard du poids et de l'influence qu'exercent la très « officielle » institution de la sécurité sociale et de sa puissante médecine. Il en est ainsi à tous les stades du contentieux, et cela tant que dure ce contentieux. S'agissant d'établir les antécédents et la nature professionnelle de la maladie ou encore de rechercher les causes et les circonstances de l'accident, on demande à l'enquête qu'on diligente à cet effet de fournir cet ensemble de preuves ; aussi procède-t-on souvent, surtout en cas d'accident, à une enquête qui, même si elle n'est pas confiée à la police, a toutes les apparences de l'enquête policière, car, comme cette dernière, elle vise à la production de tout un appareil de preuves objectives là où, pour l'immigré, la seule preuve valable, la seule indubitable, la seule qui mérite considération et dispense donc de toutes les autres, c'est sa maladie ou son accident, c'est-à-dire, en dernière analyse, lui-même en personne en tant qu'il est ou a été malade et en tant qu'il a été accidenté : auditions de témoins, reconstitution de l'accident, recherche des responsabilités, etc., autant de preuves qui, aux yeux des « juges », sont peut-être indispensables pour l'établissement de la vérité mais qui, aux yeux de l'accidenté, sont superflues et, par suite, suspectées de n'être que ruses bureaucratiques et astuces de procédure inventées pour mieux égarer et pour spolier plus facilement la victime en réussissant à nier l'accident en tant qu'accident du travail.

S'agissant de l'évaluation « objective » du préjudice subi et, encore plus, de l'« estimation du droit à être indemnisé », ainsi que du montant de cette indemnité, l'objectivité proclamée du côté de l'institution, qui a pour elle la science, l'expérimentation et la mesure *objective*, risque de rejeter, comme presque toujours, dans la *subjectivité* (c'est-à-dire dans le sensible, dans le qualitatif et dans ce qui pourrait obéir aux intérêts personnels) le point de vue ou l'opinion qu'on professe à l'opposé.

S'agissant, enfin, du rituel procédurier par lequel sont décidés l'évaluation de l'invalidité due à l'accident ou à la maladie et le montant de son indemnisation, et au terme duquel sont rendus tous les verdicts (verdict médical, verdict social, verdict juridique), la partie est aussi des plus inégales. Ainsi, hormis la phase thérapeutique proprement dite, où le malade et ses médecins sont encore seulement préoccupés, l'un, par les soins à recevoir, les autres, par les soins à prodiguer, toute l'expérience que le travailleur immigré en instance d'être indemnisé après sa maladie ou son accident fait de ses relations avec la sécurité sociale et, à cette occasion, avec la médecine et avec l'autorité (notamment sociale) qu'elle incarne, le porte à percevoir celle-ci, d'abord, comme étant partie prenante dans le différend qui l'oppose à la sécurité sociale, et ensuite, dans le meilleur des cas, comme un arbitre ou comme une simple pièce de plus dans ce puzzle ou piège juridico-socio-médical dans lequel le justiciable a le sentiment d'être pris ou, dans le pire des cas, comme une pratique et un pouvoir totalement subordonnés à ceux de la sécurité sociale ; en effet, il est très facile à l'immigré de se convaincre que la médecine n'est là que pour fournir au tribunal de la sécurité sociale la série de preuves et de justifications qui lui sont nécessaires pour rendre son jugement, preuves et jugement que l'immigré ne trouve presque jamais ou rarement en sa faveur ou à son avantage.

C'est, paradoxalement, quand la médecine semble accéder à la demande de cette classe particulière de patients avides d'être traités comme des malades (et non comme quelque partenaire engagé dans un procès dont l'enjeu repose essentiellement sur le jugement des médecins), c'est-à-dire quand, révisant intégralement sa position, elle est amenée à se préoccuper de comprendre plus profondément et plus complètement ces « malades », qu'on a pris l'habitude commode de considérer comme d'insatiables plaideurs (ou « chicaneurs »), au point, tantôt, de leur servir d'« avocat » (en restant dans la logique du procès) et, tantôt – ou les deux choses en même temps –, de prétendre les soigner de leur attitude maladive de « revendicateurs », qu'elle se rend compte de l'opposition structurale dans laquelle elle se trouve par rapport à la sécurité sociale. Soigner pour « sinistrose » étant pour la médecine une manière de réaffirmer, dans le contexte même du contentieux dans lequel elle est englobée au même titre que la sécurité sociale et que le travailleur requérant contre cette dernière, son *droit à soigner* ceux-là qu'on a « interdits de soins » parce qu'on ne voulait voir en eux que des « tricheurs », des « simulateurs » et des « revendicateurs »[1] ; c'est aussi, pour elle,

1. Certes des « simulateurs » à leur insu et des « revendicateurs » de « bonne foi » : des « simulateurs » de symptômes (ce sont les « symptômes allégués », selon la définition de Brissaud, puisque ces symptômes ne sont pas objectivement confirmés par tous les moyens d'investigation dont dispose la médecine), mais qui ne savent pas qu'ils « simulent » – c'est d'ailleurs à cette condition qu'il y a « maladie », et possibilité pour la médecine de s'exercer ; des « revendicateurs », mais, « parce qu'ils estiment de bonne foi qu'ils n'ont pas obtenu, en vertu de la loi, une juste réparation » (voir la définition de Brissaud).

une manière de découvrir la position *objective* de conflit dans laquelle elle se trouve à l'égard de la sécurité sociale, même si pareil « conflit » ne doit jamais être énoncé explicitement et ne vient jamais à être actualisé : en effet, soigner des « malades » qui ne demandent à être soignés que pour pouvoir, du même coup, être reconnus et déclarés comme étant encore et toujours malades ; les soigner pour pouvoir, pensent-ils, mieux triompher de la sécurité sociale (même si, en fait, cela peut alléger la sécurité sociale qui n'a intérêt ni à prolonger indéfiniment la prise en charge de « malades » indéterminables, ni à différer le règlement d'une pension d'invalidité le plus souvent acquise dans son principe), c'est, d'une certaine manière, prendre objectivement le parti de ces malades. Ainsi, parce qu'on s'obnubile, de tous côtés, sur les seules apparences extérieures, c'est-à-dire sur l'attitude qualifiée de revendicative et sur la matérialité de cette revendication (en vue d'obtenir le pourcentage d'invalidité le plus élevé), au lieu de les interpréter comme des signes d'un malaise qui, en lui-même et en toutes ses causes, peut être, en réalité, indépendant de la maladie et de l'accident, on est conduit à une situation extrême et, aussi, à une question qui frise l'absurde : de la médecine et de la sécurité sociale, qui est « responsable » de la sinistrose chez le travailleur accidenté ? Est-ce la sécurité sociale, en tant que système de compensation et d'indemnisation, qui engendre la « revendication » qui fait la sinistrose ? Est-ce, au contraire, la médecine qui a inventé la sinistrose, ce mal malaisément indemnisable, pour contraindre la sécurité sociale à plus de conciliation dans le litige qui la sépare de ces justiciables ?

349

Une temporalité perturbée

Mauvais rapports de la personne avec les institutions qui, en la circonstance, sont chargées de définir pour une bonne part son statut (le travail, la médecine, la sécurité sociale et, plus largement, l'immigration elle-même), mauvais rapports avec l'ensemble de sa condition et avec son propre corps, tous ces états semblent connaître chez l'immigré, à l'occasion de la maladie, leur forme paroxystique. Mais si cette situation atteint dans le contexte de l'immigration son point extrême, elle se retrouve au-delà de l'immigration dont elle prolonge les effets, voire hors de l'immigration et indépendamment de toute immigration[1]. En effet, elle n'épargne ni les anciens immigrés revenus au pays reprendre leur place chez eux, ni, de plus en plus souvent, les faux paysans actuels, « paysans dépaysannés », sorte d'« émigrés sur place », les transformations sociales qui se sont produites à un rythme accéléré tenant lieu, en raison d'effets identiques qu'elles provoquent, d'une véritable émigration, mais d'une « émigration sur place ». Les premiers n'arrivent ni à reprendre possession de leur ancienne place, celle-ci n'existant plus – outre les transformations qu'ils ont subies eux-mêmes du fait de leur immigration et outre

1. Les mêmes causes produisant les mêmes effets, tous les cas critiques à l'extrême qu'on observe dans l'immigration réapparaissent, quand les conditions s'y prêtent, dans d'autres contextes sous des formes seulement larvées ; ces formes ont peut-être perdu, et encore à peine, ce qui n'est pas d'actualité ou n'a pas d'opportunité pour elles, à savoir la confrontation directe avec les institutions (de santé et de sécurité sociale) qui est, ici, sans objet et, par suite, le soupçon d'outrance qu'on porte sur elles, outrance de la symptomatologie, outrance dans la revendication ou dans l'« estimation (excessive) du droit à être indemnisé ».

leurs propres réactions à ces transformations, c'est tout le champ des positions possibles dans l'espace social de leur communauté qui s'est modifié durant leur émigration –, ni à conquérir et à se faire une nouvelle place dans le nouveau contexte ; les seconds, également mal à l'aise dans leur corps de paysans qu'ils ne sont plus et d'ouvriers qu'ils ne sont pas vraiment (et qu'ils ne peuvent pas être, faute d'un environnement économique propice à cette fin), finissent eux aussi par découvrir la « vertu » que la maladie peut avoir sous ce rapport. La maladie dans tous ces cas n'a nul besoin d'être fictive ou simulée pour servir d'alibi ; elle arrive à point nommé pour masquer et justifier l'inactivité relative (ou absolue) que les anciens émigrés et les autres découvrent par référence explicite à la vision capitaliste du travail et de la temporalité. Temps libre qui ne se laisse plus définir désormais qu'en termes négatifs : il n'est ni temps de loisir (de non-travail), ni temps de travail, le temps chômé, notion étrangère de fait et d'essence à la logique de l'économie précapitaliste, s'oppose aussi bien au temps (plein, bien rempli) que l'économie tournée vers la productivité tient pour pleinement occupé, qu'au temps (qui n'a à être ni plein ni vide ; ni perdu ou dépensé ni gagné ou rempli) propre à l'économie traditionnelle. Éprouvé dans un malaise et un ennui qui reflètent le dépaysement et le dérèglement du groupe en son entier, ce temps qui n'a plus, comme autrefois, pour seule fin de permettre au groupe de durer, ne demande qu'à être « meublé », même fictivement. La rupture consacrée avec l'ancien état paysan et avec la temporalité qui en était caractéristique exige des compensations ; elle les demande, tantôt – quand c'est possible ou, mieux, quand il n'est pas possible de faire autrement – aux métiers divers (manœuvres, journaliers, cafetiers, commerçants, voire maçons, etc.) que s'attribuent un grand nombre de fellahs (anciens émigrés ou non) des régions de forte émigration, tantôt, et à la faveur du moindre prétexte, à la maladie. Attestée (ce qui, ici, veut dire indemnisée ou en voie de l'être), la maladie sert à donner un statut ou à conférer une nouvelle identité sociale ; en ce cas, même provisoire ou seulement virtuelle (en instance de règlement ou en litige, et le litige, en entretenant l'attente, entretient l'illusion d'un statut à venir, ce qui est déjà un statut), la moindre petite pension, au titre d'accidenté ou d'invalide du travail ou au titre de retraité, autorise qui en bénéficie à se dire « pensionné » ou « retraité » et qui la revendique à se dire « futur pensionné » ou « futur retraité ». « La France (c'est-à-dire l'immigration) ne donnant rien gratuitement », c'est là la preuve – et une preuve qui a pour elle l'autorité de la France, de ses médecins, de ses experts, de ses tribunaux – qu'ils sont bien malades, usés, inaptes à travailler, donc « vieux ». Les visites médicales auxquelles ils sont tenus, les contrôles réguliers auxquels ils ont à répondre, toutes démarches qui ne se passent jamais discrètement, voire sans quelque ostentation, viennent confirmer périodiquement cette preuve. Mais, même quand elle n'est pas attestée de manière aussi évidente, la maladie sert à déguiser, aux yeux de qui ne veut pas avouer son inactivité et ne veut pas s'avouer la conscience qu'il en a, l'oisiveté à laquelle il est contraint ; mais, en ce cas, il faut savoir affecter toutes les apparences de la maladie (sans doute, ce qu'en d'autres lieux et en d'autres milieux on appelle la « simulation »). Assurément, ce ne sont pas les signes extérieurs sur lesquels « jouer » qui font défaut. Les conditions de vie et de travail en France ont certainement usé précocement les immigrés, elles ont dû épuiser prématurément leur résistance physique et entraîner des maladies jusqu'alors inconnues (tuberculose, affections digestives, cardiovasculaires ou vénériennes, troubles psychiques, etc.), ainsi que de multiples handicaps (traumatismes, mutilations, séquelles d'accidents, etc.), mais seul un changement dans l'attitude que la morale paysanne imposait à l'égard du corps pouvait les amener à user de la maladie comme de la dernière justification recevable[1].

La découverte de l'usage social de la maladie, l'attention complaisante portée au corps ne sont rien d'autre que des expressions du changement plus global de toute l'attitude à l'égard de l'économie. Il n'est pas étonnant que ces « hommes brisés par la France », comme ils disent, et d'autres encore qui, bien qu'ils n'aient pas émigré vers la France, sont « brisés » physiquement parce que « brisés » moralement en tant que membres de groupes eux-mêmes « brisés » morphologiquement et socialement, ne trouvent d'autre manière de se désigner, les uns, que par l'ancienne activité exercée en France (la seule nommable) ou les effets de cette activité, c'est-à-dire comme « anciens » émigrés ou comme « retraités », « pensionnés » ou invalides et inaptes au travail, les autres par les multiples prétextes invoqués pour rendre compte de leur inactivité. L'inactivité contrainte renforce le sentiment qu'ils ont tous d'être soit malades, soit trop usés ou trop âgés pour pouvoir encore travailler. Outre la maladie, ou conjointement à elle, seul l'âge peut, lui aussi, faire l'objet d'autant de manipulations : comme s'ils étaient soucieux de se mettre en accord avec la situation d'incapacité qui leur est

---

1. Pour se rendre compte à quel point la maladie ou, plus exactement, cette sorte de complaisance à soi et à son propre corps caractéristique de l'ennui qui s'est saisi d'une société paysanne qui a perdu foi en elle, ainsi que toutes les conduites où s'exprime une attitude à l'égard de la maladie, constituent l'indice le plus clair de la rupture avec la tradition paysanne et aussi l'effet de la *démoralisation* corrélative de cette rupture, on peut se reporter à P. Bourdieu et A. Sayad, *op. cit.*, p. 227, et notamment l'appendice IV, « Un aspect de la dépaysannisation : la découverte de la maladie », p. 215-220.

imposée, les anciens émigrés sont amenés à se « vieillir » presque intentionnellement, précipitant de la sorte une « mise à la retraite » (ou, plus exactement, l'état qu'ils appellent de ce nom) qui n'est, ici, qu'une mise à l'écart ou en marge du travail. Tout se passe comme si, n'étant assurés en rien de pouvoir vieillir (normalement) jusqu'à bénéficier de la retraite (légale) et, par conséquent, n'ayant aucun intérêt à rester d'une certaine manière « jeunes » jusqu'à cet âge, ils ajustent leurs comportements en les « vieillissant » (ils en font des « comportements de vieux »). N'étant plus vraiment « jeunes » pour se lancer dans n'importe quel travail qui se présenterait, ni vraiment « âgés » pour jouer pleinement le rôle de l'ancien, les anciens émigrés de ce type doivent se donner un statut qui les sorte de cette ambiguïté. Hommes d'« entre-deux âges » et d'« entre-deux-positions », ils n'ont plus qu'à jouer de leur âge et aussi de tout le langage que permettent les expressions corporelles, comme d'autres « jouent », eux aussi et à des fins identiques, de la maladie.

Cette image d'hommes âgés, qu'ils ont construite d'eux-mêmes et qu'ils tendent à imposer, se projette sur tous les actes de leur existence ; elle se reflète dans leurs pratiques, même les plus ordinaires, qui, de ce fait, finissent par les rendre distincts des autres hommes du groupe. Ainsi, leurs itinéraires propres se limitent à l'intérieur du village ou ne s'en éloignent que fort peu. Leur emploi du temps, qui, pourtant, a tendance à se généraliser même chez les non-émigrés, va à l'encontre des rythmes partagés encore par la collectivité : marquée comme par un profond ennui, l'organisation de leurs journées, plus proche de l'organisation des journées de simples désœuvrés que de l'organisation des journées des hommes âgés – qui restent toujours pleinement occupés socialement même après avoir cessé de travailler –, ne doit presque plus rien à l'ancienne répartition des tâches agricoles. De même, tout dans leurs costumes, vêtements longs et amples de « gens qui ne travaillent ni de leurs mains ni de leur corps » (robes, burnous, turbans sommaires portés de manière à accentuer la pâleur du visage et l'impression de la maladie, chaussures plates, etc.) par opposition aux vêtements serrés, noués, ceinturés qui conviennent aux paysans actifs, tout dans leurs postures et leurs gestes (démarche lente et précautionneuse, habitude de s'asseoir en tailleur, gestes empreints de gravité, toutes attitudes conformes à l'état de malades, de vieux ou de lettrés, tous gens oisifs) est fait pour rappeler leur statut d'hommes inactifs. Malades, ils sont autorisés à se lever ou, tout au moins, à sortir de la maison tard le matin ; n'étant plus jeunes mais sans être vraiment « vieux », ils s'autorisent à demeurer la journée entière dans le village où rien, surtout des déplacements féminins, n'échappe à leur attention : « hommes de l'intérieur » (c'est-à-dire de l'espace ordinairement réservé aux femmes), ils passent le plus clair de leur temps, tantôt à la maison, tantôt dans les rues du village, allant d'une *djemaâ* à l'autre, ou alors tenant réunion sur le pas de leur porte. Oisifs (puisqu'ils ne travaillent pas dans les champs), ils s'autorisent à prendre tous leurs repas à la maison et souvent à contretemps, c'est-à-dire, *grosso modo*, selon les habitudes urbaines qui, ici, sont proches des habitudes féminines.

Parce qu'elle brouille les distinctions établies entre les âges et, par suite, le classement fondé sur ces distinctions ainsi que les rôles habituellement associés à chacun des âges, la forme particulière de « vieillesse » ou de « maladie », nouvelle manière d'être (soit dans l'immigration, soit après l'immigration) engendrée par l'émigration, constitue un facteur de désordre qui va au-delà du simple rapport entre les âges : elle est l'occasion d'une véritable remise en cause de tout l'*ordre* ancien, ainsi que de toutes les catégories sur lesquelles repose cet ordre : opposition, bien sûr, entre un âge *jeune*, qui a pour lui l'inexpérience mais aussi l'excuse et l'indulgence qu'appelle cette inexpérience, et un âge *vieux*, qui a le monopole de la sagesse et de la décision ; et, par-delà l'opposition entre les âges, opposition aussi entre un temps et un espace masculins et un temps et un espace féminins, entre une condition et une activité de *labeur* (comme celles du paysan) et une condition et un statut d'*oisif* (comme, par exemple, ceux du lettré de la tradition).

L'individuation du corps

Au fond de toutes ces attitudes de malade et de ces attitudes devant la maladie, se trouvent, à coup sûr, la relation au corps et, surtout, les transformations que cette relation subit et qui sont, en règle générale, corrélatives des changements qui se sont produits dans l'environnement physique et social dans lequel baigne le corps, c'est-à-dire dans les sollicitations extérieures qui s'exercent sur le corps et dans les usages socialement différenciés qui sont faits du corps. Si, désormais, on impute à la maladie, comme si c'était la seule justification possible non pas tant de l'inactivité forcée mais de la démission, du renoncement au véritable rôle de chef de famille, le malaise indéfinissable que suscite l'abandon de la routine ancienne avec laquelle il n'est plus possible de renouer, ce sont, en vérité, tous les schèmes *corporels* (incorporation, au sens propre du terme, du monde naturel et du monde social) qui sont altérés à mesure que le monde *incorporé* (ou incorporable) est lui-même altéré.

Dans l'univers communautaire qui était le sien et pour l'homme communautaire qu'il était, l'émigré avait de son corps une autre représentation et, surtout, un autre usage : sans dire que le corps était ignoré comme *corps-labeur* – comment cela se pourrait-il alors que l'expérience que l'émigré faisait quotidiennement de son corps était celle d'un corps « laborieux »[1] ? –, il était éprouvé, avant tout et indistinctement, comme une manière d'être, d'être au groupe et au sein du groupe : c'est à travers le corps comme objet *cultivé*, c'est-à-dire comme produit d'une pédagogie implicite ou d'un travail d'inculcation qui ne dit pas son nom, que s'opère l'identification de chacun avec le groupe et que le groupe à son tour peut être présent en chacun de ses membres. Le corps n'est pas seulement ce qui fait l'individu comme entité distincte et le groupe comme somme d'individus biologiques identifiables, dénombrables et mesurables ; il est le groupe incorporé : le groupe fait corps.

Dans l'immigration, l'émigré fait une autre expérience de son corps ; il le découvre à la fois différent de celui des autres et différent de la représentation qu'il s'en faisait jusque-là, telle que la lui renvoyait le groupe auquel il s'identifiait. Immergé dans un univers économique et social dont l'individualisme généralisé est la vertu cardinale, soumis à l'action de mécanismes (économiques,

1. Plus que cela, tant que le paysan ignorait les autres manières de travailler (celle de l'ouvrier salarié, celle de l'artisan, du travailleur non manuel, etc.), c'est-à-dire tant qu'il s'ignorait comme paysan et corrélativement ignorait son « travail » (*i.e.* son état) de paysan, le seul qui soit, comme un travail parmi tant d'autres, il pouvait se considérer comme le seul homme qui travaille réellement, non seulement de ses mains, mais de tout son corps ; comme le seul homme qui fait effort et qui se fatigue, tous les autres, principalement les lettrés (car, à la différence de ces derniers, les commerçants et les artisans restent toujours des paysans, des laboureurs qui se sont donné une activité secondaire), n'étant que des *murthabin* (ou bien des *imartham*, pluriel de *murthah* ou bien *amarthah*), c'est-à-dire des éternels « reposés » ou des éternels « reposants ».

357

sociaux, juridiques, culturels, etc.) qui, par-delà la réglementation qu'ils imposent et par-delà ou en même temps
que la régulation des comportements qu'ils opèrent, chacun en son domaine, ont tous pour effet d'inculquer la
morale individualiste dont ils sont empreints à des *étrangers*, et des étrangers de *basse condition sociale* (les
immigrés), le travailleur immigré (surtout maghrébin) fait
l'apprentissage, souvent à son corps défendant et presque
toujours à ses dépens, de l'*individuation* qui est caractéristique de la société d'immigration. En même temps
qu'il découvre, à la faveur du travail salarié, le temps
mathématique, temps mesurable et comptable (quantité
de temps ouvré convertible en monnaie), temps indivi-
dualisé (n'engageant que sa personne et le travail de sa
seule personne) et, corrélativement, les dimensions individuelles du travail effectué (même dans le travail en
équipe, l'effort fourni ainsi que le produit qui en résulte
restent individualisés), de la rémunération reçue (il
découvre qu'elle est en rapport direct avec la durée, la
quantité, voire la qualité du travail accompli) et, par suite,
du budget qu'il est contraint d'adopter (budget-temps,
budget-espace ou budget des déplacements, budget des
dépenses et des économies, etc.), le travailleur immigré
originaire des sociétés (et des économies) du tiers monde
découvre d'abord l'*individuation* de son corps, en tant
qu'organe ou outil de travail, en tant que siège de fonctions biologiques et en tant que « corps » socialement et
esthétiquement désigné comme corps étranger.

En tant qu'individu dont la seule raison d'être est le
travail et dont la présence, pour cette raison, n'est légale,
autorisée, légitime que subordonnée au travail, le travailleur immigré fait la double expérience d'une existence
réduite au corps qui la matérialise et qui en est aussi l'instrument et, par suite, d'une existence ou, ce qui revient au
même, d'un corps, tous deux placés totalement sous

l'entière dépendance du travail : seul travailleur dont les autres fonctions sont toutes réductibles à la fonction première et dernière du travail (à la limite, ces autres fonctions sont inexistantes), le seul aussi, n'étant pas citoyen, c'est-à-dire membre du corps social et politique (la nation) dans lequel il vit, à n'avoir de fonction que le travail, l'immigré aurait dû n'être, « idéalement », qu'un corps pur, une machine purement corporelle, une pure mécanique, un système de leviers qui demanderait que lui soit seulement concédé le minimum nécessaire à l'entretien du bon fonctionnement de ses rouages. De cet « idéal », le travailleur immigré est instruit par toute son expérience de l'immigration.

Et tant qu'il est isolé des siens, ainsi que de tout le groupe avec lequel il est en communion, le travailleur immigré fait aussi l'expérience de son corps comme unité biologiquement individualisée, non pas seulement dans le travail qu'il accomplit par tout son corps, mais, plus banalement et plus quotidiennement, à travers la révélation de la nature individuelle, habituellement masquée sous des dehors communautaires ou sous l'apparence d'un cérémonial collectif, d'un certain nombre de fonctions organiques du corps : ainsi, parce que son isolement, consécutif à l'émigration, le réduit, comme il le dit lui-même, à sa « seule tête » et exige de lui qu'il s'acquitte individuellement et isolément, par lui-même et pour lui-même (pour sa « seule tête »), des besoins qu'il a en propre comme, par exemple, de devoir préparer lui-même, sur un budget qui lui est propre, sa propre cuisine et de devoir la consommer solitairement (même quand cela se passe, comme c'est le cas pour les immigrés logés dans les « foyers » pour travailleurs immigrés, devant des témoins occupés, eux aussi, de la même manière, c'est-à-dire par le même acte et pour la même fonction ou au sein d'un groupe dont les membres présents assisteraient en spectateurs indifférents à cet acte auquel ils ne peuvent être associés), il est amené à découvrir la fonction purement organique et individualiste de la prise de nourriture par opposition à la fonction sociale du repas comme acte de commensalité et de communion, c'est-à-dire comme acte de communication par lequel s'affirme la communauté et acte d'intégration dans lequel elle se reconstitue. Ce n'est pas seulement la pratique alimentaire qui donne lieu ainsi à un usage individualiste opérant de la sorte une prise de conscience du corps propre ou, plus exactement, une reconversion du rapport au corps ; ce sont, en règle générale, toutes les techniques du corps (les manières de table, bien sûr, mais aussi le sommeil, l'habillement, etc.), les soins corporels, l'individualisme des usages qu'on fait du corps étant à la base de tous les comportements qu'on qualifie d'hygiène (l'hygiène sanitaire mais aussi toute l'hygiène, car même l'hygiène morale est, en définitive, une hygiène corporelle) : on comprend de la sorte la méfiance que tous ceux qui ont été habitués à tout partager éprouvent devant tout ce qui peut les partager, devant tous les usages qu'ils ne manquent pas de percevoir comme des usages *individualisants*, c'est-à-dire susceptibles de séparer et diviser ; on comprend aussi la méfiance que les pratiques individualistes, comme celle du « couvert individuel » (chacun son assiette, son verre, sa serviette, etc.), qui sont aussi des manières de politesse, des règles d'hygiène et des conduites de prévention, peuvent susciter auprès d'individus que toutes leurs traditions culturelles antérieures, fortement communautaires, avaient prédisposés à communier ensemble jusque dans le partage de la même assiette, du même broc, de la même serviette : entre autres reproches faits à ces pratiques individualistes, on les trouve égoïstes, trop intéressées ou, plus exactement, cyniquement intéressées, dans la mesure où elles se dispensent de masquer les intérêts qui les animent, et par conséquent honteuses.

En tant qu'il est un étranger et qu'il se désigne comme tel dans le panorama social, politique, culturel et esthétique (on le trouve d'un « type » différent), de la société d'immigration, le travailleur immigré fait l'expérience de la suspicion qui le poursuit partout et tout au long de son immigration : distinct de tous les autres (c'est-à-dire des nationaux), parce qu'il est le seul à cumuler tous les signes distinctifs possibles (aux distinctions sociales habituelles s'ajoutent, ici, des distinctions ethniques, politiques, juridiques, linguistiques, culturelles, etc.), l'immigré a le sentiment d'être *surveillé* en permanence, comme on surveille un corps étranger ; il a le sentiment d'être devenu un éternel suspect dont chacun des faits et gestes fait l'objet d'une accusation : dans la rue, dans les magasins ; dans le logement, dans les services publics (surtout les services sociaux, la sécurité sociale et l'hôpital) et même dans le travail, la présence de l'immigré étonne et, quelles que soient les intentions qu'on y met, elle est d'abord soupçonnée d'être constamment en faute, de porter atteinte, tantôt, quand économiquement tout va bien, à l'ordre esthétique, à l'ordre politique, à l'ordre social et notamment sanitaire (les immigrés coûtent « cher » à la sécurité sociale, encombrent les hôpitaux, introduisent des maladies, toutes sortes de clichés professés à leur encontre), à l'ordre culturel ou moral (on ne compte pas les comportements qu'on reproche aux immigrés comme étant des infractions au Code du « bien se conduire », des barbarismes ou des fautes à l'égard des règles de bien vivre), bref à l'ordre national (ils sont des étrangers à notre histoire, à notre existence nationale, à nos intérêts nationaux) et, tantôt, dans les moments difficiles, à l'ordre économique dont pourtant ils sont de très bénéfiques serviteurs (l'immigré étant inévitablement perçu plus que jamais comme étant de trop). C'est cette suspicion généralisée que les immigrés ressentent autour de leur personne, qui leur fait dire qu'ils « volent leur présence en France », même si, en fait, ils paient, sous tous les rapports, cette présence d'un prix élevé. Comme on le voit, la méfiance à l'égard de la médecine et de la sécurité sociale n'est pas seulement due à quelque relation difficile ou à un quelconque conflit avec ces institutions ; elle est un cas particulier et particulièrement critique d'une situation plus large et plus constante, une modalité particulière du mode de méfiance qui empreint plus généralement l'ensemble des relations de l'immigré à la société d'immigration. Indépendamment de la nature du litige qui peut l'opposer à l'une et à l'autre instance, le travailleur immigré est d'autant plus porté à suspecter et à se méfier de la médecine et de la sécurité sociale qu'il a appris à suspecter et à se méfier de la société qui le tient en suspicion et qui se méfie de lui. À peine le travailleur immigré découvre-t-il l'*individuation* de son corps qu'il est dépossédé de son corps ; n'ayant pas les moyens culturels (faute des moyens matériels dont dépendent ces moyens culturels) indispensables pour prendre possession de l'*individuation* de son corps, il ne découvre cette *individuation* que pour perdre la possession de son corps.

Le corps de l'immigré

Devenant l'objet de multiples investigations, le corps de cet autre qu'est l'immigré (ou, ce qui revient au même, l'immigré réduit à son corps) finit par susciter un abondant discours, à commencer par celui des psychiatres. Langage savant sur le corps et le langage du corps de l'immigré, langage élaboré et produit comme détenteur de la vérité du langage corporel qui est un langage immédiat, le discours psychiatrique se saisit du corps de l'immigré, c'est-à-dire du langage par lequel le corps s'exprime, comme d'un système de signes à déchiffrer. Mais parce qu'il est ignorant de ses propres conditions de production, c'est-à-dire, précisément, des raisons qui l'inclinent à accorder, dans la relation à l'immigré malade, une attention privilégiée au corps et à ce qu'il appelle le « langage du corps[1] », le discours médical de la psychiatrie s'interdit, en l'espèce, toute interrogation sur sa nature, sur sa fonction sociale, voire sur sa raison d'être[2]. Ainsi, sous la

1. « Le corps [pour les malades maghrébins] représente un moyen habituel d'expression [...]. Le problème consiste donc, en premier lieu, à déchiffrer ce langage » (Dr R. Berthelier, *Psychopathologie de la transplantation chez le musulman algérien*, 70e Congrès de psychiatrie et de neurologie de langue française, Tunis, août-septembre 1972, Paris, Masson, 1973) : « La structure familiale maghrébine traditionnelle *valorise beaucoup le corps de l'enfant* [...]. Il [l'enfant] a toute liberté d'être [...] dans un corps à corps avec sa mère [...]. Toute cette *importance du corps*, tout ce potentiel trouve un écho au sein des instances médicales » (J. Bennani, *op. cit.*, p. 43-46 ; c'est nous qui soulignons).

2. Par exemple, « la relation œdipienne » dont J. Bennani dit qu'elle « se trouve réactualisée au moment du mariage » (*op. cit.*, p. 45) ou, encore, la circoncision, « expérience inespérée qui arrive fort à propos, à point nommé comme par le plus heureux des hasards ou comme si elle était déterminée sur mesure et de manière expresse pour se prêter à toutes les interprétations possibles, et qui constitue une "blessure" que d'aucuns qualifient de "première et narcissique" et que d'autres regardent comme une "castration" dont le souvenir impérissable peut venir expliquer l'acuité des problèmes de castration chez les Maghrébins » ; la relation « père-mère-castration » semble avoir trouvé dans la circoncision l'occasion idéale dans laquelle se projeter et dans l'immigré maghrébin porteur de cette « marque » le terrain le plus favorable à ses applications : ainsi, toujours « au moment de l'œdipe », quand le père « manifeste davantage sa présence, séparant l'enfant de sa mère et l'invitant à des tâches adultes », la circoncision, au dire de J. Bennani, « marque ce passage à l'âge adulte » et constitue, de la sorte, comme l'« équivalent d'une menace de castration [...], castration directement vécue dans le corps » ou comme une « marque sur le

plume de psychiatres avertis de l'« âme » ou, pour parler un langage plus moderne, de la « culture » de l'immigré maghrébin, la *circoncision* et plus généralement toutes les techniques du corps depuis l'emmaillotage, le sevrage (le « corps à corps avec la mère et même avec d'autres femmes » dont parle Jalil Bennani ou encore la mère comme « environnement essentiel pour l'enfant qui dispose d'elle *en maître absolu* », la mère qui, de son côté, « ne renonce jamais à son enfant, surtout si c'est un garçon, car il constitue pour elle la garantie d'une reconnaissance sociale », *op. cit.*, p. 43-44), jusqu'à l'usage servile qui est fait, sur les chantiers ou dans les ateliers, du corps de l'immigré pendant toute la durée de son immigration (« la transplantation privant l'individu de ses défenses sociales habituelles lui fait d'un coup perdre ce simili-phallus nécessaire » – entendre par là la transplantation « castratrice », allusion et évocation psychanalytique de la « circoncision-castration » de l'enfant –, « d'où des régressions massives et, éventuellement, la *recherche compensatrice d'une pension d'invalidité* dont l'obtention *compensant l'échec professionnel* permet au malade de ne pas perdre la face »[1]), donnent lieu à des développements « savants » qui, mêlant ethnologie et psychanalyse, tentent d'établir sur la base de rapprochements *a priori*, voire purement métaphoriques, ou encore de simples analogies, un lien (rarement fondé et, parfois, manifestement forcé) entre, d'une part, certains traits culturels choisis comme à dessein, mais dont la pertinence reste à démontrer (car leur spécificité est loin d'être acquise) et, d'autre part, la pratique thérapeutique de la psychiatrie quand elle a à

---

corps survenant au moment de l'accès au langage et au symbolique […], marque d'une castration symbolique » à laquelle préside la mère (*op. cit.*, p. 43-44).

1. Dr R. Berthelier, *op. cit.* ; c'est nous qui soulignons.

affronter les « malades » maghrébins, ou, autrement dit, entre un certain nombre d'énoncés – véritables lieux communs pour la plupart d'entre eux – qui se veulent être une esquisse de la « personnalité de base maghrébine » dans la mesure où on postule qu'ils sont susceptibles de déterminer une configuration psychique propre aux Maghrébins (au moins telle qu'elle se révèle dans les manifestations pathologiques qu'on en saisit), d'une part, et les comportements tenus pour pathologiques ainsi que les réactions à la relation thérapeutique qu'on entend faire valoir, d'autre part. Ainsi, pour ne prendre qu'un exemple, parce qu'on se dispense de s'interroger sur la portée réelle de la discrimination accusée entre les sexes, c'est-à-dire de la division sexuelle de l'espace, du temps, de l'âge et des activités de toutes natures (toutes liées nécessairement aux espaces, temps et âges ainsi discriminés sexuellement), à commencer par les activités qui s'exercent différentiellement sur le corps masculin et sur le corps féminin, on est porté à surdéterminer (*sexuellement* ce qui est déjà déterminé mythiquement) la place et le pouvoir attribués aux femmes et plus particulièrement à la mère [1]. On est porté, de ce fait, à surestimer la signification du rôle attribué aux unes et à l'autre au point de regarder ce rôle comme l'*antécédent* qui peut, selon le Dr Berthelier, « expliquer » les « réactions dépressives névrotiques » : l'immigration avec ses difficultés offre l'occasion de se « ressouvenir » et, par suite, d'éprouver la frustration qu'engendre la disparition du « maternage » qu'assurait, en même temps que la « société-mère », que

1. Ainsi, pour le Dr R. Berthelier, les hommes n'ont que les apparences d'un pouvoir dont ils n'ont pas la réalité, alors que les femmes ont la réalité de ce pouvoir sans en avoir les apparences, la société d'origine « attribue à l'homme et valorise les apparences d'un pouvoir que la société des femmes détient en réalité ».

la terre nourricière, etc. (ce ne sont pas les métaphores qui manquent pour dire que la relation enchantée entre les deux expériences : le sevrage de la mère durant l'enfance et, plus tard, du fait de l'immigration, le sevrage de la « société-mère »), la mère qu'on se plaît à présenter omnipotente et omniprésente, d'abord dans la prime enfance et ensuite dans l'imaginaire de l'adulte. Il ne fait pas de doute, pour les psychiatres, pressés de « lire » dans les comportements et dans le psychisme de leurs « malades » maghrébins les marques de structures sociales, affectives, culturelles qu'ils croient avoir saisies comme constitutives de la personnalité de ces malades, que la relation qu'ils pressentent entre le « corps », le « père » et la « mère » est une relation directe et immédiate ; ainsi, même J. Bennani, le plus averti d'entre eux, parce qu'il ne trouve à ajouter que la dimension « sociale » (« tout sujet se trouve pris dans ces deux dimensions : celle d'une histoire personnelle et celle d'une histoire sociale », p. 42), s'autorise à établir un lien, d'abord, entre le « corps » et le « patriarcat » et, ensuite, entre la « circoncision » (marque sur le corps) et la « mère » : « arrêtons-nous un moment sur cette circoncision et sur le rapport à la mère [...]. C'est la mère qui initie l'enfant à la cérémonie et qui l'organise [...]. La mère marque donc l'enfant de cette castration symbolique et détient par là même un pouvoir sur cet enfant. Sur le père aussi [...]. Ainsi c'est la mère qui nomme la loi. Tout autant que le "nom du père", que la mère apprend à l'enfant à prononcer, la menace de castration, la loi de l'interdit de l'inceste est signifiée par la mère. Chez le Maghrébin, le rapport à la mère est important [...]. La mère signifie la loi du père mais son regard reste porté sur son enfant. Il reste près d'elle, de son écoute, et il continue à entretenir l'imaginaire de l'enfant [...]. Chez l'adulte, cette relation à la mère et au corps demeure toujours vivace » (p. 42-45). De la même manière, la relation privilégiée à la mère est au principe, pour le Dr Berthelier, de toutes les attitudes de « compensation » qu'il est amené à diagnostiquer chez ses « malades » maghrébins : « la transplantation comme perte d'objet [renvoie] à un mode d'élevage des enfants et à une relation à la mère qui caractérise une fixation à celle-ci ; normalement compensé par la prégnance d'une structure sociale protectrice et sécurisante où la société réalise un substitut de l'objet maternel en perpétuant la situation infantile de dépendance, ce caractère resurgit lorsque la transplantation isole l'individu ; de là, la fréquence des réactions dépressives névrotiques et l'importance de la demande affective à l'égard du médecin, par le biais de laquelle le malade recrée la relation à la mère ».

Ce qui est naïvement oublié dans toutes ces affirmations (au premier degré, ni vraies ni fausses), c'est que la relation originaire au père et à la mère ou, si l'on préfère, au corps paternel ou au corps maternel, c'est-à-dire au corps d'autrui et, par voie de conséquence, au corps propre, passe nécessairement à travers des catégories de perception qu'il serait naïf de traiter comme « sexuelles » (ou comme seulement sexuelles) car, de portée infiniment plus large et ayant un champ d'application infiniment plus étendu que la seule région de l'affectivité, elles contribuent à l'organisation de tout le cosmos. En tant qu'elle est le produit, dans une certaine mesure, de ces catégories, la relation au père et à la mère participe, elle aussi (pour ne pas dire qu'elle dérive), de l'ensemble des oppositions mythiques qui structurent en même temps et pareillement le monde et le moi, le monde peut-être avant le moi et en tout cas plus assurément que le moi. Constituant l'occasion la plus primitive et aussi la plus dramatique d'éprouver la structuration mythique de tout l'espace (l'espace physique et l'espace social), c'est-à-dire la projection de toutes les oppositions fondamentales symboliquement incarnées dans l'opposition entre le masculin et le féminin (ou, mieux, dans l'opposition, paradigme de toutes les autres oppositions, entre le pénis et le vagin, propriétés biologiquement définies des deux sexes), la relation au père et à la mère ne peut se trouver au fondement de l'acquisition des principes de la structuration du moi et du monde (et, plus particulièrement, de la distinction homosexuelle et hétérosexuelle) qu'à la condition – ce qu'on oublie souvent – qu'elle s'instaure dans un monde et avec un monde d'objets mythologiquement sexués et pas seulement avec des personnes biologiquement sexuées[1].

Le corps substitut du langage

Le langage « somatique » est pour les uns, comme J. Bennani, un langage qui reste attaché au corps qui en est la « source » ainsi qu'à toute l'expérience corporelle ; pour d'autres, comme R. Berthelier, il est un langage qui tente de suppléer les insuffisances du « verbe » : « le corps représente un moyen habituel d'expression […], ce que nous qualifions volontiers d'hypermimie s'inscrit dans la norme […]. La langue originale du malade – l'arabe dialectal –, sémantiquement pauvre, ne comporte pas ou peu de termes susceptibles de traduire ce qui est de l'ordre de l'affect. De là, l'usage métaphorique du corps qui, désormais agi, *tente de dire ce que le verbe ne peut exprimer*. Le problème consiste donc, en premier lieu, à déchiffrer ce langage ». Voilà maintenant que, pour ses besoins propres, le psychiatre redécouvre, à son tour, la vieille

1. Voir, à propos de tous les rapports entre le corps et les structures qui agissent sur le corps et dans lesquelles se meut le corps, P. Bourdieu, *Esquisse d'une théorie de la pratique, op. cit.* (notamment p. 155-227).

conception linguistique qui différenciait et hiérarchisait les langues selon les capacités et les vertus *intrinsèques* qu'elle leur attribuait ou qu'elle aimait retrouver en elles ; ces qualités sont toujours les mêmes et vont toujours aux mêmes langues : d'un côté, des « dispositions » à l'abstraction, un pouvoir propre de raisonnement et d'intellection, une adéquation propre (elle aussi) aux exigences de la rationalité de la pensée, toutes caractéristiques dont sont dotées les langues « faites » pour penser et exprimer les grandes idées de l'esprit, les langues de culture, de civilisation, de grande tradition intellectuelle et humaniste, bref, les langues cultivées propres aux choses, aux hommes et aux sociétés cultivées ; de l'autre côté, l'indigence conceptuelle ou, ici, la « pauvreté sémantique » des langues du concret (opposé à l'abstrait), de l'empirique (opposée au théorique) et de l'expérience directe et immédiate (opposé à la réflexion qui nécessite du « recul » par rapport à l'action et par rapport aux choses et au monde), des langues qui, sans grande ambition intellectuelle ou sans grande prétention à penser le monde qu'elle se contente d'agir, n'ont d'usage que pratique. L'« indigence » qu'on prête ainsi aux langues qualifiées de « primaires » et « élémentaires », convenant aux sociétés qui n'auraient rien d'autre à exprimer que leur perception et leur expérience « primaire » et « élémentaire » du monde (le monde physique, le monde des objets matériels), auquel elles sont immédiatement collées, contraste – autre reproche qu'on leur fait, corrélatif du premier – avec la profusion désordonnée du lexique servant à désigner les objets, les choses concrètes du monde, voire du moi (comme, par exemple, les mouvements corporels, les gestes, les postures, etc. ou, encore, tout ce qui est de l'ordre du végétatif), ainsi que l'expérience pratique qu'on a de l'un et de l'autre. Si, habituellement, on reprochait à certaines langues d'être trop « concrètes », d'être

inaptes à l'abstraction – incapables d'y accéder et incapables de l'exprimer – et, par conséquent, de pécher plutôt
dans l'ordre du concept, voilà, de plus, qu'à son tour la
psychiatrie reproche à la langue arabe des immigrés
maghrébins de pécher, cette fois-ci, dans l'« ordre de
l'affect ». Il va de soi que c'est de manière tout à fait
décisoire, c'est-à-dire indépendamment des conditions
sociales déterminant l'usage fait de ces deux classes de
langues (indépendamment des caractéristiques sociales
de ceux qui parlent ces langues et indépendamment des
situations sociales dans lesquelles elles sont parlées),
qu'on leur attribue respectivement deux classes de caractéristiques qu'on pense comme vraies en soi (alors
qu'elles sont socialement déterminées) puisqu'elles procèdent, pour l'une, de la dignité des qualités intellectuelles
et, pour l'autre, de l'impératif de la pratique ou, en
d'autres termes, des nécessités et de l'urgence que
commande la pratique.

Il faut, en effet, tout ignorer des déterminations qui
pèsent sur le langage et qui le structurent, lui aussi, selon
les catégories mythiques qui structurent tout l'univers et
qui opposent, par exemple, le langage masculin et le langage féminin (ce dont parlent et la manière dont parlent
différemment les hommes et les femmes, certains sujets
de conversations, certains usages et certaines formes du
langage pouvant être féminins chez l'homme et d'autres
sujets, usages et formes, masculins chez la femme), le
langage officiel et le langage privé – le premier est plus
le langage des hommes, des circonstances publiques, des
relations les plus fortement instituées (la relation avec la
médecine est de celles-là et le langage avec le médecin,
avec le psychiatre appartient à cette catégorie de langage,
le langage officiel) ; le second, langage de la situation
privée ou intime, langage de la confession (le type de
langage que le psychiatre attend précisément de ses

« malades » maghrébins, mais qu'il ne peut, et pour cause, obtenir d'eux), sied plutôt aux femmes, aux relations intimes et entre intimes ou entre complices, aux situations et relations les moins formelles, etc. –, le langage de la sagesse, de la modération et de la pondération, de l'expérience, qui est l'apanage de l'âge, et le langage de l'énergie, de la promptitude, voire de la précipitation, de la détermination (souvent un peu excessive ou trop radicale), qui a pour lui l'excuse de la jeunesse ; il faut tout ignorer de cela pour affirmer que c'est seulement, ou principalement, parce que « la langue originale du malade [est] sémantiquement pauvre, ne comporte pas ou peu de termes susceptibles de traduire ce qui est de l'ordre de l'affect », que ce malade, par mesure et par nécessité de « compensation », préfère parler « corporellement » (faire parler son corps ou parler par son corps) plutôt que parler « verbalement », son corps lui tenant lieu de verbe (du verbe qu'il n'a pas en l'occurrence).

Une autre manière de dire l'opposition entre le corps et le langage, c'est de substituer au « corps » son équivalent originaire, la « mère » ; et au primat du « corps », le primat de la « mère » et du rôle qu'elle a, d'abord, dans la prime éducation et, plus tard, dans l'« inconscient » de l'adulte. Aussi abondant, le discours sur la « mère » et sur le « maternage », sur la relation à la mère, c'est-à-dire sur le souvenir et la nostalgie de la sécurité « maternelle » perdue (la circoncision étant caractérisée comme la première date qui marque cette perte) et sur la « frustration » qui en résulte (castration), sur la vertu explicative de cette relation pour rendre compte des conduites pathologiques observées, n'a d'égal que son homologue, le discours sur le « corps » et sur le « langage du corps ». Les deux discours, le discours sur la relation à la mère chez le Maghrébin et le discours sur le « corps » de l'immigré maghrébin et sur le langage du corps chez ce même immigré, ont partie liée ; ils sont du même côté, le pôle opposé au *langage* (c'est le cas du « corps » opposé au verbe et du « langage du corps » opposé au « langage du verbe » ou par le verbe) et à la « coupure » qui doit s'opérer « entre le corps et son symbole » (c'est le cas de la « mère » en tant qu'elle s'oppose à cette « coupure »). Ne se trompe pas, de ce point de vue, J. Bennani qui voit en la « mère » et aussi dans le corps (associé à la « mère ») la « source » du langage, mais du « langage du corps » : « il [l'enfant] reste près d'elle [la mère], de son écoute, et ils continuent à entretenir les souvenirs du corps. *L'accès au langage, au symbolique reste près de sa source* » (c'est nous qui soulignons) ; et un peu plus loin : « Ce corps se parlera comme un langage [1] : ainsi les états dépressifs s'expriment par le biais du corps et des symptômes qu'il offre à l'écoute. *Le langage parlé est là près de sa source* et la coupure entre le corps et son symbole, le langage parlé, semble être moins importante que chez le "malade occidental" » (*op. cit.*, p. 44-45). Donc, à l'un – le « malade occidental » –, le langage conceptuel, langage de la pensée et des idées, langage élaboré exigeant, quant à lui, une « coupure entre le corps et son symbole » plus importante, à coup sûr, que dans le cas du Maghrébin ; à l'autre – le malade

---

1. « Le corps se parlera comme un langage » : ce n'est donc ni « le corps qui parle » ni « le corps dont on parle », ce n'est ni le « langage du corps » ni le « langage sur le corps » ; comme si l'auteur pressentait toute l'ambiguïté que recèlent les métaphores associant le corps et le langage, il recourt à l'artifice stylistique de la formule pronominale qui, en identifiant le sujet (l'action) et le complément (ce sur quoi porte l'action ou le résultat de l'action), permet par la neutralisation qu'elle opère du rapport de l'un et de l'autre – ce qui, d'une certaine manière, revient à supprimer ce rapport en noyant mutuellement l'un dans l'autre le sujet et le complément – d'éluder la difficulté, c'est-à-dire de continuer à parler du corps et du langage sans jamais se prononcer sur la nature de la relation entre l'un et l'autre et sans jamais avoir à lever l'équivoque qui pèse sur cette relation.

maghrébin –, le langage somatique, langage de l'organique et du végétatif, langage resté « près de sa source »,
le « corps » et la « mère ». Ce que l'un dit ou peut dire par
le verbe, l'autre ne peut le dire qu'au travers et au moyen
de son corps ; chez l'un, c'est la parole qui s'est faite corps
tandis que chez l'autre c'est, à l'inverse, le corps qui se
fait parole.

L'immigré n'est que corps

Le langage médical, par l'opposition qu'il établit ou
qu'il suggère entre le corps et le verbe et par-delà l'usage
qu'il fait de cette opposition, n'exprime-t-il pas, à sa
manière, la situation générale des immigrés ? Ce faisant,
ne traduit-il pas, en réalité, la vérité objective de la condition ou d'un aspect de la condition de l'immigré ? Sans
doute n'est-il aussi abondant et aussi largement partagé
que parce qu'il est produit, lui aussi, par l'ensemble des
catégories de perception et d'analyse qui président habituellement à l'image qu'on se fait des immigrés et au
traitement (pratique et théorique) qu'on leur réserve ?
Ainsi déterminé, il pourrait n'être qu'une simple variante
– une variante, certes, plus élaborée et plus autorisée
puisqu'elle procède de l'autorité scientifique et morale de
la médecine – du discours commun sur les immigrés et sur
la condition d'immigré. L'immigré n'est que son corps.
L'importance de ce qu'on nomme le « langage du corps »
ou, en d'autres termes, l'importance organique du corps
ne sont, au fond, rien d'autre que l'importance du corps
comme organe, c'est-à-dire, essentiellement, comme
force de travail, d'abord, et comme forme de présentation
de soi, ensuite : l'immigré, c'est avant tout son corps, sa
force corporelle et sa présence par son corps biologique
différent des autres corps. Hormis le travail et les autres

circonstances qui ne concernent et ne sollicitent de l'immigré que son corps, l'immigré reste un *mineur*. Ainsi s'explique le grand nombre d'entreprises de « sollicitude » philanthropique dont le travailleur immigré (notamment maghrébin ou originaire d'un pays du tiers monde) est l'objet : elles lui apportent une assistance (publique ou privée) qui, au fond, revient à un travail pédagogique et à une action d'inculcation comparables à l'œuvre éducative qui s'exerce sur l'enfant, même si en agissant de la sorte elles contribuent aussi à maintenir l'immigré dans la situation qui lui est faite d'éternel assisté et d'éternel « apprenti ». C'est en tout, partout et durant toute son immigration que l'immigré est traité en « enfant », ou tel un enfant à qui il faut apprendre à bien se conduire (techniquement et moralement), à se conformer aux normes et aux exigences (techniques et morales), bref à « vivre » selon les règles de la société d'immigration.

Ce n'est pas tout à fait sans raison que l'immigré en arrive à soupçonner – il a appris à le faire – tous les propos qu'on lui tient, sur l'origine (et l'originalité), sur les effets et sur l'importance de la « somatisation » dont son corps est lieu. Parce que le « corps » est aperçu généralement comme l'opposé structural de la « tête », parce que le corps et le corporel, qu'on le veuille ou non, sont implicitement ou explicitement rapportés à la tête et au mental pour leur être opposés, la somatisation, c'est-à-dire le fait de ne pouvoir s'exprimer (exprimer sa maladie) autrement que par son corps – ce qui sous-entend l'exclusion du langage verbal, langage de la « tête » –, finit par servir d'alibi pour nier la maladie du corps et le corps malade : quand le « corps » parle et parle trop, c'est assurément parce que la « tête », la « tête » qui ne peut dire le « corps » (la « tête » qui ne verbalise pas), est « malade ». La somatisation étant traitée objectivement comme la négation de la maladie somatique, on comprend qu'elle suscite la méfiance du malade qui « somatise » de la sorte ; on comprend que soit suspectée l'importance que lui attache le discours médical. Elle ne peut apparaître, aux yeux de ce malade mais aussi objectivement, que comme une manière de déplacer le « mal » du « corps » qui souffre, mais à qui on refuse la maladie, à la « tête », au mental, qui ne souffre pas, mais à qui on assigne le « mal » ; du champ somatique où l'immigré s'acharne à la situer et à la maintenir, la maladie est transférée au champ mental où la médecine entend la refouler. La « maladie » du « corps » tend ainsi à devenir le « mal » de la « tête » (la folie) ; l'affection (somatique) dont l'immigré se plaint (à tort lui dit-on) est en passe d'être convertie en affection mentale dont il ne se plaint pas (tout au moins, pour le moment) et dont il n'a pas, selon son point de vue et aussi selon sa propre expérience corporelle, à se plaindre mais dont il se plaint, en réalité, à croire le point de vue de la science des médecins et des spécialistes, autrement, en se plaignant de son corps. Comme si l'immigré percevait l'enjeu contenu dans l'opposition entre le corps et le langage dans laquelle on l'enferme, il répond à cette opposition qui pour lui revient à l'opposition homologue entre corps et tête, par l'affirmation de son corps. Le « corps » et, surtout, le corps malade (et lui seul malade) est revendiqué contre le « mental », contre la tentation de lui substituer la « tête » et le « mal de la tête » ; l'affirmation de la maladie organique prend ici, à la limite, la signification d'un refus de la folie. Le malade croyant parler et voulant parler, à propos du corps, le même langage que la médecine, c'est-à-dire un langage organiciste, se plaint de cette médecine et la soupçonne de ne pas vouloir considérer son corps et seulement son corps : alors qu'elle a le pouvoir de rendre le corps translucide et, par conséquent, de voir en lui en toute transparence (ce que permet l'examen radiologique ou radioscopique, technique que beaucoup de malades estiment souveraine), pour l'immigré malade dénié en tant que malade, ce n'est qu'à seule fin de le rendre « fou » que la médecine se refuse à regarder de près, à « lire » et à diagnostiquer dans le corps (et seulement dans le corps) les signes de la maladie. À vouloir à tout prix, sans jamais parvenir à ce résultat, convaincre le médecin du corps de ce qui lui semble être l'évidence même, à savoir la maladie qui siège dans son corps, l'immigré à qui on refuse sa maladie en vient à douter de la validité de son jugement et de l'intégrité de sa raison – et à douter aussi et d'abord de la raison et du jugement du médecin en dépit de l'autorité sociale et scientifique de ce dernier. « On veut me rendre fou… on finira par me rendre fou » ; « ils disent que je suis fou, ils me soupçonnent de folie… ils préfèrent que je devienne fou plutôt que de me régler ce qu'ils me doivent » ; « à fréquenter les médecins des fous, tu deviens fou… et puis tous ces médecins qui soignent les fous sont eux-mêmes fous », c'est presque d'expérience que les immigrés atteints de la sorte découvrent la relation que la médecine opère entre leur état de santé ou leur condition sociale et leur état psychique.

Hésitant indéfiniment entre la présence durable qu'il n'ose s'avouer et le « retour » qui, sans être jamais résolument écarté, n'est jamais envisagé sérieusement, l'immigré est voué à osciller constamment entre, d'une part, les préoccupations d'aujourd'hui et d'ici et, d'autre part, les espérances rétrospectives d'hier et d'ailleurs, attentes eschatologiques de la fin de l'immigration. Si telle semble être la condition de l'immigré et, plus particulièrement, de l'immigré maghrébin, la moindre crise dans son itinéraire d'immigré – chômage, maladie, accident, infraction, d'abord, à la réglementation qui le concerne en propre et, ensuite, plus généralement, à la réglementation commune, etc. – a nécessairement des répercussions qui atteignent l'immigré au plus profond de lui-même, en son identité d'immigré. Si chacune de ces crises produit sur son système de comportement et son système de représentations des effets qui confinent à la pathologie, c'est sans doute parce qu'elle n'est pas seulement une crise dans l'environnement extérieur de la personne mais une crise interne à la personne, une crise dans le statut qui la définit et qui lui est entièrement imposé de l'extérieur.

10

Le poids des mots

L'*intégration* est cette espèce de processus dont on ne peut parler qu'après coup, pour dire qu'elle a réussi ou qu'elle a échoué ; un processus qui consiste, idéalement, à passer de l'altérité la plus radicale à l'*identité* la plus totale (ou voulue comme telle) ; un processus dont on constate le terme, le résultat, mais qu'on ne peut saisir en cours d'accomplissement car il engage tout l'être social des personnes concernées et celui aussi de la société dans son ensemble. C'est un processus continu, de tous les instants de la vie, de tous les actes de l'existence, auquel on ne peut assigner ni commencement ni aboutissement ; un processus qui, dans le meilleur des cas, peut se constater sans plus, et dont il n'est pas sûr qu'il puisse être orienté, dirigé, volontairement favorisé. Et surtout, il faut se garder d'imaginer que ce processus est tout en harmonie, qu'il est indemne de tout conflit. C'est là une illusion qu'on se plaît à entretenir, chacun des partenaires ayant son intérêt propre à cette fiction inversée après coup qui, par ailleurs, trouve dans le vocabulaire du monde social et politique le lexique tout désigné pour la dire. Dans l'imaginaire social, en tant qu'elle fabrique de l'identité, c'est-à-dire de l'identique, du même et que, par là, elle nie ou réduit de l'altérité, l'intégration finit par prendre la valeur commune de principe et processus d'accord, de concorde, de consensus.

Sédimentations sémantiques

L'espèce d'irénisme (social et politique) qui s'attache au mot « intégration » porte non seulement à magnifier l'histoire des « intégrations » passées, déjà accomplies, et, corrélativement, à « noircir » l'histoire des conflits présents, mais aussi à s'imaginer que le processus sociologique d'intégration peut être le produit d'une volonté politique, peut être le résultat d'une action consciemment et décisivement conduite au moyen des mécanismes d'État. Sans ignorer ou négliger les effets qu'il peut exercer, il faut voir que le discours (politique) sur l'intégration [1] est davantage l'expression d'une vague volonté politique que d'une action vraie sur la réalité. La vérité commande qu'on se déprenne de toutes les mythologies (même scientifiques) qui collent à la notion d'intégration pour saisir l'acuité des enjeux sociaux et politiques, et surtout identitaires, qu'elle dissimule.

On sait que dans les luttes de classement, les individus et les groupes investissent tout leur être social, tout ce qui définit l'idée qu'ils se font d'eux-mêmes, tout l'impensé social par lequel ils se constituent comme « nous » par opposition à « eux », aux « autres », et auquel ils tiennent par une adhésion quasi corporelle. Cela explique, sans doute, la force exceptionnelle de mobilisation de tout ce qui touche à l'identité. Le discours sur l'intégration, qui est nécessairement un discours sur l'identité, propre ou autre, et, en dernière analyse, sur le rapport des forces inégal dans lequel sont engagées ces identités, n'est pas

1. On sait combien le discours sur l'identité est un discours performatif, un discours qui a aussi pour effet, quand les moyens lui en sont donnés, de faire advenir à l'existence ce qu'il énonce et, par là même, annonce.

un discours de vérité mais un discours fait pour produire un *effet de vérité*. En cette matière, la science sociale hésite encore entre la science et le mythe. Le discours sur l'intégration est un discours fondé dans la croyance[1] (et le préjugé), même s'il regarde ou louche vers la science. C'est un discours qui entremêle deux principes opposés de cohérence : d'un côté, une cohérence proclamée, d'allure scientifique, qui s'affirme *officiellement* par la multiplicité des signes extérieurs de la scientificité et par la production d'arguments pseudo-techniques (ou bureau-cratiques) ; de l'autre, une cohérence cachée, mythique dans son principe[2].

Comme la notion de culture avec laquelle elle a partie liée, la notion d'intégration est éminemment polysé-mique, avec cette particularité qu'aucun sens qui lui advient d'un contexte nouveau n'efface totalement les sens anciens. Il se produit une manière de sédimentation de sens, une couche sémantique récupérant une partie de la signification déposée par les couches sémantiques qui l'ont précédée. Le mot d'intégration, tel qu'on l'entend aujourd'hui, a hérité des sens des autres notions concomi-tantes comme, par exemple, celles d'adaptation, d'assi-milation, Chacune de ces notions se veut inédite, mais, en réalité, elles ne sont toutes que des expressions diffé-rentes, à des moments différents, dans des contextes

1. Voir S. Laacher, « L'intégration comme objet de croyance », *Confluences*, I, 1992.
2. À l'âge de la science, la « mythologie scientifique » se traduit par une forme de pulsion inconsciente qui porte à donner à un problème socialement important (comme le sont tous les problèmes d'identité ou d'intégration) une réponse à la façon du mythe ou de la religion, c'est-à-dire totale ou totalitaire, une et unitaire (voir P. Bourdieu, « Le Nord et le Midi : contribution à une analyse de l'effet Montesquieu », *Actes de la recherche en sciences sociales*, 35, novembre 1980, p. 21-25).

différents et pour des usages sociaux différents, d'une même réalité sociale, du même processus sociologique. Celui-ci a ses conditions de réalisation, sa propre histoire et il est le produit d'un ensemble de circonstances historiques bien déterminées auxquelles il convient de le rapporter pour en comprendre la genèse et les formes qu'il peut revêtir[1].

Tout se passe comme si, ayant à nommer le même processus dans des contextes sociaux et aussi mentaux différents, chaque époque avait besoin de se donner sa propre taxinomie. Outre que des variations extérieures pèsent sur le système des dénominations, celles-ci s'usent très vite, se démodent, se chargent de significations parasitaires ou de connotations trop précisément localisées et qui, trop directement liées à un contexte (sociopolitique) particulier, s'avèrent trop vite anachroniques, et pour tout dire perdent de leur rendement social et politique.

Ainsi de l'*adaptation*, terme qui a fait son temps lorsqu'il ne s'agissait que de l'adaptation au travail industriel, à la machine, aux horaires, au rythme et aux cadences de production, ou encore de l'adaptation à la condition globale d'ouvrier et, plus largement, à la vie urbaine. Le terme a bien sûr vieilli et, en vieillissant, il est apparu dans ce qu'il a de plus passif, conception qui relève d'un

1. Il aurait fallu aussi soumettre à l'analyse la notion de « minorités » qui tend à s'imposer à la place de « immigrés » et qui doit sans doute la faveur qu'elle rencontre aujourd'hui à son extrême ambiguïté. Appliquée aux immigrés, l'appellation de « minorité » n'est qu'une extension d'un usage qui prévaut pour nommer d'autres minorités (bretonne, occitane, etc.). Inspiré par l'intention de renforcer une « cause », cette extension indue repose sur la mise entre parenthèses de ce qui fait la spécificité historique de l'immigration algérienne, fondée à peu près exclusivement sur des traits qui fonctionnent comme des stigmates (voir A. Sayad, « De "populations d'immigrés" à "minorités", l'enjeu des dénominations », *Educational Polices and Minority Social Groups*, Paris, OCDE, 16-18 janvier 1985).

contresens dû à des réflexes purement ethnocentriques. Ainsi aussi de l'*assimilation*, terme que les avatars de l'histoire n'ont pas ménagé au point de le disqualifier ou, tout au moins, de jeter sur lui, maintenant que le passé colonial semble révolu, une ombre de suspicion rétrospective. Pour avoir une appréciation exacte du halo sémantique qui entoure tout ce vocabulaire « identitaire » (et, nécessairement, nationalo-identitaire), il importe de se souvenir de l'histoire passée, c'est-à-dire de l'histoire des usages sociaux passés de ce vocabulaire et, en l'occurrence, de l'histoire des usages qui en ont été faits dans le contexte colonial et à des fins de colonisation. Les antécédents que ce vocabulaire doit à son passé, au contexte politique et idéologique propre au temps de la colonisation, et où il était soumis plus facilement encore qu'aujourd'hui, dans le contexte de l'immigration, aux multiples interprétations et réinterprétations, continuent à peser sur sa signification actuelle, à déterminer *objectivement* (*i.e.* à l'insu de tout le monde et indépendamment de la volonté des uns et des autres) le sens qu'on lui donne aujourd'hui, sens et signification qu'on croit spécifiquement actuels et tout à fait *autonomes*.

Aussi éclairante que soit la comparaison entre les deux situations, la situation coloniale d'hier et la situation de l'immigration aujourd'hui – celle-ci n'étant d'ailleurs que le prolongement de celle-là dont elle est comme une variante paradigmatique –, et aussi entre les deux moments, les deux contextes où s'est imposé l'usage de ce vocabulaire apparemment identique (hier, « assimilation » des colonisés et, aujourd'hui, « assimilation » des immigrés), elle ne saurait masquer la différence essentielle, différence de nature, qui sépare les deux cas de figure. Dans le premier cas, la colonisation, c'est la société « assimilatrice » et c'est la nationalité de cette société qui sont advenues d'elles-mêmes aux colonisés et qui se sont imposées à eux, chez eux, sur leur propre territoire. Dans le second cas, celui de l'immigration, c'est au contraire la population en instance d'« assimilation » et de « naturalisation » qui est venue à la société qui l'« assimile » et à la nationalité ou la naturalité qui la « naturalise », chez elle et sur son territoire. Aussi la solution du nationalisme, hostile à l'assimilation, qui était dans le premier cas comme la seule issue possible à la contradiction imposée par la colonisation, est totalement inconcevable et tout à fait exclue dans le cas de l'immigration. Et la marginalisation sociale qu'on pourrait dans ce cas imputer au refus de l'assimilation n'est pas à vraiment parler le contraire de l'assimilation, car celle-ci ne garantit pas toujours contre celle-là.

La mauvaise conscience aidant, liée au rappel du passé colonial, on s'est mis à se gausser de la métaphore digestive qui est contenue dans le mot lui-même et à déplorer l'espèce d'« anthropophagie » dont on a fait une caractéristique spécifiquement française et qui consiste à consommer et à tout assimiler, individus, groupes, ethnies, cultures, langues, nations, etc. À vrai dire, la réaction à l'égard de cette réputation « assimilationniste » est très ambiguë : autant elle est moquée lorsqu'il s'agit de reconsidérer son histoire passée et ses effets oubliés, notamment en situation coloniale, autant elle est encore et toujours célébrée dans l'état présent et pour ses effets actuels (l'assimilation des immigrés) et continue à être magnifiée comme une vertu prioritairement, voire spécifiquement française. Une vertu civique qu'on présente comme une garantie ou un garde-fou contre la discrimination essentialiste (par nature, donc raciste) et dont on se loue aussi : le contrat social et politique n'a-t-il pas en France et dans la tradition française le primat sur les liens d'appartenance ethnique, et la France (qu'on aime opposer alors à l'Allemagne) n'accepte-t-elle pas de faire de n'importe quel homme (en droit) un Français ? C'est faire bon marché de ce que cet « universalisme » et le monopole qu'on croit détenir sur cet « universalisme » (à preuve la manière française de parler des « droits universels de l'homme ») peuvent avoir de chauvin, voire d'impérialiste (c'est l'« impérialisme de l'universel », dont parle Pierre Bourdieu).

Comme si elle continuait à subir le poids du passé colonial, l'assimilation souffre des connotations négatives que lui vaut ce passé. D'ailleurs, plus que tous les autres termes homologues, l'acception qu'on attache au mot « assimilation » illustre à merveille le point de vue ethnocentrique, qui est le point de vue dominant (ou le point de vue des dominants), à partir duquel on définit ce qui se produit et qui doit se produire, et dont on estime convenable qu'il se produise – le point de vue descriptif étant aussi ici un point de vue prescriptif –, chez les autres, les adaptables et les « adaptés », les assimilables et les « assimilés ».

Ce point de vue de l'observateur extérieur, et d'un observateur assuré de lui-même et de sa vision du monde, attribue un rôle totalement passif à ceux dont il constate l'adaptation ou la non-adaptation, l'assimilation ou la non-assimilation. Le vocabulaire témoigne en la circonstance de ce parti pris : c'est la société française qui « assimile » et il n'est demandé à ceux qui sont l'objet de ce processus que de se laisser assimiler, d'accepter l'assimilation dont ils sont l'objet ou, moins que cela, de ne pas la contrarier. On n'entend pas dire – et on ne l'entend pas parce qu'on ne le pense pas – que la qualité de Français peut aussi être assimilée, qu'en même temps qu'elle assimile d'autres à elle, et pour pouvoir les assimiler à elle, elle est aussi assimilée par ces autres qu'elle. On ne se souvient de ces autres que pour faire leur procès, le procès de mauvaise assimilation ; la faute leur incombe alors, tandis que la bonne assimilation est à mettre au crédit et au bénéfice de la société qui assimile.

Le terme assimilation venant à s'user, il convient de lui en substituer un autre, nouveau dans l'usage qui en sera fait, susceptible de rendre les mêmes services et promis à un plus grand rendement social. Un certain temps, on a cru tenir ce terme à travers le mot d'« insertion ». Celui-ci semble être appelé à une audience plus large, parce qu'il n'a pas été marqué à un moment donné par quelque utilisation particulière. Il paraît plutôt neutre, sans grande résonance idéologique ou ethnico-idéologique puisqu'il ne vise pas par préférence une population particulière qui se distingue par son histoire et plus encore par ses origines. L'insertion pourrait ne concerner que le lien social, le mode de relation au sein de la société et avec l'ensemble des instances sociales et la position de chacun dans le système social. Il s'agit de retrouver ou de redonner à chacun, avec l'illusion qu'il ne s'agit que d'une opération quasiment technique (et, ici, la technicisation est pensée comme s'opposant à la politisation ; techniciser un problème social, c'est du même coup le dépolitiser), la place entière et cohérente qui lui revient au centre du système autant que possible. De la sorte, l'insertion, concept plus social et plus politique qu'ethnique, semble avoir une extension plus large, moins localisée que celui d'adaptation et surtout d'assimilation, processus qui ne porte que sur un corps *étranger* et à condition qu'il soit métabolisable, c'est d'ailleurs tout ce qu'on lui demande et qu'on attend de lui. Là semble être d'ailleurs la faiblesse de ce substitut qui a eu peu de succès : il pèche par trop de syncrétisme et à vouloir embrasser toutes les situations où le processus d'insertion (sociale, politique, économique, culturelle, etc.) est en cause, il finit par n'identifier aucun cas précis.

L'intégration, une notion chargée

Le lexique social et la sémantique ont quand même leurs limites, ils ne sont pas inépuisables et, de plus, ils sont toujours engagés dans un processus à la fois d'usure et de dépréciation lié à l'usage, et de restauration et de réhabilitation après coup. Ainsi en va-t-il du terme d'*intégration*. Vieux terme lui aussi, terme qui a servi durant longtemps, dans différents contextes, pour qualifier des situations relativement diverses ; qui a eu lui aussi ses heurs et ses malheurs, ses moments de prestige et ses revers ; terme qui a connu ses titres de noblesse « intellectuelle » et ses références hautement sociologiques (on ne peut en parler sans songer à la sociologie de Durkheim et sans revisiter ses écrits). En sociologie, on connaît mieux ce qu'on peut appeler une « société bien (ou mal) intégrée » que l'intégration individuelle, que l'intégration comme processus individuel. On connaît mieux ce qu'est un groupe fortement intégré, doté d'une cohésion interne, l'intégration étant alors saisie comme un état, un aboutissement, une qualité auxquels contribuent plusieurs facteurs, les uns objectifs et matériellement objectivés, les autres immatériels, d'ordre symbolique, transcendant toute la société et tout le groupe en question, leur conférant ce qui fait leur esprit, leur style propre, leur cohérence interne. Et, sans doute, l'intégration ainsi comprise, l'intégration comme réalité sociale et par conséquent collective, est-elle la condition même de l'intégration au second sens du terme, l'intégration individuelle des parties au tout. Plus grande et plus forte est l'intégration du tout, plus fort et plus grand est le pouvoir intégrateur de ce groupe, plus nécessaire et plus facile à réaliser est l'intégration à ce groupe de chacune de ses parties constitutives, anciennes ou nouvelles.

À défaut d'un terme meilleur ou plus approprié, le mot « intégration » retrouve un regain de faveur, et on se plaît à le distinguer du mot « assimilation », l'intégration supposant l'intégrité de la personne fondue mais non pas dissoute dans le groupe alors que l'assimilation équivaut, se dit-on, à la négation et à la disparition de cette intégrité.

Parce qu'il y va de l'intégration de l'ensemble lui-même, et pas seulement de l'intégration à l'ensemble de quelques individus qui lui sont étrangers ou extérieurs, le discours sur l'intégration est nécessairement un discours passionné, un discours chargé symboliquement, surinvesti de significations secondes qu'il importe de mettre au jour afin de mieux saisir la vraie nature et la portée exacte de ce phénomène. Pour cette raison, il ne peut être (sauf rares exceptions) un discours prédictif. Il est un discours qui retarde toujours sur la réalité sociale dont il a à rendre compte, qu'il ait à la déplorer ou qu'il ait, au contraire, à la promouvoir comme cela semble être le cas (de manière réussie ou non, cela est une autre question). L'*hystérésis* est ici une donnée inévitable, les transformations sociales les plus profondes, engageant tout l'être de la société, comme c'est le cas en cette circonstance, exigent toujours, le temps qu'elles s'accomplissent et pour pouvoir s'accomplir, une relative méconnaissance, une relative cécité collective.

Et l'on peut dire que le discours sur cette forme de réalité constitue comme un aveu, une manière de constat de ce qu'on aurait pu prévoir mais qu'on n'a pas voulu voir, de ce qu'on aurait pu savoir et connaître bien avant, mais qu'on a préféré méconnaître. Un des grands malaises que suscite chez les uns et chez les autres, chez les « intégrateurs » (assimilationnistes ou non) comme chez les « intégrables » (intégrés ou non), le propos sur l'intégration, tient pour une bonne part à ce décalage : le discours sur l'intégration n'est audible et n'est recevable parmi ceux à qui il s'adresse en priorité – le public qui est objet d'intégration – que par ceux qui sont déjà les plus intégrés.

À ce titre, l'analyse de l'intégration remet en cause le processus migratoire en son entier, c'est-à-dire toute la trajectoire de l'immigré et non pas seulement l'état d'aboutissement de cette trajectoire. Et de ce point de vue on peut dire que l'intégration a commencé dès l'émigration[1], voire bien avant cet acte qui n'est que la manifestation de cette intégration : intégration au marché du travail salarié à l'échelle mondiale d'individus qui jusque-là vivaient, bon gré mal gré, en marge et dans l'ignorance de ce marché et de tout le système économique dont il faisait partie. Cette première intégration qu'on ne voit pas (parce qu'on n'a aucun intérêt à la voir) commande toutes les autres formes d'intégration dont on n'arrête pas de parler ; elle est à leur principe et on ne saurait parler de celles-ci sans avoir à l'esprit celle-là.

Une fois en place dans l'immigration, c'est toute la condition de l'immigré, toute son existence qui sont le lieu d'un intense travail d'intégration, travail tout à fait anonyme, souterrain, quasiment invisible, à la manière d'un véritable travail d'inculcation ou de seconde socialisation, travail fait de petits riens, mais des riens qui ne cessent de s'accumuler quotidiennement au point de susciter, comme si de rien n'était, sans qu'on s'en rende toujours compte, et surtout sans solution de continuité apparente, de profonds changements – qui sont d'ailleurs les changements les plus durables.

Il faut que le regard porté sur l'immigration vienne à changer sous la pression de plusieurs phénomènes

---

1. Ou tout au moins une certaine forme d'intégration, une intégration sous le rapport du rattachement au système économique qui est à la genèse de l'émigration et de l'immigration.

concomitants, les uns tenant au phénomène lui-même[1], les autres relevant de la conjoncture globale[2], pour qu'on montre quelque hâte à l'intégration dont on ne se souciait pas ou fort peu auparavant. Cette hâte, si elle n'est pas tout à fait suspecte, est foncièrement maladroite et risque même d'aller à l'encontre des objectifs qu'elle se propose.

Ici, il convient de rappeler qu'il en est de l'immigration et de l'intégration (des immigrés) comme de nombre d'autres objets sociaux et surtout d'états mentaux, où l'on se met à « vouloir ce qui ne peut être voulu », selon la belle formule de Jon Elster. C'est comme de vouloir oublier, comme de vouloir être naturel, comme de vouloir dormir. Il suffit de vouloir oublier pour ne pas oublier ; il suffit de vouloir être naturel pour ne pas paraître naturel et on ne peut pas donner l'impression qu'on n'essaie pas de donner l'impression. L'intégration est, elle aussi, de cet ordre : à poursuivre une intégration qui, à proprement parler, ne dépend pas objectivement de la volonté des agents, on risque de tout rater. L'intégration derrière laquelle on court a pour caractéristique, comme tous les autres états, de ne pouvoir se réaliser que comme *effet secondaire* d'actions entreprises à d'autres fins.

Quand même on convient de ne pas entendre l'intégration comme une simple forme de promotion sociale[3], elle

1. Immigration familiale ; avènement de la génération des immigrés nés en France et « enfants de France » ; dissipation de toutes les simulations et dissimulations, voire mythologies constitutives du fait migratoire que toutes nos catégories mentales et notre manière de penser la chose, qui est une forme de « pensée d'État », nous inclinent à percevoir comme « provisoire », comme « subordonné au travail » qui en est la raison, et comme « neutre politiquement » ; etc.

2. La crise de l'emploi et ses conséquences sur tout le statut de l'immigration et pas seulement sur le statut juridique des immigrés.

3. L'intégration est plus que cela et autre chose que cela. On peut être pauvre et même marginal (ou même délinquant) et être « intégré » à la société dans laquelle on vit.

est au bout d'actions et d'efforts qui n'ont pas besoin de se donner l'intégration comme objectif. Tout comme le sommeil peut venir comme « effet secondaire » d'une action qu'on ne fait pas pour dormir (compter les moutons pour dormir ne fait pas nécessairement dormir, sauf à ne pas savoir qu'on fait cela pour s'endormir), l'intégration, sans être indifférente à ce qui est dit d'elle et fait pour elle, ne peut être le résultat direct de cela qui est fait et dit dans cette intention. L'invite à l'intégration, la surabondance du discours sur l'intégration ne manquent pas d'apparaître aux yeux des plus avertis ou des plus lucides quant à leur position au sein de la société et en tous les domaines de l'existence, comme un reproche pour manque d'intégration, déficit d'intégration, voire comme une sanction ou un parti pris sur une intégration « impossible », jamais totale et jamais totalement et définitivement acquise.

S'agissant de l'immigration, il est difficile de faire le partage entre morale et politique ; la chose est par définition plus difficile dans le cas de l'immigration que dans le cas de tous les autres objets sociaux, quand même ils seraient par priorité des objets de charité. L'être « a-politique », parce que « non national », qu'est l'immigré est, d'une part, l'illustration par excellence du caractère éminemment politique (même s'il n'est pas avoué) de l'immigration et, d'autre part, l'exemple paradigmatique de cette espèce d'objets qu'on aimerait réduire en totalité à une question de pure morale. La manière la plus pernicieuse de subvertir l'immigration en assurant la domination la plus totale qui puisse s'exercer sur elle est de la dépolitiser. Or il n'y a pas meilleure dépolitisation d'un problème social que sa technicisation ou son reflux entier dans le champ de la morale.

Morale et politique se complètent ici et se conjuguent pour convertir les droits que possède cette catégorie de sujets (qui n'ont aucun droit à avoir des droits, parce qu'ils ne sont pas des nationaux) en devoirs, en obligations à son égard auxquels est tenue l'autre partie. Plutôt que de reconnaître des droits à son partenaire, on veille à les lui présenter et à se les représenter comme des devoirs auxquels on s'oblige, comme des actes de générosité ou des largesses unilatérales. Lors même que, dans les faits et en pure comptabilité, on paie le même prix, ce prix est transfiguré dès lors qu'il est susceptible d'être détaché du socle proprement contractuel et, par suite, juridiquement garanti, des droits.

11

La « *naturalisation* »

Entre l'immigration (en tant que processus et en tant que population d'immigrés) et la nation, c'est-à-dire, au fond, entre l'immigration et la naturalisation, il s'est établi une relation dialectique. La naturalisation se nourrit de l'immigration et, celle-ci, à son tour, l'éventualité du retour définitif étant écartée, se dissout dans celle-là et au moyen de celle-là. Du seul point de vue de l'appartenance nationale ou, ce qui revient au même, selon le seul critère de la nationalité, l'immigration réalise une manière d'existence tout à fait particulière, spécifique, au sein de la nation. En effet, les exigences de l'ordre politique font qu'il n'est, à la limite, que deux manières d'exister politiquement dans une nation : une manière « naturelle », celle qui va de soi et qui est propre aux « naturels » de la nation, aux nationaux, et aussi, à l'extrême rigueur, celle des « naturalisés », qui se sont faits « naturels » ; une manière extraordinaire qui échappe à l'orthodoxie « nationale » et qui, en elle-même, est fondamentalement illégitime et est, à ce titre, justiciable d'un travail intense et continu de légitimation.

En droit et à condition de pousser la logique intrinsèque de l'ordre national jusqu'à ses dernières limites, il n'est de vraie immigration, surtout quand celle-ci, en contradiction avec ce qu'elle devrait être *idéalement*, s'avère être « permanente », que l'immigration qui se fond par la voie de la naturalisation dans la « nature » ou la « naturalité » (comme on appelait autrefois la nationalité) française. Et, à l'inverse, il n'est de vraie naturalisation que celle qui « naturalise » les postulants considérés comme « naturalisables », qualité dont il y a lieu de s'assurer au préalable en s'assurant notamment des conditions requises (au premier rang desquelles la condition de résidence) pour son acquisition. C'est là, sans doute, le sens de l'opération juridico-politique appelée « naturalisation », véritable transsubstantiation qui, se combinant avec l'immigration (c'est-à-dire le passage d'un territoire à un autre, d'une nation à une autre) dont elle prolonge les effets, fait passer d'une nationalité à une autre, voire d'un « sang » à un autre « sang ».

Si l'on définit l'immigration comme la présence de non-nationaux au sein de la nation et la naturalisation comme la fusion de ces non-nationaux dans la nation (et dans la nationalité) et leur identification totale (au moins juridiquement parlant) avec les nationaux, on comprend qu'elles soient soumises *grosso modo* aux mêmes règles. Entrer dans la nation (*i.e.* immigrer) et, à plus forte raison, entrer dans la nationalité (être naturalisé) sont deux opérations qui sont subordonnées au même souci de l'*ordre* : ordre public, au sens administratif du terme (article 79 du Code de la nationalité) et aussi au sens plus sociologique de « bonnes vie et mœurs » (art. 68 du Code de la nationalité) ; ordre moral ou politique (au sens d'ordre institutionnel ou pour la chose instituée) et ordre culturel. Cependant, à y regarder de plus près, la similitude que l'on peut constater entre les fonctions respectives de l'immigration et de la naturalisation et, par suite, entre les manières de légiférer sur l'une et sur l'autre et aussi entre les manières de les réglementer paraît moins évidente : l'immigration et la naturalisation ressortissent à deux domaines relativement autonomes, l'ordre économique, qui a toujours intérêt à l'immigration, quelle que soit la conjoncture, et l'ordre culturel ou politique, qui est plutôt soucieux de l'intégration nationale ou de l'homogénéité de la population nationale sous tous les rapports [1].

Si les impératifs de l'ordre économique semblent être plus déterminants en matière d'immigration, à condition toutefois que soit réservée la possibilité de renvoyer les immigrés quand c'est nécessaire (quand ils ne sont plus nécessaires), l'ordre politique reste en principe, ou idéalement, souverain en matière de naturalisation. Passe encore que l'on fasse de n'importe qui le travailleur dont l'économie nationale a besoin, mais peut-on et doit-on pour autant faire de ce travailleur quelconque, c'est-à-dire de n'importe qui, le citoyen de la nation ? Faut-il subordonner l'immigration présente à la naturalisation future (ou virtuelle) qui viendra la conclure, et a-t-on seulement les moyens que requiert cette politique ? Faut-il sélectionner préalablement les immigrés dont on a besoin, et sur quels critères les sélectionner, pour éviter de nuire à l'homogénéité culturelle de la nation, ou de provoquer quelque dommage pour la nationalité qu'ils viendraient à acquérir le cas échéant ? Ou bien, cela étant impossible comme la solution inverse, c'est-à-dire la subordination totale de la

1. Cet état ne semble pas nouveau ; s'il faut se fier aux témoignages historiques, on le retrouve, sous des formes diverses et à des degrés variables selon les moments – il atteint son paroxysme dans les moments de crise et pas seulement de crise de l'emploi –, tout au long de l'histoire de l'immigration massive de travailleurs au sein de sociétés fortement unifiées ou centralisées politiquement. À titre d'exemple, cet état a été excellemment décrit et analysé pour l'Allemagne de la fin du siècle dernier par Max Weber étudiant en bon « nationaliste » les effets de l'immigration de la main-d'œuvre agricole polonaise et russe en Prusse orientale (M. Weber, « Enquête sur la situation des ouvriers agricoles à l'est de l'Elbe », *Actes de la recherche en sciences sociales*, 65, novembre 1986, p. 65-69, et aussi, dans le même numéro, M. Pollak, « Un texte dans son contexte », p. 69-75).

naturalisation à l'immigration, faut-il s'accommoder de l'immigration et du tout-venant de l'immigration, puisqu'on n'a pas la possibilité de choisir, ou, de nécessité faisant vertu, s'interdire de choisir explicitement (afin de ne pas encourir l'accusation de discrimination), se contentant alors d'espérer que l'immigration procédera elle-même à sa propre régulation en faisant qu'il n'y ait d'immigrés ou, tout au moins, d'immigrés « durables » que ceux qui sont « naturalisables » ou, en d'autres termes, ceux qui sont susceptibles de se convertir et de se laisser convertir en bons citoyens nationaux ? On passe continuellement, au gré des circonstances, d'une position à une autre. Et voudrait-on arrêter une politique constante en la matière, qu'on se heurterait à l'impossibilité de concilier préalablement les critères qui définissent le travailleur immigré et ceux qui distingueraient (au sens de séparer et au sens de qualifier ou d'élire) l'immigré-citoyen virtuel. Sans doute est-ce l'antinomie foncière entre les deux phénomènes et les deux populations qu'ils concernent, les immigrés et les naturalisables, qui est à l'origine de ce qu'on dit être, souvent pour le déplorer, l'absence de politique en matière d'immigration. Veut-on des travailleurs ou des citoyens ? Mais sous ce rapport y a-t-il seulement une politique avouable ? Peut-il y avoir une réelle politique d'immigration ? La politique, voire la seule politique n'est-elle pas précisément l'absence de politique ?

Il est, certes, dans le statut de l'immigré d'être exclu *de droit* du politique en tant qu'il est étranger à l'ordre national dans lequel il vit ; cette exclusion apparaît comme étant, à la fois, au principe et à l'aboutissement de toutes les autres caractéristiques constitutives de la condition de l'immigré : n'avoir de présence, en qualité d'étranger, que « provisoire » et, par suite, subordonnée à quelque autre raison qu'elle-même (ici, le travail) et, pour couronner le

tout et fermer la boucle, soumise à l'obligation de la neutralité politique qui est aussi une neutralité éthique.

Il est aussi dans le statut de l'émigré (qu'est toujours
l'immigré) d'être exclu *de fait*, en tant qu'il est à l'étranger, du politique au sein de l'ordre national dont il est le
ressortissant. Et on ne dira jamais assez ce que cette
double exclusion, l'une servant de justification à l'autre,
recèle comme dangers. Exclure et s'exclure, de droit ou
de fait, d'une part, de l'ordre politique dans lequel on est
amené à vivre et, d'autre part, de l'ordre politique auquel
on continue à appartenir (en théorie) en dépit de l'absence,
c'est être privé et c'est se priver du droit le plus élémentaire et le plus fondamental, le droit d'avoir des droits,
d'être sujet de droit, d'appartenir à un corps politique en y
ayant sa place, sa résidence, sa participation active,
c'est-à-dire le droit de donner sens et raison à son action, à
ses paroles, à son existence. C'est ne pas pouvoir avoir
une histoire ou, en d'autres termes, un passé et un avenir
ni, surtout, la possibilité de s'approprier ce passé et cet
avenir, de maîtriser cette histoire[1].

Acte apparemment individuel, la naturalisation et, plus
encore, la naturalisation des immigrés (surtout quand ces
derniers sont d'anciens colonisés ou proviennent
d'anciennes colonies) est objectivement déterminée par
le rapport de force qui s'instaure en la circonstance entre
deux nationalités qui se substituent l'une à l'autre et, au
fond, entre les deux nations qui s'affrontent à travers
l'acte qui fait que le ressortissant de l'une devient le ressortissant de l'autre.

La naturalisation étant, à vrai dire, une opération
d'annexion – annexer d'un côté, et se laisser annexer de

---

1. Voir ce que dit Hannah Arendt à propos des conditions sociales,
la privation de droits politiques, qui ont rendu possible l'extermination
des juifs sous le nazisme (*L'Impérialisme*, Paris, Fayard, 1982).

l'autre côté – comme il en est peu d'aussi profonde et d'aussi totale, il faut une grande foi (comme peut l'être la mauvaise foi) pour que la relation inscrite dans la naturalisation et donnée comme un échange équilibré du point de vue de la nationalité juridique (acquérir, en même temps que la nationalité, les droits qu'elle ouvre et, en contrepartie, accepter les devoirs qui vont avec ces droits) ne soit pas ou n'apparaisse pas pour ce qu'elle est au fond, à savoir une relation de force ou une relation sur le mode du défi et de la riposte, à la manière des relations d'honneur. Et n'est-ce pas dans le langage de l'honneur que se dit tout ce qui a rapport avec la naturalisation, que celle-ci soit sollicitée ou non, qu'elle soit désirée (même si elle n'est pas demandée) ou, au contraire, dédaignée, voire refusée ; qu'elle soit accordée ou, au contraire, refusée ? La naturalisation se pense à la manière d'un honneur qu'il faut mériter et qu'il faut payer avant et après – la cérémonie a ses rites propitiatoires et ses rites votifs ! À la manière d'une faveur insigne, elle *honore* le naturalisé qu'elle intègre, lui conférant la *qualité* (de Français) et la dignité (de Français).

En se naturalisant, le naturalisé honore, à son tour, la nationalité qu'il acquiert et, faisant allégeance, il s'honore de l'avoir acquise (ou d'avoir été acquis par elle) ; il s'honore plus qu'il ne l'honore. Des deux partenaires qui s'honorent mutuellement, on ne sait, en réalité, lequel, à ce jeu, honore l'autre ou honore plus l'autre ; et, sans doute, eux-mêmes n'en savent-ils rien ou, plus exactement, ne veulent-ils rien savoir car ils ont tous intérêt, et autant d'intérêt, à ne pas le savoir. C'est tout le vocabulaire, plus moral que politique, de l'*honneur* (*dignité, privilège, mérite, obligation, etc.*) qui se retrouve constamment dans tout ce qui est dit de la nationalité et de la naturalisation. La naturalisation est en fait, même dans la conjoncture la plus favorable, c'est-à-dire quand les nationalités en cause sont globalement à parité et quand le candidat à la naturalisation entretient avec l'une et avec l'autre (et surtout avec la nationalité d'origine) cette attitude socialement déterminée de détachement qui convient à ceux qui savent et peuvent se placer au-dessus des petites susceptibilités, un véritable enjeu de luttes entre deux amours-propres nationaux et entre deux systèmes d'intérêts (symboliques) antithétiques. En conséquence, elle revêt deux significations différentes selon la position occupée à l'égard de la nationalité sollicitée et à l'égard de la naturalisation. S'agissant de sa propre naturalisation, chaque candidat aimerait l'obtenir au moindre coût (symbolique) ou, tout au moins, se convaincre et convaincre qu'il en a été ainsi ; mais s'agissant de la naturalisation des autres, chacun des ressortissants de la nationalité sollicitée découvre, sans le moindre sentiment de contradiction, qu'il a intérêt à rehausser le prix dont il entend faire payer la naturalisation de l'étranger.

Une douce violence

Le marché de la naturalisation ne semble pas être régi strictement et exclusivement par la loi de l'offre et de la demande. Ayant à acquérir la nationalité des autres, on aimerait que la naturalisation, la sienne propre, ne soit en ce cas qu'une démarche administrative aussi banale que toutes les autres, une simple attribution de nouvelles pièces d'identité demandées et obtenues uniquement pour les commodités pratiques qu'elles procurent, ce changement purement technique dans l'état civil de la personne (ou dans son identité juridique) n'étant en rien un changement dans son identité propre, et encore moins le reniement de son identité originelle. Mais quand il s'agit de la naturalisation des autres, on aimerait que ces autres viennent à la nationalité qui leur est accordée comme ils « iraient à Canossa » ; un « tout petit Canossa », certes, et qui, de plus, ne devrait pas s'avouer comme tel car, en la circonstance, il doit être dissimulé sous les dehors d'hommages reconnaissants, de remerciements et de satisfaction : on célèbre, on fête et on « arrose », comme cela se doit, sa naturalisation ; et en ce rituel, rite d'initiation et cérémonie d'intronisation, on exige de l'impétrant qu'il fasse de la manière la plus manifeste et la plus solennelle acte d'allégeance : c'est, notamment, le sens du « serment civique », serment de pure forme, et c'est aussi le sens de toutes les luttes autour de cet enjeu, le respect de la forme étant une forme de respect, voire la forme suprême du respect.

Violence symbolique et, à ce titre, violence masquée et déniée comme telle, la naturalisation est plus facilement acceptable quand elle a pour elle l'apparence ou l'alibi de la violence institutionnalisée, juridiquement fondée. Violence pour violence, elle semble se convertir alors en une *douce violence* : on se ferait une « douce violence » à recevoir, voire à s'approprier, sans avoir besoin de la demander – avantage suprême dans la mesure où il donne l'illusion d'un renversement du rapport de force –, une nationalité bien utile et bien commode (une « nationalité de résidence »), et à laquelle on s'était déjà fait collectivement et individuellement, pour les uns depuis fort longtemps (depuis l'époque coloniale pour certains immigrés, passé auquel ils ajoutent souvent le capital constitué par de nombreuses années d'immigration en France) et, pour les autres, qui sont en règle générale les enfants des premiers, depuis le jour de leur naissance, le plus souvent en France. On retrouve là, surtout dans le cas particulier de la France et de son empire colonial, toutes les imbrications qui lient l'une à l'autre la colonisation d'hier et l'immigration d'aujourd'hui, celle-ci étant le prolongement de celle-là. On retrouve aussi toutes les similitudes ou, plus exactement, toutes les homologies qu'on peut établir entre l'une et l'autre situation, tant dans leur genèse, la première étant en partie cause de la seconde, que dans leur structure ; et, surtout, entre les relations que chacune de ces situations entretient avec la nationalité française, c'est-à-dire, en définitive, entre la naturalisation en situation coloniale et la naturalisation en situation d'immigration.

Sous tous ces rapports, le cas de l'Algérie, l'Algérie de l'immigration actuelle, semble exemplaire : des déterminismes objectifs appartenant, les uns, à l'histoire (comme le statut politique de certaines colonies et le statut juridique de certaines catégories d'habitants de ces colonies), les autres, à la situation présente (comme le fait sociologique de l'immigration et, surtout, de l'ancienneté et de la continuité de cette immigration en sa forme familiale), font que les immigrés algériens qui, entre autres caractéristiques, ont la particularité de cumuler ces deux types de circonstances, se trouvent dans un rapport tout à fait exceptionnel à l'égard de la nationalité française. L'indépendance de l'Algérie a eu pour effet, logique et immédiat, un changement dans le statut politique des « immigrés » qu'on désignait alors du nom de « Français-Musulmans originaires d'Algérie travaillant et résidant en métropole » (Algériens immigrés en France) : du jour au lendemain, les mêmes immigrés qui, dans le passé, avaient été faits français par une série de mesures collectives devenaient dans leur immense majorité, par suite d'une autre mesure collective, des immigrés algériens, c'est-à-dire des immigrés comme les autres (des étrangers au sens juridique ou national du terme). Une des premières conséquences de ce fait politique est qu'ils eurent à faire l'apprentissage de leur nouvelle condition à travers, d'une part, la réglementation ordinaire appliquée à l'immigration et, d'autre part, les dispositions des accords bilatéraux convenus entre les deux pays à partir notamment de 1964 [1]. Au nombre de ces immigrés figuraient, à la veille de l'indépendance de l'Algérie, un certain nombre d'agents des services ou établissements publics dont le statut était assimilé à celui des fonctionnaires (un peu à l'instar des emplois qu'occupent aujourd'hui les « immigrés » originaires des DOM et TOM).

Après une période de transition qui a pu aller, à l'extrême limite, jusqu'en 1965-1966 pour les catégories privilégiées (alors qu'elle fut suspendue dès 1964 pour les autres catégories et notamment pour les éboueurs), tout ce personnel algérien, hier français et aujourd'hui immigré, a été sommé de se conformer aux exigences de la fonction publique, parmi lesquelles, impérativement, la possession de la qualité de Français. Il fallait choisir de manière pressante entre les termes de cette alternative : ou bien conserver le privilège des postes ou, plus exactement, du statut associé à ces postes, et pour cela, satisfaire à l'obligation d'opter pour la nationalité française et, plus précisément, de réintégrer (à titre individuel et par un acte individuel) la nationalité française qu'on avait reçue auparavant et qu'on avait momentanément abandonnée de manière collective – bref se *renaturaliser* français – ; ou bien garder

---

1. Ce fut, d'abord, la révision de la clause spéciale (article 7) des accords d'Évian (19 mars 1962) garantissant la libre circulation des personnes entre les deux pays ; ensuite, la série des accords successifs du 10 octobre 1964, du 27 décembre 1968 (avenant à l'accord antérieur) ; et, enfin, la série des échanges de lettres – protocole désormais classique, sans doute, parce qu'il a l'avantage de dispenser chacun des partenaires de s'engager dans des négociations plus lourdes et plus délicates, des 26 et 27 décembre 1978, du 20 décembre 1979, du 10 novembre 1983, du 3 décembre 1984, entre, d'une part, le secrétaire d'État aux Travailleurs immigrés et, d'autre part, l'ambassadeur d'Algérie en France ; il faut aussi mentionner l'avenant à l'accord du 27 décembre 1968, en date du 22 décembre 1985, le dernier accord signé entre les deux pays.

la jouissance de la nationalité algérienne récemment acquise et, alors, accepter de renoncer non pas aux emplois occupés eux-mêmes (car, en l'état du marché du travail et, surtout, de la division du travail entre main-d'œuvre immigrée et main-d'œuvre nationale, on continuait à avoir besoin d'eux), mais au statut qui va avec ces emplois dans la mesure où il est incompatible avec la non-appartenance à la nationalité française.

Rares ont été, surtout dans le contexte d'alors (les premières années de l'indépendance de l'Algérie), les travailleurs algériens qui, placés devant ce choix, ont opté pour la nationalité française. Pourtant, ces immigrés qui occupaient encore, comme par un privilège acquis (mais provisoire), une position qui ne leur revenait plus de droit (et en droit), et qui jouissaient toujours d'un des « privilèges » réservés aux nationaux (donc interdits aux immigrés), se trouvaient être, en règle générale, parmi les premiers immigrés algériens établis en France avec leur famille. Ce sont, semble-t-il, ces immigrés qui, objectivement, avaient le plus intérêt à réintégrer la nationalité française qui se sont refusés à cette opération.

Mais, en la circonstance, de quels intérêts s'agit-il au juste ? Immédiats et presque toujours d'ordre matériel, ils ne peuvent exister qu'au regard objectiviste de l'observateur extérieur et se constituer comme intérêts strictement économiques que pour la personne qui est socialement et culturellement apte à les objectiver, c'est-à-dire à les autonomiser ; qu'à la condition que l'intérêt pour l'économie en tant que telle soit constitué, ce qui suppose que soit constituée préalablement comme domaine autonome l'économie elle-même, la condition aussi que les intérêts économiques qu'on dit objectifs, et qu'une forme particulière de conscience « économique » porte à refouler, ne soient plus déniés au profit d'intérêts individuels et individualistes et aussi individualisants. En fait, les immigrés de l'époque, dans leur grande majorité, préférèrent renoncer aux intérêts qu'on leur prêtait (intérêts de carrière surtout), intérêts « objectifs » qui auraient dû leur commander, s'ils avaient existé pour eux comme intérêts reconnus, de recouvrer la nationalité française.

La résistance des immigrés

Ce sont les immigrés les plus bas placés dans la hiérarchie sociale et dans l'échelle des professions (au sein de la population immigrée dans son ensemble, qui est elle-même nettement hiérarchisée selon les nationalités, et aussi au sein de la population immigrée de même nationalité) ou, en d'autres termes, ce sont les immigrés les plus défavorisés économiquement et aussi culturellement, qui sont les plus irréductiblement hostiles à l'idée de naturalisation. En première approximation, pareille hostilité à la naturalisation peut s'interpréter, jusqu'à preuve du contraire, comme un attachement plus fort à la nationalité d'origine ; dans le cas des immigrés algériens, à la nationalité algérienne désormais reconnue et, auparavant, au statut qui en tenait lieu, d'indigène, de musulman, de « Français-Musulman » de statut civil de droit local (ou personnel), de « citoyen de second collège » – électoralement parlant –, tout cela constituant une manière de nationalité *minimi juris*, une nationalité de substitution ou encore une « pseudo-nationalité » ou « nationalité chimérique[1] » qui n'a d'existence que dans l'intimité, dans

1. Selon l'expression de Marx dans la réponse qu'il fit à son maître Bruno Bauer : « [...] Le juif ne peut avoir à l'égard de l'État (chrétien) qu'une attitude [...] d'étranger : à la nationalité véritable, il oppose sa nationalité chimérique, et à la loi, sa loi illusoire », *La Question juive*, Paris, UGE, coll. « 10/18-Le monde », 1968, p. 14.

l'aire domestique et la sphère de l'affectivité. Investissant
la nationalité d'une signification et d'une symbolique
(sociales, culturelles, religieuses, mythiques, donc politiques, voire raciales) infiniment plus vastes que la
dimension seulement juridique, ils ne peuvent se
résoudre à traiter la naturalisation, c'est-à-dire le changement de nationalité, comme une simple opération administrative.

À l'inverse, ce sont les immigrés ou, pour parler plus
rigoureusement, ce sont les étrangers – car, en ces cas,
peut-on encore parler d'immigrés (au sens social du
terme) et peut-on encore les traiter comme des
immigrés ? – qui occupent des positions relativement privilégiées, tout à la fois au sein de la société française et au
sein de l'espace des professions autorisées aux immigrés
(les deux choses étant mutuellement dépendantes, on
touche là aux limites de cet espace), qui se montrent les
plus enclins ou, tout au moins, les moins réticents à
acquérir la nationalité française, naturalisation qu'ils se
plaisent à présenter, non pas comme la substitution d'une
nationalité à une autre, mais comme le cumul subjectif
de deux nationalités, la nationalité française en France et
la nationalité algérienne en Algérie, et aussi, comme le
cumul objectif des avantages de l'une et de l'autre nationalités. De manière générale, plus on s'élève dans la hiérarchie sociale et, par conséquent, plus on s'éloigne de
la condition (sociale) de l'immigré pour ne retenir que
sa qualité d'étranger, plus la naturalisation se rapproche
de sa vérité juridique : elle est traitée et éprouvée par tout
le monde, par les prétendants à la naturalisation et par la
société qui les naturalise, comme n'étant tendanciellement qu'une pure procédure, un mécanisme de nature
seulement administrative, abstraction faite alors des
autres significations qui sont toujours présentes mais
qu'on se plaît à ignorer, donnant l'impression de les avoir

dépassées[1]. On s'efforce de convaincre et aussi de se convaincre que l'«on est au-dessus» des significations parasitaires, toutes en «affectivité» et «subjectivité», qui «encombrent» la notion de nationalité.

Sanction ultime de la rupture contenue dans l'émigration mais déjà amorcée avant même l'émigration, la naturalisation des immigrés et, plus encore, la naturalisation de leurs enfants sont de nature à éclairer rétrospectivement la fonction dissolvante, pour les communautés d'origine, de l'émigration quand elle dure, qu'elle est répétée et continuée par un grand nombre d'individus hommes ou femmes, et bientôt de familles. Émigrer, c'est objectivement «déserter», «trahir». C'est, d'une certaine manière, «affaiblir» la communauté dont on se sépare, lors même qu'on ne s'en sépare que pour la renforcer, pour mieux travailler à sa prospérité. Chaque départ en émigration et chaque émigré constituent comme autant de mutilations.

Il faut retrouver le sens originel de l'émigration pour comprendre pourquoi un certain rapport de l'émigré à sa condition d'émigré lui interdit de se naturaliser. Ainsi, dès son origine même, l'émigration était soupçonnée d'enfermer les risques d'une «rupture par l'esprit» et pas seulement par le corps. Et l'on comprend ainsi que, pour que le

1. Dans tous les autres cas, c'est-à-dire toutes les fois qu'il s'agit de «naturalisés» originaires plutôt des classes populaires (classes populaires de la société française et de leur société d'origine), quelles que soient les circonstances qui les ont amenés à se naturaliser ou qui leur ont valu la nationalité française, la naturalisation, faute de pouvoir faire l'objet, ici, d'une «rationalisation», au sens de constitution de l'acte de se naturaliser comme acte strictement et *abstraitement* administratif (cela au prix de la négation des autres aspects) et au sens de justification *a posteriori* de ce même acte, devait s'accompagner du refoulement obligé de toutes ses autres dimensions et significations qui, toujours présentes, sont seulement – de nécessité, il faut faire vertu – écartées, niées pour ne pas avoir à alimenter les remords ou le sentiment de culpabilité.

tabou de la naturalisation fonctionne, il ne suffit pas de la blâmer et de blâmer le naturalisé, il faut « sacraliser » (au sens fort du terme) la communauté et l'appartenance indéfectible (une manière d'allégeance éternelle) à la communauté en tant que groupe social et, par-delà le groupe, en tant que structure ou ensemble de structures communautaires. Il faut « sacraliser » les différents liens qui unissent les différents membres de la communauté entre eux, surtout quand ils sont dispersés, et qui les unissent à la communauté, surtout quand ils en sont séparés, pour pouvoir exorciser le démon de la contamination « subversive » à laquelle expose l'émigration, et que la naturalisation consacre.

La forme moderne d'appartenance à la communauté, de même que la représentation moderne par laquelle la communauté, élevée ici au rang de la nation, continue à vivre en chacun de ses membres (et, surtout, en chacun des émigrés) résident précisément dans la nationalité. À cela, il faut ajouter que, pour la grande majorité des émigrés algériens, la nationalité, c'est-à-dire l'affirmation de leur appartenance nationale, est déterminée ou surdéterminée par deux faits complémentaires : il s'agit, d'abord, d'un nationalisme encore tout jeune, qui fut longtemps nié et étouffé et, ensuite, d'une nationalité acquise trop récemment et payée d'un prix extrêmement élevé[1]. Comment dans ces conditions serait-il possible de

1. De trop nombreuses années d'aliénation politique et nationale, une trop longue habitude d'« allégeance » forcée à une nation et à une nationalité étrangères, une relation de colonisés à colonisateurs éprouvée comme une relation d'exploités à exploiteurs et, pour finir, le coût des multiples insurrections qui se sont succédé les unes aux autres et qui, de la première jusqu'à la toute dernière devenue « guerre de libération », ont toujours été en gagnant en « nationalisme », mais aussi en surcroît d'épreuves, c'est de tout cela qu'est faite l'histoire de la colonisation.

sacrifier cette nationalité et ce nationalisme ou même d'adopter à leur égard une attitude de relatif détachement ? D'autre part, du fait que le rapport de domination d'une nationalité sur une autre subsiste toujours, surtout dans le cas des immigrés, ces colonisés nouvelle manière, qui sont doublement dominés (en tant qu'ils sont des ressortissants de pays dominés et en tant qu'ils sont des résidents sur le territoire, donc sous la souveraineté d'une nation à laquelle ils sont étrangers), la naturalisation ne manque pas de prendre la forme d'une « allégeance » au dominant dont on cherche et recherche la protection, et dont on convoite les avantages qu'il peut offrir à qui adopte sa nationalité. Et, du même coup, elle ne peut pas ne pas apparaître, par symétrie, comme un acte par lequel on se désolidarise du faible, du pauvre, du dominé : en l'occurrence, le pays d'émigration, ses émigrés, sa nationalité, tous les immigrés maintenant qu'il n'y a, peut-on dire, de vrais immigrés qu'originaires des pays dominés, les pays du tiers monde, qu'ils aient été colonisés ou non.

Dans le cas des immigrés algériens, le cumul des effets d'une double domination, l'ancienne (la domination du pays colonisateur sur le pays qui en est la colonie) et l'actuelle (la domination du pays d'immigration sur le pays d'émigration), confère à la naturalisation et au rapport de force qui est à son principe une surdétermination de sens qui semble atteindre, ici, son paroxysme. En effet, s'il en va de même, à des degrés divers, de tous les immigrés originaires des anciennes colonies, surtout celles-là qui furent les plus intensément colonisées (précocement colonisées et tardivement décolonisées) et, plus largement, de tous les immigrés originaires des pays du tiers monde, autant de pays réputés « nationalistes », le cas de l'Algérie et des immigrés algériens est, sous ce rapport, un cas extrême comme furent extrêmes dans leur genre la colonisation et la décolonisation de l'Algérie, c'est-à-dire la violence avec laquelle l'idée même de nation a été déniée et, en réaction, la violence dont s'est trouvée chargée l'institution de la nation et de la nationalité algériennes. D'où le culte (au sens le plus fort du terme) de la nationalité et l'attachement forcené des Algériens et, surtout, de certains immigrés algériens, à leur nationalité, manière d'« intégrisme » (sur le mode de l'intégrisme « religieux ») politique ou national, culturel aussi. La nationalité, en raison même de l'histoire qui a présidé à sa formation, a fait l'objet et fait encore l'objet d'un investissement intense et multiforme : patriotique et politique, bien sûr, mais aussi religieux, culturel, linguistique, social, technique (voire « racial »), etc.

Une trahison

Tout se passe comme si, ayant eu, d'abord, à résister à l'entreprise d'« assimilation » du colonisateur[1] et, ensuite, ceci confirmant cela, à se donner une conscience nationale, c'est-à-dire les conditions de formation de la nationalité et aussi de son affirmation, les pays anciennement colonisés – au premier rang desquels l'Algérie qui a connu une forme de colonisation tout à fait exceptionnelle – étaient contraints de mobiliser tous les attributs de la nationalité ou favorables à la nationalité, à quelque domaine qu'ils appartiennent, l'histoire, la géographie (*i.e.* le territoire et les frontières délimitant et sacralisant le territoire « national »), la politique, la

---

1. Il s'agit de l'assimilation telle qu'on l'entend en situation coloniale, c'est-à-dire dans un sens qui est plus politique et sociologique que juridique : assimilation politique à la souveraineté française et assimilation sociologique aux mœurs françaises.

langue, la religion[1] et toutes sortes d'emblèmes différents. Dans un contexte semblable, l'identité nationale, à tort ou à raison, effectivement ou illusoirement, ne peut être qu'une identité indistinctement ethnique, religieuse, linguistique, sociale, économique, etc., et, plus largement, culturelle avant d'être, à mesure que la patrie coïncide avec la nation et se fait nation, une identité politique, territoriale[2]. À l'inverse, par un travail politique visant à autonomiser le politique, il a fallu donner à ces différentes identités « régionales » (partielles) ou à ces différentes dimensions de la même identité une forme unifiée et cohérente, donc une forme politique. Il a fallu que d'identités distinctes, juxtaposées dans la succession de leurs

1. Parmi tous les attributs susceptibles de servir l'idée de nation et, par suite, la cause du nationalisme, on ne dira jamais assez le rôle qu'a joué la religion et qu'on lui a fait jouer, non pas simplement comme force de résistance pour préserver la « personnalité » nationale, mais comme force active de ralliement à la cause nationale et au nationalisme ; la religion mise au service du politique, surtout quand ce politique a pris des distances avec l'inspiration religieuse, la religion « asservie » – *din* (la religion, la foi) subordonnée à *dounya* (le monde, le siècle, ici-bas opposé à l'au-delà, *el-akhira*) et, bientôt, à *dawla* (l'État) –, peut n'être, en définitive, qu'un début ou une forme particulière de laïcisation comme elle peut s'inverser et aboutir à une sacralisation de l'État, les deux mouvements n'étant pas tout à fait exclusifs l'un de l'autre.

2. Dans le cas d'espèce, l'identité nationale se confond respectivement avec : « être arabe » ; « être musulman » ; « être de langue arabe » ; être du camp des colonisés (ou anciens colonisés) et des dominés, c'est-à-dire partager avec eux la même position dans le système économique et, corrélativement, dans tous les systèmes imposés par le fait de la colonisation ou le fait de la domination, et aussi les mêmes dispositions (le même *habitus*) à l'égard de tous ces systèmes, notamment à l'égard du capital économique et de toutes les autres espèces de capital (plutôt qu'être du camp des colonisateurs et des dominants et partager leur système de dispositions à l'égard de leur économie dominante) ; « être de culture arabe » au double sens de culture anthropologique et de culture académique ou savante.

manifestations, elles deviennent des manifestations et des expressions différentes d'une même identité qui, cette fois-ci, est une identité politique, une identité nationale.

Constituée et acquise de cette manière, la nationalité en tant que catégorie politique reste fortement empreinte de toutes les marques qui ont milité en vue de sa formation ou ont accompagné cette formation. Elle reste tout engluée et tout encombrée, « parasitée » par tout ce qu'on est en droit de regarder, rationnellement, comme non politique. Aussi n'y a-t-il, en fin de compte, rien d'étonnant à ce que la nationalité, dans ce cas, témoigne encore aujourd'hui de son passé et des conditions de sa formation. Hier, dans la situation coloniale, se naturaliser équivalait à se désolidariser de la condition de colonisé : par cette sorte d'acte « contre nature » (socialement et politiquement), revers de la naturalisation qui, vue du pôle opposé, devient une « contre-naturalisation », on passait du camp des colonisés, des « Indigènes » ou encore des « Français-Musulmans », comme on disait alors, au camp des colonisateurs (ou des « colonisants », selon l'expression du général Clauzel), des « Européens, Français » (tout court) ou des Roumi comme les appelaient les colonisés.

« Trahison » nationale et sociale (de classe), la naturalisation qui est dite, ici, « retournement » (*m'tourni*)[1] valait à

---

1. À propos du thème ou de l'anathème du retournement, voir A. Sayad, « Les enfants illégitimes », *Actes de la recherche en sciences sociales*, 26-27, mars-avril, 1979, p. 117-132 (notamment p. 130 et 131). Tout le vocabulaire populaire relatif à la naturalisation trahit, à travers des expressions souvent imagées, l'idée de reniement qu'implique la naturalisation et tourne autour des notions de renversement, de *transformation*, d'*aliénation*, de *travestissement*, de *recouvrement* ou de *masquage* ; il n'est question que de : « il l'a changée… », « il l'a culbutée… », « il l'a délaissée… », « il l'a vendue… », « il l'a brûlée », « il l'a teinte… », « il l'a bradée… », etc., sans doute, s'agit-il allusivement de l'« identité nationale » et, plus que cela, de l'identité totale, de l'« être », voire de l'« âme » du naturalisé.

411

ses auteurs quelques avantages matériels, tous les avantages discriminatoires dont étaient privés, bien sûr, les autres colonisés non naturalisés, comme d'échapper, dans un premier temps, au statut d'«indigène» et surtout au Code de l'indigénat, c'est-à-dire aux obligations jugées infamantes que ce code imposait, et, dans un second temps, au statut de «citoyen de second collège» ainsi qu'aux limitations que ce statut enfermait. Cela ne pouvait que rendre la naturalisation plus suspecte et plus blâmable encore, parce que plus visiblement, trop visiblement, intéressée[1].

Et aujourd'hui encore, pour prolonger ce parallélisme entre, *grosso modo*, deux moments d'une même histoire ou deux phases d'un même processus ou encore entre les significations de la naturalisation ici et là, se naturaliser pour un immigré revient, là aussi – peut-être à un degré moindre que dans le cas de la colonisation –, à se désolidariser de la condition commune aux immigrés puisque, par sa naturalisation, il rejoint le camp des non-immigrés, des «nationaux» dont il ne faisait pas partie jusqu'ici et dont il ne peut, en dépit de sa naturalisation, faire partie pleinement. Il y a de sa part comme une double «trahison», à la fois sociale et politique (*i.e.* nationale) de sa condition d'immigré et aussi de sa condition de ressortissant national (*i.e.* de sa nationalité).

1. Ce n'est pas que la naturalisation ne devrait pas rapporter de profits ou qu'elle serait plus acceptable si elle n'était pas «intéressée» et ne se traduisait pas par quelques privilèges. Mais, parce qu'elle n'a, à la limite, aucune autre fonction que celle-là, elle trahit trop manifestement, en l'absence d'autres raisons qui lui donneraient une autre signification, l'intention qui l'habite ; parce qu'elles forcent la naturalisation à révéler les intérêts cyniques (avoués) qu'elle comporte et qu'elle vise aussi, la situation coloniale et, à sa suite, l'immigration ont pour elles de porter au grand jour la vérité cachée d'une opération qui, dans tous les autres cas, s'entoure de déterminations plus symboliques et plus gratifiantes symboliquement.

« Trahir » socialement la condition (sociale) de l'immigré ou ne plus partager le statut juridico-politique commun aux immigrés (statut qui fait les immigrés, les distingue des « nationaux » et, par là, les reconnaît implicitement comme étant les « nationaux » de quelque autre nation), c'est aussi « trahir » politiquement cette forme identificatoire « nationale » (ou par la nationalité) qui accompagne toujours la condition de l'immigré. À cette forme d'identification, la naturalisation ne suffit pas à mettre fin, car elle est la forme même que la condition sociale de l'immigré revêt dans la conscience nationale des immigrés : une « pseudo-identité nationale » qui a la particularité de se forger sur la base, en partie, de la nationalité d'origine (ou de la conscience nationale) et, en partie, d'éléments de la condition sociale (ou de la condition de classe), pour être opposée à l'identité nationale et à la nationalité des nationaux. Tant que les liens communautaires sont encore suffisamment forts et l'« esprit du groupe » (ou le « moral du groupe ») suffisamment vivace, l'espèce de « trahison » sociale et communautaire (*i.e.* nationale) que constitue la naturalisation se double d'une autre « trahison » : la distinction entre immigrés et nationaux étant fondée, en droit, sur une base nationale, voire nationaliste, vouloir échapper à cette distinction et vouloir la dénoncer en se naturalisant revient à « trahir » socialement et politiquement sa nationalité, à la dénoncer et à y renoncer – à la dénoncer par le seul fait d'y renoncer. Paradoxalement, c'est lorsque le rapport de force entre les nationalités concernées par la naturalisation est tel que la nationalité qu'on répudie ou qu'on a le sentiment de dénoncer en se naturalisant a le moins de réalité (une réalité officielle, sans plus) qu'on éprouve plus impérativement le besoin de lui rester fidèle. C'était notamment le cas, autrefois, des colonisés qui n'avaient de « nationalité » propre qu'intérieurement, au fond d'eux-mêmes et sous la forme d'une croyance ou d'une conviction intime, ou sous la forme d'une aspiration ou d'un idéal de lutte nationaliste. Cela est vrai aussi, aujourd'hui, des immigrés qui, parce qu'ils sont hors de leur nation, parce qu'ils sont coupés de leur nationalité puisque coupés du champ d'application de celle-ci et, plus largement, de la vie quotidienne de leur nation, n'ont plus l'occasion ni de « pratiquer » activement (comme on pratique une religion) ni d'éprouver positivement leur nationalité ; de la pratiquer et de l'éprouver autrement qu'à la manière d'un stigmate ou d'un prétexte à exclusion et à ségrégation. N'ayant plus, en fait de nationalité d'origine, que le sentiment (diffus chez les uns et intense chez les autres) d'une appartenance à une nationalité désincarnée, privée de ses attributs, ils portent, eux aussi, leur nationalité à l'intérieur d'eux-mêmes ; mais, cette fois-ci, à la différence des colonisés, parce qu'elle leur est tout à fait extérieure, parce qu'elle est à *distance*.

Le sentiment de s'être excommunié en se naturalisant reste suffisamment fort chez presque tous les naturalisés. Dans les cas extrêmes, il se confond avec un intense sentiment de culpabilité au point que, croyant s'être mis et avoir été mis au ban de la communauté d'appartenance, nombre de naturalisés s'interdisent d'eux-mêmes de réapparaître dans leur communauté, de renouer avec leur communauté, considérant la rupture qu'apporte leur naturalisation comme un reniement définitif et irrémédiable, dont la rançon inévitable, juste retour des choses, est d'être à leur tour reniés par les leurs. En règle générale, ces naturalisés sont évidemment ceux qui ne peuvent regarder leur naturalisation comme une simple démarche administrative et qui, pour les mêmes raisons, paraissent les moins légitimés à se « naturaliser », ne devant leur naturalisation qu'à des circonstances exceptionnelles et forcées. Mais pour que l'exclusion soit totale, il faut que le sentiment de reniement soit réciproque. Il faut que les naturalisés se considèrent comme ayant renié leur communauté et, de la sorte, agissent effectivement en renégats, pour que leur communauté se sente en droit de les renier en retour.

À la manière du bannissement ancien, consécutif à quelque crime, la naturalisation est un acte public, qui engage publiquement son auteur et, ensuite, sa famille. À ce titre, elle est, en l'état actuel de la division des rôles et des statuts dans la majorité des familles immigrées, un acte éminemment masculin. C'est l'homme, pour les raisons qu'il se donne d'agir de la sorte et aussi pour les usages futurs qu'il a à faire de la nationalité acquise et qui sont tous du domaine public, qui a seul besoin de se naturaliser. Cela veut dire aussi que c'est lui, et lui seul, qui doit encourir les sanctions de son acte, excommunication, malédiction et damnation : les autres, sa femme et ses enfants notamment, ne sont concernés par son acte et affectés par les conséquences de ce même acte qu'indirectement. Preuve de cette attitude différentielle, le fait que, même chez les harkis, les épouses n'ont pas toujours adopté la nationalité française[1]. La femme, parce qu'elle

---

1. Cette situation ne manque pas d'avantages. Si certains « naturalisés », comme s'ils tiraient les conséquences « logiques » (qu'ils croient logiques) de leur naturalisation, s'interdisent de retourner en Algérie, la femme, par contre, parce qu'elle a gardé la nationalité algérienne, reste le lien obligé, l'intermédiaire voulu avec l'Algérie, c'est-à-dire avec le « pays » utile et avec l'ensemble des parents. À défaut de dispositions claires et constantes en cette matière, on ne sait trop si le naturalisé s'interdit de lui-même ou s'il lui est interdit de retourner en Algérie ; et sans doute s'interdit-il ce qu'il sait devoir lui être interdit et attend-on de lui qu'il s'interdise de lui-même, et avant qu'on le lui interdise, cela qu'on aimerait qui lui soit interdit ; l'interdiction (même si elle n'est pas formulée) et l'auto-interdiction procèdent *grosso modo* du même *habitus*, c'est-à-dire de la même disposition à l'égard de la naturalisation.

reste à la maison, parce qu'elle n'a à connaître que des choses domestiques et parce qu'elle n'a pas à exhiber son identité et ses pièces d'identité, n'est pas elle-même directement concernée par la naturalisation. Affaire de l'homme, la nationalité d'origine, nationalité dans laquelle on naît, d'où l'on part, mais qu'on répudie aussi, devient une nationalité féminine, nationalité de l'intimité et de la vie domestique, des choses secrètes, internes à la maison et à la famille, tandis que la nationalité qu'on acquiert, la nationalité vers laquelle on va d'une démarche, tantôt conquérante et triomphale et, tantôt, au contraire, hésitante ou résignée, est une nationalité masculine.

On comprend dès lors pourquoi les femmes, sitôt qu'elles ont opéré (soit par nécessité, comme c'est le cas des veuves ou femmes isolées, ne bénéficiant du soutien d'aucune autre famille parente, ni d'aucun proche, soit au terme d'une éducation qui les a fait rompre avec la socialisation traditionnelle) leur conversion en femmes « masculines » ayant des préoccupations, des tâches et des rôles masculins, tendent à opposer moins de résistance que les hommes à la naturalisation, la leur et surtout celle de leurs enfants et, plus encore, à la naturalisation des filles. Sans doute, parce qu'elles ont été longtemps et sont encore maintenues en marge de la morale « officielle » (celle de l'honneur) qui est la morale des hommes et qui est infiniment plus contraignante, elles peuvent aujourd'hui adopter à l'égard de cette morale une attitude moins rigoureuse ou plus permissive. Elles peuvent disposer de cette morale et de ses impératifs avec une liberté (relativement) plus grande que les hommes. Mais, parce qu'elles sont mal acceptées dans les rôles d'homme qu'elles ont à tenir de plus en plus souvent, elles ont le plus à perdre à perpétuer une nationalité « féminine » qui les confirmerait et les confinerait dans leur état traditionnel. Le rappel de la tradition ou, ce qui revient au même, de la stricte observance de la religion, toujours louable quand elle concerne les femmes, est un rappel aux femmes de leur statut et cela au moment où leur position, leurs activités, leurs responsabilités nouvelles les engagent à se donner une nationalité « masculine » dont elles ont besoin plus impérativement que les hommes.

À titre d'exemple, on peut citer le cas de cette femme amenée à demander, après son veuvage, la nationalité française que son mari avait déjà obtenue, au lendemain de l'indépendance de l'Algérie, lorsqu'il vint en France poursuivre sa carrière : « […] Mon mari est venu [en France], d'abord seul pendant quelque temps. Je ne sais pas s'il avait travaillé ou non. Ce ne sont pas des choses qu'il me dit ; je ne suis pas au courant de cela, ce sont ses affaires à lui, des affaires de son travail […]. Ce que je sais c'est qu'à Alger il avait un grand poste dans l'administration ; on était bien. C'était "pendant la France" [*i.e.* pendant la période coloniale]. Quand les Français sont partis, ce n'est plus comme auparavant. Tout a changé. Je ne sais pas s'il avait continué à travailler réellement ou s'il faisait seulement semblant, s'il attendait. Cela a duré comme cela pendant au moins deux ans. Il venait souvent en France, je suppose que c'était pour régler sa situation. En tout cas, ce qui était sûr, c'est que l'argent ne rentrait plus à la maison. […]. En 1965, nous sommes tous venus en France […]. Évidemment, pour retrouver son travail ici en France, pour continuer sa carrière, aller jusqu'à la retraite – il avait au moins dix ou quinze ans à faire –, il fallait qu'il prenne la nationalité française [littéralement : qu'il prenne les papiers français]. C'était comme avant, comme sous les Français en Algérie, il avait gardé les mêmes papiers. C'était la même chose pour les enfants, au moins pour ceux qui étaient encore à notre charge ; il n'y a que l'aînée, déjà mariée (à l'époque), qui n'a pas les papiers français. Elle est venue en France après nous avec son mari, mais elle est venue comme tout le monde, avec les papiers algériens qu'elle a toujours. [...] Pourquoi changer mes papiers à ce moment-là? Je n'en ai pas besoin. Ni pour travailler – je ne travaille pas –, ni pour sortir – je ne sors pas, je ne quitte pas la maison, ici, en France, comme là-bas, en Algérie; ce n'est pas dans nos habitudes. Alors, je suis restée avec mes papiers algériens. Pour les enfants, ce n'est pas la même chose: ils sont venus jeunes, ils ont continué ou ont commencé leurs études ici en France; ils auront à travailler ici en France. [...] Oui, les garçons comme les filles... D'ailleurs, elles travaillent déjà. [...] Aujourd'hui, la situation a changé. Tant qu'il [son mari] était là, je n'avais pas besoin de papiers français. C'était son affaire à lui. Depuis qu'il est venu en France et qu'il a pris les papiers français, il n'est plus retourné en Algérie. Il n'est retourné que pour y être enterré [...] Ce n'était pas mon cas. Je n'avais aucune raison pour ne pas retourner en Algérie..., sauf l'argent. Cela revient très cher. Quand c'est nécessaire, quand on avait besoin d'être en Algérie, c'était moi qui allais avec quelques-uns des enfants. [...] Mon mari est mort en 1978, il était déjà à la retraite depuis trois ans. Depuis sa mort, évidemment, les choses ont changé. D'abord, les revenus ont baissé; je n'ai plus que la moitié de la retraite..., moins que la moitié; les enfants ne travaillent pas tous, ne travaillent pas toujours. Je perdais plus de 100 000 francs [anciens] par mois parce que je n'ai pas les papiers français; c'est trop que je perdais. Mon fils s'est bien renseigné, il a essayé de tout faire: il fallait apporter la preuve que je résidais en France avec mon mari déjà en 1963; ce n'est pas possible. Alors, il fallait bien que moi aussi je change mes papiers [...]. J'ai beaucoup réfléchi, j'ai beaucoup attendu avant de me lancer. Je ne pouvais pas en parler aux autres, on ne parle pas de ces choses-là. Il faut que cela reste en famille, entre nous; on ne parle

pas. Ce n'est pas qu'il faut cacher, puisque c'est une
chose qui ne peut pas se cacher, mais il vaut mieux que
les gens découvrent ça après plutôt qu'aller le leur dire à
l'avance. Mais quand même, les plus proches, les parents
à Alger, il faut bien le leur dire. Quand ? Comment ? Ce
n'est pas facile. Alors, doucement, il faut préparer le terrain. Je commence, ce qui est vrai, à me plaindre que je
perds beaucoup d'argent ; je leur demande de se renseigner et de me renseigner pourquoi je perds tant d'argent,
pourquoi je ne pourrais pas avoir cet argent ? Là, ils
découvrent qu'il faut avoir les papiers français. Je n'ai pas
arrêté de leur téléphoner à Alger pour les mettre au courant, pour leur demander comment faire pour récupérer
l'argent que je perds. Je leur ai envoyé toutes les lettres
que je reçois (à ce sujet). D'ailleurs, ils ont compris pourquoi je fais tout cela. C'est une manière de les mettre au
courant, sans que je leur dise carrément que je prends les
papiers français. On se comprend parfaitement là-dessus,
sans qu'on ait besoin de se dire mutuellement les choses :
je sais qu'ils m'ont comprise, et, eux aussi, savent que je
sais qu'ils ont compris […]. L'idée fait donc son chemin.
Je feins de demander leurs conseils, mais en réalité je les
mets au courant, je les mets au pied du mur et je les
amène à faire le même chemin que moi, c'est, en réalité,
une manière de les informer ; une manière de les prévenir
de mes intentions, mais sans en avoir l'air. Vaut mieux
ainsi. Ainsi, je ne peux plus craindre leurs jugements hostiles, leur réprobation […]. Après, ma seule appréhension
est qu'on ne me donne pas les papiers français. Les
demander, tout le monde le sait, et après on te dit : Dieu !
Tu as tout perdu ; pour les tiens, pour toi, pour tous ceux
qui sont au courant, c'est fini, c'est comme si tu as les
papiers français ; mais pour toi, tu n'as rien, tu es au
même point qu'avant. Alors là, tu es perdante sur toute la
ligne. Quelle honte ! Je ne voudrais pas que cela arrive

[…]. Car, au fond, qu'est-ce qu'ils ont à faire de moi ? Ils n'ont rien à faire de moi. Qu'est-ce que je peux leur apporter ? Rien. Ils n'ont rien à gagner. Plutôt, ils pourraient me reprocher d'avoir attendu si longtemps, quinze ans pour demander à me faire "française". Quand je ne suis plus bonne à rien. Et quand ils sauront que tout cela, ce n'est que pour avoir 100 000 francs [anciens] par mois. Alors, ils sont capables, rien que pour les garder ces 100 000 francs, de refuser de changer mes papiers ! Ce n'est pas de gaieté de cœur que je l'ai fait. Ma peur est que, la chose est flagrante, je ne demande les papiers français que pour l'argent ; rien d'autre, ce n'est pas pour le plaisir d'être "française"… Ce n'est pas pour leurs beaux yeux ! Moi, je suis ce que je suis et je reste ce que je suis. Il faut que tout le monde le sache et, alors, pour eux, c'est 100 000 francs de pure perte ! Rien que pour économiser cet argent, ils sont capables de me dire : "Nous ne voulons pas de toi, reste comme tu es…" Et ils ont bien raison… Chacun sa religion, chacun son sang. Il n'y a que cela qui est vrai. […] Oui. Quand même, il a fallu franchir le pas ; il a fallu se décider. Heureusement, on ne m'a pas refusé les papiers français ! […] Non, je ne le dis à personne, pas même aux gens qui le savent. Moi-même, je n'aime pas voir ces papiers. Heureusement que je ne suis pas obligée de les regarder tous les jours ! […] »

La naturalisation automatique

Il est incontestable que l'attitude des immigrés algériens à l'égard de leur naturalisation éventuelle connaît une transformation extrêmement profonde[1]. Deux séries

1. Ce sont les effets de cette évolution qui, à coup sûr, sont à l'origine des modifications qu'on envisage, semble-t-il, d'apporter,

de facteurs semblent être à l'origine de cette évolution. Ce sont, en premier lieu, la dissipation avec le temps d'un certain nombre d'attitudes devenues anachroniques et, aussi, les effets conjoncturels propres à toute situation de crise de l'emploi : par exemple, les menaces que les difficultés de l'heure, difficultés qui ne sont pas seulement économiques mais aussi administratives, de l'ordre de la réglementation et de la législation, donc politiques, font peser sur l'avenir des immigrés et, au fond, sur leur statut tel qu'il a été convenu jusqu'ici ; les mesures restrictives, légales ou non, destinées à limiter la durée de séjour des immigrés (surtout quand ils sont chômeurs) ou à amener leur « expulsion » ; et, enfin, tout le climat d'insécurité que la crise et, surtout, l'exploitation qui en est faite ont fini par instaurer. Ce sont aussi, en second lieu, les transformations propres à l'ensemble de la population immigrée et, à leur suite, les changements qui en ont résulté dans les relations avec la société française et, corrélativement, avec la société d'origine – c'est, notamment, le cas pour la population des jeunes nés en France et, plus souvent encore, élevés et scolarisés en France, cette situation n'allant pas sans influer sur l'attitude des parents.

Plus que cela, le fait que la nationalité française est désormais conférée de manière unilatérale, mécaniquement et globalement, à tous les enfants nés en France à compter du 1er janvier 1963 a constitué un prodigieux facteur d'accélération dans les transformations des systèmes d'attitudes et d'opinions à l'égard de la nationalité ;

---

dans un sens plus restrictif, aux modalités d'acquisition de la nationalité française telles qu'elles sont fixées ce jour par le Code de la nationalité ; sans doute, de crainte de voir se constituer des « kystes » – c'est le terme qu'emploient les géographes et les démographes quand ils parlent des « poches » (avant qu'elles ne deviennent des « ghettos ») que forment les immigrés (voir notamment J. Beaujeu-Garnier, *La Population française*, Paris, Armand Colin, 1976).

et cela aussi bien en France qu'en Algérie, aussi bien chez les immigrés que parmi la population algérienne qui ne peut rester insensible à l'influence et à la pression de ses « émigrés ». Au regard de la loi française (article 23 du Code de la nationalité, tel qu'il a été arrêté par la loi du 9 janvier 1973[1]), sont automatiquement français dès leur naissance tous les enfants nés en France, à compter du 1er janvier 1963, dans les familles algériennes, c'est-à-dire de parents nés eux-mêmes, tous les deux, en Algérie, alors département français (donc en France)[2]. Et cela, sans aucune possibilité d'opposition d'aucune partie concernée : ni du gouvernement français jusqu'à nouvel ordre, sauf à enfreindre sa propre loi s'il voulait les exclure de la nationalité française ; ni, *a fortiori*, de l'Algérie qui ne peut feindre d'ignorer indéfiniment que cette fraction de l'ensemble de ses ressortissants « émigrés » jouit en France de la nationalité française ; ni, en fin de compte, des intéressés eux-mêmes, sauf à quitter le territoire français ou à être libérés à leur demande de l'allégeance à la nationalité française.

1. Article 23 : « Est français l'enfant, légitime ou naturel, né en France lorsque l'un des deux parents y est lui-même né » ; l'article 24 ajoute : « Toutefois si un seul des parents est né en France, l'enfant français en vertu de l'article 23 aura la faculté de répudier cette qualité dans les six mois précédant sa majorité. »

2. La France est entendue, ici, au sens des articles 6 et 8 du Code de la nationalité : « au sens du présent Code, l'expression "en France" s'entend du territoire métropolitain, des départements et des territoires d'outre-mer ». Pourquoi la date limite du 1er janvier 1963 ? Il semble que cette date, relativement arbitraire, corresponde à l'échéance à partir de laquelle sont réputées avoir perdu la nationalité française toutes les personnes de « statut civil de droit local originaires d'Algérie » qui n'ont pas souscrit en France (à la date du 23 mars 1967) la déclaration prévue à l'article 152 du Code de la nationalité. Voir article 1 de la loi du 20 décembre 1966 modifiant l'ordonnance du 4 juillet 1962.

Cependant tous ces jeunes sont aussi, au regard de la loi algérienne, algériens et obligatoirement algériens, par filiation[1]. Ainsi, deux droits différents statuant en vertu, l'un du *jus soli*, l'autre du *jus sanguinis*, font et feront longtemps encore – jusqu'à ce que, d'une manière ou d'une autre, la nationalité effective l'emporte totalement – des enfants de l'immigration, petits-enfants de la colonisation (au moins pour une partie d'entre eux), des enfants « partagés » entre deux nations et deux nationalités et entre deux sociétés. En effet, produits et victimes d'une double histoire, celle de la colonisation et celle de l'immigration, ils sont, à leur corps défendant, objet d'un litige et prétexte à un différend qu'il n'est pas facile pour eux de régler. L'une et l'autre partie, à travers la définition donnée de la compétence territoriale de la souveraineté française et, par là, à travers le rappel qui est fait du passé colonial, prolongent et réactualisent l'ancien rapport de domination.

L'Algérie, en tant qu'elle est un pays d'émigration, et qu'elle a donc à se soucier de ressortissants absents, semble être plus attachée au principe de la souveraineté en lui-même ou, si l'on veut, à l'aspect étatique ou encore à la dimension internationale de la nationalité. Placée devant le fait accompli, ne pouvant peser en rien sur la situation présente de la population émigrée, elle ne peut que s'en tenir aux positions de principe, sans rien pouvoir faire d'autre que s'acharner à faire valoir ces droits. Idéalement, l'Algérie ne s'estimerait quitte, en

1. Le Code de la nationalité algérienne, tant dans sa première formulation (loi du 27 mars 1963 portant code de la nationalité algérienne, JORA du 2 avril 1963, p. 306) que dans la seconde (ordonnance du 15 décembre 1970, JORA, du 18 décembre 1970, p. 1202), stipule : « est de nationalité algérienne par filiation : 1. l'enfant né d'un père algérien » (alinéa 1 des articles 5 et 6 respectivement des premier et second codes).

cette circonstance, que si une mesure – autant que possible unilatérale – venait libérer, collectivement et automatiquement, de l'allégeance à la nationalité française tous les jeunes Algériens qui sont français du fait de leur naissance en France. Pour l'Algérie, pareille mesure – aussi invraisemblable qu'elle soit – serait une manière de se voir rendre justice, de voir rendre justice à son histoire nationale (et nationaliste).

La France, en revanche, serait portée à être plus attentive aux cas individuels et aux situations particulières, à porter les négociations sur le terrain qui lui est doublement favorable : les situations concrètes, les cas individuels que l'on rappelle comme à dessein dans toutes les discussions (même quand elles portent sur des principes), donnant ainsi l'impression d'être apparemment plus proche de la réalité et, du même coup, toute disposée à consentir en ce domaine les « concessions » nécessaires – concessions qu'il lui est toujours loisible de faire, parce que, pour elle, l'essentiel est de toute façon déjà acquis.

Dans le meilleur des cas, la France se montrerait-elle disposée, pour prévenir les conflits de nationalité, à libérer de l'allégeance qu'elle estime lui être du, les jeunes, Français en France et Algériens en Algérie, qui demanderaient à être relevés de cette allégeance ? Mais encore faut-il pour cela qu'ils en fassent la demande, apportant ainsi la preuve manifeste de leur volonté, et aussi qu'ils « méritent » bien cette libération, il faut pour cela qu'ils aient suffisamment « fait » pour convaincre de leur « algérianité » (ou de leur volonté d'« algérianité ») – et de leur attachement « national » à l'Algérie ; le service militaire étant, bien sûr, le critère le plus indiqué en raison de la valeur symbolique qui lui est reconnue en cette circonstance.

Sans pouvoir distinguer ce qui est la part de la condescendance, ce qui est dû au mépris, ce qui relève de la stratégie la plus cynique et la plus raciste bien que nourrie des meilleures intentions et, enfin, ce qui appartient au classique marchandage et au protocolaire échange de « bons services » entre pays liés par des intérêts communs, surtout quand ils sont dans une relation de dominant à dominé, le même langage, ou sensiblement le même, peut servir les positions politiques les plus radicalement opposées, les professions de foi les plus antithétiques.

À « gauche » comme à « droite », on peut, quand la conjoncture s'y prête, c'est-à-dire toutes les fois qu'on escompte tirer quelques profits, symboliques et matériels, sinon dénoncer dans les mêmes termes la « violence » faite aux enfants des familles immigrées algériennes par le fait de naître *avec* la nationalité française (parce que nés « doublement » dans la nationalité française), du moins douter de l'opportunité (à gauche) et de la légitimité (à droite) de pareil état de choses. Rendre à ces enfants leur nationalité algérienne (la nationalité de leurs parents) et les rendre à la nationalité algérienne dont ils sont séparés peut se présenter comme une mesure de réhabilitation « historique », comme une réparation de quelque « faute » passée (le péché colonial) que le contexte actuel exige – position qui serait plutôt de gauche –, mais peut aussi n'être que le résultat d'une nouvelle discrimination. Une discrimination frappant ceux qu'on estime indignes de continuer une histoire que l'immigration continue à raviver et à perpétuer, et de continuer à bénéficier pleinement d'une nationalité qu'on leur aurait à la rigueur reconnue. Une discrimination qui, de plus, n'enfreint pas la lettre du Code, puisqu'il ne s'agit que de libérations généreuses de l'allégeance à la nationalité française (une manière subtile d'annuler les effets de l'article 23 sans toucher à l'article lui-même) – une position qui serait de droite.

Toujours est-il que, dans les deux cas, à droite comme à gauche, on trouverait des avantages à chacune des positions adoptées. En dépit des divergences des intentions, plus morales que politiques, des uns et des autres, leurs positions respectives aboutissent à cumuler les profits que procure le double fait de se « libérer » de certains Français (dont on ne veut pas), en les « libérant » par une extrême « libéralité » de l'allégeance qu'ils ont contractée, et aussi de gagner, ce faisant, la faveur du pays à qui on restitue ainsi ses « ressortissants », reconnaissant par là qu'ils sont originellement et foncièrement les siens et que ce n'est que par un coup de force passé et présent qu'ils ont été « annexés ». On ne comprendrait pas autrement l'acharnement qu'on met à dénoncer le caractère « automatique » de certaines attributions de la nationalité qu'on présente comme étant autant de « violences » faites à la volonté et à l'initiative de la personne – « on a fait français des gens qui ne voulaient pas l'être » ; et aussi le souci qu'on a de « réformer » l'article 23 du Code de la nationalité, entreprise qui, même juridiquement, ne semble pas facile à conduire.

Par-delà cet exemple qui fait entrer en jeu le *jus soli*, il apparaît que l'enjeu réel, s'il y a quelque enjeu, n'est pas dans le poids spécifique que peut prendre l'un ou l'autre des deux droits, le « droit du sang » et le « droit du sol », ou dans la priorité à accorder à l'un ou à l'autre, mais dans quelque autre chose, d'une autre nature, qui, pour l'instant, n'appartient pas au droit institué : ni *jus sanguinis*, voie royale de l'existence tout à fait conforme à l'orthodoxie, ni *jus soli* qui n'est qu'un pis-aller, une voie d'accès pour qui n'a pas la « naissance » de son côté (ses « quartiers » de nationalité) ; un droit à la nationalité (ou à la citoyenneté) qui n'aurait de fondement que la résidence.

Comment en est-on venu à cette situation objective d'un conflit de nationalités entre l'Algérie et la France, lors même qu'aucun des deux partenaires n'a envie ni intérêt à expliciter ce conflit, chacun préférant agir unila-

téralement en la matière sur le territoire de sa souveraineté ? Cette situation découle pour l'essentiel des dispositions du Code français de la nationalité. L'article 23
semble viser tout spécialement les enfants nés en France
dans les familles algériennes immigrées ; certains vont
même jusqu'à s'imaginer qu'il a été fait « sur mesure » et
à leur intention (en attendant que d'autres « départements » ou « territoires » couverts par la nationalité française accèdent un jour à l'indépendance nationale). En
réalité, l'histoire de la disposition contenue dans
l'article 23 en sa formulation actuelle remonte au moins
au milieu du XIXe siècle : la loi de février 1851 déclarait
déjà français, sauf faculté de répudiation, « tout individu
né en France d'un étranger (père ou mère) qui lui-même y
est né » ; elle modifiait l'article 9 du Code civil (déjà
élargi par une loi de mars 1849) qui autorisait l'enfant né
en France à réclamer seulement la qualité de Français
dans l'année suivant sa majorité. Depuis lors, cette loi fut
remaniée de nombreuses fois, notamment à la suite de
protestations diplomatiques ; c'est cela qui a amené les
variations qui ont affecté la faculté de répudiation de la
nationalité française : successivement, elle fut limitée (loi
du 16 décembre 1874), supprimée (en 1889), rétablie,
mais seulement dans le cas où c'est la mère qui est née en
France (loi du 22 juillet 1893), et maintenue en l'état
jusqu'en 1973. Dans l'histoire du droit de la nationalité,
la règle de la « double naissance » attributive (avec ou
sans la faculté de répudiation) de la nationalité correspondait à une tendance générale caractéristique de l'esprit de
l'époque, ainsi que des structures juridiques et économiques qui se mettaient en place (ou triomphaient déjà) et
à une remontée du *jus soli* parallèlement au *jus sanguinis*
et, dans une certaine mesure, à la remontée de l'aspect
« privé » parallèlement à l'aspect « étatique » de la nationalité. Le privilège accordé de la sorte au double « droit

du sol» procède d'un principe général selon lequel la règle de naissance, comme facteur militant en faveur de l'attribution de la nationalité, devient effectivement et automatiquement attributive à condition d'être renforcée par quelque autre facteur de rattachement : ici, la naissance en France des deux parents. L'éventualité d'une double naissance en France, c'est-à-dire au terme de deux générations consécutives, qui ne serait due qu'à une simple coïncidence étant fort improbable, il semble tout à fait normal d'attribuer à cet enfant, dès sa naissance en France, la nationalité française ; la famille de l'enfant qui reçoit à son berceau la nationalité française, étant établie certainement en France – mais tout dépend de ce qu'on entend par « en France » – depuis déjà trois générations, l'attribution automatique de la nationalité semble n'être que la consécration en droit d'un état de fait, la qualité de Français étant déjà acquise de fait[1]. C'est ce que le législateur a dû penser. Il faudrait autrement douter du pouvoir d'identification des mécanismes sociaux, au premier rang desquels l'école, qui reste le meilleur agent de « naturalisation » en tous les sens du terme ; il faudrait désespérer aussi de la faculté des sujets à s'identifier à l'environnement humain – jusque dans la dimension politique de celui-ci – dans lequel ils sont nés, ont grandi, ont été socialisés tout au long de leur existence, pour qu'il en aille autrement et pour qu'on puisse supposer le contraire. Et pourquoi ce qui a été possible hier, durant des décennies, ne le serait-il pas aujourd'hui ?

Le lien entre la naturalisation et l'école n'est pas seulement celui qu'établit le Code de la nationalité[2] ; il est

1. Voir P. Lagarde, *La Nationalité française*, Paris, Dalloz, 1997, p. 62.
2. La scolarisation est, pour le moins, gage d'une bonne connaissance du français, cette capacité étant tenue comme l'indice le plus

aussi celui qui s'instaure objectivement, compte tenu de la situation propre aux familles immigrées. Il y a, en la circonstance, une profonde homologie entre la fonction de l'école et la fonction de la naturalisation et aussi, toutes proportions gardées, entre les systèmes d'attentes qu'on a à l'égard, respectivement, de l'une et de l'autre institution. Les parents immigrés attendent, à la fois, de l'école (mais non sans quelques illusions auxquelles il leur faut sacrifier) ou, plus exactement, de la « métamorphose » que la scolarisation est censée opérer sur leurs enfants, et de la naturalisation de ces derniers, mais seulement après qu'elle a eu lieu (ce qui, assez souvent, ne diminue en rien le désagrément ou la douleur qu'on éprouve à voir ses enfants changer de nationalité), que l'une et l'autre leur autorisent ce qu'ils ne peuvent s'autoriser eux-mêmes et ce que ne peut leur autoriser aucune autre instance. Ni leur résidence même ancienne et continue en France, ni le travail qu'ils ont effectué jusqu'à ce jour et continuent d'effectuer, ni toutes les autres espèces de capital qu'ils peuvent avoir cumulées. Ils s'autorisent de ce qui est autorisé à leurs enfants (scolarisation et naturalisation) ou de ce dont s'autorisent avec audace leurs enfants, pour s'enraciner eux-mêmes, pour se donner à leurs propres yeux et aux yeux des autres une autre légitimité, moins discutable et moins révocable, espèrent-ils, que celle qui leur vient du travail, pour *exister* pleinement même si c'est par procuration, la procuration don-

---

objectif et aussi comme la condition la plus sûre de l'assimilation (voir article 69 du Code de la nationalité) ; de plus, elle est explicitement mentionnée par le Code et vaut, quand elle a été portée jusqu'au niveau supérieur, une réduction du stage à deux ans : «Le stage mentionné à l'article 62 est réduit à deux ans : pour l'étranger qui a accompli avec succès deux années d'études supérieures en vue d'acquérir un diplôme délivré par une université ou un établissement d'enseignement supérieur français » (article 63, alinéa 1).

née à leurs enfants et celle que ces derniers leur rendent en retour. C'est en ce sens qu'on peut dire que l'école « naturalise » et qu'elle prépare à la naturalisation.

Les nations et les droits dont elles se sont pourvues en matière de nationalité n'aiment pas les conflits de nationalités. Toutes et tous travaillent à les prévenir ; toutes et tous aimeraient une appartenance nationale exclusive de tout autre forme d'allégeance à quelque autre puissance, même quand celle-ci n'est pas, à proprement parler, politique. Et cela au moment où l'extraordinaire élargissement et l'imbrication de différents espaces (espaces géographiques, économiques, linguistiques, culturels, idéologiques, etc.) qui sont aussi des espaces politiques ou nationaux (au sens étroit du terme) peuvent conduire à la possession de plusieurs nationalités simultanément ou successivement. Mais ce qui n'est permis qu'exceptionnellement dans certaines situations peut-il l'être plus largement et plus ordinairement, au double sens statistique (plus fréquemment) et social (pour des sujets ordinaires) du mot ordinaire ? Quelle que soit la solution qu'il faille adopter – libéraliser et populariser plus que de raison la procédure qui consiste à libérer des liens d'allégeance ou réduire les effets de l'automaticité de l'acquisition de la nationalité par le *jus soli* –, il semble que le souci majeur est, dans le cas d'espèce, de dissuader le type de comportement que le juriste Niboyet appelle le « fait de pique-assiette international[1] » prétendant vivre dans un pays, parfois de génération en génération, en conservant une allégeance politique étrangère.

Cette représentation qu'on dirait autorisée, car elle est énoncée par des personnes qui font autorité en la matière, rejoint et conforte l'opinion commune portée à voir dans

1. J.-P. Niboyet, *Traité de droit international privé*, Paris, 1947, t. I ; voir aussi P. Lagarde, *op. cit.*, p. 62.

cette nouvelle population d'« immigrés jouissant de la nationalité française » une nouvelle classe de « parasites » bénéficiant de tous les droits qu'assure la qualité de national, mais se dérobant aux devoirs qui vont avec ces droits. On les soupçonne, par exemple, de ne pas payer d'impôts ; de se soustraire au service militaire, péchant alors par défaut de patriotisme ; à la limite, de receler en eux le risque d'une trahison toujours possible, l'adoption de la nationalité n'étant que circonstancielle, motivée seulement par des intérêts d'ordre pratique et matériel et, en définitive, une simple ruse[1]. C'est, sans doute, afin de se garantir symboliquement contre un pareil risque et contre la subversion qu'il comporte, qu'on aime soumettre le « néo-national » à l'épreuve du serment civique et à la solennité dont elle s'accompagne – épreuve de pure forme, certes, puisqu'il n'est aucun délit de parjure, aucun juge pour condamner ce délit et aucune sanction pour en punir l'auteur, mais le respect des formes est sans doute en la circonstance la forme la plus grande de respect.

Que tous ces sujets qu'on qualifie de « double-nationaux », pour ne pas dire qu'ils ne sont que des « bi-nationaux » ou, au mieux, des « demi-nationaux », se

1. On ne comprendrait pas autrement que des preuves de civisme soient exigées pour l'acquisition de la nationalité et que des épreuves soient imposées à cet effet, à commencer par la plus solennelle d'entre elles, qui est le serment de fidélité à l'allégeance souscrite par l'acte de naturalisation : de la même manière, il faut rapporter à ce contexte de véritable suspicion la législation relative à l'immigration pour en saisir la vraie nature et comprendre sa pleine signification, à savoir qu'au lieu d'être une législation visant simplement des travailleurs étrangers, elle est une législation qui pourrait être conçue pour prévenir l'espionnage, tout immigré pouvant être (et il est à sa manière) un « espion » et tout espion pouvant se cacher sous les dehors d'un « travailleur immigré » ; « nationalement » parlant, il n'est rien qui sépare le travailleur immigré de l'espion (professionnel), ils se présentent et franchissent de la même manière les mêmes frontières.

décident à être ou des Français, et seulement des Français, ou des Algériens, et seulement des Algériens ; cela est de nature à clarifier, à souhait, la situation pour les deux pays partenaires et, en même temps, à satisfaire l'ordre national des deux parties, mais certainement l'ordre national qui annexe à lui de nouveaux ressortissants plus que l'ordre national qui s'appauvrit des ressortissants qu'il laisse partir. L'accomplissement total de cette logique pouvant aller jusqu'à vouloir, voire jusqu'à demander (si c'était possible), que l'Algérie, en toute réciprocité et pour l'équilibre de la relation, libère, à son tour, des liens d'allégeance à la nationalité algérienne ceux qui, parmi ces Algéro-Français (ou Franco-Algériens, comme on voudra les appeler), auraient apporté la preuve de leur attachement et de leur identification à la nation et à la nationalité françaises. Et cela jusqu'à ce que la nationalité effective, effaçant et faisant oublier la nationalité concurrente, soit la seule nationalité possible.

On discutera et on disputera encore longtemps de l'appartenance nationale ou des appartenances nationales – ainsi que des compatibilités et des incompatibilités qui en résultent – de ces enfants nés en France : pour la France, « enfants d'ailleurs » mais français parce que nés « doublement » (par deux fois dans l'intervalle de deux générations) sur le territoire français ; pour l'Algérie, « enfants algériens » mais nés ailleurs que sur le territoire national algérien. Mais il n'en demeure pas moins que ce sont, chaque année, quelque 16 000 à 18 000 enfants qui naissent ainsi dans les familles algériennes (les deux conjoints sont algériens) vivant en France, et reçoivent de ce fait la nationalité française dès leur naissance. Ce sont donc presque autant de jeunes qui, chaque année, à leur majorité, voire dès l'âge de 16 ans – âge à partir duquel ils auraient dû disposer d'un titre de séjour si la nationalité française ne leur avait pas été conférée automatiquement –, découvrent qu'ils sont inévitablement français de nationalité. Ces cohortes annuelles de jeunes « Algériens français » (ou de « Français algériens ») par le seul fait d'être nés en France constituent par leur exemple une manière de « licitation » de la naturalisation. Une manière de lever, aux yeux de chacun et aux yeux de tous, l'interdit total (social, moral, religieux, communautaire, politique, etc.) qui frappait l'acquisition de la nationalité française tout particulièrement. Avoir un fils « français » de nécessité, mais restant malgré cela, aux yeux de tous (et, surtout, si la chose est prouvée), tout aussi « bon » fils, sinon meilleur fils, tout aussi « bon » Algérien, sinon meilleur Algérien, tout aussi « bon » musulman, sinon meilleur musulman, etc. (« bon fils », « bon Algérien », « bon musulman », ce qui est une seule et même chose), tout cela ne peut que « réconcilier » avec la naturalisation. Comment dès lors s'opposer à ce que, par exemple, le frère aîné (né avant 1963) de ce « bon fils qui est tout de même français » n'acquière la nationalité française si telle est sa volonté et telle est la conception qu'il a de ses intérêts ? Et une fois que la qualité de Français est introduite dans une famille et qu'on réalise d'expérience qu'elle n'entraîne aucun des bouleversements, ni aucune des « catastrophes » qu'on redoutait, ni à l'intérieur même de la famille, ni dans le réseau des relations auxquelles on tenait aussi bien en France qu'en Algérie, c'est toute l'appréhension cumulée contre la naturalisation qui se trouve dissipée et beaucoup d'autres personnes qui ne peuvent bénéficier du double *jus soli* en viennent à demander leur naturalisation. La « violence », sorte de « douce violence », faite à la personne qui a reçu la nationalité française de cette manière (et à sa famille plus qu'à elle) tend à faire tache d'huile.

Ambiguïtés et double conscience

Les bénéficiaires de la nationalité acquise sans l'avoir demandée au préalable s'en accommodent bien, et ce ne sont pas les protestations de circonstance (qui peuvent être parfaitement sincères par ailleurs) qui peuvent convaincre du contraire. Leur entourage, qui n'aurait pas accepté l'acte de naturalisation selon la procédure ordinaire, se montre soulagé, après coup, que la nationalité française (les «papiers français», comme on dit) soit advenue d'elle-même, telle une «contrainte» ou sous l'apparence d'une contrainte imposée collectivement : c'est le lot commun de tous et non pas le résultat d'un acte individuel et volontaire par lequel certains se singulariseraient et se sépareraient des autres. Somme toute, la manière dont est acquise la nationalité française importe plus que la relation qu'on peut continuer à entretenir effectivement avec la nationalité et aussi avec la nation d'origine (ce qui est différent du rapport intime, purement affectif qu'on a à l'égard de l'une et de l'autre).

Aussi, en dépit des protestations de toutes sortes qu'il est de bon ton de proclamer, en dépit du sentiment de culpabilité ou de simple malaise qui continue à habiter les naturalisés, la naturalisation qu'on dit «forcée» finit par susciter comme une satisfaction qui, pour toute une série de raisons, demande à rester secrète et, parfois, résignée. On ne veut comme preuve de ce changement d'attitude que le souci de plus en plus fréquemment exprimé par chacune de ces familles qui sont «divisées» sous le rapport de la nationalité de refaire son unité et de retrouver aussi une relative homogénéité ; et cela au prix, s'il le faut (et il le faut nécessairement), de la naturalisation. Certes, ce n'est pas la première fois qu'une innovation, aussi amère soit-elle, vient au secours d'une exigence qui peut

paraître anachronique : ici, le souci de la cohésion familiale qui semble être une manière de survivance de la
morale « traditionnelle » ; à moins, ce qui revient au
même, que le besoin apparent de se conformer à l'impératif « traditionnel » serve, ici, de justification à l'innovation.

« Nous ne pouvons pas être partagés : certains d'un
côté, certains de l'autre côté ; les uns algériens et les autres
français. Ils sont frères et sœurs, de même père et de même
mère, il n'y a aucune différence – entre les uns, plus âgés,
et les autres, plus jeunes ; entre les premiers et les derniers.
Il faut que tous soient ensemble, ou des Français ou des
Algériens et non pas une partie d'entre eux, des Algériens,
et une partie, des Français. C'est de l'injustice... Mais
comme ils ne peuvent pas être tous algériens ici en France,
alors autant qu'ils soient tous français. Et même nous, les
parents, si on nous le demandait, nous serions français
aussi. Pourquoi pas ?... Sauf qu'on ne nous le demande
pas, et c'est un peu tard pour nous [...]. Nous n'allons pas
le demander nous-mêmes. Ils n'ont qu'à dire que tous
ceux qui ont des enfants "tenus" par la nationalité française sont, eux aussi, "tenus" par la même nationalité,
comme leurs enfants. Et le problème est résolu !... »

Que des parents tiennent ce langage, cela ne veut pas
dire que la naturalisation de leurs enfants ne puisse pas
être un objet de conflit. Au contraire, ce langage est
précisément le produit de ce type de conflit que la naturalisation porte objectivement en elle dans la mesure où
elle comporte toujours le risque d'ajouter, quand l'occasion se présente, sa part de dissension à tout ce qui
sépare déjà deux générations que leur trajectoire sociale
oppose du tout au tout. L'opposition des nationalités et,
surtout, la divergence des attitudes à l'égard de la naturalisation ne font, ici, qu'aggraver et, peut-être même, que
révéler l'écart que l'immigration a introduit entre les
générations des parents et des enfants. Que les conflits

de ce type éclatent ouvertement ou qu'ils restent larvés, ou encore qu'ils soient maintenus souterrains, simples virtualités que les uns et les autres conviennent d'ignorer au prix de stratégies d'évitement sciemment élaborées et également partagées, tout le monde – parents et enfants et aussi tout leur entourage rendu complice – s'accorde pour déplorer, plus que le motif de la dispute, l'impossibilité de la réconciliation sur la base d'une seule nationalité, la nationalité française, la seule possible car la seule qui puisse être commune dans la situation commune aux deux générations (*i.e.* la situation d'immigrés).

Même s'ils s'en défendent, les immigrés algériens ouvrent la voie à une autre forme de naturalisation et à une autre catégorie de candidats possibles à la naturalisation, non pas seulement au sein de la population des immigrés d'autres nationalités, mais, plus fondamentalement, dans la population des Algériens en Algérie même. Une naturalisation et des postulants à la nationalité française qui, bien qu'ils participent de la même histoire qui a produit l'immigration, se séparent de celle-ci et de son histoire propre, n'acceptant de lui être redevables que de ce dont ils ont besoin en la circonstance, à savoir l'exemple qu'ils peuvent lui emprunter et la justification que leur apporte ce même exemple : exemple dans lequel ils puisent de quoi se justifier, de quoi justifier et autoriser leur propre comportement en ce domaine[1]. Et, s'ajoutant les unes aux

1. Cette « banalisation » se lit, par exemple, à l'occasion du contrôle aux frontières, ces lieux où s'objective, au moment du passage d'un territoire à un autre et d'une souveraineté à une autre, l'identité nationale des passagers et où s'opère la discrimination entre les nationaux du pays et les étrangers au pays : le fait que, de plus en plus souvent et de plus en plus nombreux, des Algériens de toutes caractéristiques sociales (ouvriers, « cols blancs » ou commerçants, ruraux et citadins, hommes et femmes, jeunes et moins jeunes, etc.) aient besoin pour entrer en Algérie et, ce qui revient au même, pour se

autres, toutes ces raisons contribuent à « désacraliser » au sens propre du terme et, du même coup, à « laïciser » la notion de nationalité et avec elle la notion de naturalisation.

« Désacralisation », d'abord, au sens religieux du terme, puisqu'il est possible, désormais, d'être bon musulman (bon croyant et bon pratiquant) tout en étant de nationalité française : beaucoup de musulmans ayant eu, pour une raison ou pour une autre, la nationalité française s'acharnent davantage à le prouver pour eux-mêmes et pour les autres (musulmans ou non), en multipliant les marques les plus ostentatoires de leur fidélité à leur foi. Désacralisation, ensuite, puisqu'il s'agit de dissiper un tabou : l'interdit social et communautaire, moral plus que strictement politique, qui frappe la naturalisation. L'usage nouveau, dérivé d'une conception nouvelle, qui tend à se généraliser, de la nationalité et de la naturalisation, impose qu'on donne à celles-ci une acception, à l'avenir, plus strictement politique et administrative. Tout cela autorise à penser que

---

faire connaître et reconnaître comme algériens (et/ou français), d'exciper de pièces d'identité françaises, ne peut manquer d'influer, d'abord, sur le comportement des agents chargés de ce contrôle et, ensuite, plus largement, sur toute l'opinion publique. En nombre croissant à mesure qu'ils avancent en âge, ces Algériens qui se disent et qu'on dit en la circonstance (pourvu que les apparences soient sauves !) « Français d'office » ou « Français malgré eux » finiront par imposer une autre représentation de l'identité nationale et une autre conception de la naturalisation ; cela en raison, bien sûr, de leur nombre sans cesse croissant et, par suite, de la fréquence de leurs voyages dans les deux sens, mais, plus encore, en raison des caractéristiques sociales qui leur sont propres (niveau d'instruction en français, niveau de qualification de leurs professions et autres signes extérieurs trahissant une position sociale plus élevée : langage, costume, aisance corporelle, etc.) et qui les éloignent pour ainsi dire de l'émigré traditionnel donnant de la sorte plus d'autorité à leurs comportements qu'on pourrait pourtant accuser d'apostasie.

l'accroissement du nombre des « Algériens de nationalité française », certains ayant demandé à l'être et d'autres ne pouvant refuser de l'être, contribuerait à vulgariser et à populariser[1] la naturalisation, au moins parmi la population des immigrés, les premiers concernés.

On pourrait penser aussi que toute cette récente évolution serait de nature à lever les résistances ou tout au moins les réticences. Mais c'est ignorer qu'en ce domaine il n'est aucune attitude qui ne soit ambiguë. La « licitation » de la naturalisation, qui n'est plus alors qu'une simple substitution de « papiers » à d'autres « papiers » – les « papiers jaunes » (de la couleur de la carte d'identité française) aux « papiers verts » (de la couleur de la carte d'identité et du passeport algériens), comme on aime nommer par leurs emblèmes les nationalités en cause –, tout comme l'attitude opposée, la réprobation de la naturalisation en tant qu'elle est la marque et l'aveu d'une aliénation et aussi d'une altération et d'un reniement de ce qu'on est fondamentalement, coexistent contradictoirement chez la même personne, une réaction l'emportant sur l'autre selon le contexte, selon les besoins et les usages du moment. Et il n'est pour exprimer cette situation contradictoire qu'un langage lui-même contradictoire.

« Je suis algérien malgré mes papiers français » ; « Je suis français, malgré mes apparences algériennes ». « Je suis français [cela dit sur le mode du constat], français comme un tout autre [comme un Français vrai, de souche, c'est-à-dire de vieille date]. Je suis né ici, j'ai été élevé ici,

1. Populariser au double sens du mot, au sens morphologique et au sens social : au sens de rendre plus nombreux les cas de naturalisation et, ceci entraînant cela, au sens de faire partager la naturalisation jusque parmi les classes populaires, celles-là qui ont fourni majoritairement l'immigration, même si pareil comportement qu'on pourrait qualifier de « bourgeois » leur est traditionnellement étranger, contraire à leur ethos, voire à leur éthique.

j'ai grandi ici, j'ai été fabriqué ici, pour ici, pour vivre ici ; j'ai mes habitudes ici et les habitudes d'ici, j'ai les idées d'ici [...]. Mais, au fond de moi, je me sens quand même algérien ; en mon for intérieur, je me sens... il y a quelque chose qui me dit que je suis algérien..., algérien uniquement par la naissance..., né dans une famille algérienne. On est toujours quelque chose ou quelqu'un par sa naissance ; personne n'a demandé à naître ici ou là, il n'y a pas de choix. Je n'ai choisi ni d'être algérien ni d'être français. Ça n'a aucun sens. Algérien sans l'avoir voulu et Français sans l'avoir voulu, même quand on demande sa naturalisation [...], mes parents n'ont pas choisi d'immigrer en France : ils ont immigré, c'est tout ; mes parents n'ont pas choisi d'être français dans leur temps, ils n'ont pas choisi d'être colonisés : ils ont été colonisés, ils ont été français, c'est tout [...]. Je peux même dire que j'ai fait pour être français plus que je n'ai fait pour être algérien, puisque je suis allé à l'école française, dans la mentalité française, etc. C'est ça qu'on appelle la culture ou pas [1] ? »

Une autre variante, fréquemment exprimée, de cette ambiguïté, voire de cette antinomie, est de dire en jouant

1. Jeune de 18 ans, habite Montreuil avec ses parents ; chômeur (n'a jamais travaillé réellement) ; titulaire d'un CAP de mécanique, a voulu faire un BP dans le « traitement des métaux » ; a séjourné deux fois en tout et pour tout en Algérie, la dernière fois à l'âge de 13 ans, et ne montre aucun empressement à y retourner : « De toute façon, c'est "cuit" maintenant... avec le service militaire » ; refuse catégoriquement l'idée même de faire son service militaire en Algérie... « ni même en France », n'a pas même pris la peine d'aller se faire recenser au consulat ; ne refuse pas la nationalité française mais « ne fera rien pour la demander ». En inversant ses propres termes, ce même jeune aurait pu dire : « Je ne suis pas né en Algérie, je n'ai pas été élevé en Algérie, je n'ai pas mes habitudes en Algérie (ou je n'ai pas les habitudes de l'Algérie), je n'ai pas les idées de l'Algérie..., mais je me sens quand même algérien... »

sans le savoir sur les deux dimensions constitutives de la nationalité : « La France est seulement mon pays, l'Algérie est ma patrie » et d'ajouter comme pour mieux expliciter la distinction : « On vit dans un pays, on travaille dans un pays et même on travaille pour ce pays, mais *on est* d'une patrie. » Ainsi on peut posséder un pays ou une nationalité et appartenir à un autre pays ou à une autre nationalité, être possédé par un autre pays et par une autre nationalité.

Tantôt, on peut être « français de fait », comme cela se peut quand on est né, qu'on a été élevé et scolarisé en France, qu'on a grandi au sein de la société française et selon les normes françaises (même approximativement) et qu'on est appelé nécessairement à vivre en France, mais sans être pour autant tout à fait français puisqu'on ne l'est pas de droit : cette chose peut encore, contre toute attente, se rencontrer et elle offre de plus la possibilité de dénoncer, sur le mode de l'injustice et de l'arbitraire, une situation d'exclusion qui est pourtant conforme au droit, mais qui est perçue, semble-t-il, comme une variante paradigmatique, résumé et symbole, de toutes les autres formes d'exclusion : c'est le cas, notamment, entre autres immigrés, de tous les « jeunes » Algériens, les uns nés en Algérie (quand elle était encore la France et bien après) et venus tout enfants en France, les autres nés en France mais trop tôt (avant le 1er janvier 1963) pour recevoir automatiquement la nationalité française : les uns et les autres ayant toujours vécu en France et sans pouvoir, peut-on ajouter, vivre ailleurs qu'en France[1]. Tantôt, on est « français en droit » seulement (ou, comme cela est dit

---

1. Revenir sur l'attribution de la nationalité française, telle qu'elle est instituée par les articles 23 et 24 du Code de la nationalité, n'aurait d'autre résultat que de grossir dangereusement ce groupe de sujets dont l'identité de fait – ils sont, sociologiquement parlant, des Fran-

de plus en plus souvent, « français sur le papier », « français par les papiers », sans plus) comme le sont déjà et le seront encore plus nombreux les jeunes nés en France, mais sans l'être complètement dans les faits, ni objectivement en raison des discriminations et exclusions multiples dont on est victime (à cause, apparemment, des seules origines), ni surtout subjectivement en raison du sentiment qu'on a d'être victime de ces exclusions et discriminations fondées sur les seules origines.

Voilà le paradoxe que l'immigration a fini par engendrer, aujourd'hui, en ne faisant pas correspondre l'état de droit et la situation de fait. L'incomplétude de fait rejaillissant sur le droit, c'est un discrédit nouveau qui est jeté sur la naturalisation après coup, après que chacun en eut fait l'expérience. Cela veut dire qu'on ne peut être pleinement français quand on ne l'est pas de droit : c'est là comme une évidence logique au regard du droit, une donnée qui a pour elle la certitude que confèrent le droit et la croyance dans la force du droit. C'est, d'ailleurs, à cette condition et aussi parce que cette donnée du droit porte en elle le principe de son intelligence – ici, le principe qui engendre la consolation – qu'elle peut être supportée, acceptée tout « naturellement » même par ceux qui en sont les victimes. Mais, à l'inverse, savoir en droit (théoriquement) qu'on est français de droit et devant le droit, et découvrir quotidiennement, de manière quasi expérimentale, que cela ne suffit pas pour être vraiment et complètement français, c'est là une donnée qui peut faire qu'on se retourne contre la naturalisation. On ne peut être pleinement français de droit quand on ne l'est pas pleinement dans les faits, c'est-à-dire tant qu'on ne l'est pas ordinairement dans la vie ordinaire ; et,

---

çais – n'est pas corroborée par l'identité de droit, car, pour ne pas l'avoir demandée, ils n'ont pas la nationalité française.

symétriquement, on ne peut être pleinement français dans les faits si on ne l'est pas légitimement de droit. Identité d'assignation (ou par assignation), on est français ou on se dit français comme par jeu (« pas pour de vrai ») quand on n'est pas ou tant qu'on n'est pas français officiellement (*i.e.* de droit). Inversement, on n'est pas français – on se refuse au fond de soi à être français et à accepter d'être français – ou, pour le moins, on est autre que français ou français autrement, dès lors qu'on est assigné à être officiellement (*i.e.* de droit) français.

Comment alors vouloir reprocher, dans de pareilles conditions, à toute cette classe de « naturalisés à leur naissance » et d'« approximativement français », de manquer d'enthousiasme, de ne pas trop montrer d'empressement à posséder la nationalité française ? Et, surtout, comment leur reprocher de n'user de la naturalisation qu'utilitairement, pour les seuls avantages (les maigres avantages) qu'elle peut leur procurer, et sans s'y engager « patriotiquement », voire passionnément, quand toute l'expérience qu'ils font de leur qualité de Français leur confirme que le changement de statut civil qu'ils ont opéré en acquérant la nationalité française n'a rien changé et ne peut rien changer à leur condition d'« immigrés » (ce qu'ils restent toujours socialement), d'« Arabes » et d'« immigrés arabes » ? Même si elle n'a de réalité que juridique, la naturalisation leur aura, au mieux, permis, comme ils disent eux-mêmes non sans ironiser sur leur propre sort, de « se vacciner contre l'expulsion ». Parade juridique à une menace qui n'a de fondement que juridique – elle repose tout entière sur l'opposition entre national et non-national, le non-national étant en droit expulsable même s'il peut ne jamais être expulsé. Voilà qui est tout et rien à la fois. La naturalisation est tout, en ce sens qu'elle engage tout l'être de la personne et aussi toute son existence : « changer ses papiers, voilà ce qu'est la naturalisation », cette périphrase euphémisante laisse entendre qu'« au fond de soi, on n'a pas changé et on ne peut pas changer en n'ayant changé que les papiers qu'on a en poche… » et encore moins qu'« on ait pu changer au point qu'il faille après cela changer ses papiers… », mais elle signifie aussi que cela consiste à se donner les moyens élémentaires et irréductibles d'exister légalement là où on existe présentement et où on a à exister, là où se joue et où on joue son existence présente et à venir (dans l'immigration). Mais malgré cela, la naturalisation n'est rien à vraiment parler, en ce sens qu'elle ne change rien et tant qu'elle ne change rien, ni à la « nature des choses » ni à l'identité de la personne.

Subjectives et objectives à la fois – d'une part, elles sont inscrites dans l'être même des sujets, dans leur *habitus* et leur manière propre de structurer le monde social ; d'autre part, elles font partie du monde extérieur dans lequel il faut se mouvoir, et qu'il faut aussi conquérir –, toutes les constantes, qui sont constitutives de l'identité et qui, à ce titre, apparaissent comme des différences que la naturalisation, à elle seule, ne saurait effacer, donnent lieu à des représentations mentales en même temps qu'objectives (dans les objets et dans les signes), qui ont, de quelque signe (positif ou négatif) qu'elles soient affectées, une valeur et une fonction emblématiques. Ainsi, le champ est ouvert à toute une série de manipulations visant à imposer la représentation qu'on aimerait donner de soi, la représentation que les autres devraient avoir, d'abord, des caractéristiques qu'on s'accorde à regarder comme distinctives et, ensuite, des porteurs de ces mêmes marques différentielles.

La lutte pour la définition des identités, identité nationale, régionale, ethnique ou culturelle, etc., étant une lutte pour la manipulation des représentations mentales, les enfants des familles immigrées algériennes, qu'ils aient ou non la nationalité française, ne sont « algériens » en France que par « volonté » (volonté d'être, pour eux-mêmes et au fond d'eux-mêmes, algériens) : « Je suis français quand on ne me dit rien, quand on ne me dit ni français ni algérien… Je suis français encore plus et encore plus fort quand on me dit que tu n'es pas français, et cela que ce soit en France ou en Algérie… ; là-bas, je ne sais pas, mais ici, oui ; oui dans l'Algérie qui est ici en France, car il y a une Algérie ici, et je soupçonne qu'elle est plus terrible que l'Algérie en Algérie. En tout cas, même en Algérie, si j'étais là-bas, je n'accepterais pas qu'on me dise tu n'es pas français…, ni tu n'es pas algérien, d'ailleurs […]. Je ne suis pas français quand on me dit que tu es français, c'est-à-dire quand on veut que je sois obligatoirement français, c'est-à-dire être à leurs pieds, leur baiser les genoux ; c'est comme si on m'ordonnait d'être français, alors là, je refuse […]. C'est la même chose avec l'Algérie et avec algérien. On me dirait tu n'es pas algérien, ici en France et plus encore là-bas en Algérie, je me révolterais […]. »

« Être ou ne pas être français » et, de la même manière, « être ou ne pas être algérien », c'est la même logique qui préside à la définition qu'on donne de soi ; et cette définition est aussi fonction du contexte et de l'intention qu'on devine à travers le contexte, c'est-à-dire à travers la définition que les autres engagent dans ce contexte : « Je suis algérien quand on ne me dit rien, quand on ne me dit pas que tu es algérien que tu veuilles ou non… et même quand on me dit que tu n'es pas algérien, il faut qu'on laisse ça à moi, il n'y a que moi qui peux dire je suis ça ou ça, comme ça me chante […]. Et encore tout dépend qui me dit tu es français ou tu es algérien…, où on me dit ça…, dans quelle intention et dans quel esprit on me dit ça… Je ne suis pas algérien, pas français quand on veut à tout prix que je sois algérien, que je sois français ; je suis algérien, je suis français quand je vois qu'on ne veut…, que ça les emmerde que je sois algérien, que je sois français… C'est pas facile tout ça…, ça use… ça fait des ennemis, ça fait de l'incompréhension même dans la famille ! Mais ça m'amuse quand même[1] ! »

L'acharnement parfois pathétique, la volonté presque désespérée que « les Algériens de France », « immigrés » en raison de leur volonté d'oublier qu'ils sont juridiquement français, mettent à vouloir contredire constamment toutes les identifications qu'on leur prête, c'est-à-dire toutes les représentations qu'on donne d'eux (aussi bien en France qu'en Algérie), ne procèdent pas de leur part de « mauvais instinct » social négateur et autodestructeur – nier ce qu'on est, aussitôt que c'est nommé –, mais trouvent leur explication dans les effets que produit toute stigmatisation systématique. Les réactions de ce type introduisent à une véritable sociologie du stigmate qui est à leur principe ; du stigmate considéré comme il devrait l'être, c'est-à-dire comme un ensemble de relations entre des positions socialement déterminées (quels que soient les occupants de ces positions) à l'intérieur du champ et non pas comme une simple relation particulière entre agents singuliers, cette relation n'étant qu'un effet de la stigmatisation[2]. Ici, au sein de la société française, ces relations structurales sont la manifestation de rapports cachés (de rapports de domination, rapports de force, ainsi que l'histoire de la genèse sociale de ces rapports) qui ne

1. Un jeune homme de 23 ans qui a, comme il dit lui-même, « deux lieux de naissance », sa famille algérienne en France, la France « le pays où il est né et où il a fait son apprentissage de la vie ».
2. C'est souvent sous la forme de simples relations d'interaction, relations d'individu ou de groupe d'individus à un autre, que l'interactionnisme envisage les relations de stigmatisation ; voir E. Goffman, *Les Usages sociaux des handicaps*, Paris, Minuit, 1975.

se trahissent que par leurs effets dans une relation d'interaction tout à fait interpersonnelle et qui, par la suite, sont tout à fait indépendants de nombre de déterminations conjoncturelles, les unes spatiales et les autres temporelles, fournissant l'occasion, le lieu et le moment de la relation particulière.

C'est une loi de physique sociale que toute stigmatisation provoque la révolte contre le stigmate. Cette révolte commence par la revendication publique du stigmate constitué de la sorte en emblème : « Je suis algérien…, je suis un immigré et fier de l'être » ; elle devrait s'achever par l'institution du groupe formé sur la base du stigmate, c'est-à-dire produit, pour une bonne part, par les effets économiques et sociaux de la stigmatisation. La multiplication des associations dites « étrangères » ou associations d'immigrés témoigne à l'évidence d'abord de la volonté des immigrés (presque toujours des jeunes) qui s'y rassemblent d'avoir à se dénommer, à se constituer en groupe ayant un *nom*, c'est-à-dire une base d'identification commune ; ensuite, de la manière dont ils se dénomment. Les noms, dont ils conviennent pour se nommer – « nouvelle génération », les « jeunes Arabes de… », « association culturelle de… », « association berbère de… », etc. – et qui ne sont que des reprises à leur compte de la manière dont ils sont nommés par les autres trahissent le principe même sur lequel se fonde l'identité commune qu'ils se reconnaissent les uns les autres et en laquelle ils se reconnaissent tous, à savoir le stigmate que constituent aux yeux de tout leur environnement social et, par la suite, à leurs propres yeux, les discriminations multiples qui les frappent, discrimination territoriale (associations de quartiers « pour immigrés »), ethnique (associations d'« Arabes », de « Berbères », de « Maghrébins », de « Français originaires de… », etc.), culturelle, etc.

Sous ce rapport, on peut dire que les immigrés, quels qu'ils soient et quelles que soient leurs trajectoires en France, ne se comportent pas autrement que tous les autres dominés. C'est encore plus vrai des jeunes, les enfants des familles immigrées, quelle que soit leur situation à l'égard de la nationalité française. Car, contrairement aux apparences, ils occupent dans le champ des rapports de force symboliques une position encore plus dominée et plus critique que la position de leurs parents : en effet, à l'inverse de l'immigré traditionnel qui pouvait encore se donner l'illusion d'être « hors jeu » et d'ignorer le processus même de la stigmatisation, ils ne peuvent ni quitter la partie dans laquelle ils sont engagés, ni même feindre de n'être point concernés. Il ne leur reste plus qu'à accepter (acceptation voulue ou résignée, soumise ou révoltée) la définition dominante, telle que la donnent les dominants, de leur identité ; ou alors à rechercher – quand ce ne sont pas les deux choses à la fois et en même temps – l'assimilation par un travail subtil de bluff visant à dissimuler le stigmate ou, tout au moins, à en masquer les signes extérieurs les plus visibles, proposant de la sorte l'image de soi la moins éloignée de l'identité légitime, l'identité dominante. Comme toutes les fois qu'il s'agit de lutter contre la stigmatisation et contre la domination qui en est un des effets majeurs, ou qu'il s'agit – ce qui revient au même – de lutter pour l'*identité* de soi (identité nationale ou autre), de lutter pour imposer une définition *autonome* de soi, c'est-à-dire pour pouvoir définir conformément à ses intérêts (matériels et symboliques) les principes de définition du monde social, cela n'aboutit, le plus souvent, à rien d'autre qu'à reproduire sous une forme inversée le stigmate attaché à la représentation qu'on veut combattre. Renverser, comme par une opération magique, le rapport d'hétéronomie et le travail d'hétéro-définition dont souffrent tous les dominés, cela équivaut-il à faire

et à imposer l'autonomie, l'autodétermination et l'auto-
définition qu'on veut conquérir ? La négation purement
symbolique des premières ne peut suffire à instaurer efficacement les secondes. Le choix difficile sinon impossible est, ici, entre des stratégies différentes, stratégies de
reconnaissance et stratégies de subversion. Les premières
enferment en elles la reconnaissance des critères de jugement qui fondent l'identité comme identité légitime ; les
secondes s'attachent, en s'attaquant précisément aux rapports de force symboliques, à renverser l'échelle des
valeurs qui autorise la stigmatisation plutôt qu'à effacer
les traits stigmatisés. Ainsi, comme l'illustre la situation,
exemplaire sous ce rapport, des jeunes (algériens) nés en
France, ce sont des intérêts puissants, passionnels qui
sont engagés par chacun dans tout ce qui touche aux critères légitimes d'évaluation de la personne.

Cette lutte, qui a pour elle de pouvoir compter sur la
forme exceptionnellement mobilisatrice de tout ce qui
concerne l'identité, met en jeu des intérêts d'autant plus
vitaux que l'enjeu est la valeur même de la personne
socialement réduite ici à son identité sociale. Les agents
s'y investissent de tout ce par quoi ils se constituent en
tant que groupe distinct (« nous, les… » par opposition à
« eux »). Telle est, sans doute, la spécificité de l'immigration et de la situation de dominés qui est propre aux
immigrés : être condamnés à osciller entre des stratégies
de reconnaissance et des stratégies de subversion sans
avoir les moyens ni des unes ni des autres, c'est-à-dire
sans pouvoir ni imposer et s'imposer à soi-même cette
reconnaissance[1], ni trouver dans le contexte de l'immigra-

---

1. C'est, en définitive, le caractère illusoire de cette reconnaissance
(impossible) qu'exprime la formule devenue célèbre « Arabe, tu reste-
ras arabe lors même que tu sois le colonel Ben Daoud » qu'on attribue
à tort ou à raison – l'essentiel n'est pas là – à un Algérien naturalisé

tion les conditions de possibilité d'une stratégie subversive efficace[1].

Comme toutes les fois qu'il faut composer avec une situation fondamentalement contradictoire qu'on ne peut résoudre et dont on ne peut même pas sortir, le rêve de tous les « immigrés », confrontés de la sorte à une double identité (nationale) d'assignation, est de pouvoir cumuler, d'un côté, les profits symboliques que procure le fait de posséder une identité tout à fait légitime, qu'on peut affirmer publiquement et qui peut être reconnue aussi publiquement, et, de l'autre côté, les profits (difficilement compatibles avec les premiers) d'une autonomie entendue comme pouvoir de construire et d'évaluer par soi-même sa propre identité. Et, ici, dans le contexte de l'immigration, le dominé est tenu de renoncer à son autonomie (impossible) tant que, pour se faire reconnaître, il est condamné à être nié par ses semblables qui, souvent, ne se reconnaissent pas dans son entreprise d'affirmation de soi et aussi, ceci découlant de cela, contraint de se renier devant ses semblables à l'égard desquels il a objectivement pris des distances. Tant et si bien que les uns et les

---

français, ancien élève de Saint-Cyr et officier de l'armée française tout au début de ce siècle.

1. Le contexte de l'immigration diffère en cela du contexte colonial dans la mesure où celui-ci peut engendrer le nationalisme comme stratégie subversive destinée, non pas à abolir magiquement le stigmate par une inversion symbolique des signes de discrimination, mais à renverser totalement l'échelle de valeurs qui fonde le stigmate, c'est-à-dire à détruire le rapport de force, qui, en constituant le stigmate, engendre la recherche de la réhabilitation et, par suite, de l'auto-affirmation et de la confirmation du stigmate ; à la différence aussi, plus près de nous, de la revendication régionaliste qui, à la limite et en allant au fond des choses, ne peut qu'emprunter à la revendication nationaliste (voir P. Bourdieu, « L'identité et la représentation, éléments pour une réflexion critique sur l'idée de région », *Actes de la recherche en sciences sociales*, 35, novembre 1980, p. 63-72).

autres se trouvent être pris dans un processus de mutuel reniement qui est aussi un processus de mutuelle accusation de reniement. À la manière des sous-prolétaires qui rêvent de jouir simultanément, en dépit de l'incompatibilité qu'il y a entre les deux systèmes, des avantages économiques liés au « risque » (avantages que leur fait découvrir l'économie capitaliste) et de la sécurité morale et matérielle ainsi que de la solidarité que leur assure la tradition (avantages propres au système social et au système économique précapitalistes), les immigrés, ces autres « sous-prolétaires » dans l'ordre de l'identité, ne peuvent que tenter de concilier le double avantage, tantôt, d'une hétérogénéité voulue, totale et totalement originelle, et, tantôt, de n'être plus contraints pour le moins de se soumettre à une perpétuelle évaluation et de s'évaluer eux-mêmes de manière hétéronome, s'imposant en cela tout le travail de correction – éprouvé dans la honte – nécessaire pour obtenir et pour se décerner une bonne note de conduite. De ce point de vue, la situation qu'engendre l'immigration n'est comparable à aucune autre. En effet, alors qu'en d'autres circonstances le stigmate peut donner à la révolte (nationaliste ou régionaliste, par exemple) ses fondements économiques et sociaux, ses arguments politiques et symboliques, ses principes d'unification et ses bases de mobilisation, suffit-il, dans le cas des immigrés, à assurer véritablement leur identité culturelle ? Au risque de contredire les fictions qui animent les politiques qui se targuent de reconnaître et de promouvoir l'« identité culturelle » des immigrés, n'est-on pas en droit de se demander si une identité culturelle peut être fondée totalement sur le stigmate, si elle peut encore se prévaloir et se faire reconnaître en l'absence de toute garantie étatiquement établie ? Par une sorte de revanche ironique de l'histoire, ce sont, précisément, ceux qui ont été et sont encore, à la fois, les premières et les dernières victimes des idéologies nationalistes, celles « de la terre et du sang », qui sont contraints aujourd'hui, pour réaliser leur identité, de s'inventer de toutes pièces la « terre », le « sang », la « langue », l'« ethnie » (qui n'est qu'un euphémisme pour dire la « race ») ou la « culture », etc., tous les critères « objectifs » qui peuvent servir de « preuves » à l'identité et de motifs pour la revendication de cette identité. Le comble du paradoxe semble être atteint quand on aboutit à cette sorte de « nationalisme sans nation », de « patriotisme sans patrie », de « territorialité sans territoire », qui peut conduire à la revendication d'un territoire et de la localisation dans ce territoire encore impossible – impossible tant que le *jus soli* ne s'est pas converti, « naturalisé », en *jus sanguinis*.

La stigmatisation qui est, en apparence, le produit du territoire stigmatisé finit toujours, en réalité, par produire un territoire propre, un territoire revendiqué comme territoire stigmatisé et territoire de stigmatisés. Sous l'effet de la discrimination spatiale, qui est aussi et nécessairement une discrimination sociale et culturelle par l'intermédiaire de l'espace, certaines cités des banlieues des grandes agglomérations (Paris, Lyon, Grenoble, Marseille, etc.), cités de transit et cités de HLM habitées exclusivement ou majoritairement par des familles immigrées, le plus souvent maghrébines, ont été revendiquées durant les affrontements récents comme de véritables territoires « indépendants » qu'il s'agit de s'approprier contre la population française, nationalement et socialement différente, et surtout contre la police gardienne de l'ordre social et spatial : « nous sommes ici chez nous ! », « nous sommes sur notre territoire ! », « la cité est à nous ! ». Cela doit être entendu comme ceci : « Nous (stigmatisés) sommes chez nous, dans notre espace stigmatisé qui nous stigmatise et que nous stigmatisons. » Ces slogans, en la circonstance, sont autant de manifestations d'auto-affirmation. Or, n'est-ce pas précisément cette « appropriation impossible », non seulement pour des raisons d'ordre culturel, mais pour des raisons supplémentaires d'ordre juridique, qui est au principe même de la violence et de la culture de la violence, volonté pathétique de s'approprier un monde impossible ?

Le corps du naturalisé

En attendant que cette conversion d'un droit en un autre s'opère et que, dans le même mouvement, s'opère aussi, dans le cas des populations immigrées, la « naturalisation », comme la réalisation sur le mode du cela-va-de-soi, du processus de naturalisation, il ne reste plus qu'à faire comme si se naturaliser français n'était rien d'autre qu'une simple opération technique qui n'affecte en rien l'identité profonde de la personne ; n'était rien de plus et rien de moins que « changer ses papiers », « prendre les papiers français ». Quitte à découvrir après coup qu'« on n'est que français de papier », et qu'on ne peut être et on ne veut être – parce qu'on ne peut être – que « français de papier ».

« Est-ce que de me naturaliser français, ça change quelque chose à ma tête ? Est-ce que c'est écrit sur mon front pour qu'on puisse le lire, car s'il y a quelque chose d'écrit sur ma figure, c'est ma figure elle-même, celle que m'ont faite mes parents en me mettant au monde là où ils m'ont fait ; c'est ça qui se lit sur ma gueule et non pas la nationalité française que je peux avoir ou ne pas avoir... Ou alors il faut que je proclame partout : "Me voilà..., regardez-moi bien, je ne suis pas celui que vous croyez et pas même celui que vous voyez" et de sortir alors ma carte nationale d'identité française – de quelle identité s'agit-il ? – et de leur dire : "Peut-être que vous ne vous êtes pas encore rendu compte de la chose, mais regardez-moi bien : j'ai la nationalité française (ce qui, dit entre nous, n'est pas du tout la même chose que : je suis français) et je vais vous le prouver. Regardez-là ! [...][1]."»

Parce que le stigmate est avant tout, comme le rappelle Erving Goffman, de l'ordre de la *visibilité*[2], ce sont les traits physiques les plus apparents, le physique de la personne, qui se donnent à voir en premier lieu. L'immigré plus que tous les autres dominés – car c'est vrai, en règle générale, de tous les dominés – n'a d'avoir que son corps ; n'existe que par son corps et, à la limite, qu'en tant qu'il est un corps physique, un corps-labeur. Ce sont le nom, la parole (accent et prononciation), les marques imprimées au corps ou portées à même le corps (tatouages, chevelure, barbe, moustaches, etc.), le vêtement, en bref, le corps en son entier, les traits incorporés ainsi que tout ce qui touche au corps qui servent de support au stigmate, qui se font traits stigmatisés. La stigmatisation (sociale, culturelle, ethnique, voire politique, etc.) produit le trait stigmatisé, autant qu'elle en est, en apparence et par un effet en retour, le produit. Ce sont ces traits-là qui, en règle générale, sont les premiers et les plus fortement investis par l'assimilation, soit que celle-ci vise à les réduire ou à les faire disparaître magiquement, soit que s'applique à eux un travail constant de correction (pouvant aller jusqu'à l'hypercorrection), d'euphémisation, de redressement ; et, là encore, jusqu'à leur négation magique. Si, pour tous les stigmatisés, c'est-à-dire pour tous ceux qui occupent dans l'espace social des positions stigmatisées, le corps est le

---

1. Les expressions rapportées ici sont empruntées à Bou... Hammas dont on donne plus loin une partie – se rapportant à l'usage social du nom – de l'interview qu'il a consenti.

2. E. Goffman, *op. cit.*, p. 11.

lieu géométrique de tous les stigmates qui peuvent leur être infligés, c'est, sans doute, parce que le corps, individualité physique mais aussi produit social, est à la fois, d'une part, ce qui se laisse le moins ou le plus difficilement modifier et, d'autre part, ce qui est le plus travaillé, le plus contrôlé, le plus poli, le plus cultivé, ou le plus susceptible d'être tout cela quand la pression sociale y contraint. Parce que le corps est ce qu'on voit en premier d'une personne, il est un objet de présentation et aussi de représentation, on se présente et on est présent par son corps, le corps porte l'identité sociale ; il est cette identité même. C'est pour cette raison que le corps fait l'objet d'un travail tendant à le rendre présentable, c'est-à-dire à le modeler pour qu'il se rapproche le plus possible de la conformation tenue pour légitime.

Le rapport au corps propre, la représentation qu'on en a ou qu'on veut en donner sont une manière particulière d'éprouver la position sociale qu'on occupe, et de l'éprouver à travers, notamment, l'expérience qu'on fait de l'écart entre le corps idéal et le corps réel, tel que les réactions d'autrui le renvoient. Perçu et nommé par les autres, objectivé par le regard des autres, le corps dominé est un corps honteux, un corps timide, maladroit, peu assuré de lui-même, un corps qui s'éprouve dans le malaise. Il est un corps qui se trahit lui-même.

Gêne et aisance corporelles se distinguent l'une de l'autre comme se distinguent les deux manières de se naturaliser évoquées précédemment. Gêne et aisance dans le rapport au corps sont l'une à l'égard de l'autre ce que la naturalisation honteuse est à l'égard de la naturalisation pleinement assumée. Les unes et les autres supposent, dans chacun de leurs domaines respectifs, des classes d'agents qui, tout en accordant la même reconnaissance, dans un cas, à ce qui est conformation physique et comportement corporel légitimes et, dans l'autre cas, à la nationalité légitime, sont inégalement armés pour les réaliser[1].

Le rapport malheureux au corps (et, corrélativement, à la nationalité) trahit le malaise que connaît qui se sent trahi par son corps (et aussi par sa nationalité) ainsi que par tout ce qui en lui est soumis à représentation – à la présentation aux autres et à la représentation que s'en font les autres – et, par conséquent, fait ou peut faire l'objet d'un stigmate : le nom, le langage, l'accent et, plus largement, tout ce qu'on appelle « culture », cette marque à la fois cachée et manifeste qui s'inscrit à même le corps, dans les gestes, les postures, les manières de « porter son corps et de se comporter avec son corps » (P. Bourdieu), le corps étant ce qui donne corps à la culture. Le malaise qu'on éprouve dans son corps et à travers son corps trouve sa correspondance dans le malaise qu'on ressent dans sa nationalité ou à travers sa nationalité (l'ancienne comme la nouvelle) et, par conséquent, face à la naturalisation. On peut même dire qu'il est des circonstances ou le corps honteux ne fait que reproduire et exprimer le malaise ou la « honte » liés au fait de la naturalisation. Hésitant, se reprenant sans cesse, se surveillant constamment comme s'ils avaient le sentiment d'être constamment surveillés, se corrigeant inlassablement, souvent au risque d'en rajouter comme on dit, péchant par hypercorrection (autre manière de se trahir) plutôt que par des maladresses et des manquements.

1. Pour une analyse plus détaillée de la représentation sociale du corps et des usages sociaux du corps, d'une part, et des enjeux qu'engage la lutte pour la définition autonome de l'identité, d'autre part, on se reportera utilement aux articles des *Actes de la recherche en sciences sociales*, et, respectivement, au n° 4, avril 1977, « Présentation et représentation du corps » (le numéro en son entier et, plus particulièrement, P. Bourdieu, « Remarques provisoires sur la perception sociale du corps », p. 51-54), et au n° 35, novembre 1980, P. Bourdieu, *op. cit.*

Se percevant eux-mêmes avec le regard des autres (ou ce qu'ils s'imaginent être le regard des autres), comme s'ils étaient à l'extérieur d'eux-mêmes, ils en viennent à être à eux-mêmes d'autres qu'eux-mêmes, étrangers à eux-mêmes. Selon qu'on est dominé ou dominant, on est pour soi-même ce qu'on est pour les autres et par les autres et, dans l'autre cas, on est pour les autres ce qu'on est pour soi-même et par soi-même. Et le nom lui-même, le nom qu'on porte, le « nom propre », comme on dit, dans la mesure où il fait partie du corps et où il nomme le corps, n'échappe pas à la stigmatisation et aux effets de la stigmatisation, c'est-à-dire à la logique propre de la domination symbolique [1].

« Quand j'annonce Bou... Hammas [Hammas est le prénom], tout le monde voit l'immigré, l'Arabe immigré comme ils disent, c'est-à-dire ma tête : les cheveux noirs, crépus et évidemment longs – c'est comme ça qu'on voit les gens de mon métier, un peu artistes, donc avec des cheveux longs –, le teint basané comme on dit aussi – c'est un cliché –, la moustache – les Arabes, ça porte toujours la moustache, un Arabe sans la moustache, c'est presque pas un Arabe ; ils savent pas pourquoi les Arabes portent la moustache, souvent plus que la barbe, mais ils voient bien qu'ils la portent : grosses moustaches, petites

1. Il est significatif qu'en règle générale tous les Codes de nationalité – en tout cas, tous les codes consultés, le Code français, bien sûr, les Codes algérien, tunisien, marocain, égyptien, turc et presque tous les autres codes des pays arabes, etc. – traitent des changements de noms des naturalisés : le nom apparaît comme une altérité qu'il faut réduire et, par là même, un stigmate (sonore), réel ou potentiel, qu'il faut abolir ; on peut même ajouter que plus le nom originel du naturalisé (ou son prénom) est « étranger » (ou « barbare »), plus l'adoption d'un nouveau nom (ou prénom) qui fasse « naturel » s'impose socialement et même, parfois, institutionnellement.

moustaches, un filet, une ombre, une tache de moustache,
mais toujours un petit quelque chose sur la lèvre pour
qu'il ne soit pas dit : "il s'est rasé la moustache !" –, et,
effectivement, je suis comme ça : brun, cheveux crépus et
longs, moustache [...]. Mais si j'annonce Bou... Bernard,
c'est Bernard qu'on entend et pas Bou..., et c'est Bernard
qu'on se représente [...]. Évidemment, ils sont étonnés de
découvrir que ce Bernard, c'est en réalité un Mohamed,
c'est pas un Bernard comme les autres Bernard. Mais, à
moins de tomber – ça arrive – sur un raciste avoué, un
raciste impénitent – car les racistes ordinaires, ils sont
légion, se défendent d'être racistes ; raciste, c'est devenu
une insulte et personne n'a envie d'être insulté ou de
s'insulter en se disant raciste ; on est raciste dans le
comportement mais on se défend d'être raciste –, les gens
s'accommodent de ça, ça les flatte même ; au fond d'eux-
mêmes, ils sont même contents [...]. Contents de trouver
un immigré pas comme les autres et évidemment le mérite
de ça leur revient à eux, à leur société, la société française
qui les a "civilisés" : "c'est un Arabe... mais il travaille
bien" ; contents de se prouver à eux-mêmes qu'ils ne sont
pas racistes : "C'est un Arabe, mais je lui ai donné du
travail ; Arabe, Noir, Juif, moi ce que je vois, c'est le
travail s'il est bien fait, c'est tout, le reste me regarde
pas" ; contents aussi parce que, intuitivement, ils sentent
qu'ils sont en force, que l'avantage est toujours de leur
côté et qu'un Arabe, pour le même travail, leur prendra
probablement moins cher – ce qui est vrai, y a qu'à voir,
par exemple, sur les marchés là où il y a les Arabes, les
Noirs, les Asiatiques : quand ils ont un étal de fruits et
légumes, ils serrent un peu plus les marges bénéficiaires
et c'est moins cher chez eux –, ils sont donc gagnants. Et
puis, avec un Arabe, il peut toujours dire : "c'est du travail
arabe" ; et c'est toujours du "travail arabe" : s'il est bien
fait, c'est du bon travail malgré que c'est un Arabe ; s'il

est mal fait, c'est pas étonnant, c'est du "travail arabe". Et ça, l'Arabe le sait : il sait que son travail, bon ou mauvais, c'est toujours du "travail arabe", il faut donc qu'il soit meilleur pour être du travail, parce que c'est du "travail" d'Arabe ; et parce que c'est du "travail arabe", il est donc moins cher. Cela fait qu'ils sont doublement gagnants, sur la qualité du travail et sur le prix. Alors, tu comprends pourquoi les garçons de café s'appellent Marcel. Tu vois, toi, un client appeler : "Mohamed, un Ricard !" C'est Jeannot, même pas Jean. Un surnom, ça passe encore mieux que le prénom. Même les intéressés acceptent mieux le surnom ; ils le reçoivent, on le leur a donné malgré eux, ils ne l'ont pas choisi – comme la nationalité (française) dont tu parles –, comme on choisit le prénom qu'on se donne [...]. Kader, Karim, Mus... (pour Mustapha ; tous ces prénoms étant des diminutifs pour Abdelkader, Abdelkrim, etc.), ça commence à passer, les Français commencent à s'habituer. Mais *Mo-amed, amène-toi !*", ça s'entend pas. Ça s'entend sur un chantier à la rigueur ; Mohamed, c'est fait pour ça, alors que chez nous « si Mohamed », ça sert à interpeller respectablement quelqu'un qu'on ne connaît pas, on l'appelle « si Mohamed » comme on dit « Monsieur, s'il vous plaît ». Alors, tu comprends que dans les métiers de services, surtout quand tu as affaire avec la clientèle, le surnom est nécessaire et ça vient toujours ; comme tu surveilles ton costume (cravate, gilet, chemise blanche), tes gestes, ton vocabulaire, toutes tes manières ; si c'est pas toi qui te donnes un surnom, c'est ton patron, tes copains, les clients » (Bou... Hammas, 25 ans ; originaire du Sud algérien, venu en France en 1958 à l'âge de 5 ans ; graphiste dans une agence publicitaire ; après avoir « bourlingué », comme il dit, dans le monde entier et plus particulièrement dans les pays nordiques, a suivi en Belgique les cours d'une école d'arts graphiques).

Ainsi, loin de pouvoir régler, comme on croyait, le paradoxe de l'immigration, loin d'assurer ou de consacrer l'intégration totale des immigrés à la société et à la nation françaises, la naturalisation, dans la mesure où elle ne peut supprimer les différences objectives ainsi que les conflits que ces différences engendrent objectivement, pas plus qu'elle ne peut supprimer la volonté ou l'effet objectif de la différenciation qu'on y ajoute, tend, contre toute attente, à pérenniser les problèmes de l'immigration. Pire, elle semble les aggraver en raison de la conversion qu'elle leur fait subir. La naturalisation, en ne changeant rien ou pas grand-chose à la condition sociale des immigrés – même si elle change leur statut juridique –, modifie malgré tout la nature des problèmes se posant à eux et qu'ils se posent : les problèmes « ordonnés », voire « ordinaires », en tant qu'ils sont constitués comme problèmes d'immigrés, c'est-à-dire de groupes « extraordinaires » en raison de la spécificité (d'abord juridique) des immigrés (et cette manière de les identifier, en leur assignant une origine et un groupe, constitue toute l'intelligence qu'on a de l'immigration, l'alpha et l'oméga de tout ce qu'on peut en penser, en savoir et en dire), deviennent désormais des problèmes d'identité au sein de la nation ou, encore, des problèmes nationaux concernant des groupes de nationaux.

ANNEXE

Trois entretiens sur l'identité

I

« Tu t'interroges toujours et on t'interroge. Es-tu français et comment ? N'es-tu pas français et pourquoi ? C'est la suspicion totale. La suspicion a changé de registre. Avec les parents, la suspicion, c'était le travail : est-ce qu'ils n'ont pas pris le travail des Français ? Est-ce qu'ils paient les impôts ? Est-ce qu'ils ne volent pas la France, les Allocations familiales, la Sécurité sociale, etc. ? Nous, c'est la même chose, est-ce qu'ils sont français, ils aiment la France, ou non ? Il faut qu'ils apportent la preuve, le service militaire, la guerre ; on l'a vu avec la guerre du Golfe. On se met à t'interroger si tu as gardé des relations avec l'Algérie, avec l'Algérien que tu es. Combien de fois tu vas là-bas, même si tu n'y vas pas et que tu n'as rien à y faire ; tu lis les journaux de là-bas, tu écoutes la radio de là-bas, même s'il n'y a rien à lire et rien à écouter ; tu écoutes la musique de là-bas ? Tout le monde peut écouter le raï, on l'écoute comme on écoute le rock, mais si moi j'écoute le raï, c'est suspect, c'est que je suis pas français ou mauvais français, l'atavisme, c'est dans le sang. Et ce que je dis là, c'est les savants qui font ce travail, c'est la science : j'ai répondu à des questionnaires comme ça, maintenant on pose ces questions à des gamins, à l'école : le couscous ou le steak, et tous les gamins répondent bien sûr le steak, Mac Donald. C'est à te dégoûter du couscous et ils en sont dégoûtés…

463

au moment où tu entends partout, même à l'école, interculturel par-ci, interculturel par-là… ; multiculturel ;
identité de ceci et identité de cela. […] Je sais pas qui
fait ces questionnaires, qui parie, à qui ça rapporte – ça
doit rapporter quand même à quelqu'un, je sais pas qui,
qui a intérêt à ça –, mais ce que je peux dire, c'est que
les savants, la sociologie ou la psychologie, je sais pas…
ils sont pas forts, ils sont pas fins, ils sont pas intelligents. Ils appellent ça le *quid*, l'enquête du *quid* : qui es-
tu ? Je vais leur dire qui je suis. Comme si j'ai des problèmes avec moi, je suis pas avec un psychiatre, dans
l'asile. Je sais bien qui je suis, c'est pas eux qui vont
réapprendre qui je suis. Ils n'en savent rien. Et s'ils
veulent savoir, ils n'ont qu'à regarder les gens. Mais s'ils
sont incapables de comprendre quelque chose, rien à
rien, alors qu'ils cessent d'interroger, de t'interroger.
Qu'ils s'interrogent eux-mêmes sur ce qu'ils sont, s'ils
peuvent répondre à leurs propres questions sur eux-
mêmes, avant de répondre aux questions sur les autres…,
aux questions que ces autres ne se posent même pas.
Qu'ils s'interrogent pourquoi ils interrogent, pourquoi ils
prennent plaisir à interroger. Qui es tu ? *Quid ?* C'est
malsain… S'il vous plaît, vous qui êtes de ce monde, ce
sont vos collègues, s'il vous plaît, dites-leur ça. Dites-
leur qu'ils sont vicieux, malades, voyeurs, interrogateurs,
flics dans l'âme, flics des âmes. Dites-leur ça, s'il vous
plaît. Ça fait plaisir. Pas seulement à moi, mais pour eux
aussi. Quand est-ce que tout ça va s'arrêter un jour ?
Nous, toutes ces questions, c'est 24 heures sur 24, c'est
365 jours de l'année, c'est ta vie entière, de ta naissance
à ta mort, qu'on entend ça, qu'on voit ça, qu'on lit ça
partout… et surtout sur tous les visages, dans tous les
yeux. Et maintenant que les contrôles ont repris, la tête
du flic, tu vois ça, cet abruti, on peut pas dire qu'ils
pètent l'intelligence, il t'interroge : "Tes papiers !…"

Non, pardon, on leur a appris maintenant, même Pasqua y a été de sa leçon, on leur a appris à dire *vous* : "Vos papiers, s'il vous plaît !…" Tu sors ta CNI [carte nationale d'identité] : Français ; nationalité : française. Il hoche la tête. Au fond de lui-même, il doit se dire : "Encore un !…" Il aurait aimé être seul à être français, le bon Français, avec les autres Français comme lui. Ils appellent ça maintenant "Français de souche." Quelle souche ? La souche, c'est pas beau. Mais la souche avec ses racines. Les autres Français ne seraient que des Français de branchage, de feuillage. Tu lis tout ça dans la tête du flic, même si ses yeux ne brillent pas de lumière. Alors, il te dit : "Bon, bon, circule…" ; il te rend tes papiers. Mais j'ajoute au fond de moi : "Circule, virgule !" Voilà ce que tu es : une virgule, rien de plus. Moins peut-être, la virgule est bonne, elle donne du sens à la phrase. À l'école, on apprend la ponctuation, ça se met pas n'importe où. Mais va dire ça au flic. S'il a appris à se servir de la virgule. La virgule, pour lui, c'est le faciès, il sait pas que la virgule peut donner du sens à la France. Une France sans virgule serait une France incompréhensible. Mais ça, c'est la virgule qui le dit, c'est pas la France. Je suis pas dupe de moi-même.

[…] L'intégration qui est à la mode, dont on nous rebat les oreilles, qu'est-ce que ça veut dire ? Ou ça existe, il y a pas à en parler : c'est comme ça, c'est tout, qu'on soit content ou non ; ou ça existe pas, c'est pas la peine d'en parler, c'est que d'en parler qui l'a fait exister. Au contraire. Au rythme où vont les choses, c'est peut-être les mieux "intégrés" qui vont maintenant pousser des hauts cris, qui vont se révolter contre l'intégration. Pour moi, l'intégration est une accusation. Comment, avec tout ce qu'on a fait pour vous, vous êtes nés chez nous, dans nos cliniques ; on vous a élevés dans nos crèches, nos écoles maternelles ; on vous a scolarisés, on vous a appris notre école, etc., etc. ; et avec tout ça vous n'êtes pas encore "intégrés" ? Vous êtes indécrottables ! Arabes, vous resterez arabes… Si c'est pas le racisme, qu'est-ce que c'est alors ? Et on fait l'expérience de ça tous les jours, c'est humiliant, infamant. On nous tire de leur côté, mais en même temps, on nous signifie que jamais nous ne pourrons les atteindre. Et c'est ça qu'ils appellent l'intégration. »

AÏCHA (une fille du groupe) : « Intégration, on a appris ça en math, à l'école. On a appris les intégrales, l'exponentielle : c'est la courbe asymptote que l'on peut tirer jusqu'à l'infini et qui ne touchera jamais l'abscisse. C'est comme ça l'intégration, il faut courir après, et plus tu approches et plus on te rappelle que c'est pas tout à fait ça. »

SAÏD : « Math pour math. Moi, je crois que c'est la théorie des ensembles où on a des ensembles intégrés définis par des limites qui séparent ce qu'il y a dedans et ce qu'il y a dehors. Voilà pourquoi on est mal à l'aise avec tout ce langage : il y aura les "bons immigrés" intégrés ou "intégrables" et les "mauvais immigrés" indécrottables. Nos parents sont de ceux-là. Nous, les produits de la société française, nous sommes "mieux" que nos parents, la société est bien obligée de consentir cela, sans cela elle ne vaut rien, qu'est-ce qu'elle fait avec son école – on insiste beaucoup sur l'école –, mais nous alors là ne voulons rien dans la société française à cause de nos origines, à cause de nos parents. Je me demande comment tous les hommes politiques qui parlent de ça ne se rendent pas compte de ce qu'il y a de provocant, de grossier, je dirai de raciste dans le langage bien intentionné de l'intégration. Et il finira par produire le résultat contraire : ça va être les plus intégrés qui vont dire : on ne veut pas de votre intégration ; ça va être les plus français qui vont dire : on ne veut pas de votre nationalité s'il va falloir passer les fourches caudines et les humiliations de votre nouveau Code de la nationalité ! […] »

AÏCHA : « C'est comme avec la guerre du Golfe dont on a parlé tout à l'heure. J'ai réfléchi à ça… Je me suis dit : supposons qu'il y ait une guerre entre la France et le Brésil, chose improbable. Je me demande s'il y aura un journaliste qui aura l'audace, il n'aura même pas l'idée de prendre son micro et de faire toutes les loges de concierges des XVIe, XVIIe, XVIIIe arrondissements et de demander aux gamins portugais s'ils sont pour la France ou pour le Brésil ! C'est la même chose avec moi : je ne suis pas plus irakienne que le gamin portugais d'une loge de concierge n'est brésilien ! Si ça se faisait, je suis sûre qu'il y aurait eu un tollé général ; on aurait parlé de déontologie journaliste, de liberté d'opinion. Avec les "Arabes" en France – qui n'ont rien d'arabe –, cela a passé comme une lettre à la poste. Non seulement personne n'a protesté, mais il y a eu des "nôtres" (entre guillemets) qui en ont profité, qui ont manipulé – et c'est à eux que j'en veux le plus – les… et les… qui ont été dire partout, car cela rapporte et ça leur rapporte sur notre dos, que "c'est grâce à eux que les banlieues n'ont pas bougé" ! Les a-t-on réellement vus ? Je ne pense pas, mais on a fait comme si, tout le monde a intérêt à cela… Et certainement, ils ont été payés en conséquence et ils viendront nous dire qu'on vous a défendus ! Ils nous ont roulés, ils nous ont abusés pour leur propre compte ! Et ça s'appelle les "frères", la solidarité. […] »

II

– Un passeport européen, je le brandis. Il me réconcilie
avec moi-même. Depuis que je l'ai, il ne me quitte pas »
il est toujours dans ma poche, je l'embrasse [et de sortir
son passeport, de taper dessus et de l'embrasser]. C'est
un passeport européen, avant j'avais le passeport français
seulement. Chaque passeport a une couleur. On les
appelle par leur couleur. Vous avez le vert, on l'appelle
comme ça, le « passeport vert » [basbour lakhdar, en
arabe] – chez nous, il y a une chanson populaire qui
s'appelle Le Passeport vert : c'était à l'époque où, au
Maroc, c'était très difficile d'obtenir un passeport pour
émigrer, alors on chantait le passeport vert, le passeport
de la liberté – ; vous avez le bleu, le passeport français
ordinaire ; vous avez le passeport marron, le passeport
européen. Il ouvre toutes les portes, passe toutes les frontières, même quand tu t'appelles Mohamed, que tu as des
bacchantes, que tu as la gueule d'un Arabe. C'est là que
tu te rends compte de la force d'un passeport. Il te transforme.

– Il vous transforme en quoi, la nationalité française
vous transforme en Français de droit, au regard du droit,
mais le passeport européen ne vous transforme pas en un
Allemand par exemple ?

– Si. Il me transforme complètement. La liberté, c'est
pas seulement la liberté de voyager : pas de visa, pas

d'embêtement aux frontières. C'est avec moi-même. Il me donne la liberté d'être moi. C'est la liberté, c'est la vie.

– Je ne comprends pas. Avec vous-même, je pensais que c'est le passeport vert qui vous donne la liberté d'être vous-même. Pourquoi alors le passeport bleu ne vous la donne pas cette liberté et c'est seulement le passeport marron qui vous réconcilie avec vous-même, comme vous dites ?

– Certainement parce que le passeport européen n'existe pas en réalité, c'est une abstraction. L'Europe, c'est quoi ? C'est de la géographie pure et simple. Rien d'autre.

– C'est un territoire, un ensemble de territoires nationaux où on est dispensé de l'allégeance que comporte toute appartenance à un territoire national particulier, c'est-à-dire à une nation et à une nationalité.

– Oui, tout à fait. On est dispensé de cette allégeance. Car il y a l'allégeance, comment dire ? L'allégeance dans laquelle on est né, celle-là on l'oublie, elle nous semble tout à fait naturelle, elle fait partie de nous, on ne s'en rend pas compte. Il y a l'allégeance qu'on vit comme une nouveauté, on en a conscience, on sait qu'il faut l'accepter, c'est l'allégeance qui est inscrite dans la naturalisation, qu'on rend à la nationalité qu'on acquiert. C'est une chose que chacun vit, chacun fait cette expérience. Et quiconque s'est frotté un peu au droit apprend ça dans les manuels. Et il y a alors cette situation où un territoire national qui n'est pas le tien, qui n'est pas celui que tu t'appropries…

– Ou qui t'approprie.

– Oui, c'est dans les deux sens, tu l'appropries et il t'approprie, en t'appropriant la nationalité de ce territoire et en étant approprié par cette nationalité. Alors ce territoire national avec lequel tu n'as aucune relation d'allégeance, puisque c'est ça la nationalité, s'ouvre à toi comme si tu étais chez toi et t'autorise en même temps à continuer à penser que tu n'es pas chez toi.

– C'est ça ce que vous appelez la liberté avec vous-même, la liberté d'être vous ?

– Oui, c'est ça… C'est mieux que ça. Je ne suis plus enfermé dans moi, avec moi, entre moi, le Marocain, et moi, cet autre moi (la nationalité française). On se regarde en chiens de faïence moi et moi-même. Où est la vérité ? C'est le moi marocain ou c'est le moi français, chacun rappelle l'autre. Tu es français, tu te prends pour français, on te prend pour un Français, cela rappelle le Marocain qu'on a étouffé, qui est là-dessous, silencieux, absent, discret, muet, qui se cache, qui se tait, qui se terre. Et alors, au fond de toi, tu n'es jamais aussi marocain qu'en cette circonstance. Tu es marocain, tu te considères comme marocain, mais là, au premier pas que tu fais, tu te rends compte que c'est faux, que tu n'es pas si marocain que ça. Tu te mens peut-être pour te faire plaisir. Mais cela n'empêche pas de vivre. N'exagérons rien.

– Mais en quoi le passeport européen libère de tout ça ? L'enfermement de soi, c'est dans quoi ?

– Enfermé dans quoi ? Dans moi-même, rien d'autre. Dans ce dialogue impossible avec la France chez qui je suis. Comme on dit en arabe, « je suis dans son ventre » [en arabe] et peut-être maintenant « elle est dans mon ventre » [en arabe]. Suis-je français, ne suis-je pas français ? Il faut bien répondre à ça. C'est entre la France et moi. Et plus on répond à ça, par la naturalisation ou, comme on dit ici, par la culture, par l'assimilation, par l'intégration – c'est à la mode aujourd'hui –, plus la question se pose, plus elle est cruciale, obsessionnelle. Il faut se faire sourd, il faut vouloir ne pas l'entendre pour qu'elle ne se pose pas. Y en a qui jouent à ça…, qui trichent ou peut-être qui sont sincères, mais alors je les admire. Non, ils trichent, ils se racontent des histoires. Et certainement qu'ils prennent leur revanche quelque part : se défouler, cracher tout le mensonge, le théâtre, la mise en scène qu'ils se fabriquent. Sans ça, c'est impossible de tenir.

III

Dj. est né en France et, plus précisément, dans le quartier de Belleville et en 1968 comme il aime à le dire. Son père, âgé alors d'une quarantaine d'années, était déjà un ancien immigré en France. Originaire de l'Oranie et précisément de cette région montagneuse de l'Ouest algérien, les monts de Lala Maghnia, celui-ci avait émigré, d'abord, selon le mode d'émigration commun aux hommes de sa génération : au lendemain de la Seconde Guerre mondiale (en 1947-1948), encore bien jeune (à l'âge de 19-20 ans) et donc célibataire (il le restera assez tard, jusqu'à plus de trente ans), il vint en France rejoindre tous les autres émigrés de sa région employés dans les exploitations agricoles du Nord de la France et, ensuite, dans les houillères du bassin minier du Valenciennois ; comme la majorité des émigrés, ses compatriotes et contemporains, il n'a cessé de faire le va-et-vient entre son douar et la France, alternant l'état de fellah, de paysan traditionnel, et la condition d'ouvrier immigré, à l'exception de la période de 1956 à 1962, durant laquelle il s'était trouvé bloqué en Algérie du fait des hostilités. Sitôt après l'indépendance et la reprise de la libre circulation entre l'Algérie et la France, au printemps de l'année 1963, il émigré à nouveau vers la France, mais cette fois-ci en famille (son épouse et trois enfants). En France, dans la discrétion la plus totale, puisque sa femme elle-même n'en a pas été informée, il

472

optera pour la nationalité française en prenant la précaution, selon les dires actuels de ses enfants, de ne pas être confondu avec les « harkis »[1]. Ses enfants (deux frères et leur sœur plus jeune), qui ont joué le rôle d'informateurs, aimaient à préciser qu'« il n'a bénéficié d'aucun des avantages prévus pour les rapatriés » (car il n'en était pas ou n'a pas voulu en être un), qu'« il s'est naturalisé français en venant en France [...] », qu'« il a été titulaire d'un passeport algérien » (donc de la nationalité algérienne), qu'« il avait pris la nationalité française en pensant à nous, pour nous, ses enfants, pour nous faciliter la vie en France ». Eux-mêmes ne découvrirent la nationalité française de leur père et, par suite, la leur que lorsqu'ils eurent besoin, au moins pour les trois aînés qui sont tous trois nés en Algérie avant 1963, de demander pour eux la nationalité française qu'ils avaient de droit (du fait de la naturalisation de leur père) sans le savoir.

Dj., quatrième enfant de la famille, le premier à être né en France dans l'immigration, est titulaire d'un baccalauréat. Ce fut un miracle. Et de ce miracle, Dj. a une conscience aiguë : miracle social, parce qu'il est le seul, dit-il encore aujourd'hui, de tous ses camarades, enfants de la même cité, enfants ayant fréquenté les mêmes classes (à l'école élémentaire et au CES du quartier), « à avoir fait le lycée, à être allé jusqu'à la fin du secondaire et avoir obtenu le bac ». Miracle scolaire effectivement dans la mesure où ce fut de manière tout à fait inespérée que ce bac fut obtenu et, avant ce terme, que fut menée

---

1. Ce comportement semble avoir été dicté par une sombre affaire en rapport avec les événements des dernières années de l'Algérie coloniale : aucune des questions posées à ses enfants et à sa femme, mais jamais à lui directement, n'a pu éclairer ce point obscur ; il semble y avoir là quelque intention de vengeance à la suite de dommages matériels et probablement plus symboliques que matériels subis pendant la guerre.

toute la scolarité qui y a conduit. Dj. avait été pris en charge totalement, et pas seulement scolairement, par une famille française amie et protectrice qui avait remarqué ses bonnes dispositions pour le foot et qui, généreuse et compatissante, voulait apporter de la sorte une forme d'assistance aux parents et à toute la famille à un moment difficile de leur existence : le père, chauffeur de camion, venait d'être victime d'un grave accident dont il ne se remit jamais complètement, et il avait à subvenir alors à une famille de sept enfants (trois garçons et quatre filles) dont l'aîné est handicapé mental.

Dj. – Je commençais à rouler des mécaniques, j'étais l'aîné des garçons puisque mon frère, plus âgé que moi, était hors jeu, il n'avait pas toute sa tête à lui et il était placé dans des maisons de rééducation par le travail […]. Ce fut cette famille qui me sauva la mise, même si ç'a été trop dur pour moi… J'acceptais pas d'être parti de la maison, de la cité, du quartier, de tous les copains. C'était toute une autre éducation là-bas, chez eux […]. Maintenant je regrette beaucoup de n'avoir pas profité plus… En quoi ? Par exemple, ils recevaient beaucoup de monde…, tous des gens bien ; moi, je faisais la bête, je disais que ça m'intéressait pas, j'avais rien à foutre, je boudais, j'apparaissais pas. Alors j'ai pas profité de tout ça […]. Oui, j'étais bête…, c'est ça : je devais penser au fond de moi, j'avais rien à voir avec leur monde. C'est vrai, par exemple, ils insistaient pour me garder avec eux le samedi et dimanche, j'ai jamais voulu ; à la sortie de l'école le vendredi, je rentrais immédiatement chez moi ; en réalité, je rentrais dans le quartier, la cité, les copains. C'était ça mon monde à moi. La liberté ! Là-bas, c'était comme la prison, la cage […]. Oui, l'animal en cage […]. Le foot, oui. Ils avaient tout fait pour me faire faire du foot. J'ai été inscrit au Red Star. Le rêve ! Mais j'ai été à l'entraînement deux fois et j'ai abandonné […]. Pourquoi ? Là aussi c'est la même chose, c'était pas mon monde. L'entraînement, ils nous faisaient jouer à 15, à 17 par équipe pour essayer tout ce monde. Tu ne choisissais pas ton poste, ils te faisaient jouer à tous les postes. Alors que moi, je voulais jouer. Alors, je préfère la petite vedette que j'étais dans l'équipe du quartier que le travail qu'on te faisait faire dans une école de foot. Alors, j'ai laissé tomber. Peut-être, c'est un peu par vengeance aussi… que j'ai quitté le foot. […] N'empêche que c'est cette famille qui m'a sauvé la mise, même si ç'a été très dur pour moi… peut-être pour eux aussi. Aujourd'hui, ils m'en parlent pas, mais c'est moi qui le leur dis. Ce que j'ai été con…, je leur dis ça. Ça m'a dégoûté du foot, mais ça m'a valu mon bachot… Figure-toi que de tous mes copains, de toute la cité et peut-être de toute l'école, je suis le seul à avoir fait le lycée, à aller jusqu'au bac et avoir obtenu le bac. Tous les autres, rien. Et cela ça se retrouve aujourd'hui […]. Comment, il y a partout, pour tous, la taule, le chômage et pire que ça, la drogue, le sida. Je viens de perdre mon ami, la crème des hommes, génie à sa manière, toxico et sida ! Alors, tu comprends : moi, tous ces gens, j'aurais pu être comme eux, moi aussi ; il s'en est fallu de peu d'ailleurs. Alors tu comprends : aujourd'hui, je peux pas les lâcher, je peux pas… leur être infidèle. C'est comme ça. C'est pas parce que moi, je m'en suis tiré, j'ai un job, je gagne de l'argent, que les autres sont des riens, des vauriens, des incapables, qu'ils sont pas intelligents.

NORA (la compagne de Dj.) – Ah ! ça oui. Il peut lui. C'est comme ça quand monsieur gagne des sous, il va les leur distribuer. L'argent, c'est presque 5 000 francs qu'il a distribués comme ça. Monsieur est généreux ! Combien de fois, je rentre le soir tard, je marche chez moi sur des corps étendus par terre : ce sont les copains de monsieur qui n'ont pas où aller, le plus souvent éméchés, qui viennent demander l'hospitalité. Entre nous deux, c'est une bagarre qui ne se termine pas.

DJ. – Après mon bachot, comme ça, pour m'occuper, pour voir ce que c'est, je me suis inscrit à la fac, parce que je savais pas quoi faire. Je me suis inscrit en AES (administration économique et sociale) parce que, avec le bac G, on m'a dit que c'était ce qui allait le mieux pour moi. Inscrit, mais j'ai pas été loin. Ça s'est arrêté là… Entre-temps, j'ai découvert la photo, j'ai trouvé ma voie comme on dit. Je vis maintenant de la photo […]. Je gagne bien ma vie. Et, en plus, ça me donne l'occasion de voyager, de visiter les pays autrement qu'en touriste pressé. J'ai fait comme ça tous les pays de l'Est, la Pologne, la Hongrie, la Roumanie ; beaucoup d'autres pays du tiers monde, idéologiquement ou politiquement proches du monde communiste […]. Je voyageais pour la mairie de ma ville qui était une mairie communiste. J'ai fait comme ça, l'Angola, le Mozambique, la Namibie… ; l'Algérie, c'était la seule et unique fois que j'y suis allé…, le Sahara occidental. Et aussi en Asie, la Chine, le Vietnam, en Amérique, c'est Cuba, Costa Rica, etc.

Effectivement, armé de l'œil de l'appareil photographique et aussi de l'œil de l'ancien enfant des cités de banlieue, il rapporte de ses voyages des reportages à forte composante sociale. Dj. songe aujourd'hui à créer sa propre entreprise, son agence de photos, aidé en cela par son amie qui s'y est mise elle aussi : Nora, fille, elle aussi, d'une famille algérienne immigrée, s'est dotée d'une formation dans les métiers de la communication, elle avait déjà démarché pour une troupe théâtrale d'amateurs, dans la banlieue.

Dj. parle souvent des injustices sociales dont souffrent les jeunes avec lesquels il se sent en communion et en communauté de destin, compagnons de même origine et de même condition sociale, camarades d'enfance qu'il aime revoir et avec lesquels il a toujours gardé le contact, se montrant extrêmement généreux à leur endroit – et généreux en tout, en argent mais aussi en conseils – et qu'il est d'autant plus porté à comprendre et à excuser qu'il en est socialement séparé : « Je suis le seul de toute la bande à m'en être sorti, je suis le seul qui ait eu le bac et aujourd'hui le seul qui travaille, qui gagne de l'argent ; tous les autres sont chômeurs, en taule, ou dealers, ou ils se "shootent" ou alors ils sont déjà passés de l'autre côté comme mon meilleur copain qui est mort de drogue, de sida, ou alors, pour le moins, ils sont "hors jeu", ils ne font plus partie de la vie et de la société qu'ils se contentent de regarder et dont ils attendent qu'elle leur jette quelque chose… C'est dur, des gamins du même âge que toi, avec qui tu as grandi, qui étaient beaux, intelligents…, tout est possible avec et que tu retrouves quelques années plus tard comme des loques. Il y a de quoi se demander pourquoi ça ?… Pourquoi cette injustice ? Qu'est-ce qu'il y a de différent entre eux et toi ? Pourquoi ils ne sont pas comme toi ou alors pourquoi tu n'es pas comme eux ? Rien ne tient sur rien, c'est la conclusion à laquelle on arrive… Et ça n'a plus de sens alors. Et quand ils viennent frapper à ta porte… ou à ta poche, tu peux pas refuser… tu peux pas faire ça, c'est pas possible…, tu n'as alors rien dans le ventre… rien dans le cœur… et même rien dans la tête. Car il faut quand même réfléchir un peu. Le monde est dur, ils ont pas toujours tort… »

Fort de sa propre expérience en matière de scolarité, il mesure à sa manière combien sont arbitraires aussi bien la réussite (en partie la sienne) que l'échec (l'échec de tous ses autres amis) scolaires, qui peuvent « tenir, comme il dit, à des petits riens, aux hasards de la vie ». Le père de Dj. est plutôt de cette génération d'émigrés qui sont venus au nationalisme, donc au politique, à la faveur de l'immigration en France, c'est-à-dire au contact des militants de l'action politique en général, à l'école des syndicats et de toutes les formes de luttes politiques des ouvriers et aussi à la faveur de l'expérience inédite pour lui de la vie urbaine et de la vie ouvrière. Et même si cette double expérience ne pouvait être, à l'époque, dans son cas comme dans celui de nombreux autres immigrés, ses compatriotes, que fort restreinte, réduite au minimum de relations les plus élémentaires et les plus indispensables, et donc d'une extrême pauvreté, elle contribua à l'éveil politique ou à l'éveil au politique de toute une génération d'émigrés, ce que le père de Dj. ne manquait pas de rappeler à ses enfants, garçons et filles, et que ceux-ci ont reçu à la manière d'un testament. « C'est le testament de notre père, c'est peut-être le seul héritage qu'il va nous laisser […]. Nous avons eu la télévision avant le frigo, au grand dam de ma mère. Quand nous étions gamins, c'était la seule chose que notre père nous faisait regarder ensemble, les informations. Il nous commentait ça…, à sa manière. Maintenant, quand je pense à ça, j'en ris. C'était plein de naïvetés. Mais il nous est tous resté quelque chose de cela […]. Une sensibilité à la vie politique ; pas pour les partis politiques, mais pour les choses de la vie. Nous sommes tous, mon frère, mes autres sœurs, dans des associations locales, des associations de quartiers, des associations de bénévoles. On discute, on réfléchit. On entend les hommes politiques surtout quand les campagnes électorales sont ouvertes, on n'en rate pas une, on écoute ce qu'ils disent, on lit ce qu'ils disent. Même si c'est pour en rire… Car leur connerie est énorme et ils ne disent que des bêtises sur les choses qu'ils ne savent pas : les jeunes, les banlieues, la drogue et même le sida et les préservatifs… »

Il n'est donc pas étonnant que les débats actuels sur les jeunes, les beurs comme on les appelle – il est difficile de trouver un « beur » et encore moins une « beurette » qui aime cette appellation –, sur la nationalité française qu'ils ont déjà ou qui leur échoira un jour, sur ce qu'on préjuge de leur relation (bonne ou mauvaise) à cette nationalité et de la manière de l'assumer et, plus encore, sur tout ce qui est dit en abondance de l'intégration, soient suivis, commentés, discutés et disputés, analysés avec attention et avec beaucoup d'intérêt. D'ailleurs, les occasions ne manquent pas, l'actualité se charge d'en fournir plusieurs exemples. C'est, notamment, le cas toutes les fois que surgit dans la vie nationale quelque événement d'ordre politique ou seulement culturel susceptible de servir d'épreuve de vérité ou de test en vue d'apprécier de manière, bien sûr, nécessairement contradictoire, car elle varie en fonction de la représentation différente que les uns et les autres se font de l'immigration, c'est-à-dire, au fond, de la société française (de celle-ci au travers et par l'intermédiaire de celle-là), et aussi d'une manière jamais totalement dénuée de toute suspicion, la fidélité que les enfants français de cette catégorie d'immigrés devraient témoigner à la nation et à la nationalité françaises pour lesquelles ils seraient comme les malvenus. Ainsi en fut-il, Dj. et ses autres compagnons ne cessent de le rappeler, d'un certain nombre d'événements qui, en leur temps, avaient « fait la une des médias ». Les discours tenus à cette occasion ont dû tellement marquer tous ces jeunes portés à un examen particulièrement critique, et souvent – il faut le dire – extrêmement lucide, de leur propre position que ces derniers sont en mesure, aujourd'hui encore, de citer et de dater en en donnant les auteurs – journalistes, hommes politiques, responsables associatifs, etc. – les propos qu'ils jugent les plus inconvenants.

Au premier rang de ces événements qui les « laissent pantois » et leur apportent « la preuve de leur impuissance » – « on se rend compte qu'on peut rien, qu'on est totalement impuissant… ; on ne dispose d'aucun moyen pour réagir…, on a subi tout ça sans dire un mot…, un silence qui arrangeait tout le monde, à commencer par les nôtres…, surtout les nôtres, les nôtres plus que tous les autres » –, figure bien sûr la guerre du Golfe ou, plus exactement, les commentaires qu'elle a suscités (les commentaires plus que la guerre elle-même, car à entendre les réflexions et les protestations de ces jeunes, c'est comme si cette guerre n'avait existé que par ce qui en a été dit, ce qui en a été rapporté et c'est ainsi, à coup sûr, qu'elle a existé pour eux) et auxquels il est reproché d'être « amalgamants… » ; tout cela pour plus de sensationnel, pour choquer, pour en rajouter sur la trouille…, c'est bien les frissons dans les chaumières, ce n'est plus faire pleurer dans les chaumières mais donner des raisons d'avoir son fusil à pompe à côté de soi et tirer sur le premier jeune […]. Le champ de bataille n'est pas seulement là-bas dans les dunes, il est aussi ici, dans les banlieues, l'ennemi est là, chez nous, c'est l'Arabe et les Arabes sont là avec nous, même quand ils ont la nationalité… Oui, ils ont la nationalité, mais ils ne sont pas français. Alors…, gaffe ! ». Antérieurement à la guerre du Golfe, il y eut aussi toute une série d'autres affaires dans lesquelles sont impliqués aux yeux de l'opinion – en raison notamment du traitement qu'en ont fait les journaux et de l'interprétation qu'ils en ont donnée – les États ou seulement des groupes de militants arabes ou musulmans et, ici en France, une chose entraînant l'autre, les populations immigrées qu'on répute arabes et musulmanes (lors même qu'elles sont de nationalité française). Ce sont premièrement l'affaire dite du « foulard islamique » et, à travers elle, et plus généralement, tout le discours sur l'islam (l'islam ordinaire et l'islam « intégriste ») à propos duquel on se demande même s'il est compatible avec la nationalité française ; secondairement, l'existence de la polygamie (et il n'y aurait de polygamie que musulmane), conduite tout à fait étrangère aux traditions culturelles françaises (à l'identité nationale, dirait-on) et dont on dénonce le coût social, ou encore l'excision, pratique « barbare » et attentatoire à l'intégrité physique de la personne, etc. Même le discours plus qu'abondant sur l'intégration n'échappe pas à une sévère mise en question. Il rejoint par sa signification objective, c'est-à-dire secrète, non explicitée, la fonction de dénonciation qui est en œuvre dans toutes les autres formes de discours sur la présence toujours trop encombrante des immigrés : présence qui est, pour rappeler l'effet de stigmatisation et de corps stigmatisé – il n'y a de présence réelle que par le corps –, disgracieuse, inesthétique. C'est, en tout cas, le sens que prend à leurs yeux la réitération, en tous lieux et à tous les propos de manière presque unanime, du discours sur l'intégration. Il veut dire que celle-ci n'est jamais accomplie et que sans doute elle ne le sera jamais, puisqu'elle ne dépend pas d'eux, « de ce qu'ils sont, de ce qu'ils font, de qu'ils pensent, de ce qu'ils croient, etc., mais de ce qu'on veut qu'ils soient, qu'ils fassent, qu'ils pensent, qu'ils croient, qu'ils sentent ». Il est un discours dont la fonction est de rappeler que l'intégration dont on parle et telle qu'on en parle est, dans leur cas, une affaire « toujours à recommencer, toujours à continuer, jamais achevée », qu'elle est une réalisation inaccomplie, donc toujours susceptible d'être révoquée.

Discours de suspicion, discours éprouvé par les intéressés eux-mêmes comme désobligeant à leur endroit, voire blessant pour leur amour-propre – et on pourrait presque dire pour leur « amour-propre national », aussi bien en tant qu'ils sont français qu'en tant qu'ils auraient pu être autres que français, en référence à cette autre nationalité possible qui continue à hanter tous les esprits, le leur comme celui de leurs observateurs qui les regardent et ne cessent de les interroger et de s'interroger sur eux –, le discours sur l'intégration, quel qu'en soit le contenu, qu'il en loue la réussite même si on ne sait pas les critères de son évaluation (ce qui revient, en réalité, à louer le pouvoir d'intégration, comme on le dit, de la France, de son école, de son drapeau ou du service militaire, de ses institutions, et aussi le pouvoir intégrateur de la philosophie républicaine) ou, au contraire, la jugeant insuffisante, qu'il s'acharne à en assurer la promotion, ou pire que tout cela, qu'il en décrète l'impossibilité le plus souvent sur la base de simples préjugés (en raison de l'origine ethnique ou nationale, en raison d'un certain nombre de dispositions culturelles, en raison de l'appartenance confessionnelle, etc.), est perçu comme un discours de stigmatisation, un discours d'accusation qui est en lui-même un discours fondamentalement injuste et ingrat et qui, contrairement aux bonnes intentions, à n'en pas douter, qui l'habitent, peut se révéler être un discours de discrimination et d'exclusion.

Ce qui est dit ici de Dj., de sa relation à la nationalité française qui lui est venue à sa naissance et dont la possession est considérée plus que comme un droit, comme une donnée de fait, que cela plaise ou non, et en tout cas jamais comme « une faveur qu'il faut solliciter et attendre qu'elle soit accordée » ; ce que Dj. lui-même dit de la nationalité française qu'il revendique comme étant d'état, comme possédée d'état au même titre que tous les ressortissants ordinaires, les naturels de cette nationalité – ce qui, bien sûr, est différent de la revendication de la naturalisation, ce qui n'est pas en revendiquer l'acquisition, celle-ci allant de soi ou devant aller de soi – ; ce qu'il dit aussi de tout ce qui est dit de l'immigration et qu'il ne peut pas ne pas reprendre à son compte – « quand on parle de ton père, de ta mère et pas seulement d'aujourd'hui, parce que je suppose que ça a toujours marché comme ça, tu peux pas dire moi je suis français, ça me concerne pas » – ne vaut pas seulement pour lui, semble-t-il, mais rencontre l'accord objectif de tous, de tous ceux qui partagent *grosso modo* la même position et la même position au sein de la société française.

– Si tu n'es pas français, tu es quoi ?

DJ. – Je ne sais pas ce que je suis, mais je sais ce que je ne suis pas : je ne suis pas français même en étant de nationalité française et je suis encore moins algérien.

– Qu'est-ce que ça veut dire ? Tu es apatride ? C'est une nouvelle forme d'apatridie ?

DJ. – Peut-être… Mais c'est pire. Car l'apatride, celui qu'on a banni de sa patrie, qu'on a interdit de son pays, ou celui à qui on a fait disparaître sa patrie, celui-là, au fond de lui, il sait ce qu'il est, il sait qu'il est ça. Mais moi, c'est-à-dire vous, nous tous, rien ne nous a interdit d'être algériens et rien ne nous interdit d'être français. On n'est banni de nulle part. La France est toujours là avec la possibilité pour tous, pour tout le monde, d'être français et nous y sommes des Français ; l'Algérie est maintenant là, c'est plus comme avant quand il y avait pas la nationalité algérienne, et là aussi l'Algérie a pas interdit d'être algérien. Au contraire. Personne nous a interdit. On n'est pas algérien, c'est comme ça, c'est tout. Alors il y a pas d'apatridie. Peut-être même qu'il y a trop de patries, un surplus de patrie plutôt, deux patries en même temps, c'est trop… Laquelle est de trop ?… Mais peut-être qu'elles ne font plus aucune patrie ! Si c'est ça apatride, peut-être ? Il y a deux patries possibles, mais elles sont à l'extérieur… Comment dire ? Elles sont autour de nous, c'est de l'environnement. Là. C'est théorique. Encore la France, on y est, on y vit, on se la tape tous les jours, avec ses emmerdes, mais aussi ses joies, car il y en a. L'Algérie, alors là, c'est la fiction totale.

C'est la planète Mars. Ça veut dire qu'on n'a aucune patrie dans le ventre. Dans le ventre, en plein dans nous, il y a rien… Mais de qui ça dépend tout ça ? Ça dépend de nous ou pas ? Ça dépend de nous, ça dépend de moi ; pas moi tout seul, pas moi seulement, mais nous tous. Ça dépend de ma relation avec, avec la nationalité française que j'ai, que j'ai toujours eue. Même mon père, maintenant il plaisante avec ça… Mais c'est une plaisanterie très sérieuse. Je trouve sa formule plus vraie que tout ce qu'on dit.

– Quelle est cette formule ?

Dj. – Il nous dit ça : « Pendant cent trente ans, on était français sous la France, elle n'a pas fait de nous des Français ; maintenant vous, à l'âge de 10 ans, vous êtes déjà des Français comme les Français… » Et pour le consoler, je lui dis : « Avant, c'était la France qui était chez vous…, maintenant, c'est nous qui sommes chez la France ; ça change tout. »

Immigration et « pensée d'État »

Phénomène universel, la migration est toujours pensée dans le cadre de l'unité locale et, en ce qui nous concerne, dans le cadre de l'État-nation[1]. Universalité de l'objet veut dire aussi universalité des catégories à travers lesquelles nous nous représentons et par lesquelles nous définissons cet objet. Malgré l'extrême diversité des situations, malgré les variations qu'il revêt dans le temps et dans l'espace, le phénomène de l'émigration-immigration manifeste des *constantes*, c'est-à-dire des caractéristiques (sociales, économiques, juridiques, politiques) qui se retrouvent tout au long de son histoire. Ces constantes constituent comme une sorte de fond commun irréductible, qui est le produit et en même temps

1. « L'étude comparée du statut des étrangers [...] sujet qui peut être qualifié d'universel au sens où ce phénomène social se retrouve dans toutes les sociétés humaines du passé et du présent. Partout et toujours ont existé des étrangers ayant un statut plus ou moins particulier, différent de celui des personnes qui ne se considèrent pas comme étrangères [...]. Outre l'universalité géographique et historique du sujet, l'étude du statut des étrangers peut s'étendre à l'ensemble des branches du droit et aussi à l'ensemble des activités sociales de l'homme... » C'est de cette façon que le juriste John Gilissen définit l'universalité du phénomène migratoire dont il traite en introduction aux travaux de la Société Jean Bodin ; voir « Le statut des étrangers à la lumière de l'histoire comparative », *L'Étranger*, Bruxelles, Éditions de la Librairie encyclopédique, 1958, t. I, p. 41-52.

l'objectivation de la « pensée d'État », forme de pensée qui reflète, à travers ses propres structures (structures mentales), les structures de l'État, ainsi faites corps[1]. Ces catégories à travers lesquelles nous pensons l'immigration (et plus largement, tout notre monde social et politique), catégories sociales, économiques, culturelles, éthiques – on ne dira jamais assez la place que la morale occupe dans la perception qu'on a du phénomène de l'immigration – et, pour tout dire, politiques, sont assurément et objectivement (c'est-à-dire à notre insu et, par suite, indépendamment de notre volonté) des catégories nationales, voire nationalistes. Les structures de notre entendement politique le plus ordinaire, celui qui se retraduit spontanément dans notre vision du monde, qui en est constitutif pour une large part et qui en est en même temps le produit, sont au fond des structures *nationales* et agissent aussi comme telles. Structures structurées en ce sens qu'elles sont des produits socialement et historiquement déterminés, mais aussi structures structurantes en ce sens qu'elles prédéterminent et qu'elles organisent toute notre représentation du monde et, par suite, ce monde lui-même.

C'est, sans aucun doute, en raison de tout cela que le phénomène migratoire en sa totalité, émigration et immigration, ne peut être pensé, ne peut être décrit et interprété autrement qu'à travers les catégories de la pensée d'État. Ce mode de pensée est tout entier inscrit dans la ligne de démarcation, invisible ou à peine perceptible, mais dont les effets sont considérables, qui sépare de façon radicale « nationaux » et « non-nationaux » : soit, d'une part, ceux qui ont tout naturellement ou, comme disent les juristes, qui « ont d'état » la nationalité du

1. Voir P. Bourdieu, « Esprits d'État », *Actes de la recherche en sciences sociales*, 96-97, mars 1993, p. 49-62.

pays (*leur* pays), c'est-à-dire de l'État dont ils sont les ressortissants, du territoire sur lequel s'exerce la souveraineté de cet État ; et, d'autre part, ceux qui ne possèdent pas la nationalité du pays dans lequel ils ont leur résidence.

L'esprit d'État

C'est aussi pour toutes ces raisons que l'on peut dire que penser l'immigration, c'est penser l'État et que c'est «l'État qui se pense lui-même en pensant l'immigration». Et c'est peut-être une des dernières choses qu'on découvre quand on réfléchit le problème de l'immigration et qu'on travaille sur l'immigration, alors qu'il aurait fallu sans doute commencer par là ou, pour le moins, savoir cela avant de commencer. Ce qu'on découvre de la sorte, c'est cette vertu secrète de l'immigration comme étant une des introductions, et peut-être la meilleure qui soit, à la sociologie de l'État. Pourquoi ? Parce que l'immigration constitue comme la limite de ce qu'est l'État national, limite qui donne à voir ce qu'il est intrinsèquement, sa vérité fondamentale. Il est comme dans la nature même de l'État de discriminer et, pour cela, de se doter préalablement de tous les critères de pertinence nécessaires pour procéder à cette discrimination, sans laquelle il n'y a pas d'État national, entre les «nationaux» qu'il reconnaît comme tels et en lesquels il se reconnaît aussi, comme eux-mêmes se reconnaissent en lui (cet effet de double reconnaissance mutuelle est indispensable pour l'existence et pour la fonction de l'État), et les «autres» dont il n'a à connaître que «matériellement» ou instrumentalement, en raison du seul fait qu'ils sont présents dans le champ de sa souveraineté nationale et sur le territoire national couvert par cette souveraineté. On a dit que cette fonction diacritique de l'État, fonction à proprement parler de *définition*, *i.e.* de délimitation[1] est dans la nature même de l'État, et qu'elle est constitutive de l'État sous toutes ses formes et tout au long de son histoire, mais elle est, semble-t-il, plus impérative et par là même plus prescriptive dans le cas de l'État nationalement républicain, dans l'État qui prétend à une homogénéité nationale totale, c'est-à-dire une homogénéité sur tous les plans, politique, sociale, économique, culturelle (notamment linguistique et religieuse), etc.

L'immigration ou, en d'autres termes, la présence au sein de la nation de « non-nationaux » (plus que de simples étrangers à la nation), outre qu'elle perturbe tout l'ordre national, qu'elle trouble la séparation ou la ligne de frontière entre ce qui est national et ce qui ne l'est pas et, par là même, perturbe et trouble l'ordre fondé sur cette séparation, porte atteinte à l'intégrité de cet ordre, à la pureté ou à la perfection mythiques de cet ordre et donc au plein accomplissement de la logique implicite de cet ordre. On comprend de la sorte que, sans pousser à l'extrême la logique implicitement contenue dans cet état des choses, c'est-à-dire jusqu'à sa perversion, la tentation demeure toujours grande de verser dans cette forme d'intégrisme universellement connue et universel-

---

1. Émile Benveniste définit de la sorte l'acte de définir, l'acte de partager, l'acte qui consiste à décréter la continuité et la rupture, l'introduction de la discontinuité dans la continuité, à « tracer en lignes droites les frontières », à séparer « l'intérieur et l'extérieur, le royaume du sacré et le royaume du profane, le territoire national et le territoire étranger ». Voir É. Benveniste, *Le Vocabulaire des institutions indo-européennes*, Paris, Minuit, 1969, t. 2, « Pouvoir, droit, religion », p. 14-15, p. 41, p. 150-151 *sq.* ; voir aussi P. Bourdieu, « L'identité et la représentation », *Actes de la recherche en sciences sociales*, 35, novembre 1980, p. 63-72 (article auquel nous nous référons souvent et auquel nous avons beaucoup emprunté).

lement cultivée et magnifiée, l'intégrisme national (dont l'intégrisme religieux n'est aujourd'hui qu'une variante, pas même nouvelle parce qu'elle est antérieure à l'intégrisme national, celui-ci ayant précédé la réalité même de la nation, et parce qu'elle a toujours accompagné cet intégrisme-là). Si, au regard des « puristes » (ou des intégristes) de l'ordre national, l'immigration, parce qu'elle est le fait de gens qui n'ont pas à être là (si l'ordre national avait été parfait, il ne comporterait pas cette faille, cette insuffisance) mais qui sont là (ils sont là comme l'objectivation, comme la matérialisation de cette faille, de cette insuffisance, de l'inaccomplissement de la nation), est censée être l'agent de perversion de l'ordre social national dans son intégrité et dans son intégralité, elle est incontestablement un facteur de subversion dans la mesure où elle révèle au grand jour la vérité cachée, les soubassements les plus profonds de l'ordre social et politique qu'on dit national. Réfléchir sur l'immigration revient au fond à interroger l'État, à interroger ses fondements, à interroger ses mécanismes internes de structuration et de fonctionnement ; et interroger l'État de cette manière, par le biais de l'immigration, cela revient, en dernière analyse, à « dénaturaliser » pour ainsi dire ce qu'on tient pour « naturel », à « re-historiciser » l'État ou ce qui dans l'État semble avoir été frappé d'amnésie historique, c'est-à-dire à rappeler les conditions sociales et historiques de sa genèse. Toutes choses que le temps contribue à faire oublier ; mais pas seulement le temps, car le temps ne réussit cette opération de refoulement que parce que nous y avons intérêt et que l'État lui-même a intérêt à l'oubli de son histoire.

La « naturalisation » de l'État, telle que nous la portons en nous-mêmes, fait comme si celui-ci était une donnée immédiate, comme s'il était un objet donné de lui-même, par nature, c'est-à-dire de toute éternité, affranchi de toutes déterminations extérieures à lui-même, indépendant de toutes considérations historiques, indépendant de l'histoire et de sa propre histoire dont on préfère le couper à jamais, même si on ne cesse pas d'élaborer et de raconter cette histoire. L'immigration – et c'est sans doute en cela qu'elle dérange – contraint au dévoilement de l'État, au dévoilement de la manière dont on pense l'État et de la manière dont il se pense lui-même, ce que trahit chez lui sa manière propre de penser l'immigration. Enfants de l'État national et des catégories nationales que nous portons en nous-mêmes et que l'État a mises en nous, nous pensons tous l'immigration (c'est-à-dire ces « autres » que nous-mêmes, ce qu'ils sont et, à travers eux, ce que nous sommes nous-mêmes) comme l'État nous demande de la penser et, en fin de compte, comme il la pense lui-même.

La « pensée d'État » ou l'« esprit d'État », qu'analyse Pierre Bourdieu, est un mode de pensée, une façon distincte de penser. Pensée d'État et pensée de l'État seraient inséparables : c'est la pensée d'État qui ferait la pensée de l'État en tout ce qu'elle est et en tous les domaines où elle s'applique ; tout comme la pensée de l'État, par l'effet de sa constance, de ses répétitions, de sa force propre, de son pouvoir d'imposition, pourrait avoir fini par engendrer la manière durable de penser typique de la pensée d'État. On est ainsi conduit à soumettre à une réflexion critique les postulats de la pensée d'État, opération de « délégitimation » de ce qui est légitime, de ce qui va de soi – délégitimation au sens d'objectivation de ce qu'il y a de plus profondément enraciné en nous, de plus profondément caché dans notre inconscient social –, opération de rupture désacralisante avec la *doxa*. On a là une entreprise à laquelle tout en nous s'oppose, tout notre être social (individuel et collectif) et tout ce que nous y engageons avec passion, c'est-à-dire, dans ce cas, tout notre être national.

Car on n'existe que sous cette forme et dans ce cadre, le cadre et la forme de la nation. Parmi les juristes, il fallait toute l'audace d'un Hans Kelsen pour se libérer de la pensée d'État et même pour s'insurger contre cette pensée, et, en fin de compte, pour contester l'opposition qui est de règle dans le monde des juristes (et ailleurs) entre « national » et « non-national » en montrant le caractère arbitraire (ou conventionnel) de cette distinction : le national est de droit, il appartient de nature ou d'état (la possession d'état de la nationalité) à la population constitutive de l'État ; l'étranger (le « non-national ») n'est soumis à la compétence et à l'autorité de l'État dont il ne participe pas, mais sur le territoire duquel il réside, vit et travaille, qu'en raison de sa présence et pour le temps de sa présence – présence d'un statut différent de celle du national sur ce territoire. Kelsen considère cette différence comme *purement accidentelle*, non essentielle, ce qui l'amène à rejeter l'idée que l'État soit nécessairement l'expression juridique d'une communauté.

Délits et procès d'immigration

Pourquoi ce préambule sur la pensée d'État ? En premier lieu, parce que l'immigration constitue le terrain privilégié où cette forme de pensée se projette à la manière d'un miroir. En second lieu, parce que la délinquance est de tous les domaines de l'existence et de tous les secteurs de la vie sociale celui qui doit, pour ainsi dire, le plus à cette façon de penser. Dans le cas d'espèce, la délinquance n'est pas seulement celle des délits dont la police a à connaître, des délits qu'enregistre la statistique de la criminalité, mais, une délinquance en cachant une autre, elle est une délinquance qu'on dirait de situation ou statutaire (quasiment « ontologique »), car elle se confond, dans le plus profond de notre mode de pensée (*i.e.* la pensée d'État), avec l'existence même de l'immigré et avec le fait même de l'immigration.

Inconsciemment, quand même on n'en aurait pas pleinement conscience, le fait d'être immigré est loin d'être un élément neutre dans tout le système des appréciations et des jugements qu'on porte, en cas de délit, sur le délinquant. Même à l'insu et presque toujours contre le gré de ceux qui instruisent ces jugements (aussi bien les jugements rendus par l'appareil judiciaire que les jugements de l'appareil social, les jugements sociaux), le fait d'être un délinquant immigré (ou un immigré délinquant) constitue en règle générale une circonstance plutôt aggravante. Si l'on suit l'opinion exprimée spontanément, celle qu'on porte en soi au même titre que tout le monde autour de soi (c'est la *doxa*), on trouvera même dans cette circonstance comme un délit supplémentaire qui s'ajoutera inconsciemment au délit commis et dont on a à juger, un délit latent, camouflé (celui d'être un immigré, délit dans lequel le sujet en question n'a aucune responsabilité), mais que le délit commis, délit objectivé, et dont la justice se doit de connaître, permet de porter au grand jour. Tout procès d'immigré délinquant est un procès de l'immigration essentiellement comme délinquance en elle-même et secondairement comme source de délinquance. Ainsi, avant même que l'on puisse parler de racisme ou de xénophobie, la notion de double peine est contenue dans tous les jugements pris sur l'immigré (et pas seulement les jugements des juges des tribunaux). Elle s'enracine dans la « pensée d'État », base anthropologique sur laquelle reposent tous nos jugements sociaux. La « double peine » existe objectivement dans notre façon de penser, avant même qu'on la fasse exister sous une forme objectivée, qu'il s'agisse de la sanction d'un tribunal judiciaire ou d'une décision administrative.

Elle existe dans nos têtes de « nationaux », car le fait même de l'immigration est entaché de l'idée de *faute*, de l'idée d'anomalie ou d'anomie. La présence immigrée est toujours une présence marquée d'incomplétude, présence fautive et coupable en elle-même. Présence déplacée dans tous les sens du terme : *déplacée* physiquement, géographiquement, c'est-à-dire spatialement, car la migration est d'abord un déplacement dans l'espace ; *déplacée* au sens moral aussi, au sens où on parle, par exemple, de mot ou de discours déplacés. Tout se passe comme si c'était l'immigration qui était en elle-même délinquance, délinquance intrinsèque, au regard de nos catégories de pensée qui, en la matière, sont, on ne le dira jamais assez, des catégories nationales. Tout se passe comme si l'immigré étant déjà en faute du seul fait de sa présence en terre d'immigration, toutes les autres fautes étaient comme redoublées, aggravées en raison de cette faute première que serait l'immigration. Faute première dans l'ordre chronologique parce qu'elle est nécessairement antérieure à toutes les autres fautes qui pourraient être commises durant une vie d'immigré ; faute génératrice en ce sens qu'elle est cause, non pas des fautes en elles-mêmes, mais du lieu, du moment, du contexte (c'est-à-dire de l'ensemble des conditions sociales, économiques, politiques, etc.) dans lesquels se produisent ces fautes, l'immigration comme faute *objective* ne peut jamais être totalement mise entre parenthèses, neutralisée, quand même on s'y efforcerait en toute objectivité. L'immigration pèse de toute sa charge de dépréciation, de disqualification, de stigmatisation sur tous les actes même les plus ordinaires des immigrés et, *a fortiori*, sur les actes délictueux ; à l'inverse, tous les comportements des immigrés, surtout les comportements déviants, retentissent sur le fait même de l'immigration pour en accentuer la dépréciation, la disqualification, la stigmatisation.

On a ainsi deux sortes de faute ou de culpabilité, une faute de situation historique (la faute de l'immigration) et des fautes qu'on dirait comportementales, fautes effectives figurant dans la taxinomie ou au tableau habituel des fautes répréhensibles, sanctionnables et sanctionnées en tant que telles (plus ou moins gravement) par les dispositions du Code pénal, dispositions s'appliquant en droit (en théorie, ce qui veut dire selon un droit déréalisé) à tout contrevenant, quel qu'il soit. Quelle relation y a-t-il entre ces deux ordres de fautes ? D'un côté, une faute non commise intentionnellement, et en cela non avouable de la part de tous les partenaires qui y participent et s'y engagent malgré eux – l'émigration et le pays d'émigration, l'«absence» de l'émigré étant, elle aussi, une faute (au sens propre et au sens figuré, au sens physique et au sens moral du terme) ; l'immigration et le pays d'immigration, la «présence» de l'immigré, lors même qu'elle est officiellement autorisée, reste, on l'a dit, fondamentalement une faute (elle est une présence qui ne saurait avoir sa fin en elle-même et qui, par conséquent, qu'elle soit acceptée ou dénoncée, relèverait d'une constante justification) ; et, enfin, les premiers concernés, les émigrés-immigrés eux-mêmes qui, en l'occurrence, seraient comme les véritables «dindons de la farce» gigantesque qui se joue à leur dépens. De l'autre côté, la faute commise, relevée et enregistrée de manière canonique, regardée et traitée en elle-même, pour ce qu'elle est, dans sa matérialité, au même titre, si possible, que toutes les fautes du même genre.

Quelle relation ? En droit, aucune : la première nommée ne saurait servir d'argument à charge ou à décharge des fautes du second ordre, quand même ces fautes exposeraient à la sanction par l'expulsion toujours possible, qu'elle soit effective ou non ; la seconde ou plutôt les secondes ne sauraient servir de prétexte pour instruire un procès encore plus sévère et plus injuste du processus de l'immigration. Mais, en fait, il y a là, dans la pratique, une relation qui ne cesse pas de hanter tous les esprits. Certains se défendent vigoureusement de toute influence, dans un sens ou dans l'autre, due à cette relation ; d'autres affectent la neutralité la plus totale et feignent de tout ignorer des antécédents du coupable et, ici, de son statut et de sa qualité d'immigré ; d'autres encore, au contraire, ne se cachent et ne cachent en rien leur satisfaction de voir les deux fautes de modalités différentes et les deux peines qui les sanctionnent se cumuler et se renforcer mutuellement – à leurs yeux, ce ne serait là, pensent-ils, que justice et, somme toute, chose tout à fait normale et qui devrait être de règle.

Le procès fait dans tous les cas à l'immigration à travers, inséparablement, le procès fait à l'immigré coupable de quelque délit, même mineur, engage en réalité tout le système de représentations par lequel nous constituons l'immigration et la déviance ou la délinquance de l'immigration, par lequel nous définissons l'immigré et définissons les actes, délictueux ou non, qui lui sont permis. Ces représentations sont ici de deux types : d'abord des *représentations mentales* se traduisant en actes de perception et d'appréciation, de connaissance et de reconnaissance, toute une série d'actes où les agents investissent leurs intérêts matériels et symboliques (symboliques peut-être plus fortement et plus passionnément que matériels), leurs préjugés sociaux, leurs présupposés, bref tout leur être social ; ensuite, des *représentations objectales*, pourrait-on dire, qui consistent en tous les signes extérieurs, tous les indices, tous les traits, toutes les caractéristiques pouvant faire l'objet de stratégies de manipulation symbolique en vue de déterminer la représentation (mentale) que les autres se font de ces propriétés toutes perceptibles de l'extérieur et de leurs porteurs (l'individu n'est-il pas, sur le mode pratique, principalement dans ce qu'il donne à voir de lui et dans ce qu'il se donne à voir de lui-même ; et l'identité dont on parle beaucoup n'est-elle pas au fond cet *être-perçu* que chacun est socialement et qui n'existe fondamentalement que par la reconnaissance des autres ?). Ainsi va la vie sociale qui est une lutte incessante des perceptions et des classements que celles-ci impliquent : chacun aimerait imposer, au moyen des propriétés dont il dispose et de la représentation (objectale) dont il s'autorise, la définition ou la représentation (mentale) la plus flatteuse pour lui et aussi la plus conforme à ses intérêts sociaux. Les tribunaux sous toutes leurs formes sont pleins de ces luttes de classement, et la disqualification la plus grande consiste précisément en la dénégation et en la dépossession imposées d'avance, en toute autorité et en toute légitimité, de tous les attributs sociaux, même les plus élémentaires mais qui sont aussi les plus essentiels pour pouvoir prendre part, fût-ce au niveau le plus bas et le plus dominé, au jeu de ces luttes de représentations, au double sens d'images mentales et de manifestations destinées à agir sur les images mentales.

La situation de la criminalité dans l'immigration – situation qui enferme, plus que la probabilité objective, le risque assuré du racisme, car elle se déroule toujours en présence et sous le regard de l'autre – pose la question de la relation entre *politique* et *politesse*. Enfreindre la loi, quand il s'agit d'un immigré, c'est enfreindre aussi cette autre loi non écrite qui impose la réserve, la neutralité (réelle ou feinte) qui sied à l'étranger. Enfreindre la loi est dans ce cas plus que l'infraction désignée ; c'est une erreur d'un autre ordre, une faute de politesse. Cette exigence de simple politesse, de bonnes manières, sans plus, est, en réalité, grosse de beaucoup de renonciations. Les concessions en apparence mineures, de pure forme, de simple politesse comme on le dit, n'ont de prix que parce qu'elles sont, en réalité, au fond d'elles-mêmes, des concessions politiques : imposer le respect des formes revient à obtenir toutes les formes de respect dû à l'ordre. La neutralité politique exigée par le politique des résidents étrangers qu'on convient de cantonner dans le non-politique est assurément plus acceptée et plus facilement obtenue à condition qu'on la situe dans le registre de la politesse plutôt que dans la sphère du politique qui est pourtant son véritable territoire. C'est inconsciemment la politesse qui interdit à l'étranger de prendre parti politiquement dans les affaires politiques (intérieures et extérieures) du pays hôte.

Démentir le soupçon

L'immigré, surtout de basse condition sociale, est tenu à une sorte d'hyper-correction sociale. Socialement, voire moralement suspect, il doit avant tout rassurer quant à la morale : on n'a jamais autant parlé en France de « valeurs républicaines » que pour dénoncer les comportements déviants, au regard de la morale sociale et politique de la société française, des immigrés musulmans, port du voile à l'école, statut discriminé de la femme, usage politique de la religion qu'on désigne sous le nom d'intégrisme, etc. Conscient de la suspicion qui pèse sur lui et à laquelle il ne peut échapper, confronté à elle tout au long de sa vie d'immigré et en tous les domaines de son existence, il lui appartient de la dissiper continûment, de la prévenir et de la dissuader à force de démonstrations répétées de sa bonne foi et de sa bonne volonté. Parce que l'immigré se trouve engagé malgré lui dans les luttes sociales, qui sont nécessairement des luttes identitaires, et parce qu'il y est engagé à l'état isolé et presque d'ailleurs sans le vouloir

– notamment dans les interactions interindividuelles de la vie quotidienne –, il n'a pas d'autres choix que de surenchérir, dans un sens ou dans l'autre. De nécessité faisant vertu, l'immigré incline, sans doute en raison, pour une large part, de la position dominée qu'il occupe dans la structure des rapports de force symboliques, à exagérer, l'une comme l'autre, chacune des deux options contradictoires qu'il croit avoir choisies alors qu'en réalité il ne fait que les subir. Il est condamné à la surenchère en tout, dans tout ce qu'il fait, dans tout ce qu'il vit, et en tout ce qu'il est. Tantôt, il doit assumer comme immigré (lorsqu'il est au plus bas de la hiérarchie sociale dans le monde des immigrés) les stigmates qui, aux yeux de l'opinion, font l'immigré, acceptant de la sorte (une acceptation résignée ou révoltée, soumise ou revendicative et même provocante) la définition dominante de son identité : qu'on se souvienne seulement, à ce propos, du fait que le stigmate engendre la révolte contre le stigmate, et qu'une des premières formes de cette révolte consiste en la reprise en compte, la revendication du stigmate, converti alors en emblème, selon le paradigme classique *black is beautiful*, cela jusqu'à l'institutionnalisation du groupe qui se donne ainsi le stigmate pour fondement, c'est-à-dire, en gros, les effets sociaux, économiques, politiques, culturels de la stigmatisation dont il est à la fois l'objet et en partie le produit. Tantôt, au contraire, il se voue à la recherche de l'*assimilation* comme on dit, ce qui suppose tout un travail de présentation de soi et de représentation (celle que les autres ont de soi et celle qu'on veut leur donner de soi), donc un travail portant essentiellement sur le corps, sur l'apparence physique, sur les comportements extérieurs les plus chargés précisément d'attributs ou de significations symboliques, afin, d'une part, de faire disparaître tous les signes susceptibles de rappeler le stigmate (les signes physiques, le teint, la couleur de peau, des cheveux, etc. ; les signes culturels, l'accent, la manière de parler, le vêtement, le port de la moustache, tout le style de vie, etc.) et, d'autre part, d'afficher par mimétisme l'adoption des traits qui, par contraste semblent être caractéristiques emblématiquement de ceux auxquels on voudrait s'assimiler. Parfois, sans être exclusive l'une de l'autre, les deux stratégies ou, tout au moins, une partie de chacune d'entre elles se juxtaposent simultanément, au risque de multiplier les contradictions. Dans tous ces cas de figure, aussi contrastés soient-ils, l'enjeu semble être de se donner à soi-même et de donner de soi au moyen de stratégies de simulation et de dissimulation, de « faire semblant », de bluff, l'image qui plaît et dans laquelle on se complaît, l'image qu'on veut la plus conforme à ses intérêts matériels et symboliques, l'image la moins éloignée de l'identité dont on se réclame : d'un côté, identité originelle qu'on pare d'une plus grande authenticité, identité du « vieil homme » qu'on se refuse à tuer, identité conservée ou qu'on croit conservée parce qu'on doit la conserver, pense-t-on, au risque, on le sait, de devoir l'éprouver dans la honte, dans la timidité, dans le mépris, et au risque de la payer du prix de l'exotisme, de la dépréciation et même du ridicule, toutes choses qui inclinent au racisme dont elles sont une composante ; de l'autre côté, l'identité nouvelle qu'on entend se fabriquer en vue de s'approprier sinon tous les avantages liés à la possession de l'identité dominante, l'identité légitime (*i.e.* l'identité des dominants) qu'on n'aura jamais, du moins, en négatif, les profits qu'on attend du fait qu'on n'a plus à être évalué et à s'évaluer selon des critères qu'on sait toujours et nécessairement en sa défaveur. Autre point d'accord, au fond, entre ces deux stratégies : l'une comme l'autre enferment en elles, chacune à sa manière, la reconnaissance contrainte de l'identité légitime. La première en s'en défendant, en s'en tenant à distance et le plus loin possible, en évitant tout contact superflu ou qui ne soit pas indispensable ; la seconde, au contraire, en s'en inspirant, en la prenant pour modèle, en l'imitant, en la simulant, aspirant alors à la reproduire le plus fidèlement mais aussi servilement. Dans l'un et l'autre cas – et c'est là un autre motif de convergence –, l'enjeu réel de ces stratégies de luttes sociales, communes aux dominés face aux dominants et face à la domination, ne porte pas, comme on le dit communément, sur la conquête ou la reconquête de l'identité, mais sur le pouvoir de se réapproprier la possibilité de construire et d'évaluer en toute autonomie sa propre identité, pouvoir que le dominé est contraint d'abdiquer entre les mains du dominant. À tel point qu'il ne reste plus à celui qui se trouve en position de dominé dans le champ des rapports de force symboliques que deux possibilités pour se faire reconnaître ou, plus simplement et plus prosaïquement, pour continuer à exister. Soit, dans un cas, il lui faut être nié, et par là même, accepter de se nier soi-même aussi et de se disqualifier ; et, sans pouvoir se retirer à proprement parler et complètement d'un jeu qu'on sait foncièrement biaisé, qu'on sait imposé et dans lequel on se sait toujours perdant, il est tenu d'accepter, comme on le lui demande, de démissionner seulement des luttes, c'est-à-dire d'y renoncer sans quitter pour autant la partie (*i.e.* l'immigration) où se jouent ces luttes, accepter de les voir se jouer sans rien de plus, à travers soi et par-devers soi, sans avoir à y intervenir ; accepter de jouer la victime toute désignée, destin auquel on est presque toujours voué quand on est engagé dans un jeu dont on n'a pas les moyens et dont on n'a jamais la maîtrise (un jeu qu'on n'a pas choisi de jouer, un jeu qui se joue toujours sur le terrain des dominants, à leur manière, selon leurs règles, selon les armes qu'ils se sont données). Soit, dans l'autre cas, il faut accepter cette fois-ci le risque que comporte toute entreprise d'assimilation, c'est-à-dire toute conduite pensée, voulue et organisée explicitement et volontairement en vue d'un changement d'identité, le passage, croit-on, d'une identité dominée à l'identité dominante ; avec le risque de se renier soi-même et, corrélativement, de renier tous ceux d'entre ses semblables qui se refusent à ce choix, qui ne veulent pas ou ne peuvent pas agir de la sorte, de sorte qu'ils se renient aussi. Quitter une identité quelle qu'elle soit, sociale, politique (ou nationale plus précisément, comme dans le cas de la naturalisation), culturelle, religieuse, etc., surtout quand il s'agit d'une identité dominée à tous les points de vue, identité stigmatisée, méprisée, ne manque pas d'ambiguïté : aux yeux des uns, ceux dont on se sépare et dont on se désolidarise, cela approche de la trahison ; aux yeux des autres, ceux qu'on rêve de rejoindre, qu'on ambitionne d'être, cela vaut incontestablement allégeance, mais reste tout de même quelque peu suspect de prétention et de calcul intéressé.

Rassurer, sécuriser, se rassurer, se sécuriser : c'est là un impératif qui s'impose à toute présence étrangère ; c'est la préoccupation constante de tout étranger ou de quiconque a le sentiment d'être étranger là où il est, étranger au pays, à la société dans lesquels il vit, souvent continûment, mais qu'il ne vit pas toujours comme étant les siens, étranger à l'économie, à la culture de cette société, étranger parmi la population de ce pays – c'est le cas, en règle générale, de tous les immigrés traditionnels qui n'en finissent jamais d'émigrer hors de chez eux, et parfois même de leurs enfants qui, pourtant, ne sont pas toujours ou peuvent ne pas être des étrangers, nationalement parlant. Quand on n'est pas en situation de force, quand le rapport des forces, surtout des forces symboliques, n'est pas en sa faveur (ce qui est collectivement le cas des immigrés, c'est-à-dire, répétons-le, de tous ceux qui n'ont pas le sentiment d'être réellement chez eux là

où ils sont), ne pas faire peur même s'il n'y a objectivement aucune raison à cette peur (l'immigré en lui-même
n'ayant pas les moyens de la peur fantasmatique qu'il
inspire), ou, plus exactement, ne pas inquiéter, la présence étrangère étant toujours (à tort ou à raison, peu
importe) motif à inquiétude (les étrangers sont ceux dont
on aime à dire qu'*on ne sait pas* ce qu'ils sont… ; *on ne
sait pas* comment ils sont… ; *on ne sait pas* comment
ils sont faits… ; *on ne sait pas* ce qu'ils pensent,
comment ils pensent… ; *on ne sait pas* ce qui peut leur
passer par la tête… ; *on ne sait pas* comment ils réagi-
raient… ; *on ne peut pas* les comprendre… ; *on ne sait
jamais* avec eux…).

Rassurer l'autre est souvent la condition de sa propre
sécurité. Il n'est alors que deux manières de rassurer et de
se réassurer, deux manières de parvenir à ces deux sécuri-
tés complémentaires l'une de l'autre, la sienne propre et
celle des autres, deux manières de dissiper les peurs
mutuelles, sa propre peur (la peur de l'étranger d'être à
l'étranger) et celle des autres (face à l'étranger qui est chez
eux), deux peurs partagées, inégalement et différemment
bien sûr (deux peurs différentes quant à la forme et quant
au fond surtout), par les deux parties, par les dominés et
par les dominants. Ces deux peurs réciproques s'entretiennent l'une l'autre ; et malgré tout ce qui peut les séparer, elles relèvent d'un même travail de réassurance :
l'une, la « peur » des dominants, c'est-à-dire, en l'occurrence, les maîtres des lieux, tous les nationaux à quelque
classe sociale qu'ils appartiennent, a pour elle la force de
ceux qui se savent dominants (parce qu'ils se savent être
naturellement chez eux, se savent être les *naturels* du
pays), qui se savent être en position de force parce que
détenteurs de la légitimité qui se confond ici avec la domination (une légitimité qui, en tant que telle, s'ignore
comme dominante) ; l'autre, la peur des dominés (*i.e.* des

immigrés), peur des faibles démunis de tout pouvoir en cette circonstance ainsi que de toute légitimité. Pour les uns, les dominants, être rassurés (même si dans les faits ils n'ont rien à craindre) revient à ne plus avoir à s'assurer soi-même et par soi-même contre un quelconque danger quand bien même il serait tout à fait imaginaire et, du même coup, à rassurer les autres dont la peur est, pour ainsi dire, constitutive de leur condition d'immigré ; pour ces autres, les dominés, qui, malgré leur faiblesse structurelle ou peut-être à cause de cette faiblesse, sont perçus comme dangereux (ou, pour le moins, comme constituant collectivement un danger) ou, pire, sont regardés comme des « ennemis » (et pas seulement comme les « ennemis de classe » de jadis, avec lesquels on avait l'habitude de s'affronter), rassurer les dominants est incontestablement le prix qu'il faut payer pour assurer sa propre sécurité (toute relative).

Pour s'assurer de cette manière, par une sécurité qu'on doit gagner sur l'autre ou contre l'autre, certains immigrés préfèrent se retirer, se réfugier dans leur peur cachée, préfèrent (ou préféraient, dans un état antérieur de l'immigration) opter pour le plus de discrétion possible ou, autrement dit, pour le moins de visibilité, aidés en cela par la relégation sociale et spatiale dont ils sont victimes (relégation dans l'espace et par l'espace), relégation dont ils font aussi et en même temps une autorelégation – relégation et autorelégation dans les mêmes espaces, l'espace des relations sociales, l'espace du logement, l'espace du travail principalement, tous espaces où l'on se retrouve majoritairement entre soi, entre immigrés, et souvent entre immigrés de même origine (originaires du même pays, de la même région, du même village, de la même parenté) ; ce sont les immigrés dont on dit qu'ils « rasent les murs », ce qui ne peut que plaire à ceux qui inclinent à voir dans cette réserve le signe de la politesse, pour ne pas dire de la soumission, tout à fait rassurantes qu'on attend et qu'on exige de l'étranger. Pour d'autres immigrés, suffisamment confiants en eux-mêmes, convaincus de pouvoir donner le change, rassurer consisterait à simuler la plus grande ressemblance ou similitude avec tous ceux qu'on entend rassurer de cette manière, en déguisant ce qu'on a en propre, en effaçant ou, au moins, en atténuant les signes distinctifs par lesquels on se désigne et qui, d'ordinaire, sont traités comme des stigmates, bref en niant et en abolissant autant que se peut l'altérité radicale (ou la radicalité de l'altérité) dont on est porteur. Cette attitude, qui correspond à la recherche de la plus grande proximité et qui, de ce fait, contient en elle toutes les marques de l'allégeance rendues aux dominants ne manque pas, malgré l'intention objective qui l'habite et la finalité qu'elle se donne, de se retraduire paradoxalement en conflits potentiels, car elle est toujours susceptible d'être interprétée en termes de rivalité, et de rivalité indue, de rivalité illégitime et de concurrence déloyale, ce qui indique les limites relativement étroites assignées à l'assimilation, les limites dans lesquelles les dominants inscrivent l'assimilation qu'ils entendent imposer à leurs obligés et qu'ils sont satisfaits en même temps d'obtenir d'eux[1], leur concédant la forme mais sans toujours leur reconnaître le fond.

1. Gershom Scholem, dans son effort pour fonder une science du judaïsme qui est en même temps une contribution capitale à la constitution de l'identité juive, distingue l'« assimilation à l'externe » et l'« assimilation de l'externe », la première étant une manière d'aliénation et la seconde la condition de la survie et de la perpétuation de l'identité en situation de dominé ; cette dernière éventualité est la seule à permettre d'échapper à l'alternative, d'une part, de l'identité aliénée, définie par les autres et pour les autres, constituée par le regard extérieur, et, d'autre part, de l'auto-affirmation qui peut n'être qu'une reprise de l'image que les dominants ont produite et qui leur est renvoyée comme en un défi. Le cas exemplaire de l'identité juive nous apprend que toute identité dominée est un enjeu de luttes,

Mais le comble de l'impolitesse tout à la fois civile et politique, le comble de la grossièreté et de la violence à l'égard de l'entendement *national*, semble être atteint avec ces « immigrés » qui n'en sont pas, les enfants des immigrés, sortes d'hybrides qui ne partagent pas totalement les propriétés qui définissent idéalement l'immigré intégral, l'immigré accompli, conforme à la représentation qu'on s'en fait, ni entièrement les caractéristiques objectives et surtout subjectives des nationaux : ils sont des « immigrés » qui n'ont émigré de nulle part ; des « immigrés » qui ne sont pas, en dépit de cette désignation, des immigrés comme les autres, c'est-à-dire des étrangers au sens plein du terme – ils ne sont étrangers ni culturellement, puisqu'ils sont des produits intégraux de la société et de ses mécanismes de reproduction et d'intégration, la langue (la langue dans laquelle on naît et qui, ici, n'est pas la langue maternelle au sens littéral), l'école et tous les autres processus sociaux ; ni nationalement, puisqu'ils sont le plus souvent détenteurs de la nationalité du pays. « Mauvais » produits sans doute de la société française, aux yeux de certains, mais produits quand même de cette société. Sortes d'agents troubles, équivoques, ils brouillent les frontières de l'ordre national et, par conséquent, la valeur symbolique et la pertinence des critères qui fondent la hiérarchie de ces groupes et de leur classement. Et ce que, sans doute, on pardonne le moins à

---

d'abord entre dominés et dominants, et ensuite entre partenaires de cette identité (entre juifs, entre immigrés), les débats internes (autour de la naturalisation, autour du choix entre pays d'immigration et pays d'origine, autour de l'appartenance religieuse et de ses modalités, etc.) étant inévitablement affectés par le fait qu'ils se déroulent toujours sous le regard des dominants et qu'à ce titre ifs comportent toujours la possibilité (ou la probabilité) du racisme. (Voir G. Scholem, « L'identité juive », *Actes de la recherche en sciences sociales*, 35, novembre 1980, p. 3-19.)

cette catégorie d'immigrés, c'est précisément d'attenter à la fonction et à la signification diacritiques de la séparation que la « pensée d'État » établit entre nationaux et non-nationaux. L'on ne sait alors comment considérer et comment traiter ces immigrés d'un nouveau genre, on ne sait ce qu'il faut attendre d'eux. Et, dès lors, la peur ordinaire, si on peut dire, peur personnelle ou individuelle qu'inspire l'étranger immigré, se mue en angoisse collective quand sont abolies les séparations traditionnelles et que disparaissent la sécurité et le réconfort tout à la fois physique, moral et mental ou intellectuel que procurent ces séparations combien rassurantes, dans la mesure où elles constituent une protection derrière laquelle se réfugier en affirmant « être chez soi », à l'abri d'ingérences extérieures.

Cette forme d'angoisse ou cette nouvelle peur de l'immigré contre lesquelles l'exigence de *politesse* s'avère inopérante sont encore plus difficiles à dissiper, elles se diffusent plus largement et se transposent sur toute une série d'objets connexes, les jeunes, les quartiers difficiles, les quartiers chauds, les banlieues, les chômeurs, les délinquants, etc., surtout quand tout cela se cumule sur les mêmes personnes et les mêmes lieux (les enfants de l'immigration, les immigrés de la « deuxième génération »). De ce point de vue, c'est une transformation radicale qui s'est opérée dans l'immigration, et la suspicion qui continue à peser sur ces immigrés d'un genre nouveau est à la mesure des changements introduits par l'immigration des familles et par leur reproduction sur place. Et il faut alors revenir dans ces conditions nouvelles sur ce que peut être la *faute génétique*, consubstantielle de l'immigration, et sur ce que peuvent être aussi les autres fautes commises dans la pratique, c'est-à-dire, au fond, les réactions suscitées par ces fautes, les jugements qu'elles appellent ainsi que les modalités selon lesquelles elles

sont appréciées. Non seulement toute faute, toute infraction est interdite, mais, quand elle advient, elle est alors
punie en conséquence, c'est-à-dire pour ce qu'elle est
incontestablement, mais aussi souterrainement et secrètement, pour ce qu'en est l'auteur, ce type d'auteur qu'on
continue à regarder, bien que l'immigré qu'il est ait
changé par rapport au modèle antérieur, comme étant
toujours illégitimé, non autorisé à commettre des infractions, comme interdit de faute, comme n'ayant pas droit
au délit.

La suspicion pèse toujours sur les mêmes, sur ceux
que tout en eux, leur histoire et leur naissance (et, ici,
leur immigration et leur naissance dans l'immigration)
et, corrélativement, leur position sociale, leur statut, le
capital social et plus encore symbolique dont ils sont
dotés, désigne à la figure de perpétuels suspects. La stigmatisation qui se trahit à travers cette forme de suspicion
généralisée procède d'un schème de pensée et de perception sociale qu'on connaissait déjà : il s'agit, plus généralement, de la relation soupçonneuse et accusatrice
qu'on a à l'égard des classes populaires assimilées à des
classes dangereuses. Ce schème, toujours le même, est
aussi vrai aujourd'hui qu'hier, chaque époque ayant ses
propres classes dangereuses. Pour que la situation propre
de l'étranger délinquant (et plus encore de l'« immigré »,
même doté de la nationalité du pays), doublement coupable ou coupable d'être coupable, ne joue pas nécessairement en sa défaveur, ne joue pas comme circonstance
aggravante, il faut une forte réserve de la part des juges,
il faut un véritable *self control*, un effort de correction
sur soi. Cette conjonction implicite des fautes et aussi
des peines, quand même elle ne se dénonce pas au grand
jour, transparaît à travers cette autre sanction qui s'ajoute
souvent aux deux premières : une sanction intrinsèquement liée à la condition de l'étranger, l'étranger étant par

définition *expulsable*, même si l'on s'accorde, comme cela peut arriver, pour ne pas l'expulser. Qu'il y ait expulsion ou non, l'expulsabilité de l'étranger est le signe par excellence d'une des prérogatives essentielles de la souveraineté nationale ; c'est là aussi la marque de la pensée d'État, pour ne pas dire que c'est aussi la pensée d'État en elle-même : en effet, il est dans la nature même de la souveraineté de la nation d'expulser qui bon lui semble parmi les résidents étrangers (au sens de la nationalité) et il est dans la nature de l'étranger (nationalement parlant) d'être expulsable, peu importe alors qu'il soit effectivement expulsé ou non. Sans être à proprement parler une sanction juridique, puisqu'elle n'est pas généralement prononcée par un tribunal de justice, l'expulsion hors du territoire national, mesure administrative ou politico-administrative – décidée sous le prétexte de la condamnation judiciaire qu'elle prolonge au-delà de ses effets –, montre bien ce à quoi s'expose l'étranger qui enfreint les règles de la bonne conduite : ayant apporté dans les faits la preuve de son indélicatesse, il est aussi sanctionné administrativement. C'est aussi, *a fortiori*, cette même logique qui préside à l'opération de naturalisation : la nation, la nationalité ne naturalisent pas, ne nationalisent pas n'importe qui. Acte fondamentalement décisoire, la naturalisation peut être incompatible avec certaines caractéristiques sociales et culturelles, avec certains usages (au sens de mœurs ou de l'expression « us et coutumes ») – dans le cas français, avec la polygamie considérée comme une atteinte à l'ordre public au sens particulier où l'entend le droit privé international – ou avec certaines condamnations pénales, la nature et la hiérarchie de ces peines disqualifiantes pour prétendre à la qualité de Français étant variable selon le contexte et le moment. Comme par hasard, elles reproduisent les peines ou elles s'alignent, en gros, sur celles qui entraînent l'expulsion, comme si les conditions d'entrée dans la nationalité obéissaient, sans doute plus rigoureusement encore, au même principe que les conditions d'entrée et de séjour dans la nation, celles-ci ayant précédé et ayant déjà préfiguré celles-là.

Récapitulation

Les mouvements migratoires actuels, tels qu'ils s'effectuent à partir des pays du monde sous-développé (pays à populations majoritairement rurales et paysannes) vers les pays du monde développé (pays où domine la civilisation urbaine et industrielle), sont d'une certaine manière l'homologue des anciennes migrations internes, l'exode rural que chacun de ces derniers pays a connu en son temps. L'un et l'autre déplacement de populations (travailleurs et familles entières) participent de la même logique et bien qu'ils soient fort éloignés dans le temps et dans l'espace et qu'ils portent respectivement sur des aires et sur des distances sans commune mesure d'un cas à l'autre, ils procèdent de la même genèse sociale et économique. Obéissant dans des contextes différents, à des déterminismes de même nature, les migrations internationales d'aujourd'hui (en provenance majoritairement des pays du tiers monde) reproduisent à leur manière et continuent l'histoire inaugurée par les migrations internes d'hier. À cette différence près, cependant, que les migrations consécutives à l'exode des populations rurales dans les pays industrialisés se sont effectuées dans les limites des frontières nationales, c'est-à-dire à l'intérieur d'un même territoire, au sein d'une même population, sous l'autorité d'un même État, toutes choses qui sont définies et caractérisées *nationalement*. L'homologie et la continuité des deux situations apparaissent d'autant plus manifestement qu'on convient de prendre quelque distance avec la pensée d'État, forme de pensée qui s'impose d'elle-même, dans ce domaine plus qu'en tout autre, et qui impose du même coup l'inévitable référence, éminemment « étatique », à la distinction aussi arbitraire que pertinente entre *national* d'une part, et *non-national* d'autre part. Mais il faut pour cela prendre le parti d'ignorer provisoirement (ou de feindre d'ignorer) l'existence des frontières ou les effets proprement politiques des frontières. Cependant, le peut-on vraiment ? En tant qu'il est étroitement tributaire de nos catégories de pensée, catégories par lesquelles nous construisons et nous pensons le monde social et politique, le phénomène migratoire à l'échelle internationale peut-il être pensé, dans sa double composante d'émigration de là et d'immigration ici, c'est-à-dire respectivement à partir d'un territoire et dans un territoire qui sont toujours étatiquement définis, autrement que par les catégories de la pensée d'État ?

Cette tentative de reconstitution de la genèse des immigrations réputées être des « immigrations de travail » (immigrations du XIXe siècle pour les plus anciennes, les plus récentes étant en cours d'actualisation) ne trouve toute sa vérité que lorsque ces immigrations ne concernaient que les travailleurs, à l'exclusion de tout autre membre de la famille, et, plus particulièrement, quand elles revêtaient encore la forme alternative qu'on a qualifiée de *noria* (ou *turn over*). Dans ce même ordre d'idées, faut-il rappeler qu'à l'exception des déplacements massifs de populations liés à des conjonctures politiques toutes les immigrations de caractère économique, même celles qui passent aujourd'hui pour être et pour avoir été dès leur naissance des immigrations de peuplement, c'est-à-dire des immigrations familiales (l'immigration, par exemple, des Européens aux États-Unis d'Amérique, notamment entre 1840 et 1920), ont commencé comme des immigrations de travailleurs isolés ; et, qu'à l'inverse, même celles qui ont la réputation de n'être que des immigrations provisoires d'hommes exclusivement (par exemple, l'immigration des travailleurs algériens en France depuis le début de ce siècle jusqu'aux dernières décennies) finissent, tôt au tard, par se convertir en immigration familiale et, au bout du compte, en immigration de peuplement ? Comment s'opère cette conversion ?

Le cas de l'immigration algérienne en France est un cas limite sous ce rapport et sous bien d'autres. D'abord, par les conditions de sa genèse. Produit direct d'une colonisation qui fut brutale et totale, l'immigration qui en a résulté est à la mesure de l'ampleur et de la gravité des transformations de tous ordres (d'ordre économique, bien sûr, mais sans doute aussi d'ordre politique, social, culturel) qui l'ont engendrée. Sans doute, l'« exemplarité » de la colonisation en Algérie tient-elle au fait que celle-ci a associé étroitement les deux aspects ou les deux ordres par lesquels se retraduisent les deux significations du fait colonial : colonisation intensive, colonisation totale, colonisation de peuplement, colonisation non seulement de la terre, des biens et des richesses, du sol et du sous-sol, mais aussi des hommes et des esprits, des « corps et des âmes » comme on l'a dit, et, pour finir, colonisation relativement précoce. Dans ces conditions, elle ne pouvait qu'entraîner parmi ses effets majeurs (effets qui, pour la plupart, survivent à la disparition de la cause qui les a engendrés) une émigration-immigration exceptionnelle ou « exemplaire », tant par son intensité, son importance numérique, sa continuité dans le temps (pratiquement, elle ne connut, sauf pendant une courte période durant la Seconde Guerre mondiale, aucune interruption significative) et à travers l'espace (l'espace de la société d'immigration et l'espace de la société d'émigration, le premier finissant par se présenter comme une projection réduite du second), sa durée totale, etc., que par ses formes particulières d'organisation, son mode particulier de *présence* ici (dans l'immigration) et d'*absence* de là (par l'émigration) et, surtout, sa *précocité* – immigration de caractère colonial (on parlait à l'époque de « travailleurs coloniaux » et ils ont été pendant toute la durée de la Première Guerre mondiale au nombre de quelque 240 000 hommes algériens conscrits, engagés volontaires, travailleurs requis, soit plus du tiers de la population masculine de 20 à 40 ans[1]). Elle fut sans doute la première immigration en France, et peut-être même en Europe, qui ne soit pas d'origine européenne. Si la colonisation paraît avoir eu une grande part de responsabilité dans l'émigration qu'elle a suscitée vers la France et dans l'immigration en France des travailleurs algériens colonisés, cela tient essentiellement au fait qu'en s'attaquant aux structures foncières, elle a non seulement ruiné les fondements de l'économie traditionnelle, mais, à travers les coups qu'elle a portés inséparablement à la tribu et à l'organisation tribale, elle a désintégré la base sur laquelle reposaient l'ordre social ainsi que toute l'armature de la société originelle.

Rappeler la genèse de l'immigration algérienne en France, qui n'est aujourd'hui qu'un flux parmi d'autres, permet de comprendre pourquoi ce flux reste tout entier orienté vers la France, comme si, pour les émigrés algériens et les candidats à l'émigration, il n'y avait d'immigration possible qu'en France. Les transformations de toute nature qui se sont produites dans le système foncier, les structures de la répartition de la propriété, les modes d'exploitation et de faire-valoir et, peut-être aussi, dans le

1. Cf. C. R. Ageron, *Les Algériens musulmans et la France (1871-1919), op. cit.*

marché et les circuits de commercialisation des productions agricoles, etc., ont été à l'origine des anciennes migrations et peuvent encore être responsables aujourd'hui des mouvements migratoires qui ont lieu un peu partout, commandés par la recherche du travail. Ces situations de crise ont en commun de rompre ici et là les liens ombilicaux qui rattachaient la population rurale (et les couches les plus pauvres de cette population) non seulement à sa terre, à son territoire, mais, plus fondamentalement, à tout l'art de vivre, à la manière d'être, à la manière de penser et d'agir, à la manière de percevoir le monde, qui font tout l'*ethos* paysan. Elles ont aussi en commun de contribuer à l'*individuation* d'hommes qui restent ou sont restés longtemps, au plus profond d'eux-mêmes, des hommes « communautaires », des hommes qui n'existent (idéalement) que comme membres de groupe. Il faut que s'opère ce travail de rupture et que la contagion gagne progressivement pour que le paysan de la tradition prenne conscience de sa disponibilité, se transforme en émigré potentiel en attendant de se réaliser comme immigré effectif, c'est-à-dire découvre qu'il a été rendu disponible, « libre » pour l'aventure de la migration et, par là même, pour l'aventure de la prolétarisation – et cela dans le meilleur des cas, car la condition de sous-prolétaire est malheureusement courante.

Toutes ces raisons expliquent, d'une certaine manière, pourquoi l'immigration ne peut se concevoir, ne peut s'accomplir et se perpétuer qu'à la condition qu'elle repose sur toute une série d'*illusions* collectivement entretenues, partagées par tous les partenaires. Présence immigrée, donc *étrangère*, cela équivaut à présence *provisoire* (en droit), à présence *subordonnée* à quelque raison extérieure à elle et à quelque autre fin qu'elle-même, qui se nomment, ici, *travail*, et aussi toujours justiciable de la nécessité d'une *légitimation* constante (à travers ce que

Pierre Bourdieu appelle la « pensée d'État »). Présence non nationale dans la nation, cette présence est *exclue du politique*. La réduction de l'immigration à sa seule dimension économique est une autre contradiction du phénomène. La contradiction fondamentale du « provisoire qui dure » se transpose de l'ordre temporel à l'ordre spatial : comment continuer à être présent là où on est absent ? Corrélativement, comment s'accommoder de n'être présent que partiellement et, par suite, d'être, d'une certaine manière, absent (moralement) là où on est présent physiquement ? Contradiction encore entre l'ordre communautaire de la société d'origine, d'une part, et, d'autre part, l'ordre plutôt « individualiste » qu'on découvre, qu'on subit et qu'on apprend dans l'immigration. Durement confronté à toutes ces contradictions indispensables qui constituent son univers social, l'immigré est contraint, faute de ne pouvoir ni les résoudre sur place et en leur temps, ni les déserter en mettant fin à son immigration, de les redoubler au péril, parfois, de son équilibre social ou psychique.

Il faut que le temps passe et qu'il accomplisse ses effets pour que commencent à se dissiper les dissimulations et simulations laborieusement et continûment cultivées. Désillusion, démasquage, mise au jour de la vérité objective du phénomène migratoire, on arrive au terme d'un processus ! Mais le désenchantement ne fait qu'accuser les contradictions, accentuer le sentiment aigu qu'on en a. Cause et effet de cette dissipation, elle-même indice du profond changement dans la signification de l'immigration des travailleurs algériens, l'avènement de l'immigration familiale vient consacrer la rupture avec l'état antérieur qui avait, précisément, le plus grand besoin de nourrir toutes les illusions dont il se nourrissait.

L'autre grande « exemplarité » de l'immigration algérienne réside en effet dans la manière dont elle a opéré, fort tardivement, sa transformation en *immigration familiale*. On a dit la distinction qu'on a l'habitude de faire, dans le phénomène migratoire, entre, d'une part, des émigrations et des immigrations qu'on qualifie de *travail* et, d'autre part, des émigrations et des immigrations qui seraient de *peuplement* essentiellement. Leur « fonction de travail » qu'on reconnaît implicitement n'étant que seconde et secondaire par rapport à la « fonction de peuplement ». Les formes d'immigration ainsi distinguées sont érigées en réalités autonomes comme si elles étaient opposées d'emblée et surtout comme si on pouvait choisir l'une séparément de l'autre. Ce partage étant fait *a priori*, chacune de ces immigrations est vouée à n'être que cela qu'on veut voir en elle. Chacune est vouée à être et à demeurer ce qu'on aimerait qu'elle soit et continue à être : *immigration de travail*, pour l'une, et de toute éternité ; *immigration de peuplement*, pour l'autre, et cela d'emblée. Il ne peut être question d'envisager que les deux formes départagées de la sorte puissent être unies par quelque relation de continuité ou de filiation, la seconde prolongeant et dérivant de la première. Or l'immigration algérienne qu'on a constituée et pensée pendant très longtemps comme l'exemple même de l'immigration de travail est devenue inopinément une « immigration de peuplement ». Cependant, aucun des partenaires concernés, ni la société d'immigration, ni la société d'émigration, ni les intéressés eux-mêmes (les émigrés-immigrés), n'ose, chacun pour des raisons qui lui sont propres, s'avouer et reconnaître pleinement cela, au point d'en tirer toutes les conséquences.

L'émigration s'entretient d'elle-même. Si elle est « contagieuse », c'est parce qu'elle appartient à cette forme de processus sociaux où les effets redeviennent causes, redoublant et perpétuant la cause première qui les a engendrés. Né de l'action perturbatrice de nombreux facteurs et du bouleversement total qui en résulte, aggravant ce même bouleversement, le mouvement d'émigration consacre, on l'a dit, la rupture avec le groupe, avec ses rythmes spatio-temporels, ses activités, bref, avec le système de valeurs et le système de dispositions communautaires qui sont au fondement du groupe. Cette rupture, à force de se généraliser sur tout le territoire, en toutes les couches de la société, et à trop durer, finit par produire des effets quasiment irréversibles. L'émigration cesse alors d'être cette conduite parfaitement ordonnée (au double sens du terme) qu'elle était initialement. Et c'est quand, à force d'émigration, le groupe a le plus de peine à contrôler et à ordonner l'émigration de ses hommes, qu'il se laisse aller à l'émigration familiale. Il faut pour cela que soit prodigieusement avancé le travail de sape qui déstructure le groupe en affaiblissant les liens qui rattachent les membres du groupe les uns aux autres et les rattachent au groupe. Il faut que les causes initiales responsables de la première forme d'émigration (l'émigration des hommes seuls) se soient considérablement aggravées, le plus souvent sous l'effet même de l'émigration, pour que s'amorce le second mouvement d'émigration, l'émigration des familles. À cette phase ultime, tout le processus de la migration échappe au contrôle moral du groupe, à la censure qu'il lui oppose : les effets dissuasifs de celle-ci (réprobation sociale, sentiment de honte, etc.) ne suffisant plus pour la contenir.

Les premiers signes de l'immigration en France des familles algériennes s'annonçaient déjà dès avant la Seconde Guerre mondiale, tout au moins dans les régions les plus fortement bouleversées, qui ne sont pas nécessairement celles qui ont alimenté le plus et le plus tôt l'immigration de travail (dans un premier temps, l'immigration des hommes avait plutôt contribué à asseoir les structures sociales, cette stabilité étant la condition même de cette forme d'immigration), mais, plus souvent, les régions de marge, tant au sens physique (régions de piémont, régions de contact entre reliefs différents) qu'au sens culturel (régions de transition entre l'habitat groupé montagnard et l'habitat dispersé des hautes plaines, entre zones berbérophones et territoires peuplés d'arabophones, entre contrées rurales et périphérie des villes, etc.), dont la main-d'œuvre se porte vers l'émigration locale au service des exploitations agricoles de la colonisation plus qu'en faveur de l'émigration lointaine vers la France. Il faudra attendre cependant la décennie 1950 pour voir s'établir réellement, en provenance d'Algérie, un vrai courant d'immigration familiale. Là encore les années de la guerre d'indépendance de l'Algérie, par leurs effets directs (l'insécurité, surtout dans le pays rural) et leurs effets indirects (tels les effets des « regroupements » de la population rurale, surtout montagnarde, dans les centres créés à cet effet sous le contrôle de l'armée), seront pour l'immigration féminine et, plus largement, familiale, ce qu'avaient été les années de la Première Guerre mondiale pour l'immigration des hommes. Dans les deux cas de figure et, sans doute, dans le second plus que dans le premier, la guerre et ses contraintes, cas de *force majeure*, apportent l'alibi indispensable pour accomplir ce qui demandait à s'accomplir ; elles servent de prétexte pour avouer ce qu'on n'osait pas s'avouer. Pendant longtemps, alors même que l'immigration familiale pouvait être désirée (*individuellement*) par l'immigré et par son épouse, qui n'ignoraient pas qu'ils s'exposaient de la sorte à enfreindre la règle communautaire et à manquer à la morale du groupe, elle était effectuée et surtout elle était ressentie comme un acte honteux, un acte qu'on avait soin de cacher au point de devoir quitter le village nuitamment. Là encore, il faut que l'émiettement des familles se généralise et atteigne à ses limites extrêmes avec la famille de type conjugal (celle qu'on retrouve dans l'immigration), il faut que l'exode rural vers les villes d'Algérie (dont l'immigration en France est responsable pour une bonne part) emporte des villages entiers, pour que l'émigration des familles vers la France se fasse au grand jour, sans aucune réticence et sans plus de retenue.

Espèce de hantise ou de tentation qui a, sans doute, traversé l'esprit de tous les immigrés, qui a dû habiter en permanence leurs projets et les accompagner tout au long de leur immigration, l'immigration des familles algériennes accuse malgré cela un retard de près d'un demi-siècle par rapport à l'immigration ininterrompue des travailleurs. Sans mésestimer les réticences ou les oppositions pouvant venir de la société d'immigration – à l'évidence, du point de vue strictement économique, du point de vue du marché du travail, l'immigration des travailleurs exclusivement est beaucoup plus « avantageuse » que lorsqu'elle est accompagnée de l'immigration de familles –, celles-ci semblent être secondes et même secondaires en regard des résistances et des interdictions qui avaient été propres à la société d'émigration ; celles-ci rendent même superflues ou sans objet celles-là. Tout se passe comme si le travail de censure (qui est aussi un travail de prévention et de préservation), ayant été fait et bien fait dans l'ordre de l'émigration, dispensait qu'on ait à le faire dans l'ordre de l'immigration. Celui-ci se trouvait dispensé d'avoir à décourager, à contrôler, à réglementer une immigration familiale dont on pourrait ne pas vouloir, dès lors que celle-ci ne s'annonce pas, ne se présente pas encore, soit que la demande n'existe pas ou n'existe pas encore, soit qu'elle est socialement contrariée. Ainsi, bien qu'elle soit déjà contenue dans la première forme d'immigration, c'est-à-dire dans la conduite du premier immigré, l'immigration familiale ne saurait être pour autant seulement l'accomplissement, telle qu'on s'imagine et telle qu'on attend la chose, du processus engagé par l'immigration des travailleurs. Elle n'est pas seulement un surcroît numérique de l'immigration, une augmentation du nombre des immigrés, par ajout de femmes et d'enfants ; elle introduit une différence de nature, elle est qualitativement différente et pas seulement quantitativement : de travailleur, l'immigré devient *géniteur* ; de travailleur chez les autres et pour la prospérité ou dans la prospérité des autres, même s'il faut ajouter, ainsi qu'il le fait lui-même et ainsi que le commandent plusieurs raisons, qu'en travaillant chez les autres et pour les autres il travaille en même temps pour lui-même, pour sa propre prospérité (toute relative), pour celle de sa famille, de son groupe, de son village. L'immigré se fait travailleur pour la *postérité*, la sienne mais aussi, objectivement, qu'il le veuille ou non, pour celle des autres.

Ainsi donc, pour toutes ces raisons et bien d'autres encore, l'immigration familiale ne peut relever du même ordre que l'immigration des hommes seuls. Elle ne peut relever de l'ordre du travail seulement. C'est d'autre chose qu'il s'agit ; c'est-à-dire d'*assimilation*, quels que soient les mots (*adaptation, intégration, insertion*), variantes plus ou moins euphémisées, par lesquels on désigne cette réalité sociale. Chacun de ces termes a son histoire sociale selon qu'il a perdu de son rendement social et politique ou qu'il a été un peu trop malmené par l'histoire, notamment celle de la colonisation et celle de l'immigration qui ne sont pas sans affinité. Nul ne se fait d'illusion là-dessus ; ni ceux qui redoutent l'émigration des familles, car elle comporte le risque de nuire à l'intégrité du corps social, le risque de dissolution et de fusion des familles émigrées dans la société qui les agrège à elle, de leur identification plus ou moins lente et plus ou moins totale mais inévitable à cette société ; ni ceux qui répugnent à l'immigration de familles qu'on sait, de *pré-*

jugé plus que de *post-jugé*, et qu'on dit « inassimilables »
ou difficilement « assimilables ». Et la classique distinction entre « immigration de travail » et « immigration de
familles » (c'est-à-dire de peuplement) n'est-elle pas une
manière déguisée de nommer, sous l'apparence de *neutralité* (éthique) et sous couvert d'un vocabulaire qui se
veut technique (et, par là, a-politique) et qu'on veut
objectif, la différence qu'on fait *a posteriori* entre des
immigrés quasiment *semblables* à « nous » et des
immigrés radicalement différents, voire *dissemblables* de
« nous » ? On en revient donc à la séparation entre d'une
part l'immigration qu'on juge, rétrospectivement, *digne*
de devenir vite une « immigration de peuplement »
– et, au besoin, on l'aidera à le devenir au plus vite – et,
d'autre part, l'immigration qu'on voue à être et à rester,
lors même que la réalité contredit cette affirmation, une
« immigration de travail » – et, au besoin, on s'assurera
qu'elle le reste dans une certaine mesure. C'est là une
contradiction interne, intrinsèque à l'objet lui-même : travail ou peuplement, travail et peuplement, le premier ne
peut se faire qu'en ignorant qu'il est l'autre et qu'il fait
l'autre, et le second ne peut se faire qu'en s'ignorant
comme tel. Si la politique d'immigration, politique que
doit avoir tout groupe d'immigration, doit trancher entre
« travail » et « peuplement », il faut que la meilleure voire
la seule politique possible soit l'absence de politique ; en
cette matière, à condition de ne pas confondre politique et
réglementation, à condition de ne pas réduire la première
à la seconde, l'absence de politique est encore une politique. Cette indétermination consubstantielle face au phénomène de l'immigration qui est intellectuellement une
nécessité de la « pensée d'État » se trouve aujourd'hui
mise à l'épreuve : les immigrations qui n'auraient dû être,
idéalement, que des « immigrations de travail » (immigrations originaires des pays du tiers monde, et de pays de

plus en plus lointains géographiquement) tendent en effet à être en même temps des immigrations familiales ; et cela, à l'inverse de l'immigration algérienne qui, parce qu'elle fut, en son temps, pionnière, a dissocié pendant longtemps les deux phases de son histoire et de son plein accomplissement.

Sources utilisées

*Bibliographie des travaux
d'Abdelmalek Sayad*

Index

SOURCES UTILISÉES

Introduction

P. Bourdieu, « Célibat et condition paysanne », *Études rurales*, 5-6, avril-septembre 1962, p. 32-136 ; *Homo academicus*, Paris, Éditions de Minuit, 1984.

Chapitre 1

« El ghorba : le mécanisme de reproduction de l'émigration », *Actes de la recherche en sciences sociales*, 2, mars 1975, p. 50-66.

Chapitre 2

« Les "trois âges" de l'émigration algérienne en France », *Actes de la recherche en sciences sociales*, 15, juin 1977, p. 59-79.

Chapitre 3

« L'immigration algérienne, une immigration exemplaire », dans J. Costa-Lascoux et E. Temime (sous la dir. de), *Les Algériens en France, genèse et devenir d'une migration*, Actes du colloque du GRECO 13 (Grenoble, 26-27 janvier 1983), Paris, Publisud, 1985, p. 19-49. Et « Coûts et profits de l'immigration, les présupposés politiques d'un débat économique », *Actes de la recherche en sciences sociales*, 61, mars 1986, p. 79-82.

Chapitre 4

« Émigration et nationalisme : le cas algérien », *Genèse de l'État moderne en Méditerranée. Approches historique et anthropologique des représentations*, Rome, Collection de l'École française de Rome, 168, 1993, p. 407-436.

Chapitre 5

« Les effets culturels de l'émigration, un enjeu de luttes sociales », *Annuaire de l'Afrique du Nord*, XXIII, CNRS, 1984, p. 383-397.

Chapitre 6

« Le phénomène migratoire, une relation de domination », *Annuaire de l'Afrique du Nord*, XX, CNRS, 1981, p. 365-406.

Chapitre 7

« La "faute" de l'absence ou les effets de l'émigration », *Anthropologica medica*, 4, Trieste, juillet 1988, p. 50-69.

Chapitre 8

« OS et double condition », dans R. Sainsaulieu et A. Zehraoui (sous la dir. de), *Ouvriers spécialisés à Billancourt : les derniers témoins*, Paris, L'Harmattan, 1995, p. 295-330.

Chapitre 9

« Santé et équilibre social chez les immigrés », XXIIe Colloque de la Société de psychologie médicale de langue française, Psychologie médicale et migrants (Marseille 30-31 mai 1980), *Psychologie médicale*, t. 13, 11, 1981, p. 1747-1775.

SOURCES UTILISÉES

Chapitre 10

« Qu'est-ce que l'intégration ? », Pour une éthique de l'intégration, *Hommes et Migrations*, 1182, décembre 1994, p. 8-14.

Chapitre 11

« Les immigrés algériens et la nationalité française », dans S. Laacher (sous la dir. de), *Questions de nationalité. Histoire et enjeux d'un code*, Paris, L'Harmattan, 1987, p. 127-197.

Chapitre 12

« L'immigration et la "pensée d'État". Réflexions sur la double peine », *Délit d'immigration. La construction sociale de la déviance et de la criminalité parmi les immigrés en Europe*, textes réunis par S. Palidda, rapport COST A2, Migrations, Communauté européenne, Bruxelles, 1996, p. 11-19.

BIBLIOGRAPHIE DES TRAVAUX
D'ABDELMALEK SAYAD[1]

1960 – « Les libéraux, un pont entre les deux communautés »,
Études méditerranéennes, 7, printemps 1960, p. 43-50.

1964 – (et P. Bourdieu), « Paysans déracinés. Bouleversements
morphologiques et changements culturels en Algérie », *Études
rurales*, 12, janvier-mars 1964, p. 56-94.

– (et P. Bourdieu), *Le Déracinement, la crise de l'agriculture
traditionnelle en Algérie*, Paris, Minuit, 1964 (rééd. 1996).

1967 – « Bilinguisme et éducation en Algérie », dans R. Castel
et J.-C. Passeron (éd.), *Éducation, Développement et Démo-
cratie*, Paris-La Haye, Mouton, Cahiers du Centre de sociologie européenne, 4, 1967, p. 205-216.

1973 – « Une perspective nouvelle à prendre sur le phénomène
migratoire : l'immigration dans… est d'abord essentiellement
une émigration vers… », *Options méditerranéennes*, 22,
décembre 1973, p. 52-56.

1975 – « El ghorba : le mécanisme de reproduction de l'émigration », *Actes de la recherche en sciences sociales*, 2, mars
1975, p. 50-66.

1976 – (et A. Gillette), *L'Immigration algérienne en France*, Paris,
Éditions Entente, 1976 (2e éd., revue et augmentée, 1984).

– (et P. Bourdieu), « Stratégie et rituel dans le mariage
kabyle », dans J. Peristiany (éd.), *Mediterranean Family
Structures*, Cambridge, Cambridge University Press, 1976.

---

1. Cette bibliographie, établie par Abdelmalek Sayad à l'occasion
de la parution de *L'Immigration ou les Paradoxes de l'altérité*, a été
précisée et actualisée par Éliane Dupuy.

1977 – «Les "trois âges" de l'émigration algérienne en France», *Actes de la recherche en sciences sociales*, 15, juin 1977, p. 59-79.

1978 – *Les Usages sociaux de la culture des immigrés*, Paris, CIEMM, 1978.

1979 – «Les enfants illégitimes», *Actes de la recherche en sciences sociales*, 25, janvier 1979, p. 61-81 (1re partie) ; 26-27, mars-avril 1979, p. 117-132 (2e partie).

– «Qu'est-ce qu'un immigré ?», *Peuples méditerranéens-Mediterranean Peoples*, 7, avril-juin 1979, p. 3-23.

– «Immigration et conventions internationales», *Peuples méditerranéens-Mediterranean Peoples*, 9, octobre-décembre 1979, p. 29-52.

– «Étude de l'immigration algérienne en France, étude comparative de cas spécialement choisis en raison de leur pertinence structurale», introduction au rapport d'enquête pour le compte du CORDES, décembre 1979 (ronéo).

1980 – «Le foyer des sans-famille», *Actes de la recherche en sciences sociales*, 32-33, avril-juin 1980, p. 89-103.

– «Le concept de classe sociale, ses usages et son application aux sociétés à économie dite "sous-développée"», *Les Classes sociales au Maghreb*, Paris, CNRS-CRESM, Les cahiers du CRESM, II, 1980, p. 40-51.

– «Le rapport au logement moderne, les effets du relogement», *Panorama des sciences sociales*, Alger, 4-5, octobre-novembre 1980, p. 11-27.

– «Un logement provisoire pour des travailleurs "provisoires"», Habitat et cadre de vie des travailleurs immigrés, *Recherche sociale*, 73, janvier-mars 1980, p. 3-31.

1981 – «Le phénomène migratoire, une relation de domination», *Annuaire de l'Afrique du Nord*, XX, CNRS, 1981, p. 365-406. Et *Maghrébins en France : émigrés ou immigrés ?*, Paris, CNRS-CRESM, coll. «Études de l'Annuaire de l'Afrique du Nord», 1983.

– «Santé et équilibre social chez les immigrés», XXIIe Colloque de la Société de psychologie médicale de langue française, Psychologie médicale et migrants (Marseille, 30-

31 mai 1980), *Psychologie médicale*, t. 13, 11, 1981, p. 1747-1775.

– « La naturalisation, les conditions sociales et sa signification chez les immigrés algériens », GRECO 13, *Migrations internationales*, 3, 1981, p. 22-46 (1re partie, « La naturalisation comme aboutissement "naturel" de l'immigration »).

– « L'immigration, une réalité nouvelle », *CIMADE-infirmations*, 6, avril-juin 1981.

– « L'émigration maghrébine en France : exploitation ou coopération ? », *Le Maghreb dans le monde*, Centre de recherche en économie appliquée (CREA), Alger, 28-30, mars 1981, p. 1091-1094.

1982 – « La naturalisation, les conditions sociales et sa signification chez les immigrés algériens », GRECO 13, *Migrations internationales*, 4-5, 1982, p. 1-55 (2e partie, « La naturalisation comme rapport de force entre nations et entre nationalités »).

– « *Un autre "ordre" pour une autre immigration* », *Migrants-Créteil*, Office des migrants de Créteil, 6, janvier-février 1982, p. 21-28.

– (et F. Fassa), *Éléments pour une sociologie de l'immigration*, Collection Travaux de science politique, 8, Lausanne, Institut de science politique, juin 1982.

1983 – « La délinquance dans l'immigration : l'immigration est en elle-même délinquance », *Le Phénomène de la délinquance chez les jeunes immigrés*, CEFRES, Annales de Vaucresson, 20, 1983.

– « Y a-t-il une sociologie du droit de l'immigration ? », *Le Droit et les Immigrés*, Aix-en-Provence, Edisud, janvier 1983, p. 98-104.

– « Le marché Velten à Marseille, quelques observations sur les fonctions sociales et commerciales de la vente ambulante dans le quartier de la Porte d'Aix », rapport au Conseil municipal de la ville, octobre 1983 (ronéo).

– « Le logement des immigrés, synthèse des travaux », Journées d'étude de l'OMINOR (13-14 mai 1982), *Le Logement des immigrés en France*, Lille, 1983, p. 340-381.

1984 – « État, nation et immigration : l'ordre national à l'épreuve de l'immigration », L'État en Méditerranée, *Peuples méditerranéens-Mediterranean Peoples*, 27-28, avril-septembre 1984, p. 187-205.

– « Les effets culturels de l'émigration, un enjeu de luttes sociales », *Annuaire de l'Afrique du Nord*, XXIII, CNRS, 1984, p. 383-397. Et *Nouveaux Enjeux culturels au Maghreb*, Paris, CNRS-CRESM, 1986.

– « Tendances et courants des publications en sciences sociales sur l'immigration en France depuis 1960 », *Current Sociology*, ISA, vol. 32, 3, Sage Publications, hiver 1984, t. 2, p. 219-304.

– « L'immigration algérienne en France, capitale d'origine et trajectoire sociale », *Méthodes d'approche du monde rural*, Alger, OPU, 1984, p. 75-89.

1985 – « Du message oral au message sur cassette, la communication avec l'absent », *Actes de la recherche en sciences sociales*, 59, septembre 1985, p. 61-72.

– « L'immigration algérienne, une immigration exemplaire », dans J. Costa-Lascoux et E. Temime (sous la dir. de), *Les Algériens en France, genèse et devenir d'une migration*, Actes du colloque du GRECO 13 (Grenoble, 26-27 janvier 1983), Paris, Publisud, 1985, p. 19-49.

– « L'islam au sein du monde moderne non musulman, les effets de l'immigration sur l'islam », *Pluralismo culturale religioso e coesione sociale*, Convegno centri studi Scalabrini d'Europa (CSERPE), Genève, 14-18 juin 1985, p. 35-70.

– (et M. Oriol, P. Vieille), « Inverser le regard sur l'émigration-immigration », Migrations et Méditerranée, *Peuples méditerranéens-Mediterranean Peoples*, 31-32, avril-septembre 1985, p. 5-21.

– « Exister, c'est exister politiquement », *Presse et Immigrés en France*, Paris, CIEMI, 135, novembre 1985 (1re partie, « Pour une défense des droits civiques des immigrés »), et 136, décembre 1985 (2e partie, « Les droits civiques pour une plus grande justice »).

– « Le burnous sous le béret, entretien avec Th. Ferenczi », *Le Monde aujourd'hui*, 22 et 23 décembre 1985.

– « Le miroir trompeur du modèle de l'homogénéisation culturelle de la société », *Économie et Humanisme*, 281, janvier-février 1985, p. 37-42.

– « De "population d'immigrés" à "minorités". L'enjeu des dénominations », *Educational Policies and Minority Social Groups*, Paris, OCDE (16-18 janvier 1985). Et *L'Éducation multiculturelle*, Paris, OCDE, 1987, p. 129-146.

1986 – « Coûts et profits de l'immigration. Les présupposés politiques d'un débat économique », *Actes de la recherche en sciences sociales*, 61, mars 1986, p. 79-82.

– « La "vacance" comme pathologie de la condition d'immigré. Le cas de la retraite ou de la pré-retraite », *Gérontologie*, La vieillesse des immigrés en France, 60, octobre 1986, p. 37-55.

– « Les migrations en Méditerranée », *Échanges-Méditerranée*, La Méditerranée face à son avenir, de la décolonisation à l'an 2000 : développement, migration, coopération, Marseille, juin 1986, p. 47-58.

– « Une généalogie d'immigrés algériens », *Réseaux de migration, trajectoires et acculturation*, rapport d'une étude pour le ministère de la Recherche et de la Technologie, Solidarité, minorités, migration, mars 1986.

– (et E. Temime), « Trajectoires, réseaux et filières de migration », *ibid.*

– « Condition d'immigré et condition d'OS, leurs effets mutuels et leurs effets sur la relation au travail. Les OS dans l'industrie automobile », Paris, rapport CNRS-RNUR, 1986.

1987 – (et C. Camilleri, I. Taboada-Leonotti) (éd.), *L'Immigration en France : le choc des cultures*, Actes du colloque Problèmes de culture posés en France par le phénomène *des* migrations récentes (mai 1984), Dossiers du Centre Thomas More, Recherches et documents, 51, L'Arbresle, 1987.

– « La culture en question », *ibid.*, p. 9-26.

– « L'Islam "immigré" », *ibid.*, p. 109-129.

– « L'immigration algérienne en France, l'aînée des émigrations maghrébines, un antécédent qui a valeur d'exemple », Actes du colloque La migration internationale des travailleurs tunisiens, Tunis, Université de Tunis, *Cahiers du CERES*, 6 (série démographique), 1987, p. 203-253.

– « Les immigrés algériens et la nationalité française », dans S. Laacher (sous la dir. de), *Questions de nationalité. Histoire et enjeux d'un code*, Paris, L'Harmattan, 1987, p. 127-197.

– « Immigration et naturalisation », *Noroit*, 304, novembre-décembre 1987, p. 2-15.

1988 – « Immigration et naturalisation », dans C. Withol De Wenden (sous la dir. de), *La Citoyenneté et les Changements de structures sociale et nationale de la population française*, Paris, Edilig/Fondation Diderot, 1988, p. 157-185.

– « La "faute" de l'absence ou les effets de l'émigration », *Anthropologia medica*, 4, Trieste, juillet 1988, p. 50-69.

1989 – « Éléments pour une sociologie de l'immigration », *Les Cahiers internationaux de psychologie sociale*, 2-3, Bruxelles, juin-septembre 1989, p. 65-109.

1990 – « Synthèse et discours de clôture », *La Communauté maghrébine immigrée en France et ses perspectives d'insertion dans l'Europe de 1993*, Tunis, Publication du Centre de documentation Tunisie-Maghreb, 1990, p. 201-220.

– « Les maux à mots de l'immigration », entretien avec Jean Leca, Issu(e)s de l'immigration. Identités, mobilisations et représentations des jeunes d'origine maghrébine, *Politix*, 12, 1990, p. 7-24.

1991 – *L'Immigration ou les Paradoxes de l'altérité*, Bruxelles, Éditions universitaires et De Boeck-Wesmael, 1991.

– (et E. Temime, J.-J. Jordi), *Migrance. Histoire des migrations à Marseille*, t. IV, *Le Choc de la décolonisation (1945-1990)*, Aix-en-Provence, Édisud, 1991.

– « L'immigration algérienne en France, une lente mais inexorable évolution vers l'immigration de peuplement », Conférence internationale sur les migrations (Rome, 13-15 mars 1991), Paris, OCDE, 1991.

– « L'émigration algérienne à l'heure des ruptures », *Hommes et Migrations*, 1144, juin 1991, p. 54-57.

– « Uma pobreza exotica : a imigraçao argelina na França », *Revista Brasileira de Ciências Sociais*, 17, octobre 1991, p. 84-107.

– (et G. Balazs), « La violence de l'institution », *Actes de la recherche en sciences sociales*, 90, décembre 1991, p. 53-63.

1992 – « Religion et politique, l'eschatologie en politique », dans G. Ignasse (sous la dir. de), *Islam et Politique*, La Garenne-Colombes, Éditions de l'Espace européen, 1992, p. 79-81.

– « L'immigration algérienne en France, une lente mais inexorable évolution vers l'immigration de peuplement », *Atti della Conferenza internazionale sulle migrazioni*, Ufficio del Vice Présidente del Consiglio dei Ministri, 1992, p. 197-205 (en italien).

– « Minorités et rapport à l'État dans le monde méditerranéen : État et "minorités" en Algérie, le "mythe kabyle" », *Connaissance de l'Islam*, Paris, Syros, 1992, p. 135-181.

1993 – « Une famille déplacée », dans P. Bourdieu (sous la dir. de), *La Misère du monde*, Paris, Seuil, 1993, p. 33-48 ; « Coûts et profits de l'immigration », *ibid.*, p. 270-271 ; « Le souffre-douleur », *ibid.*, p. 399-405 ; (et G. Balazs), « La violence de l'institution », *ibid.*, p. 683-698 ; « La malédiction », *ibid.*, p. 823-844 ; « L'émancipation », *ibid.*, p. 859-869.

– « Émigration et nationalisme : le cas algérien », *Genèse de l'État moderne en Méditerranée. Approches historique et anthropologique des représentations*, Rome, Collection de l'École française de Rome, 168, 1993, p. 407-436.

– « Naturels et naturalisés », *Actes de la recherche en sciences sociales*, 99, septembre 1993, p. 26-35.

– « Vieillir… dans l'immigration », *Vieillir et Mourir en exil. Immigration maghrébine et vieillissement* (collectif), Lyon, PUL, 1993, p. 43-59.

1994 – « Intellectuels à titre posthume », *Liber*, 17, revue européenne des livres, supplément à *Actes de la recherche en sciences sociales*, 101-102, mars 1994, p. 5.

– « Le mode de génération des générations immigrées », *Générations et mémoire*, *L'Homme et la Société*, 111-112, 1994 (1-2), p. 155-174.

– « Migration, refuge, asile », *Europe : montrez patte blanche !*, Genève, Centre Europe-Tiers Monde, 1994, p. 276-296.

« Aux origines de l'émigration kabyle ou montagnarde », Les Kabyles, de l'Algérie à la France, *Hommes et Migrations*, 1179, septembre 1994, p. 6-11.

– « Qu'est-ce que l'intégration ? » Pour une éthique de l'intégration, *Hommes et Migrations*, 1182, décembre 1994, p. 8-14.

– « L'asile dans l'"'espace Schengen"' ; la définition de l'Autre (immigré ou réfugié) comme enjeu de luttes sociales », dans M.-C. Caloz-Tschopp, A. Clevenot, M.-P. Tschopp (éd.), *Asile, Violence, Exclusion en Europe. Histoire, analyse, prospective*, Genève, 1994, p. 193-238.

1995 – (en coll. avec É. Dupuy), *Un Nanterre algérien, terre de bidonvilles*, Paris, Autrement, coll. « Monde », Français d'ailleurs, peuples d'ici, 1995.

– « OS et double condition », dans R. Sainsaulieu et A. Zehraoui (sous la dir. de), *Ouvriers spécialisés à Billancourt : les derniers témoins*, Paris, L'Harmattan, 1995, p. 295-330.

– « La lecture en situation d'urgence », dans B. Seibel (sous la dir. de), *Lire, faire lire : des usages de l'écrit aux politiques de lecture*, Le Monde Éditions, 1995, p. 65-99.

1996 – « Entrevista. Colonialismo e migracoès », *Mana. estudios em antropologia social*, vol. 2, 1, Rio de Janeiro, Relume-Dumara, avril 1996, p. 155-170.

– « Un témoignage de fin de colonisation », *Monde arabe et Recherche scientifique* (MARS), 6, Paris, Institut du monde arabe, printemps 1996, p. 7 56.

– « La double peine et l'immigration, réflexion sur la pensée d'État », *Aut aut*, 275, en italien, Florence, septembre-octobre 1996, p. 8-16

– « Anthropologie de l'exil », *Le Courrier de l'Unesco*, novembre 1996, p. 10-12.

1997 – « Identité : nomination/catégorisation », dans B. Bier, B. Rondet (sous la dir. de), *Citoyenneté, Identités. Nouvelles figures de la citoyenneté et formes actuelles de l'engagement des jeunes*, Document de l'INJEP, hors série n° 4, Marly-le-Roi, Institut national de la jeunesse et de l'éducation populaire, janvier 1997, p. 34-52.

– « L'illettrisme comme sous-produit de la "pensée d'école" (entretien avec B. Falaize) », dans F. Andrieux, J.-M. Besse, B. Falaize (coord.), *Illettrismes : quels chemins vers l'écrit ?*, Actes de l'université d'été organisée par le ministère du Travail et des Affaires sociales à l'Université Lyon II (8-12 juillet 1996), Magnard, 1997, p. 347-357.

– « L'immigration et la "pensée d'État". Réflexions sur la double peine », *Délit d'immigration. La construction sociale de la déviance et de la criminalité parmi les immigrés en Europe*, textes réunis par S. Palidda, rapport COST A2, Migrations, Communauté européenne, Bruxelles, 1996, p. 11-29. Et *Regards sociologiques*, 16, 1999, p. 5-21.

– « Lien social, identité et citoyenneté par temps de crise », *Sociétés et Représentations*, 5, décembre 1997, p. 107-128.

1998 – « Le retour, élément constitutif de la condition de l'immigré », *Migrations société*, vol. X, 57, mai-juin 1998, p. 9-45.

Index

Table

RÉALISATION : IGS-CP À L'ISLE-D'ESPAGNAC (CHARENTE)
IMPRESSION : NORMANDIE ROTO IMPRESSION S.A.S. À LONRAI
DÉPÔT LÉGAL : SEPTEMBRE 2014. N° 118210-8 (2304744)
IMPRIMÉ EN FRANCE

Éditions Points

Le catalogue complet de nos collections est sur
Le Cercle Points, ainsi que des interviews de vos
auteurs préférés, des jeux-concours, des conseils
de lecture, des extraits en avant-première…

www.lecerclepoints.com

Collection Points Essais